"学创之星"系列教材

数字营销模拟演练

主　编◎刘大鹏　吴玉宁　王　娅

副主编◎陆　祥　舒晓波　周　勇

中国财经出版传媒集团

经济科学出版社

Economic Science Press

·北京·

图书在版编目（CIP）数据

数字营销模拟演练 / 刘大鹏，吴玉宁，王娅主编 .
北京 ： 经济科学出版社，2025. 1. -- （"学创之星"系
列教材）. -- ISBN 978 - 7 - 5218 - 6630 - 8

Ⅰ. F713. 365. 2

中国国家版本馆 CIP 数据核字第 2025PN0006 号

责任编辑：李晓杰
责任校对：李 建
责任印制：张佳裕

数字营销模拟演练

刘大鹏 吴玉宁 王 娅 主编
陆 祥 舒晓波 周 勇 副主编
经济科学出版社出版、发行 新华书店经销
社址：北京市海淀区阜成路甲 28 号 邮编：100142
教材分社电话：010 - 88191645 发行部电话：010 - 88191522
网址：www. esp. com. cn
电子邮箱：lxj8623160@ 163. com
天猫网店：经济科学出版社旗舰店
网址：http：//jjkxcbs. tmall. com
北京季蜂印刷有限公司印装
787 × 1092 16 开 22. 5 印张 480000 字
2025 年 1 月第 1 版 2025 年 1 月第 1 次印刷
ISBN 978 - 7 - 5218 - 6630 - 8 定价：78. 00 元
（图书出现印装问题，本社负责调换。电话：010 - 88191545）
（版权所有 侵权必究 打击盗版 举报热线：010 - 88191661
QQ：2242791300 营销中心电话：010 - 88191537
电子邮箱：dbts@ esp. com. cn）

前　言

随着信息技术的飞速发展和全球经济的深度融合，数字化转型已经成为现代企业营销的必然趋势。数字营销作为这一趋势的产物，不仅改变了传统市场营销的手段与方式，也深刻影响了企业与消费者之间的互动模式。消费者的需求日益多元化，信息的传播速度与渠道也发生了巨大变化，市场竞争的激烈程度前所未有。在这样的背景下，如何通过数字化手段实现精准的市场定位、满足消费者的个性化需求，并提升企业的市场竞争力，已经成为企业能否在激烈竞争中脱颖而出的关键所在。数字营销作为数字经济时代的一个重要代表，所蕴含的巨大的影响和价值需要我们不断去探索。

大学生数字能力的提升对大学生未来的发展具有重要影响，数字能力的本质结合了技术、心理和人际三个层面，而这与大学生就业核心竞争力的多元构建恰为呼应。虽然大学校园里充斥着"数字土著"，他们拥有"更快利用网络获取信息，善于并行工作，适合图形学习"的天然优势，但大多数人只是沉迷于数字的表象功能（尤其是娱乐性功能，如游戏、交友、购物等），并不能真正感知、利用并转化数字的强大能力从而形成自我的核心竞争力。我们将尝试在传统市场营销课程中以数据为导向，以技术为依托，通过对企业的营销管理的模拟，引导学生运用数据思维开展数字营销相关工作，从而培养和提升学生运用数据分析与解决问题的能力。

背景及团队

与传统营销教材相比，本教材更强调实用性和操作性，不仅关注理论框架和市场分析，还会提供案例研究和实际模拟演练，帮助读者掌握如何使用具体工具和平台实现个性化的广告投放、内容推荐和互动优化。同时，在实验篇中，运用杭州贝腾科技公司《营销之道》软件平台全面模拟营销过程。在此软件平台上，每年吸引超过 1500 余所院校、百万师生开展经管实践教学创新大赛和学科竞赛。在营销模拟过程中，学生承担不同的角色，尤其是领导角色，培养学生领导力、决策力和责任感，为未来的职业发展做好准备。通过实验，学生可以锻炼面对压力和挑战的心理素质，提高抗压能力和韧性，不断反思自己的决策和行为，从中吸取教训和经验，促进自我成长和进步。

教材编写团队由来自云南、重庆不同高校的教师和企业专家共同组成，其中不乏指导"学创杯"全国大学生营销综合模拟大赛获得国家级特等奖、一等奖、指导全国电子商务大学生"创新创意创业"挑战赛获得国家级银奖的教师。团队充分利用多方的优势资源，旨在帮助学生从营销实践中总结适应信息社会的竞争优势来源和营销创新经验。

本教材由刘大鹏教授、吴玉宁教授、王娅副教授拟定写作大纲并担任主编，主持编写工作及审定全部书稿，陆祥老师、舒晓波副教授、周勇老师担任副主编，成员均为多年承担本科生课程的骨干教师，对于课程和教材建设发挥了重要作用。参加教材编写及修订的教师具体分工如下：第一章和第二章：舒晓波；第三章和第四章：周勇；第五章：陆祥；第六章和第七章：吴玉宁；第八章和第九章：王娅；第十章：刘大鹏。

内容及特色

本教材以市场营销的理论体系为基础，结合数字营销的最新实践成果，旨在为读者提供一套系统而实用的学习指南，不仅涵盖了传统市场营销的基本概念和理论框架，还详细阐述了数字营销的核心要素与策略，帮助读者全面了解从市场环境分析、战略制定、营销组合到数字营销策略的完整流程。同时，特别设置了实践练习与实验章节，由高校教师和企业专家共同编写，充分利用双方的优势资源，旨在引导学生运用数据思维开展企业营销工作，培养和强化分析与解决营销管理问题的能力，帮助读者在实际操作中巩固所学知识，提升解决实际问题的能力。

特色内容之一：理论与实践的无缝结合

本教材的一个显著特色是理论与实践的紧密结合。数字营销作为现代市场营销的重要组成部分，尽管其理论知识不可或缺，但市场瞬息万变，企业往往面临的不仅是理论挑战，还有实际操作中的种种问题。因此，在每一章的核心内容之后，都设计了针对性的实践练习。这些练习通过模拟营销活动、案例分析与问题解决，帮助读者在实践中检验所学理论。例如，在第二章市场机会分析中，读者将通过具体市场调研活动，利用数据工具分析目标市场，培养从数据中洞察市场机会的能力。

此外，设置了数字营销模拟平台的实际操作章节。通过平台，读者可以组建虚拟企业团队，模拟真实的数字营销活动。在这些实验练习中，读者将体验从市场分析、营销策略制定到效果评估的全过程，学会如何在实际运营中灵活运用理论知识，提高应对复杂市场环境的能力。

特色内容之二：基于大数据和人工智能的前沿应用

随着大数据和人工智能技术的快速发展，数字营销的方式正经历着巨大的革新。本教材不仅讲解了传统的市场营销方法，还特别增设了有关大数据营销和人工智能在营销中的应用的内容。

在大数据部分，介绍了如何通过数据分析工具收集和分析市场数据，从而帮助企业识别潜在市场、了解消费者偏好，最终实现精准的营销投放，还引入了机器学习在市场营销中的应用，例如通过算法预测消费者行为、推荐个性化产品、优化广告投放等。这些前沿内容使得读者不仅能掌握当下的营销技巧，还能提前了解和准备应对未来的营销趋势。

在实践练习中，读者将通过使用大数据工具，进行实际的市场数据分析。通过分析结果，读者将理解如何利用数据洞察，辅助企业决策并优化营销策略。这些技能的掌握不仅仅是知识的扩展，更是提升个人竞争力的关键。

特色内容之三：消费者行为与个性化营销的深入探讨

数字营销的核心之一是消费者数据的广泛应用。为了帮助读者深入理解消费者行为与个性化营销，本教材专门设置了消费者数据洞察与客户关系管理的相关章节。这部分内容通过数据挖掘技术和营销心理学的结合，详细介绍了如何通过分析消费者行为，精确识别消费者的需求与偏好，从而制定更有针对性的营销策略。

此外，还介绍了如何通过建立有效的客户关系管理系统（CRM），实现对消费者的长期管理与维护，提升客户忠诚度和品牌黏性。结合实际操作，读者将学习如何通过消费者旅程地图，拆解客户在购物过程中的关键决策点，进而优化全方位的营销活动，确保客户在每个接触点都能获得积极的体验。

特色内容之四：全面覆盖数字营销的最新趋势

随着科技的快速进步，数字营销的手段也在不断更新。为了确保读者能够紧跟最新的营销趋势，特别引入了内容营销、社交媒体营销和互动营销等数字时代的热点话题。无论是如何通过优质的内容吸引消费者的注意力，还是如何通过社交平台与消费者建立深度互动，本教材都提供了丰富的案例和详细的策略分析。

例如，在第五章数字营销策略中，读者将学习如何利用社交媒体打造品牌影响力，以及如何通过用户生成内容（UGC）提升品牌的知名度与公信力，还介绍了在电子商务环境中，如何通过互动营销手段，如游戏化广告、社交媒体直播等，增强消费者参与感，提升品牌的转化率与销售额。这些内容不仅为读者提供了实用的营销技巧，更引导读者深入思考数字营销的发展方向。

适用范围

本教材作为省级一流课程和省级精品资源共享课的配套教材，适用对象为经济管理类各专业的本科生以及创新创业教育的在校大学生。同时，由于采用系统、实用和互动的教学方式，帮助读者在理论与实践中找到平衡，逻辑体系简洁，可读性强，因此，也适合作为MBA、EMBA学员及各类管理人员的培训教材，帮助你在职业生涯的每一个阶段中更加自信地迈步前行。

致谢

本教材在编写过程中参阅了大量国内外文献，我们在教材的最后提供了参考文献，在此向文献的作者表示衷心感谢。

教材建设是一项需要长期关注、积累并不断完善的工作，我们将不断吸收国内外的最新理论研究成果，一如既往地关注全球环境及企业实践的变化，借鉴优秀教材的编写内容和方法，不断改进和提高。我们期待着理论界同行和广大读者对本教材存在的疏漏和不足之处提出宝贵意见。

编　者

2024 年 10 月

目录

理论篇

实　验　篇

理论篇

第一章 市场营销与数字营销

引例

东方甄选：董宇辉现象级知识直播出圈

2022 年 6 月 9 日，董宇辉在东方甄选直播间通过英汉双语来介绍产品，其新奇的直播方式火速收获了大批网友的关注，最终沉寂了半年的东方甄选直播间才真正出圈，7 天涨粉千万。根据 Quest Mobile 数据显示，在 6 月 13 日当天，日活用户接近 700 万，让东方甄选一跃成为抖音电商的新顶流。出圈后，东方甄选直播间的粉丝量从不足百万暴涨到将近 2000 万，开启了直播带货的新风尚，主播董宇辉更是凭借其充满知识情怀的讲解火爆各大社交媒体。此次出圈归功于东方甄选直播间在直播形式上的与众不同，除了采用了中英文双语直播介绍农产品以外，主播的才华对产品进行了更高层次的包装和增值，无论是多普通的产品，董宇辉总能用场景化的体验描述，以高质量的内容为产品赋予情感、故事、价值，实现产品最大化的情感连接。他一边直播带货，一边教英文、讲段子、分享知识、回顾经历，没有不断催促用户下单，但是商品总能快速售罄。相较之下，这是一种更高级的卖货方式，通过情感的共鸣来勾起粉丝们的购买欲。此外，直播间的氛围更是舒适得像一场心灵按摩，不同于目前抖音上的主流直播间"套路型"的带货模式，东方甄选直播间慢声细语的"知识型"直播给观众带来更多想象空间，用文化直击内心，博得用户好感，让用户"为知识付费"。

资料来源：佚名 . 2022 年度中国最具影响力的十大数字营销传播案例［EB/OL］. ［2023 – 02 – 13］. https：//www. sohu. com/a/640529046_120088046.

20 世纪初期，市场营销作为一个独立的学科出现，经过 100 多年的发展，营销的方式和观念根据市场环境的变化而不断变迁。20 世纪 90 年代，互联网所主导的数字化进程颠覆了既往经济领域的生产方式和市场逻辑，营销进入了全面数字化阶段。在趋于复杂和相互融合的媒介、渠道环境下，面对愈发混沌和难以捉摸的消费旅程，企业借助网站、社交媒体、手机 App 和广告、在线视频、大数据、微博等数字营销工具随时随地吸引消费者。如今，所有企业都在使用数字化的营销工具，将营销嵌入数字环境中，根据具体的营销目标，整合触点、媒介、内容、数据等多种资源，在与消费者的持续互动中，实现增长。市场正以剧烈难测的变动持续冲刷塑造着营销的面貌，也推动着我们不断思考并回答这样一个恒新的问题：营销正在发生何种变革？

第一节　市场与市场营销

一、市场的概念

企业的营销活动是在市场中展开的，所以必须分析市场、研究市场。了解市场营销首先应该认识市场，只有准确理解市场的概念，才能做好企业的营销工作。市场属于商品经济的范畴。哪里有商品生产，哪里就有市场。商品是用来交换的劳动产品。在社会经济生活中，交换产生和存在的前提是生产的社会分工。所以，市场是商品经济中社会分工的表现，"生产劳动的分工，使它们各自产品互相变成商品，互相成为等价物，使它们互相成为市场。"① 按照狭义的理解，市场是指买卖商品的场所，即买方和卖方聚集在一起交换货物的场所。市场是一个有限的区域。而当交易双方采用电话、电报、传真、电视、互联网等现代化手段进行联系时，市场的范围可能遍及全球，交易双方不需要在固定的场所。交易也不都是现货，而已广泛应用期货交易了。无论在哪里，什么时间，只要交易规则一定，供需双方签订有效协议，市场就都出现了。因此，从广义的角度讲，市场就是商品生产者、中间商和消费者交换关系的总和，即把市场看作商品交换的总体。这是马克思主义政治经济学的观点，揭示了市场的实质，也能够说明现代市场发展的趋势与特点。

现代营销学之父菲利普·科特勒（Philip Kotler，1967）从"交换和关系"的概念中导出市场的概念。他认为，市场（market）是某种产品的实际购买者和潜在购买者的集合。这些购买者具有共同的需要和欲望，能够通过特定的交换得到满足。"营销者将卖家群称为行业（industry），将顾客群称为市场（market）。"② 市场营销学所研究的市场就是指具有特定需要或欲望，并且愿意和可能通过交换来满足这种需要或欲望的所有潜在购买者的总和。简单地讲，市场就是顾客，包括现实和潜在的所有顾客。因为市场营销学是站在卖方的角度研究买方，所以在卖方看来市场就是买方，即顾客。一个产品

---

① 卡尔·马克思，弗里德里希·恩格斯. 马克思恩格斯全集（第25卷）［M］. 中共中央马克思恩格斯列宁斯大林著作编译局，译. 北京：人民出版社，1974：718.

② 菲利普·科特勒，等. 营销管理（第15版）［M］. 何佳讯，于洪彦，牛永革，等译. 上海：格致出版社、上海人民出版社，2016：8.

没有市场，不是指这个产品没有一定的场所去卖，而是指没有愿意购买它的顾客。因此，一定时期消费者或顾客对某种商品有无支付能力和需求，也就决定了该种商品有无销路及销路大小，或称作有无市场或市场大小。

二、市场的构成要素

市场活动的中心内容是商品买卖，因而必须具备消费者、购买力和购买欲望三个基本要素。用公式表示就是：

$$市场 = 消费者 + 购买力 + 购买欲望$$

消费者是最基本的因素，没有消费者就不可能形成市场。购买力是指消费者购买产品和服务的能力。购买力是形成市场的重要条件，如果消费者缺乏购买力，市场就不存在，只能说有潜在的市场。购买欲望是指消费者购买商品的愿望、要求和动机。购买欲望支配消费者的购买行为，是购买力得以实现的必不可少的条件。倘若消费者对产品不感兴趣，缺乏强烈的购买欲望或动机，商品买卖仍然不能发生，市场也无法存在。因此，购买欲望也是市场不可缺少的构成因素。消费者只有对某种产品产生欲望，才有可能购买和消费。

消费者、购买力、购买欲望这三个构成要素相互联系、相互制约、缺一不可，市场是三个要素的统一。没有消费者就谈不上购买力和购买欲望，或者消费者没有购买力和购买欲望，也不能形成现实的市场。只有三个要素结合，才能促成买卖行为。因此，企业在开展市场营销活动时，需要充分了解消费者的需要、爱好、兴趣和购买力等，并据此来生产顾客所喜欢的产品以刺激顾客产生购买欲望。

三、市场的功能

市场的功能是指市场活动所具有的内在属性，具体表现在：

（一）交换功能

这是市场最基本的功能，离开了商品交换，也就不存在市场。商品生产者出售商品，消费者购买商品，以及经营者买进卖出商品的活动，都是通过市场进行的。市场不仅为买卖各方提供交换商品的场所，而且通过等价交换的方式促成商品所有权在各当事人之间让渡和转移，从而实现商品所有权的交换。

（二）实现功能

商品价值要靠市场来实现。当产品经营者把商品出售后，所得货币能够补偿生产过程中所耗费的劳动和物质；消费者取得产品，产品进入消费领域，成为现实的产品，那么商品价值就会得到完整的体现。如果商品卖不出去，或所得货币不足以补偿劳动和物质耗费，则价值就不能完全实现或不能实现，生产规模就会被迫缩小或中断。

（三）调节功能

市场通过供求、价格和竞争的作用调节各类生产要素在各个生产部门之间的布局和分配。通过市场竞争，调节商品的供求。通过供求与价格的相互作用，对生产者、经营者和消费者的买卖行为起调节作用，使生产、经营的规模和结构与消费需求适应，能促进社会资源合理配置。

（四）反馈功能

市场是信息汇集的场所，把交换活动中产生的经济信息传递、反映给交换当事人。市场信息是商品供应能力和需求能力的显像，是市场供求变动趋势的预示。社会分工越细，市场的这一功能也就越为重要。市场的信息反馈功能不仅为企业和消费者的微观决策提供依据，有利于更好地解决供需矛盾，也为政府宏观决策提供依据，有利于经济计划管理和加强宏观调控。

伴随着商业的发展，市场的作用也日益显著。商品流通领域的主要矛盾即供给与需求的矛盾，都要通过市场反映出来，并借助市场得以解决。市场是满足人们多种多样需要的手段，是社会再生产顺利进行的基本条件。社会再生产各个环节（生产、分配、交换和消费）的活动都离不开市场。市场机制的调节作用，有效地引导着生产和消费，并调节交换双方的经济效益，有助于促进国民经济持续、快速、健康地发展。

四、市场营销的概念

根据市场的定义，市场即顾客，因此，简单来讲，市场营销就是处理与顾客相关的一切。那到底什么是市场营销呢？相信你对市场营销一定不陌生。在家、在学校、在工作场所、在购物中心……在所有地方，在那些充斥了各种各样的广告和促销中，市场营销无处不在。许多人认为，市场营销仅仅是销售和广告。然而，销售和广告仅仅是市场营销的冰山一角而已。近年来，营销利用从网站、智能手机应用到网上社交网络和博客等不胜枚举的新方法来轰炸大众，其目的其实不在于吸引消费者的目光，而是直接地、个性化地影响消费者。任何市场营销活动背后都有为争夺你的注意力和购买力而通力合作的企业网络。今天的市场营销希望成为消费者生活的一部分，并且帮助消费者与它们的品牌建立联系。

菲利普·科特勒（Philip Kotler，1967）认为：市场营销（marketing）是个人或集团通过创造、提供和他人交换产品和价值，以获得其满足需要和欲望的社会和管理过程。[①] 美国市场营销学会（American Marketing Association，AMA，2007）的定义是：市场营销是一种企业管理职能，是为顾客创造、沟通和传递价值及管理客户关系的一系列活动的总称，营销活动的受益者是组织和利益相关者。于是，我们可以将市场营销定义为：企业为从顾客处获得利益回报而努力理解顾客、创造顾客价值并与之建立稳固关系的过程。由于市场环境和市场需求处在不断地变化之中，因此，任何一种成功的营销模式或营销策略都不可持续，市场营销是一门科学、一种行为和一项艺术。

五、市场营销的相关概念

为加深对市场营销内涵的理解，我们需要进一步认识与市场营销相关的一系列概念。

（一）需要、欲望和需求

理解顾客需要、欲望和需求，是市场营销过程的第一步。只有了解顾客，才能够找到为之提供最佳服务的目标市场，制定有说服力的价值主张来吸引和发展有价值的顾客。

需要（needs）是市场营销最基础的概念，指人们生理和心理上的匮乏状态，是人们与生俱来的基本要求。美国著名社会心理学家亚伯拉罕·马斯洛提出人类的需要包括五个层次，即生理需要、安全需要、归属与爱的需要、尊重的需要和自我实现的需要。消费者需要（consumer needs）是由于个体缺乏某种东西而产生的生理或心理上的不平衡状态。它是消费行为的基础，是市场营销的基石，没有需要就不会产生相应的消费行为。市场营销者可用不同方式满足人们的需要，但不能凭空创造需要，它们是人之所以为人的固有部分。

欲望（wants）是需要的表现形式，是指人们解决需要问题的倾向或选择。产生欲望的基础是需要。当需要没有得到满足时，就会引领人们寻找能够满足需要的目标或对象。一旦找到某个目标或对象，需要就转化为了欲望。也就是说，人们对具体购买的产品作何选择，并不完全由需要决定，而是取决于欲望，欲望决定着人们对具体需要满足品的选择。欲望受到文化和个性的影响。例如，一个需要食物的中国人对米饭、饺子和肉有欲望，一个需要食物的美国人则会对巨无霸汉堡包、炸薯条和软饮料有欲望。欲望由一个人的社会背景所决定，是明确表达的满足需要的指向物。市场营销者是无法创造欲望的，但是可以影响人们的欲望。市场营销者通过创造、开发和销售特定的产品与服

---

① 菲利普·科特勒，等. 营销管理（第 15 版）［M］. 何佳讯，于洪彦，牛永革，等译. 上海：格致出版社、上海人民出版社，2016：6.

务，引导和满足人们的欲望。在既定的欲望和资源条件下，人们会选择能够产生最大价值和满意度的产品。

需求（demands）指人们有支付能力，并愿意购买某个具体产品的欲望。即在得到购买能力的支持时，欲望就转化为需求。需求常指消费者对于具体某种商品的使用程度，包括是否会购买、购买数量、使用频率、使用时长等。市场营销者应该了解和掌握有多少人需要某种产品，并且知道有多少人有能力购买这种产品。

需要、欲望和需求三个概念相互联系，在实际使用中常常会相互替代。人的平衡状态一旦被打破，就会产生需要，需要会引导着寻找消除这种不平衡状态的目标（比如购买某种商品），一旦发现这个目标，就产生了欲望。欲望会引导我们继续行动，一旦有能力达到这个目标，需求就形成了。今天，成功的企业都会竭尽全力去了解、理解顾客的需要、欲望和需求，为此，他们往往需要进行认真的市场调查，分析大量的顾客数据，努力建立与顾客的紧密联系。

（二）产品、服务和体验

消费者的需要、欲望和需求通过市场提供物（market offerings）（即产品、服务和体验的集合）得到满足。市场提供物不仅仅局限于有形产品，还包括无形的服务如银行、航空公司、旅馆、美容美发、维修服务等。更广义地说，市场提供物还包括其他内容，诸如人员、场所、活动、组织、信息或观念等。例如，为了满足轻松、愉悦的需要，人们可以选择参加音乐会，听歌手演唱（人员）；到风景区旅游（地点）；参加聚会（活动）；参加俱乐部（组织）；或者参加研讨会，接受一些新的思想（观念）；等等。

移动互联网出现后，时代的更迭加快，催生出来的消费者需求变化也很快，当要求更高、更挑剔的新中产成为消费主力时，他们更加渴望体验更先进和高端的体验。品牌必须让自己跟着消费者同时完成升级，围绕着他们作出创新，以满足不断变化的消费者需求。消费者消费时是理性与感性兼具的，消费者在消费前、消费时、消费后的体验，才是如今市场营销研究的关键。在顾客体验中，企业提供的不仅仅是商品或服务，而且是最终体验，并充满了感情的力量，给客户留下了难以忘却的愉悦记忆。例如，到迪士尼乐园可不仅仅是观光，你和你的家人会沉浸在一个奇妙的世界中，一个充满梦想却又惟妙惟肖、特别真实的地方。产品是有形的，服务是无形的，而所创造出的体验更是令人难忘的。随着互联网经济的飞速发展，很多线上的体验及虚拟现实（Virtual Reality，VR）技术应用也得到了广泛的发展。精明的营销者必须精心整合产品和服务，为顾客创造品牌体验。

（三）交换、交易和关系

市场营销发生在人们决定通过交换关系来满足需要和欲望之时。交换（exchange）

是指从他人处取得所需之物，并以自己的某种东西作为回报的行为。人们获得满足需要或欲望之物可有多种方式，如自产自用、强取豪夺、乞讨和交换等。其中，只有交换的方式才能产生市场营销。市场营销者试图获得人们对某种市场提供物理想的反应。当然，该反应的表现形式并不局限于产品和服务的购买或交易。例如，乐队想吸引观众，一个社会活动小组希望得到创意支持等。交换是市场营销的核心概念，市场营销的全部内容都包含在交换的概念之中。

交易（transaction）是交换的基本组成单位，是交换双方之间进行的价值交换。交换是一种过程，在这个过程中如果双方达成了一项协议，就可称为发生了交易。交易是买卖双方对有价物品及服务进行互通有无的行为，它可以是以货币为交易媒介的一种过程，也可以是以物易物；如今随着互联网的发展，交易平台也不断发展，交易的多种形式也在发展当中。交易的重心在于从线下到线上，均围绕价值的确定性交换而展开。营销实质上就是为诱发目标人群对某种商品产生预期的交易反应而采取的种种行为。作为营销者，就是要研究交换的全过程，并采取相应的方式，促使产生交易。建立在交易基础上的营销，可称为交易营销。

为使企业获得较之交易营销所得到的更多价值，就需要关系营销。关系营销（relationship marketing）是营销者与有价值的顾客、分销商、零售商、供应商以及广告代理、科研机构等建立、保持并加强长期的合作关系，通过互利交换及共同履行诺言，使各方实现各自目的的营销方式。市场营销的内容包括与目标人群建立和维持合理交换关系的所有活动。其目的不仅仅是吸引新顾客和创造交易，而且是留住顾客并使他们与企业的业务不断增长。市场营销者希望通过持续递送卓越的顾客价值来建立牢固的顾客关系。与顾客建立长期合作关系，是市场营销的核心内容。今天的数字技术，从网站和博客到移动电话及其他无线设施，赋予了消费者能力并使市场营销成为一种真正的互动的活动，企业与顾客的关系越来越紧密。

六、营销观念的演变

企业的一切营销活动都受营销观念的支配和影响，它决定着企业营销行为的方向和经济效益。所谓营销观念，指的是企业制定经营决策，开展市场营销活动的基本指导思想，也称为营销管理哲学。它是一种态度，也是一种思维方式，贯穿于营销活动始终。营销观念的意义在于指导企业如何平衡顾客、企业和社会的利益。通常这三种利益相互冲突。针对环境和市场的变化，围绕对顾客、企业和社会利益的不同处理，企业有五种可供选择的营销观念：生产观念、产品观念、推销观念、市场营销观念和社会市场营销观念。

（一）生产观念

生产观念（production concept）认为，消费者会青睐买到价格低廉的产品。所以，管理应该集中于提高生产和分销效率。这种观念是最古老的营销管理导向，盛行于 19 世纪末 20 世纪初。在产品供不应求，市场选择甚少的条件下，只要价格合理消费者就会购买。具体表现是："我们能生产什么，就卖什么"。迄今为止，生产观念在某些情境下依然是行之有效的。例如，个人电脑制造商联想和家用电器厂商海尔通过低廉的劳动力成本、较高的生产效率和有效的大众分销，在竞争激烈、价格敏感的中国市场上占据垄断地位。尽管在有些情境下有效，但生产观念容易导致营销近视症（marketing myopia，即不适当地把注意力放在产品而不是市场需要上，在市场营销中缺乏远见，只看到自己产品好，看不到需求在变化）。采用这一导向的公司面临极大的风险，过于狭隘地聚焦于自己的运营而迷失真正的目标——满足顾客的需要和建立客户关系。

（二）产品观念

产品观念（product concept）认为，消费者会偏好那些具有最高质量、性能水平和富有创新特点的产品。该观念同样产生于 19 世纪末 20 世纪初产品供不应求的卖方市场。在奉行这种观念的企业中，市场营销往往集中于持续的产品改善，相信"酒香不怕巷子深""皇帝的女儿不愁嫁"，具体表现为：质量比需求更重要。但是，如果仅仅聚焦于企业的产品，则可能患上营销近视症。例如，太阳神集团从 1988 年创业开始，其主打的产品就是太阳神生物健口服液和猴头菇口服液，这两种产品创造了太阳神的辉煌，使其从一个名不见经传的小小口服液生产厂家，成长为行业大佬，占据市场 63% 的份额。可是在随后的 10 多年里，太阳神不重视消费者的需求和市场的变化并作出适当的反应，几乎就再也没有推出过一个成功产品。太阳神的两大支柱产品自然出现老化，最终淡出了历史舞台。

（三）推销观念

推销观念（selling concept）认为，如果不采用大规模的促销努力，消费者就不会购买足够多的产品。此观念盛行于 20 世纪 30 ～ 40 年代，卖方市场向买方市场过渡的阶段，产品供大于求，企业必须积极努力推销，具体表现是："我们卖什么，就让人们买什么。"推销观念认定消费者不会因自身需要和欲望主动购买，必须经由推销刺激才能诱使其采取购买行动。在推销观念指导下，企业致力于产品推广与广告活动，以期获得充分的销售量和利润。例如，珠海巨人集团于 1994 年创立脑白金品牌。1995 年，由于管理不善，巨人集团濒临破产。1999 年，史玉柱以一句仅仅 10 秒的洗脑广告词"今年过年不收礼，收礼还收脑白金"立刻打响了知名度，30 天卖了 1 亿元的产品。脑白金的畅销不仅全面解决了巨人集团的危机，更是让脑白金成为一代人的记忆，在数年时间内，脑白金成为中国大陆知名度最高和身价最高的保健品品牌之一。一个保健品卖到百亿销售额主要就是得益于其成功的广告策略。通常，推销观念适用于非渴求产品——那些在正常情况下，消费者不会主动想到要购买的产品，如保险等。这些行业必须善于追踪潜在顾客并向他们宣传产品利益。然而，这种观念常常是销售公司所制造的产品，而不是制造市场所需要的产品，只关注达成销售交易，但忽视顾客是否满意、是否会重复。这样的推销通常具有较高的风险。

（四）市场营销观念

市场营销观念（marketing concept）认为，实现组织目标的关键在于比竞争对手更好地了解目标顾客的需要和欲望，并使顾客感到满意。此观念形成于 20 世纪 50 年代，在市场营销观念指导下，顾客导向和创造价值是通往销售和利润的必由之路。与以企业为中心的"生产（产品）—销售"哲学不同，市场营销观念是以顾客为中心的"市场—生产—销售"哲学，采用由外而内的视角。其任务不是为你的产品发现合适的顾客，而是为你的顾客发现恰当的产品。

市场营销观念以正确界定的市场为起点，关注顾客的需要，整合所有影响顾客的市场营销活动；通过在顾客价值和满意的基础上，与合适的顾客建立持久的关系产生利润。奉行市场营销观念通常要求企业不仅仅对顾客明确表示的愿望和显而易见的需要作出反应。顾客导向的企业应深入地研究当前顾客，以了解他们的愿望，收集新产品和服务的创意，测试和不断改善产品。当市场上存在很清晰的需要，或顾客知道自己想要什么的时候，这种顾客导向的市场营销通常很有效。但是，在很多情况下，顾客并不清楚自己到底想要什么，甚至是可以要什么。例如，在 20 年前，有多少消费者想得到现在非常流行的诸如平板电脑、智能手机、24 小时网上购物以及车载卫星导航系统等产品？这些情境要求顾客导向的市场营销甚至比顾客自己更好地理解顾客的需要，并创造产品和服务满足现存和潜在需要。

随着智能手机的普及和移动互联网渗透率的增长，人们能够随时随地进行线上活动，微信、微博、电子商务、移动支付等逐渐成为人们生活中不可或缺的部分。数字技术正在深刻改变人们的生活方式和业务能力。在数字环境下，市场营销的重心已经从"供应商视角"转换到"消费者视角"，消费者开始主导交换过程。只有能够快速调整供应去满足消费者需求，秉承市场营销观念的企业和品牌才能够获得成功。

（五）社会市场营销观念

社会市场营销观念（societal marketing concept）认为，单纯的市场营销观念忽略了消费者短期欲望与其长期福利之间可能存在冲突。该观念产生于 20 世纪 70 年代，在消费者健康和社会责任的消费主张日益突出的形势下，企业从"牟利者"变成"谋福利者"已不是一个倡导，而是必须做的事。市场营销应该以维持或改善消费者和社会福利的方式向顾客递送价值。这要求可持续的市场营销，即承担社会和环境责任的市场营销，强调满足顾客和企业当前需求的同时也保护或增强后代满足需求的能力，是市场营销观念的修正和补充。

人们的消费理性回归，让许多优秀的企业倡导社会需求，强调以同时创造社会价值的方式创造经济价值。诸如京东、支付宝、康师傅、通用电气、谷歌、强生、雀巢、联合利华和沃尔玛等越来越多的企业重新思考企业经营业绩与社会价值之间的相互关联，努力创造社会价值。例如，康师傅集团的助残公益；康师傅的可持续发展理念是"家园长青，健康是福"，谋求企业发展与环境保护共赢；康师傅满足消费者对营养健康饮食的追求，用"欢乐饮食"为创造美好生活服务。康师傅以产品和营销等方面的创新拥抱消费升级，以"永续经营，回馈社会"自觉承担企业责任，实现了自身发展与环境、消费者和社会的良性回馈。如今的企业关心的不仅仅是短期经济收益，还有顾客的福利、对企业至关重要的自然资源枯竭、重要供应商的行为，以及自己的生产和销售活动对所在社区经济福利的影响。今天的消费者已经不满足于仅仅关注产品本身，他们还关注生态环境、公平贸易，关心他们消费的商品是怎么被生产出来的。他们用实际行动，支持拥有道德生产理念的品牌，这正在成为一种新的时尚态度。企业若想用善意拥抱自己的顾客，为自己赢得高质量、高价值增长，就需要真正了解自己的顾客，拥有足够的消费者洞察，不然就是一场灾难。

五种营销观念即五种营销管理哲学的产生和存在，有其历史背景和必然性，是与一定的条件相联系、相适应的。五种营销观念也对应着不同的营销时代，呈现出不同的特点，如表 1 – 1 所示。

表1–1 　　　　　　　　　不同营销时代营销观念对照

营销时代	营销观念	营销顺序	重点	手段	目标
营销1.0	生产观念	产品—市场	产品	生产效率	销售量、利润
	产品观念			产品质量	
	推销观念			销售技巧	
营销2.0	市场营销观念	市场—产品	顾客需求	市场营销组合	通过满足消费者需求，企业获取利润
营销3.0	社会市场营销观念	市场—产品	顾客内心需求社会福利	整体营销	通过满足人的需求，增进社会福利，企业获得效益
营销4.0	社会市场营销观念	市场—产品	顾客价值观	数字营销	通过价值共创，赢得用户拥护，企业获得效益

菲利普·科特勒（Philip Kotler，2011）将营销划分为 4 个时代。营销 1.0 时代是以产品为导向的时代，以企业为中心的传统营销观是其指导理念。这个阶段以大众营销为

核心，只是简单地满足需求，营销的顺序是产品—市场。企业主要关注如何提高生产效率和规模化生产，以实现成本优势；重点在于提高产品质量，通过广告宣传和促销活动来推销产品，以提高销售量和市场份额；特点是单向传播、标准化产品、大众市场、价格竞争和短期利润导向。

营销 2.0 时代是以消费者为导向的时代，以消费者为中心的现代营销观是其指导理念。这个阶段以分众营销为核心，强调了满足消费者需求的重要性，营销的顺序是市场—产品。市场营销的意义发生了一场革命，这不是大众营销，而是微营销。企业开始注重市场细分和目标受众定位，通过市场营销组合手段，以满足不同消费群体的需求；强调企业应该根据消费者需求和期望，制定相应的产品和营销策略，以提高用户满意度和品牌忠诚度；特点是目标导向、差异化产品、定制化服务、品牌建设和长期关系导向。

营销 3.0 时代是以价值为导向的时代，以社会长远利益为中心的现代营销观是其指导理念。这个阶段以精准营销为核心，营销不仅要满足消费者当下的需求，还要兼顾社会长远的利益，营销的顺序是市场—产品。在这个阶段，企业需要通过不断优化产品和服务，提高用户体验和满意度，并注重社会责任和可持续发展；通过整体营销活动，即视企业为一个整体，全部资源统一运用，更有效地满足消费者需要。强调企业应该为消费者创造价值和服务，以实现互惠共赢的合作关系；特点是共同体导向、品牌信任、创新营销、社会责任和可持续发展。

营销 4.0 时代是以人为导向的时代，以社会长远利益为中心的现代营销观是其指导理念。这个阶段以创意营销为核心，以大数据、社群、价值观营销为基础，企业将营销的中心转移到如何与消费者积极互动、尊重消费者作为"主体"的价值观，让消费者更多地参与到营销价值的创造中来，营销的顺序仍是市场—产品。在这个阶段，企业需要跟随数字化趋势，利用人工智能、大数据、物联网等技术手段，实现精准化、个性化、交互式的营销目标，即采取数字营销的手段；强调企业与消费者开始协同合作，共同创造价值甚至利润分享；特点是数据驱动、个性化定制、内容营销、社交媒体和移动营销。

由于诸多因素的制约，当今市场经济发达国家的企业，也并不都是树立了市场营销观念和社会市场营销观念的，还有许多企业仍然以产品观念及推销观念为导向。我国企业的经营观念，也仍然处于以推销观念为主、多种观念并存的阶段。在数字经济时代，媒体、消费者、企业各自发挥作用，数字网络技术正在重塑营销传播的生态环境。通过广告、营销、品牌，数字网络技术正在彻底颠覆既有的理念、模式、职业乃至行业。为适应数字环境和消费者的变化，企业必须快速调整自己，树立现代意识的市场营销观念、社会市场营销观念。

小链接 1 - 1

李锦记：思利及人，履行社会责任不停歇

1888 年，李锦记创始人李锦裳先生在珠海南水偶然发明蚝油，自此至今已 132 年，李锦记也从当初的小茶寮发展成为拥有 200 多款产品、远销 100 多个国家和地区的跨国酱料集团。发家珠海、植根香江、走向世界，但李锦记始终心系家乡、胸怀祖国。"思利及人"四个字，浓缩了李锦记独特的企业文化，也是李锦记贯彻至今的"企业信条"。它是指做任何事情之前，首先要考虑事情会带给他人的利处。在高速发展中，百年民族品牌李锦记肩负民族使命，履行企业社会责任，从未停歇。从 1990 年至今，李锦记敬老扶贫、兴医兴教、援乡建桥，为广东省乃至全国的公益事业累计捐资逾亿元。

资料来源：佚名. 扶贫济困日——李锦记"扶智 + 扶志"，助力教育脱贫 ［EB/OL］. ［2020 - 06 - 28］. https：//www. sohu. com/a/404512129_119778.

第二节　数字营销认知

一、什么是数字营销

数字技术驱动数字营销平台的产生，数字营销平台的产生使传统媒体平台和传统营销逐渐被边缘化，并催生出数字营销。数字技术的发展，推动着人们进入虚拟现实的生存状态，数字营销逐渐成为数字经济时代最重要的营销手段。虚拟生存的时代背景所呈现的形态与发展前景是数字营销存在的基础与前提。

（一）数字营销的内涵

数字营销是个内涵丰富、学科交杂的大熔炉，杂糅在市场营销学、传播学、管理学三个学科的相关研究之中。数字营销一开始以"互联网广告"的名称出现，即后来的新媒体广告。随着数字技术的发展，数字营销逐渐形成了明显区别于传统广告的传播特征。由于数字营销的生存与发展以虚拟现实为背景，呈现出多种媒体的存在方式、精准互动的运行方式和丰富多元的全域内容等表象特征，因而需要从技术的本质上加以理解。张廷茂（2000）提出，数字营销是基于互联网和电脑通信技术、数字交互式媒体来实现营销目标的一种营销方式。[①] 王霆、卢爽（2003）提出，数字营销是以计算机信息

[①] 张廷茂. 网络营销 ［M］. 石家庄：河北人民出版社，2000：291.

网络技术为基础，通过现代电子手段和通信网络技术（主要是 Internet），有效地调动企业资源开展市场营销活动，以实现企业产品和服务有效销售的一系列企业活动过程。[①] 姚曦、秦雪冰（2013）提出，数字营销是以数字化技术为基础、通过数字化手段调动企业资源进行营销活动以实现企业产品和服务的价值过程。[②] 坎南等（Kannan et al.，2017）从技术角度出发，将数字营销定义为"一种适应性技术驱动的过程，在这个过程中，企业、顾客和合作伙伴一起协同，为所有利益相关者创造、传播、交付和维持价值，是借助互联网、信息通信技术和互动媒体，有效地撬动企业资源以开展营销活动，继而实现营销目标的一种新型营销模式"。[③] 从技术视角看，数字营销包括线上和线下数字渠道，是把产品或服务的价值交付给消费者个人的过程。美国营销协会（AMA，2021）指出，数字营销是通过数字化设备或媒介而开展的营销活动，这些活动通常会借助于网页、搜索引擎、博客、社交媒体视频、邮件和其他相似的数字渠道来接触顾客。

综上所述，数字营销是以数字化技术为基础的一种营销方式，借以实现企业的产品与服务价值，满足消费者需求与企业盈利的目标。于是，我们可以将数字营销（Digital Marketing）定义为：利用网络技术、数字技术和移动通信技术等技术手段，借助各种数字媒体平台，针对明确的目标用户，为推广产品或服务、实现营销目标而开展的精准化、个性化、定制化的实践活动，它是数字时代与用户建立联系的一种独特营销方式。数字化作为方法和手段存在，数字营销的本质依旧是营销，不过是营销理论在新技术背景下的发展与升级。作为数字经济时代的一个重要代表，数字营销所蕴含的巨大的影响和价值需要我们不断去探索。

（二）数字营销的特征

随着数字营销的不断演进，企业如今拥有了前所未有的机遇来深入理解顾客、创造个性化体验，并实现精准的市场定位。作为数字时代一种独特的营销方式，数字营销也展现出深度互动性、目标精准性、平台多样性和服务个性化、定制化等特征。

1. 使用数字媒介

数字媒介就是以数字的形式存在的内容，存储、传输、接收数字媒体内容的设备，如我们常见的滴滴、支付宝、淘宝等数字平台和健康码等小程序。使用数字媒介是数字营销的前提，如果不使用数字媒介，数字营销的其他特征就都无从谈起。每种媒介都有相应的传播属性，大众传媒的广告是一对多的单向传播；社交媒介的发展让数字营销实现了再一次革命——互动式传播。收费模式也不同。数字营销是 PPC（Pay per click）

---

① 王霆，卢爽. 数字化营销［M］. 北京：中国纺织出版社，2003：3.
② 姚曦，秦雪冰. 技术与生存：数字营销的本质［J］. 新闻大学，2013（6）：58 – 63.
③ Kannan，P. K. Li. H. A. Digital marketing：A framework，review and research agenda［J］. International Journal of Research in Marketing，2017（1）：22 – 45.

收费模式，营销者可以按人次购买数字媒介。传统广告是按照时段或版面整体性购买。这种收费模式意味着数字营销的传播是以个体为单位的。2004年脸书（Facebook）的成立标志着互联网进入社交时代。之后，电商平台、视频平台（短视频、直播平台）、新闻聚合平台、通过互联网传输内容（Over-the-top，OTT）的智能电视、数字户外媒体等层出不穷，一次又一次带来数字营销的创新。数字媒介的数字化属性为数字营销的创新传播提供了物质平台、条件和基础。

2. 数字技术支持

数字技术是指在处理或存储数据和完成许多其他功能时所应用的电子工具、设备、系统和资源，目的在于提高效率。其包含传统意义上的信息化技术、互联网技术等领域，也包含诸如大语言、数字孪生、虚拟仿真、量子计算等技术。数字技术支持是数字营销创新和发展的最重要的推动力。从司科特（Scott Brinker，2019）发布的营销技术（Martech：marketing 和 technology 的合成）生态图来看，营销技术分为六大门类和49个小类。六大门类分别为数字广告和促销技术、商务和销售管理、内容和客户体验管理、数据管理及技术、营销资源管理、社交媒体和用户关系管理。第一大类数字广告和促销技术，包括程序化广告、原生/内容广告、移动营销、搜索和社交广告、视频广告等数字营销所使用的工具和技术；第二大类商务和销售管理所使用的工具和技术，包括联盟营销及管理、电商营销、零售及近场营销等；第三大类内容和客户体验管理所使用的工具和技术，包括数字内容和网站体验管理、内容营销、电子邮件营销、搜索引擎优化等；第四大类数据管理及技术，包括第三方数据服务、客户数据平台、云服务、营销效果分析及归因、移动及网站分析等；第五大类营销资源管理所使用的工具和技术，比如预算及财务管理、跨部门协同、项目及工作流管理、精益与敏捷产品管理等，虽然与数字营销的关联性较弱，但后台的内部管理系统数字化能支持数字营销的实现；第六大类社交媒体和用户关系管理的相关技术，包括目标客户营销、客户关系管理、线下及在线会议、聊天机器人改变客户服务等。对企业而言，掌握数字营销技术成为推动企业发展的重要能力，它不仅可以帮助企业与用户建立连接、增加产品销量，也是企业持续创新和发展的重要手段之一。

3. 精准互动传播

点对点的精准传播和互动传播的数字营销是基于数字媒介的特点以及数字技术的支持。数字营销在发展过程中完成了两次关键性的迭代，一是社交媒体的发展使得数字营销具有了互动传播的属性，二是程序化购买平台的发展使数字营销实现精确传播。数字营销由信息告知式转变为参与互动式。如何与消费者积极互动，使消费者更直接地参与到品牌价值的构建中，是企业在数字营销时代的营销新中心。营销者通过数字技术与消费者形成持续性的、覆盖全生命周期的互动沟通。社交媒体和网络平台已成为数字化营销的重要渠道，通过社交媒体，企业可以直接与消费者互动，扩大品牌影响力。精准性成为数字营销的又一个重要特征。随着 AI 和大数据技术的发展，通过程序化购买模型，未来的数字化营销将更加精准，能够更深入地理解消费者需求，实现个性化推荐和定制化服务。数字营销通过自动化和智能化手段，提高了营销效率。例如，通过大数据分析，企业可以精准地找到目标客户群体，减少无效的广告投放。数字营销不需要通过多次反复暴露来加强受众的印象达成有效认知；能与一个有潜在需求的、极有可能成为顾客的受众不仅仅完成一次信息传播，而是建立了一个连接关系。顾客资源是企业最重要的资源。传统营销时代，顾客是天上的流云，看得到却抓不到，在数字营销时代，企业可以通过构建自己的数据系统来对顾客实施数字化的管理，实现营销的深度互动性、目标精准性和服务个性化与定制化。

（三）数字营销的功能

引流、连接和转化是数字营销的三大功能，是企业顾客资产的建构过程。数字营销的功能就是通过精确互动传播实现顾客关系的全生命周期管理。

1. 顾客引流

数字营销通过使用数字传播渠道来推广产品和服务，以一种及时、相关、定制化和节省成本的方式与消费者进行沟通，从而实现引流。引流是发现那些对产品有潜在需求的消费者。搜索引擎是最有效的、发现潜在消费者的数字媒介，我们可以将其定义为主动需求型媒介。搜索行为是受众的主动行为并反映了其内在需求。

2. 私域连接

数字营销基于数字技术和数据管理系统可以捕捉到这个流量的信息并将它们贮存在数据平台，然后通过程序化平台精确地瞄准这个流量，在他下次出现的时候再次与他进行沟通。私域流量越来越成为商家竞争的关键因素，尤其是在近两年的电商大促活动中，私域的作用体现得非常明显。企业通过数字技术有效地把诸如视频号、抖音、B站、快手、小红书、知乎、微博、今日头条 8 大公域平台公域流量导入自身的私域，包括社群、公众号、小程序、App、个人微信号等渠道。营销者甚至可以通过各种激励手段将这个流量纳入企业的私域流量池进行更精细地沟通互动，从而将弱连接升级为强连接。与目标消费者建立并保持连接体现了数字营销的精髓。

3. 销售转化

销售转化可以发生在第一次接触，也可以是多次接触或者是从公域流量转到私域流量池之后经过深度沟通后的销售转化。数字营销方式在相当程度上减少了潜在消费者流失的可能性。数字营销的每次接触可以将信息的传达与销售连为一体，电商平台的发展使得那些产生消费欲望的消费者可以随时随地实现消费行为。营销者可对私域流量池的消费者进行深度的品牌教育和针对性的激励，促进销售转化。转化后，营销者通过售后服务和有计划的互动沟通保持与顾客的连接，推动顾客的重复消费，甚至通过顾客基于社交平台的消费体验分享引进更多的流量。这种沟通在以前可能会因为高额的人工成本使企业放弃顾客的维护，但当下基于人工智能的支持可有效地将成本控制在较低的水平，从而使得顾客关系管理成为一种真正有效益的营销手段。

二、数字营销的发展历程

1969 年，美国军方推动了阿帕网的诞生，人类从此进入互联网时代。1978 年，第一个广告邮件发出，这是数字营销最早的缘起。1994 年，美国电话电报公司（AT&T）在网站上刊发了互联网历史上第一条横幅广告，这是广告史上里程碑式的一个标志。由此开始，现代意义上的数字广告展示位开始大量售卖，人们也逐渐意识到互联网的营销价值。1978 ~ 1994 年，我们认为是数字营销的萌芽阶段。在这个阶段，数字营销的前身互联网广告正式进入发展期。阳翼教授将数字营销从 1994 年至今的发展划分为了四个阶段。

（一）1994 ~ 2001 年：基于 Web1.0 的单向营销阶段

20 世纪 90 年代初，万维网（World Wide Web）诞生，互联网（Internet）真正变成了全球互联网，开始走进人们的生活。Web 1.0 是互联网最早版本的术语，从技术角度来说，Web 1.0 的网页是"只读的"，网页信息不对外部编辑，用户只能单纯地通过浏览器获取信息，只有网站管理员才能更新站点信息。营销仅仅是单向传播，这时期的互联网的弄潮儿，代表的门户网站有雅虎、新浪、搜狐、网易和腾讯。1997 年，伊桑·祖克曼（Ethan Zuckerman）发明弹窗广告（Pop - Up），即在电脑桌面右下角一直弹出的广告；2000 年 3 月，安迪·维尔考斯卡斯（Andy Vilcauskas）推出背投广告（Pop - Under），即打开网站页面时在当前页面的背后弹出的一个窗口广告；2002 年，门户网站大尺寸广告、垂直分类广告、腾讯 QQ 启动弹出式广告、消息式广告出现。搜索引擎也是 Web1.0 时代的重要参与者。企业开始利用互联网展示自己的产品和品牌，搜索引擎自然成为引导用户找到产品或企业信息的重要途径，于是搜索引擎广告应运而生。搜索引擎广告也被称为关键字广告，是指广告主根据产品或服务的内容、特点等确定相关的关键词，撰写广告内容并自主定价投放的广告。例如，雅虎对推广结果和自然结果进行严格区分，在右侧呈现广告链接，且在搜索结果上部用蓝色背景颜色标注，并标识为"推广链接"。

在这一阶段，互联网内容创造由网站主导，用户没有交互权，广告以单向传播为特征，用户被动接受网站上的营销信息，主要运用展示类横幅广告、弹出式广告、搜索引擎广告等，营销的理念则是以销售产品为主要目的。

（二）2002～2012 年：基于 Web2.0 的互动营销阶段

互联网的第二次迭代被称作 Web2.0，也就是"可读写"网络。与 Web1.0 单向信息发布的模式不同，在 Web2.0 时代，用户不仅可以浏览，也可以自己创建内容并上传到网络。Web2.0 时代的重要标志就是社交媒体的兴起。2002 年，Friendster（交友网，全球最大的社交网站之一）开启了社交网络服务（Social Networking Services，SNS）的第一波浪潮，后来聚友网（Myspace）、脸书（Facebook）、人人网、开心网、微博等网站的成熟，标志着社会化媒体正式崛起。社会化媒体赋予用户表达和传播的权利，数字营销从单向营销阶段进入了互动营销阶段，用户既是网站内容的浏览者，也是网站内容的制造者或参与者。在社交媒体上，消费者分享自己的生活，展示自我的个性，与企业或品牌互动，也会分享自己对产品或服务的体验。企业应用社交媒体，可以实现提升企业的网络曝光率、减少整体营销预算投入、吸引更多业务合作伙伴、带来高质量的销售机会、促进具体业务成交、提升客户管理和危机攻关能力等目的。随着网络视频用户规模的扩大，互联网视频营销形成。网络视频因覆盖人群范围广泛、表达方式丰富，广告价值大幅提升。

基于 Web2.0 的数字营销更多地体现在沟通与传播上，是企业信息、产品信息、品牌信息、营销信息等在与消费者沟通传播，进而与消费者建立关系上的创新。广告最重要的效果体现是互动，互动意味着消费者看到了，有反应了，有回馈了，无论是正向的还是负向的。互动意味着广告主可以和消费者进行沟通，了解顾客的需求。因此，互联网逐步成为企业营销的重要渠道，广告主将更多的广告预算投入从线下媒体转移到线上媒体。

（三）2013～2016 年：基于大数据的精准营销阶段

在这个阶段，数字营销和传统网络营销正式分道扬镳，互联网广告正式进化为数字营销，基于大数据的程序化广告系统平台推动数字营销进入精准传播时代。2008～2011 年，国内在程序化广告领域处于摸索阶段，悠易、品友互动、传漾等企业进入程序化广告（Programmatic Advertising，是指广告主通过数字平台，从受众匹配的角度由程序自动化完成展示类广告的采买和投放，并实时反馈投放分析的一种广告投放方式，实现了整个数字广告的自动化）领域。2011 年，阿里妈妈推出面向全国的广告交易平台，正式揭开营销平台程序化广告浪潮。2012 年被大家称为中国程序化广告的元年，像舜飞、易传媒、聚效广告平台、品友互动平台等都发布了自己的数字信号处理（Digital Signal Processing，DSP），谷歌旗下的双击科技（Double Click）在中国正式上线。自 2013 年起，无论是学界还是业界，都开始将视线聚焦于大数据，故 2013 年被称为"大数据元年"。2013 年，腾讯、百度、优酷、土豆、新浪等相继进入程序化广告的市场，通过程序化购买，互联网广告实现了精准投放。利用大数据技术，通过手机消费者在门户网站、搜索引擎、智能手机中安装的 App 等留下的数据，企业可以挖掘获得消费者的习惯、偏好等信息。从某种意义上说，企业甚至可以做到比消费者更了解他们自己，因此，企业的营销可以做到有的放矢，更加精准化，在降低营销成本的同时还提升了消费者的体验和营销效果。例如，阿里通过收购优酷土豆，并与阿里妈妈的数据对接，在视频内容中植入广告，让用户可以在观看的同时进行网购，并且可以随时随地分享到社交媒体平台；腾讯整合自己的社交媒体广告资源，利用其大数据库（Data Management Platform，DMP）为客户进行资源和广告投放的更优配置，使得社交媒体广告更加细分精准。

大数据技术的应用和程序化广告系统平台的推动使得收集和分析用户搜索、浏览、点击、购买和共享等数据变得可行，基于这些数据的"用户画像"帮助企业精准了解用户的需求和偏好，从而使营销活动更加集中和高效，使品牌得到充分有效的展示。

（四）2017 年至今：基于人工智能的智慧营销阶段

1956 年达特茅斯会议召开标志着人工智能的正式诞生；2016 年 Alpha Go（阿尔法围棋）击败李世石，人们开始接受人工智能；2017 年为人工智能应用元年，人工智能在交通、医疗、金融、教育等领域全面渗透。人工智能智慧营销是一种基于人工智能技术的营销解决方案，它通过大数据分析、自然语言处理、机器学习等技术手段，实现对目标客户群体的精准定位和个性化营销。人工智能智慧营销的原理是通过对大量数据进行深度挖掘和分析，找出潜在客户的需求和痛点，进而制定出针对性的营销策略。这种策略具有极高的针对性和有效性，能够大大提高营销效果。例如：饿了么推出语音点餐系统，依托智能语音系统，通过语音交互实现点餐流程，以最大限度节省点餐时间和人力成本；阿里巴巴开发人工智能设计师鲁班在学习了淘宝和天猫平台海量的海报作品以后，每秒能自动创作 8000 张海报后向不同的用户推送不同的海报，实现千人千面，不论是成本控制还是作业效率都显示出惊人的能力。

人工智能营销能够及时有效地洞察和预测用户需求，监测评估营销效果，提高营销的精准度和灵活性，促进企业与用户的互动交流。这不仅能够帮助企业提升营销活动效率，降低营销成本，增加销售收入，改进产品和服务，还能够帮助用户减少搜索和等待时间，使其更容易获取感兴趣的信息、产品和个性化的服务，提高其咨询和购物效率，从而在营销过程中实现企业与用户的价值共创。人工智能智慧营销凭借其强大的功能和优势，正在引领着营销的新潮流。

三、数字营销的方式

数字媒介和数字技术及其应用的多样性决定了数字营销种类繁杂。从技术发展的视角来看，数字营销的方式与技术的进步是紧密相连的。从最初的电子邮件营销，到搜索引擎营销、社交媒体营销、内容营销，再到现在的大数据营销和人工智能营销，每一次技术的进步都推动数字营销方式的变革和发展。数字营销如今已经超越了传统广告和市场营销的界限，变得越发多元和复杂。在这个数字时代，企业和品牌必须在各种渠道上展开活动，以吸引不同种类的受众。数字营销的多种方式所构成的错综复杂的网络，蕴藏着无限的机会和挑战。

（一）电子邮件营销

电子邮件营销（Email Marketing）是通过向用户发送有针对性的电子邮件来进行推广和营销活动。企业可以通过定制化的邮件内容，向特定目标群体发送产品推广、促销活动、新闻资讯等信息，吸引用户的关注和购买兴趣。电子邮件营销可以提高营销投资回报率，通过良好的邮件营销策略和技术工具，使邮件发送更加精准、高效，提高收件人的打开率和点击率。在企业数字营销中，更好地运用和理解电子邮件营销是建立客户互动、提高品牌忠诚度以及促进销售的关键。电子邮件营销是数字营销中的翘楚。据估计，91%的美国消费者每天都要使用电子邮件。而且，电子邮件的使用已不再局限于电脑和工作站终端，如今，65%的电子邮件是在移动设备上打开和阅读的。电子邮件营销是一种高效的工具，大多数一流的营销商经常运用电子邮件营销，并取得很大的成功。电子邮件让营销者将具有高度针对性、个性化和有利于建立关系的信息传递给顾客。现在，电子邮件绝不像以前那种只有文字的邮件一样古板无趣。它们多彩多样，引人入胜，个性化且具互动性。不过，随着电子邮件营销被越来越广泛使用，它的负面影响（spam，垃圾邮件）也逐渐显现出来。垃圾邮件泛滥，已经激起了人们的不满和愤怒。为了解决这个难题，大多数合法的营销者目前正在实施获得许可的电子邮件营销，仅向那些"选择加入"的顾客发送电子邮件广告。许多公司使用结构化电子邮件系统，让消费者选择他们想要接收的信息。

（二）搜索引擎营销

搜索引擎营销（Search Engine Marketing，SEM）是一种通过在搜索引擎中购买关键字广告，以提高企业网站在搜索引擎中的曝光度和点击率来实现推广和营销目标的方式。搜索引擎营销是通过搜索引擎营销网站实施的行为，包括提升自然排名、广告付费排名，或者这两种方式的结合，以及其他和搜索引擎相关的行为。更简单地说，是指一系列能使网站在搜索引擎上变得明显的营销技术，这样能吸引目标受众访问网站。这些技术包括搜索引擎优化（search engine optimization，SEO）和按点击付费（pay-per-click，PPC）。搜索引擎优化（SEO）是指通过对网站的标题、结构、内容等要素进行合理的设计，采用一系列技术手段使网页在自然搜索结果中获得较高的排名，方便用户及时有效地获得信息。搜索引擎优化就是通过提高网站在搜索引擎中的排名，吸引更多的流量和潜在客户的一种营销方式。按点击付费（PPC）是指企业购买相关的关键词，当用户输入与关键词相关的搜索请求时，页面的付费结果栏会出现企业放置的网页。竞价排名的基本特点是按点击付费，广告出现在搜索结果中（一般是靠前的位置），如果没有被用户点击，则不收取广告费；在同一关键词的广告中，每次点击价格最高的广告排在第一位，其他位置同样按照广告主自己设定的广告点击价格来决定广告的排名位置。因此，有效地管理付费广告是核心，应优化广告投放策略以确保广告效果最大化，并确保广告文本与目标受众的需求和搜索意图相匹配。搜索引擎营销是一种网络营销形式，它可以根据用户使用搜索引擎的方式，利用用户检索信息的机会尽可能将营销信息传递给目标用户。其在企业数字营销中扮演着至关重要的角色，是提高在线可见性、吸引流量和促进销售的强大工具。

（三）社交媒体营销

社交媒体营销（Social Media Marketing，SMM）是利用社交媒体平台进行产品推广和品牌营销的策略和方法。社交媒体平台涵盖微博、微信、抖音、QQ、脸书（Facebook）、照片墙（Instagram）、推特（Twitter）等。无数独立的商业化社交网络应运而生，为消费者提供了一个可以彼此聚集、社交并交换想法和信息的网络虚拟空间。如今，几乎所有人都在微信、微博和抖音上交流互动以拉近彼此的关系。这些社交媒体平台具有庞大的用户基数，为企业传播信息提供了广阔的舞台。大多数品牌，无论大小，在许多社交媒体上都建立了网页和链接。通过社交媒体，企业发布有趣、有用和有价值的内容，吸引用户的关注和参与，可以实时与消费者互动，了解市场需求和消费者反馈，提升品牌知名度和用户黏性。社交媒体营销可以通过精准定位和定制化的广告投放，将企业的广告推广强化到特定的目标受众群体中，提高广告投放效果。现在，每种兴趣、爱好、群体已经至少有一个对应社交媒体网络，社交媒体可以创造巨大的品牌社群。例如：中国互联网已经全面进入微博时代，新浪微博、腾讯微博、网易微博和搜狐微博的注册用户总数已经突破 6 亿，每天日登录数超过了 4000 万。大多数企业以微博作为营销平台，每一个听众（粉丝）都是潜在的营销对象，企业利用更新自己的微型博客向网友传播企业信息、产品信息，或者发布大家感兴趣的话题，与大家交流互动，树立良好的企业形象和产品形象。社交媒体不仅仅是互动、讲故事和创造联系，它们可以对企业产生切切实实的影响。例如，星巴克曾推出社交媒体促销活动，顾客买一杯早餐饮料，就可以得到一份免费的糕点。结果约100万人到店，获得了极大的成功。

（四）内容营销

内容营销（Content Marketing）是通过创造和传播有价值的、与顾客需求一致的内容信息来吸引、获取和挽留目标顾客的一系列策略，最终帮助企业实现促进顾客购买、强化企业定位和提升品牌形象等营销目标。其中，内容信息通常是字、图片、音频、视频信息或其某种组合，而且企业、消费者、关键意见领袖和其他利益相关者都可以参与内容的创造，并在数字媒体中自由传播和分享这些内容。内容是信息本身，往往通过不同的呈现方式和载体表现出来。具体而言，内容既包括企业在自有媒体上发布的博客、网络研讨会、电子书和白皮书，又包括企业在自有媒体之外的媒体（如付费媒体）上所发布的任何信息。在纸质媒介时代，企业往往通过报纸、杂志等出版物传播相关信息；在广播电视媒体时代，企业争相投放电视广告，借此进一步拓宽广告内容的传播范围。在互联网时代，企业最初采用邮件、博客、社区等渠道宣传品牌信息，而随着移动互联网的发展，移动媒体（如微博）变得日益流行，越来越多的市场营销人员逐渐将注意力放在移动端图文内容的创作与传播上。例如，在以小红书为代表的图片式内容社区中，各式各样的图片能够在很大程度上满足消费者的多样化诉求。此外，抖音、快手等平台的兴起，更是使短视频和直播成为市场营销人员进行内容传播的重要形式。由此可见，数字技术的更迭丰富了内容的呈现方式，内容的传播不再受到时间、地点的限制，能够在广阔的互联网空间中实现快速和长期传播的效果。内容的传播模式也从企业单向传播转变为企业与消费者及消费者与消费者之间的互动传播，在数字化时代，顾客不再简单地被动接受企业所发布的内容，而是可以积极主动地创造并发布自己热衷的内容。通过使用便利的数字技术（如美图秀秀和剪映软件）和社交媒体平台（如微博、微信、抖音等），他们主动成为内容的生产者和传播者。通过提供相关、实用、有趣的内容，企业可以吸引目标用户的关注与互动，建立起与用户的信任和忠诚度，并最终转化为销售机会。内容营销在企业数字营销中扮演着至关重要的角色，内容即流量，内容为王。

（五）移动营销

移动营销（Mobile Marketing）是指利用移动互联网和移动终端设备来进行产品、品牌推广和销售的方式。随着智能手机的普及，移动营销已经成为数字营销中不可忽视的一部分。智能手机用户不仅浏览移动互联网，而且是各种移动应用的积极使用者。全球移动应用市场增长迅猛，共有200多万种移动应用，平均每部智能手机上安装了25种应用。对于消费者来说，一部智能手机或平板电脑就相当于一位便利的购物伙伴，随时可以获得最新的产品信息、价格对比、来自其他消费者的意见和评论，以及便利的电子优惠券。理所当然地，移动设备为营销者提供了一个有效的平台，企业借助从移动广告、优惠券、短信到移动应用（App）和移动网站等工具，吸引消费者深度参与，丰富品牌体验以及刺激当前购买，简化购买过程。移动营销具有定位精准、实时互动等优势，已成为企业与用户之间沟通的重要渠道。移动营销在强大的数据库支持下，利用手机通过无线广告把个性化即时信息精确有效地传递给消费者个人，达到"一对一"的互动营销目的。移动营销直接可以到达消费者手里因而具有很大的前景和市场，是以后不可忽视的力量。移动营销将成为人们日常生活中必不可缺的一部分，甚至会影响到企业的生存和发展。移动设备的广泛采用和移动网上流量的迅猛增加使得移动营销成为大多数品牌的不二选择。

（六）大数据营销

大数据营销（Big Data Marketing）是指主要运用大数据技术，对不同类型和来源的海量数据进行挖掘、组合和分析，全面洞察消费者画像，深入分析隐藏的需求与行为模式，为敏捷型营销活动的方向和落地提供相对准确的决策参考，继而为顾客创造个性化价值的全过程。大数据营销是凭借大数据分析技术等对互联网海量数据展开即时、全面的获取、分析和应用，各种不同来源和不同类型的数据都可以纳入分析过程，在很大程度上弥补了传统营销在数据洞察方面的先天不足和潜在缺陷。大数据营销能够从多角度提供全面的数据解读。例如，通过掌握消费者画像中多维度的信息，企业能够与消费者展开更加良性的互动。企业可以根据互联网上的大量信息精准地挖掘潜在消费者，并有针对性地进行营销传播活动以招徕新客。同时，对于老客户而言，企业也可以通过分析老客户的购买数据和行为数据，推断和预测其购买偏好和倾向，从而实施一对一定制化的商品推送和个性化服务。

（七）人工智能营销

人工智能营销（Intelligent Marketing）是以学习多样化的数据为理解和预测消费者的重要途径、以人工智能技术为制定营销决策的关键支撑和以营销流程的自动化为核心体现的一种营销模式，其与已有的市场营销人员存在一定的替代和互补关系，最终服务于企业与消费者的价值共创。AI营销技术的核心是将人工智能技术应用于数字营销过程中，实现智能化决策和个性化营销。人工智能算法可以从多个信源（包括社交媒体、网站互动和购买历史）中筛选大量数据，包括人口统计信息、偏好、行为模式和购买习惯等，创建详细的用户画像，以此为营销人员提供有价值的洞察机会，用于开展有针对性的营销活动和改善客户体验。AI技术的应用使数字营销呈现出智能化、个性化、跨平台整合、人机协作等趋势，为企业带来丰富的营销机遇。

2022年11月，随着以Chat GPT为代表的聊天机器人和大模型技术在全球范围内取得突破性进展，生成式人工智能（Artificial Intelligence Generated Content，AIGC）成为备受全球瞩目的智能技术和内容生产方式。国内外迅速涌现了一批 AIGC 大模型应用，国内如百度的文心一言、阿里的通义千问、复旦大学的 MOSS、科大讯飞的星火认知、清华大学的 Chat GLM（聊天通用语言模型），国外如谷歌的 Bard（巴德，人工智能聊天机器人）、Anthropic（美国的人工智能初创公司）的 Claude（克劳德，AI 助手）。AIGC 营销是人工智能营销的升级。AIGC 营销可以生成商品的 3D 模型和纹理，支持在线虚拟"看、试、穿、戴"，提供接近实物的网购体验；可以打造虚拟主播，为用户提供 24 小时不间断的货品推荐和在线服务，降低直播带货的门槛和成本，提升品牌形象以及增强粉丝黏性；可以赋能线上商城和线下秀场加速演变，为消费者提供全新的购物场景。

以上是数字营销的七种常用方式。除此之外，数字营销还包括短视频营销、直播营销、虚拟游戏营销等。它们各自具有不同的特点和优势，企业可以根据自身的需求和目标来选择合适的方式进行数字营销。

小链接 1 - 2

张同学爆火——预示乡村土味的内容红利

"张同学"是谁？在短视频中，他是来自辽宁营口农村的大龄单身汉。没有炫酷特效、没有厉害的技能、更没有诱人的颜值……单从内容来看，他的短视频很简单，就是记录自己每天的乡村生活，却一个多月涨粉 1000 万！抖音"张同学"莫名其妙的爆火引发了围观。在共同富裕的主旋律下，"三农"问题是党和国家工作的重中之重，作为视频平台自然要进行助力，于是在抖音惯常的标杆打法下，张同学被选中。平台把控流量，政治决定风向，张同学的成功无法复制，但他的爆火其实是一个信号，预示着真实乡村的内容红利到来。

资料来源：沈琪. 张同学走红，背后是对乡村"土味"固有想象的突破 [EB/OL]. [2021 - 12 - 01]. http：//views. ce. cn/view/ent/202112/01/t20211201_37129370. shtml.

四、数字营销与传统营销的区别

营销的方式和手段随着科技和市场环境的变化而不断演变，传统营销和数字营销是两种较为典型的营销方式。传统营销是指在互联网技术尚未普及的时代，通过传统媒体和传统方法进行产品或服务的推广和销售的一种营销方式，主要途径包括广告、销售代表、促销活动、公关活动等。随着信息技术的发展，互联网营销已经取得了突破性进展，并且成为主流的营销方式，但传统营销仍然存在一定的价值和意义。传统营销和数字营销存在着很大的不同。

（一）营销媒介不同

传统营销媒介包括电视广告、报纸广告、杂志广告、广播广告、户外广告等；有利用店铺、柜台让顾客直面、试用商品，也有直邮（产品目录和信件）、电话营销和电视导购等方式，还有营销人员直接上门推广营销。因此，过去的传统营销主要通过广告创意和市场推广来吸引消费者的注意力，并影响他们的购买决策。而数字营销媒介主要包括互联网、手机、社交媒体等各种数字化平台。如今，消费者在互联网上搜索信息、与社交媒体互动，并通过在线购物和评价系统进行购买决策。与传统营销相比，数字营销可以更直接地接触消费者，通过数字化平台让消费者随时随地了解企业的产品和服务，随时随地行动。

（二）精准程度不同

传统营销往往采用大众化"一对多"的广泛传播的方式来推广产品和服务。但由于信息技术的限制，传统营销很难在恰当的时间传递恰当的信息给目标顾客，难以确保高水平的顾客响应率。通过收集和分析用户数据，企业可以实现精准的定位和个性化的推荐，提供与用户需求高度匹配的产品和服务，增强用户满意度和忠诚度。比较而言，数字营销可以通过大数据分析和人工智能等技术对潜在客户进行细分和定位。利用数字技术手段往往能够将信息更精准地推送给目标顾客。例如，在"双十一"或"6.18"等购物节期间，基于多样化的算法，企业可以通过 App、微信公众号及手机短信等多个互动渠道精准地推送个性化信息给特定的目标顾客。这样数字技术不仅能够实现随时，还可以做到"随地"的信息传播。例如，基于地理位置的营销服务，企业可以根据顾客的即时需求有针对性地进行信息推送和供给个性化产品与服务。AIGC 可以通过数据分析、个性化推荐和自动优化等功能，实现精准营销，提高企业的市场竞争力。AIGC 技术使得企业能够更加精准地识别目标客户群体，定制个性化的营销策略，并在恰当的时间通过合适的渠道向客户传递相关信息。在数字营销领域，预计将有超过 30% 的图片和视频由 AIGC 生成，但 AIGC 技术的应用不仅仅局限于提高内容生成的效率，更重要的是，AIGC 技术对市场洞察、用户细分、产品定位、智能客服、价格优化、渠道优化以及产品迭代等整个营销链路都能发挥巨大潜力。未来前景广阔，我们将朝着一个更精准、更高效的自动化营销时代迈进。

（三）互动性不同

传统营销的互动性相对较低，通常是通过广告与受众的单向传播来实现的，即品牌或企业向消费者传递信息，受众对广告的反馈和互动比较有限，广告受众的广度和深度也比较有限。而数字营销的互动性相对较高，更多地注重双向互动，即通过社交媒体、电子邮件、在线聊天等渠道，品牌或企业和消费者可以进行互动和交流，受众的反馈和互动可以帮助企业更好地了解受众需求和反馈，从而优化营销策略和产品设计，增强品牌形象及口碑。在数字营销时代，消费者成为营销活动的参与者和推动者，企业或品牌需要更加注重建立与消费者的互动和共创关系。互联网还打破了地域限制，使得企业可以更容易地与全球各地的市场进行连接，扩大业务范围。

（四）效果反馈速度不同

传统营销效果反馈需要付出较多的人力、物力和时间，效果反馈速度较慢，评估结果也较为难以量化。因为传统营销的效果通常是通过市场份额、销售额和品牌知名度等指标来评估，它无法准确地衡量广告曝光、影响力和转化率等指标。而数字营销往往是一种实时性更强的营销方式，可以更好地从效果反馈的角度来监控企业的营销活动和推广效果。因为数字营销的效果通常是通过 ROI（投资回报率）、CPC（每次点击成本）和 CTR（客户转化率）等指标来评估，所以数字营销可以准确地衡量广告曝光、影响力和转化率等指标，效果更加精确和可控。

总而言之，数字营销有多样化选择，效率高，而传统营销则更加注重企业形象的打造和传承。企业可根据自身的需求找到相应的营销形式，找到提升企业竞争力的最佳方式。

第三节　顾客价值与顾客满意

一、顾客价值

顾客价值理论是现代营销的基础理论之一。市场营销的核心在于帮助交换各方感知产品或服务的价值。整个营销过程可以看成一个价值探索、价值创造和价值传递的过程。早在 1954 年，现代管理学之父彼得·德鲁克（Peter F. Drucker）就指出顾客购买和消费的绝不是产品，而是价值。菲利普·科特勒认为："顾客价值是顾客所感知到的有形利益、无形利益与成本的综合反映，往往可以看作质量、服务和价格的某种组合，因此又称为顾客价值三角形。""市场营销可以看作识别、创造、传播、交付和监督顾客价值的一种过程。"顾客价值从顾客的角度就是指顾客感知价值，从企业的视角来定位就是指顾客让渡价值。

（一）顾客感知价值

吸引和留住顾客是企业的一项艰巨的任务。顾客常常面对大量可供选择的产品和服务，他们会选择能提供最高的顾客感知价值的企业。美国服务营销领域的著名学者瓦拉瑞尔·A·载瑟摩尔（Valarie. A. Zaithaml，1988）首先从顾客角度提出了顾客感知价值理论，他认为，顾客价值就是顾客感知价值（customer perceived value，CPV），是顾客所能感知到的利益与其在获取产品或服务时所付出的成本进行权衡后对产品或服务效用的总体评价。顾客感知价值体现的是顾客对企业提供的产品或服务所具有价值的主观认知，而区别于产品和服务的客观价值。重要的是，顾客常常不能"准确"或"客观"地判断价值，他们依照感知价值行事。

顾客感知利益是一个多维度的构造，主要涉及功能利益、情感利益和社会利益等。功能利益指的是个体作出的理性和经济评估，产品和服务所能够带来的效用；情感利益指的是在消费中由产品和服务所产生的情感体验；社会利益指的是产品和服务提高社会自我概念的感受价值。顾客感知成本包括顾客感知的货币成本、时间成本、体力成本、精神成本等。顾客感知价值就是与其他竞争产品相比，顾客拥有或使用某一种市场提供物的感知利益与感知成本的对比。顾客感知价值的大小因人而异，也不是一成不变的。

（二）顾客让渡价值

菲利普·科特勒是从顾客让渡价值和顾客满意的角度来阐述顾客价值的。顾客让渡价值（customer delivered value）是指顾客总价值与顾客购买总成本之差（见图1-1）。

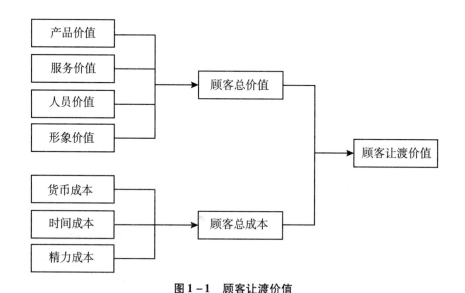

图1-1　顾客让渡价值

1. 顾客总价值

顾客总价值（total customer value）就是顾客从某一特定产品或服务中获得的一系列利益，它包括产品价值、服务价值、人员价值和形象价值等。

（1）产品价值。产品价值是由产品的功能、特性、品质、品种与式样等所产生的价值，是顾客需要的中心内容和选购产品的首要因素。一般情况下，产品价值是决定顾客购买总价值大小的关键和主要因素。产品价值是由顾客需要来决定的，企业必须根据顾客需求的变化进行产品设计和开发，增强产品的适应性。

（2）服务价值。服务价值是指伴随产品实体的出售，企业向顾客提供的各种附加服务，包括产品介绍、送货、安装、调试、维修、技术培训、产品保证等所产生的价值。服务价值是构成顾客购买总价值的重要因素。随着消费者收入水平提高和消费观念的变化，消费者选购产品不仅会注意产品本身价值高低，而且重视产品附加价值的大小。企业向顾客提供的附加服务越完备，产品的附加价值越大，顾客获得的实际利益就越大，从而购买的总价值越大，反之则越小。因此，在提供优质产品的同时，向消费者提供完善的服务，已成为现代企业竞争的新焦点。

（3）人员价值。人员价值是指企业员工的思想观念、知识水平、业务能力、工作效率与质量、经营作风、应变能力等所产生的价值。员工直接决定着企业为顾客提供的产品与服务的质量，决定着顾客购买总价值的大小。一个综合素质较高又具有顾客导向指导思想的工作人员，会比知识水平低、业务能力差、经营思想不正的工作人员为顾客创造出更高的价值，从而创造更多满意的顾客，进而为企业创造市场。人员价值作用也往往是潜移默化、不易度量的。因此，高度重视企业人员综合素质与能力的培养，加强对员工日常工作的激励、监督与管理，使其始终保持较高的工作质量与水平就显得至关重要。

（4）形象价值。形象价值是指企业及其产品在社会和公众中形成的总体形象所产生的价值。包括企业的产品、品牌、技术、质量、包装、工作场所等所构成的有形形象所产生的价值，公司及其员工的职业道德行为、经营行为、服务态度、作风等行为形象所产生的价值，以及企业的价值观念、管理哲学等理念形象所产生的价值等。形象价值与产品价值、服务价值、人员价值密切相关，在很大程度上是上述三个方面价值的综合反映。良好的形象价值会对企业的产品产生巨大的支持作用，带给顾客精神上和心理上的满足感、信任感，使顾客获得更高层次和更大限度的满足，从而增加顾客购买总价值。因此，企业应高度重视自身形象塑造，为顾客和企业带来更大的价值。

2. 顾客总成本

顾客总成本（total customer cost）是指顾客为了购买一件产品或服务所耗费的时间、精神、体力以及所支付的货币资金等。顾客总成本包括货币成本、时间成本、精力成本。

（1）货币成本。货币成本是指顾客购买和使用产品所付出的直接成本和间接成本。一般情况下，顾客购买产品时首先要考虑货币成本的大小，因此，货币成本是构成顾客总成本大小的主要和基本因素。低价高质的产品是赢得顾客的最基本手段。要想赢得市场，就必须严格控制成本，对本企业产品或服务的各个环节进行成本控制，设身处地以顾客的目光看待成本的高低和价格的可接受度。在货币成本相同的情况下，顾客在购买时还要考虑所花费的时间、精神、体力等非货币成本，这些支出也是构成顾客总成本的重要因素。

（2）时间成本。时间成本是指顾客为想得到所期望的商品或服务而必须耗费的时间换算而成的代价。时间成本也是一种机会成本。在顾客购买总价值与其他成本一定的情况下，时间成本越低，顾客购买的总成本就越小。在服务质量相同的情况下，顾客等候购买该项服务的时间越长，所花费的时间成本越大，购买的总成本就会越大。同时，等候时间越长，就越容易引起顾客对企业的不满意感，从而中途放弃购买的可能性亦会增大。反之亦然。因此，在保证产品与服务质量的前提下，尽可能减少顾客的时间支出，降低顾客的购买成本，是为顾客创造更大的"顾客让渡价值"、增强企业产品市场竞争能力的重要途径。

（3）精力成本。精力成本是指顾客购买产品时，在精神、体力方面的耗费与支出。在顾客总价值与其他成本一定的情况下，精神与体力成本越小，顾客为购买产品所支出的总成本就越低，从而"顾客让渡价值"越大，因为消费者购买产品的过程是一个从产生需求、寻找信息、判断选择、决定购买到实施购买，以及购后感受的全过程。在购买过程的各个阶段，均需付出一定的精神与体力。消费者购买产品的精力成本大小，会因购买情况的复杂程度有所不同。在复杂的购买行为中，消费者需要广泛搜集信息，慎重作出决策，所以付出较多的精神与体力。对于这类产品，如果企业能通过多种渠道，向潜在顾客提供全面详尽的信息和相关服务，就可以减少顾客花费的精力成本，从而降低顾客购买总成本。

顾客在购买时总是希望有较高的顾客购买总价值和较低的顾客购买总成本，以期获得更多的顾客价值，使自己的需要得到最大限度的满足。因此，企业为了在竞争中战胜对手，吸引更多的潜在顾客，就必须向顾客提供比竞争者具有更高的顾客让渡价值的产品，获得更高的顾客满意度。为此，企业可从两个方面改进：一是通过改进产品和服务，树立良好企业形象，提高人员素质，提高产品的总价值；二是通过改善服务以及促销和分销系统，减少顾客购买产品的时间、精神与体力耗费，降低货币与非货币成本。

顾客感知价值与顾客让渡价值是研究顾客价值的两个重要概念。企业的成功在于能够让顾客感知价值最大化，而顾客感知价值最终取决于企业给予顾客的让渡价值最大化。二者的区别在于顾客感知价值是主观的、个性化的，因顾客的感受不同而不同，而顾客让渡价值是总价值货币的差值，是较客观的。

二、顾客满意

今天的市场营销就是在数字和社交网络日益发展变化的市场中创造顾客价值和建立

持久顾客关系。建立和维持有价值的客户关系的基础是顾客满意。满意的顾客更容易成为忠诚的顾客，并为企业带来更大的市场份额。顾客满意（customer satisfaction）是指顾客将产品和服务满足其需要的绩效与期望进行比较所形成的感觉状态。顾客是否满意，取决于其购买后实际感受到的绩效与期望（顾客认为应当达到的绩效）的差异：若绩效小于期望，顾客就会不满意；若绩效与期望相当，顾客就会满意；若绩效大于期望，顾客就会十分满意。

顾客期望的形成，取决于顾客以往的购买经验、朋友和同事的影响，以及营销者和竞争者的信息与承诺。一个企业使顾客的期望过高，就容易引起购买者的失望，降低顾客满意程度。但是，如果把期望定得过低，那么虽然能使买方感到满意，却难以吸引大量的购买者。

满足顾客需要的绩效是企业通过营销努力，供给消费者的产品（服务）价值或实际利益。它既是企业的预期，也是顾客通过购买和使用产品的一种感受。顾客将这种感受（评价）同期望进行比较，就会形成自己对某种产品、品牌的满意、不满意或十分满意等感觉。

尽管顾客满意是顾客的一种主观感觉状态，但这种状态的形成是建立在"满足需要"基础上的，是从顾客角度对企业、产品和服务价值的综合评估。研究表明，顾客满意既是顾客再次购买的基础，也是影响其他顾客购买的要素。对企业来说，前者关系到能否保持老顾客，后者关系到能否吸引新顾客。因此，使顾客满意是企业赢得顾客，占有和扩大市场，提高效益的关键。

优秀的企业会想方设法使重要的顾客感到满意。市场营销者必须谨慎设定恰当的预期水平。如果设定的预期过低，那么或许可以令那些购买的人满意，但无法吸引足够多的买者。如果预期过高，购买者就会失望。大多数研究表明，高水平的顾客满意产生高水平的顾客忠诚，进而产生更好的公司业绩。满意和完全满意的顾客在忠诚上存在很大差异。即使与完全满意只有细微差别，也可能导致忠诚度的显著降低。在质量不敏感区内，客户的满意水平的提高并没有使客户忠诚度得到相应的提高。这种客户满意不一定引致客户忠诚的现象被称为顾客满意陷阱。顾客满意陷阱的存在说明那些宣称基本满意和满意的客户的忠诚度和重购率都是很低的，只有那些非常满意的客户才表现出极高的重购率。因此，高度满意是获得顾客忠诚的重要条件。尽管在某些场合，顾客不满意并不妨碍顾客忠诚，但企业最终必将要为顾客不满付出高昂代价。于是，客户关系管理的目标不仅仅是创造顾客满意，而是创造顾客愉悦，当顾客达到惊喜时就能产生高度的忠诚度。它们之间的关系如图 1-2 所示。

研究表明，维护顾客忠诚很有经济意义，忠诚的顾客花费更多，停留的时间也更长。研究还显示，争取一位新顾客与保留一位老顾客相比，成本要高 5 倍。失去一个顾客的后果远不止损失一笔订单那样简单，而是意味着失去这位顾客一生中可能会购买的总量。因此,对于很多企业来说,他们的目标不再是赢得大量顾客的部分业务,而是争取现有顾客的全部业务。

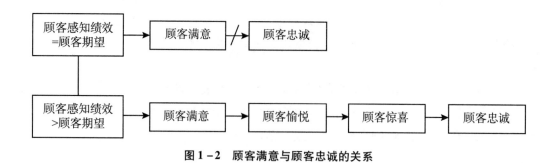

图 1-2　顾客满意与顾客忠诚的关系

小链接 1-3

"10 元 6 箱"事件:洁柔打出国货诚信牌

诚信和客户是企业的根本。2023 年 9 月 17 日,洁柔在抖音直播间设置价格失误,将原价 56.9 元 1 箱的纸巾误设置成 10 元 6 箱,引发大量用户"薅羊毛",洁柔损失金额超千万元。事发后,洁柔忍痛承诺:所有订单,将正常发货。而面对取消"薅羊毛"订单的顾客,洁柔发了一封感谢信,并邀请其成为"荣誉洁柔人",并给到顾客及其家人很实在的福利。这次"薅羊毛"事件引发了大量关注,洁柔的超强公关直接将"薅羊毛事故"转变成了一次事件营销,品牌好感度直接拉满。特别是发布了感谢信后,洁柔相关话题再次冲上了热搜榜,网友纷纷留言大赞洁柔格局大。这是品牌和消费者的一场双向奔赴,品牌的善意将换来消费者更大的善意。

资料来源:彭堃方. 为"10 元 6 箱"失误买单,洁柔给企业立下了标杆 [EB/OL]. [2023-09-27]. http://views. ce. cn/view/ent/202309/27/t20230927_38731280. shtml.

三、以全方位营销促进顾客满意与顾客忠诚

美国营销学权威菲利普·科特勒 2003 年出版了《营销动向:利润、增长和更新的新方法》。他在书中打破其创立、传播并给其带来国际声誉的经典范式,提出了营销的新范式,即"全方位营销"的动态概念。他认为互联网、全球化和超竞争正急剧地重塑市场并改变企业运作方式,传统营销方法需要被解构、重新定义与扩展以反映这一情况。根据科特勒的定义,全方位营销(Holistic Marketing)是指对各种营销活动的广度和相互依存性有清楚认识的情况下,对营销项目、过程和活动的开发、设计和执行。全方位营销的概念强调"一切都重要",而且营销领域的一个决定也影响其他领域。它是

关于构建公司的营销努力的活动、过程和程序。全方位营销主要包含以下四个内容（见图1-3）。

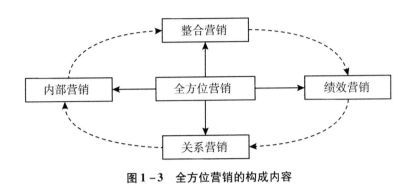

图1-3　全方位营销的构成内容

整合营销：创建使用不同营销活动并最大限度发挥联合效果的计划。

关系营销：营销活动是一个企业与消费者、供应商、分销商、竞争者、政府机构及其他公众发生互动作用的过程，从而形成一种兼顾各方利益的长期关系。

内部营销：关注内部流程，确保组织中的每个人都理解，接受和实施适当的营销原则，即内部营销确保外部营销能够正常完成。

绩效营销：企业从注重绩效的角度开展营销活动或提升营销能力。

全方位营销要通过整合营销来实施。好的整合营销能让顾客感同身受，带来优异的客户体验，是企业核心竞争能力的直接体现。整合营销的核心是各种营销手段有机地结合成一体，产生整体大于部分之和的效应。通过整合实现价值最大化，并准确无误地将产品交付给客户，以达成销售的最终目的。企业在外部市场的有效性取决于与客户直接接触的努力，企业的营销努力通常开始于创建内部活动和关系，提供在外部市场上工作所需的条件。内部营销以培训并有效地激励公司员工为主要抓手，受到激励的员工会形成一个团队，这样可以更好地为客户提供服务。关系营销是构建互相满意且长期的、合理的顾客、雇员、合作伙伴（供应商、分销商、经销商和代理商）、财务圈（股东、投资者、分析师）等的关系网络。关系营销的本质特征是：双向沟通、合作，双赢、亲密、控制。关系营销的中心是客户忠诚。绩效营销是全方位营销中最核心，也是最需要考虑的部分。绩效营销要求营销者更加关注营销活动及其投入带来的商业回报。

全方位营销是指除了传统的销售渠道之外，还要突破空间和地域的限制，建立一种多层次的、立体的营销方式。其目的是通过掌握客户占有率、顾客忠诚度和客户终生价值来达到获利性的成长。全方位营销以绩效营销为核心、内部营销为基础、关系营销为抓手、整合营销为手段，由此形成一个完整的营销闭环。全方位营销是一种新的营销方式，还属于新生事物。与很多新生事物一样，都有不完善之处。但是，全方位营销以价值为基本构架，研究相关角色（客户、企业和厂商）进行价值探索、价值实现和价值传递之间的联结和互动，是未来营销的研究方向。企业的营销活动就是为顾客创造更多的让渡价值，实现顾客满意、顾客忠诚，提高竞争力。

本 章 要 点

市场是具有特定需要或欲望，并且愿意和可能通过交换来满足这种需要或欲望的所有潜在购买者的总和。市场的形成有三个基本要素，即有某种需要的人、为满足这种需要的购买能力和购买欲望。用公式表示就是：消费者＋购买力＋购买欲望。市场具有交换、实现、调节和反馈等基本功能。

营销观念指的是企业制定经营决策，开展市场营销活动的基本指导思想，也称为营销管理哲学。企业有五种可供选择的营销观念：生产观念、产品观念、推销观念、市场营销观念和社会市场营销观念。五种营销观念也对应着营销的 4 个时代，呈现出不同的特点。为适应数字环境和消费者的变化，企业必须快速调整自己，树立现代意识的市场营销观念、社会市场营销观念。

数字营销是利用网络技术、数字技术和移动通信技术等技术手段，借助各种数字媒体平台，针对明确的目标用户，为推广产品或服务、实现营销目标而开展的精准化、个性化、定制化的实践活动，它是数字时代与用户建立联系的一种独特营销方式。数字营销具备三个特征：使用数字媒介、数据技术支持和精准活动传播。引流、连接和转化是数字营销的三大功能。

从 1994 年至今，数字营销的发展被划分为了四个阶段。1994 ～ 2001 年：基于 Web1.0 的单向营销阶段；2002 ～ 2012 年：基于 Web2.0 的互动营销阶段；2013 ～ 2016 年：基于大数据的精准营销阶段；2017 年至今：基于人工智能的智慧营销阶段。从技术发展的视角来看，数字营销的方式与技术的进步是紧密相连的。从最初的电子邮件营销，到搜索引擎营销、社交媒体营销、内容营销，再到现在的大数据营销和人工智能营销，每一次技术的进步都推动了数字营销方式的变革和发展。传统营销和数字营销存在着很大的不同。它们的营销媒介不同、精准程度不同、互动性不同和效果反馈速度不同。

顾客价值是顾客所感知到的有形利益、无形利益与成本的综合反映，往往可以看作质量、服务和价格的某种组合。顾客价值从顾客的角度就是指顾客感知价值，从企业的视角来定位就是指顾客让渡价值。顾客感知价值是顾客所能感知到的利益与其在获取产品或服务时所付出的成本进行权衡后对产品或服务效用的总体评价。顾客让渡价值是指顾客总价值与顾客购买总成本之差。顾客总价值就是顾客从某一特定产品或服务中获得的一系列利益，它包括产品价值、服务价值、人员价值和形象价值等。顾客总成本是指顾客为了购买一件产品或服务所耗费的时间、精神、体力以及所支付的货币资金等。顾客总成本包括货币成本、时间成本、精力成本。

全方位营销是指除了传统的销售渠道之外，还要突破空间和地域的限制，建立一种多层次的、立体的营销方式。其目的是促进顾客满意和顾客忠诚。

复习思考题

1. 怎样正确理解市场的概念？市场的构成要素有哪些？
2. 简述市场的功能。
3. 何谓市场营销？如何正确理解这一概念？
4. 市场营销管理哲学或市场营销观念的形成与发展，经历了哪几个阶段？
5. 在不同的营销时代，五种营销观念有哪些具体的区别？
6. 什么是顾客感知价值，怎样提高顾客感知价值？
7. 什么是顾客让渡价值，怎样提高顾客让渡价值？
8. 什么是全方位营销？如何理解以全方位营销促进顾客满意和顾客忠诚？

实践练习　数字营销岗位认知

数字营销作为一个新兴的领域，其职业前景十分广阔。数字营销在各个行业都有广泛应用。比如，电子商务领域的电商营销、品牌营销、内容营销等；金融领域的金融营销、金融产品推广等；医疗领域的医疗机构营销、医疗服务推广等。通过数字营销，企业能够更好地实现产品销售和品牌宣传。数字营销人才是目前市场急需的人才之一。从数据分析师、SEO 优化师到社交媒体经理等，数字营销领域中有多种不同岗位，为有志于从事数字营销的人提供了广阔的就业机会。

数字营销岗位描述：
1. 负责新媒体平台（微信、微博等）内容运营和粉丝维护工作；
2. 制订并执行与目标受众相关的宣传计划，提升用户参与度；
3. 挖掘潜在用户需求及用户需求，分析用户行为数据并进行跟踪；
4. 收集相关竞品信息，对产品进行优化调整；
5. 协助其他团队完成线上推广活动等工作；
6. 定期发布公司产品相关内容；
7. 领导安排的其他事宜。
数字营销岗位要求：
1. 熟练使用各类社交媒体工具（微信公众号、微博等），具备一定文案功底；

2. 有较强的逻辑思维能力，能够独立思考，有良好的沟通表达能力和团队协作精神；

3. 熟悉互联网文化，了解新媒体传播方式者优先；

4. 具备良好的沟通能力和学习能力，能独立完成工作；

5. 具有创新意识和创新精神，勇于挑战新事物，敢于尝试新的事物；

练习：请你根据数字营销岗位的认知，给自己设计一份数字营销岗位的职业规划。

本章知识拓展

需求管理

市场营销管理的本质是需求管理。营销者要根据不同的需求状况，调整营销管理任务。

（1）负需求。消费者厌恶某种某个产品，甚至花钱也要去回避它（如防疫注射、高胆固醇食品等）。任务是改变市场的信念和态度，将负面需求转变为正面需求。

（2）无需求。消费者对某个产品不知晓或不感兴趣（如陌生产品，与传统、习惯相抵触的产品，废旧物资等）。任务是设法把产品的好处和人的自然需要与兴趣联系起来。

（3）潜在需求。消费者可能有某种强烈的需要和欲望，而现有产品并不能满足（如人们对无害香烟、节能汽车和癌症特效药品的需求）。任务是致力于市场营销研究和新产品开发，有效地满足这些需求。

（4）下降需求。消费者逐渐减少购买或不再购买某个产品，需求呈下降趋势。任务是分析原因，通过开辟新的目标市场、改变产品特色，或采用更有效的促销手段重新刺激需求。

（5）不规则需求。消费者的购买活动可能在不同季节、不同日期，甚至一天的不同时段呈现出很大波动。任务是通过灵活定价、大力促销及其他刺激手段来改变需求的时间模式，使供、需协调一致。

（6）充分需求。消费者充分地购买投放到市场中的所有产品。任务是密切注视消费者偏好的变化和竞争状况，不断提高产品质量，保持现有的需求水平。

（7）过度需求。过多的消费者想要购买某个产品，以致供不应求。任务是实施"低营销"，通过提高价格，合理分销产品，减少服务和促销等手段，暂时或永久地降低市场需求水平。

（8）有害需求。消费者被产生不良社会后果的产品吸引（如对某些有害物品烟、酒、毒品、不良书刊等的需求）。任务是运用"反营销"，从道德和法律两方面加以约束或杜绝。

资料来源：吴健安，钟育赣. 市场营销学［M］. 北京：清华大学出版社，2022：26.

第二章　分析市场机会

最近你 City Walk 了吗？

2023 年夏天，年轻人中最火的一个词，莫过于 City Walk，大量与 City Walk 相关的话题刷屏网络。在小红书上，City Walk 笔记超过 50 万，包括推荐 City Walk 路线、晒路线打卡笔记、发 City Walk 的 OOTD 等，掀起了一阵新的流行热潮。

City Walk，字面译意城市漫游，是指漫无目的地在城市漫步，感受市井烟火气和城市生命活力，回归慢节奏生活的一种城市微旅游方式。强调人对城市自然和人文景观的紧密连接，更近距离、接地气地了解城市的历史由来和创新、变迁。用地域方言来阐述，那么 City Walk 在广东叫"行街"，在北京叫"遛弯儿"，在上海叫"荡马路"，在重庆叫"逛 gai"，在武汉叫"晃哈子"……

许多品牌从消费者的生活方式出发，跳出了传统的产品导向思维，寻找到了新的营销策略。比如运动品牌 Keep 在 6 月创办了线下运动空间——Keep land，并借此在北京发起了一场名为"热量守恒"的 City Walk 活动。Keep 根据 City Walk 的特性，提供了三条不同的漫游路线，参与者可以按照路线图在相关商家免费享用美食，主打一个"运动是为了更好地吃"。小红书推出的散步摄影季系列文案，还原奇奇怪怪、可可爱爱的全民 City Walk 行为图鉴，将 City Walk 随性自由的浪漫精神体现得淋漓尽致，让每个热爱 City Walk 的人都能从中找到自己的影子，道出用户的真实心声，再次强调小红书"生活方式引领者"的社区属性。

资料来源：人人都是产品经理．2023 十大营销事件盘点［EB/OL］．［2023 - 12 - 25］．https：//www. woshipm. com/marketing/5964874.

市场营销的运行环境复杂多变。这一环境中的其他行为者（包括供应商、中间商、顾客、竞争者、公众等）可能支持也可能阻碍企业的发展。重要的环境力量（包括人口、经济、自然、技术、政治和文化等）可能形成市场营销机会，也可能造成威胁，影响企业建立客户关系的能力。为制定有效的市场营销战略，必须首先理解市场营销运行的环境，分析企业顾客的购买行为。理解顾客的购买行为是一项重要但困难的任务。企业必须知道如何将堆积如山的市场营销信息和数据转化为顾客洞察，进而与顾客建立持久可盈利的客户关系。

第一节　市场营销环境

一、市场营销环境概述

企业处在复杂的环境中，环境对企业的生存和发展有着重要的影响。企业必须根据环境的实际状况与发展，考虑、制定并调整营销策略，自觉利用机会和防范可能的威胁，扬长避短，以确保在市场上立于不败之地。

（一）市场营销环境的概念

市场营销环境（marketing environment）是指存在于企业营销系统外的不可控或难以控制的力量，它们是影响企业市场营销活动以及目标实现的外部条件。重视研究市场营销环境及其变化，是企业营销活动最基本的课题。任何企业都不可能脱离周围环境而孤立地存在。企业营销活动要以环境为依据，主动地去适应环境，同时又要在了解、掌握环境状况及其趋势的基础上，努力影响外部环境，使环境有利于企业的生存和发展，有利于提高企业营销活动的有效性。

市场营销环境由微观环境和宏观环境构成。市场营销微观环境（marketing microenvironment）也称直接营销环境，是指与企业紧密相连，直接影响和制约企业营销能力的外部因素，包括企业、营销中介、顾客、竞争者和公众。市场营销宏观环境（marketing macro-environment）指影响微观环境的主要社会力量，包括人口、经济、自然、技术、政治法律、社会文化。宏观环境一般以微观环境为媒介而影响、制约企业营销活动，故也称作间接营销环境。但在特定的场合，它们也可直接影响企业的营销活动。宏观环境因素与微观环境因素共同并综合构成了多因素、多层次、多变化的企业市场营销环境（见图2-1）。

（二）市场营销环境的特征

1. 客观性

环境作为企业外在的、不以营销者意志为转移的客观因素，对企业营销活动的影响具有强制性和不可控性的特点。企业无法摆脱和控制市场营销环境，特别是宏观环境，难以按企业自身的要求和意愿随意改变。如企业不能够改变人口、政治法律和社会文化等因素。但企业可主动适应环境变化和要求，制定和调整营销策略。

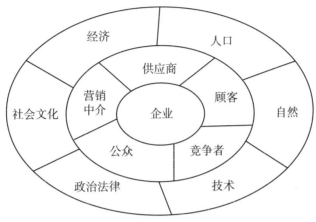

图 2 - 1　市场营销环境的构成

2. 差异性

不同国家或地区之间，宏观环境存在着广泛的差异；不同企业之间，微观环境也是千差万别。正因为营销环境存在差异，企业为适应环境及变化，必须采用各有特点和更有针对性的策略。环境的差异性也表现为，同一环境的变化对不同企业的影响会有不同，可能对一些行业的企业来说是机遇，而对另一些行业的企业来说则是挑战和威胁。

3. 动态性

市场营销环境是一个动态的系统，构成营销环境的诸因素，随着社会经济的发展会不断地变化。而且这种变化具有不确定性，各种环境因素发生变化的时间、方向、幅度范围等都是不确定的。营销环境虽然难以准确无误预见未来环境的变化，但企业可以通过设立预警系统追踪环境变化，及时调整自己的营销策略。

4. 相关性

市场营销环境诸因素之间是相互影响、相互制约的。某一因素的变化，会带动其他因素的连锁变化，形成新的市场营销环境，新的环境会给企业带来新的机会与威胁。例如，竞争者是重要的微观环境力量之一，宏观环境中政治、法律因素或经济政策变动，可能会影响到一个行业竞争者加入的多少，从而形成不同的竞争格局。

（三）市场营销活动与市场营销环境

市场营销环境通过其内容的不断扩大及自身各因素的不断变化，会对企业的营销活动产生影响。市场营销环境是企业开展市场营销的制约因素，营销活动依赖这些环境因素和力量才得以正常进行，表现为营销者虽可控制企业大部分营销活动，但必须注意环境对决策的影响，不得超越环境的限制；管理者能分析、认识环境提供的机会，但无法控制所有有利因素的变化，更无法有效地控制竞争对手；由于营销决策与环境之间的关系复杂多变，管理者也无法直接把握决策实施的最终结果。此外，企业营销活动所需的各种资源要在环境许可的条件下获得，企业生产与经营的各种产品也要获得消费者或用户认可与接纳。

虽然企业营销活动必须与其所处的外部环境相适应，但营销活动绝非只能被动接受环境的影响，营销管理者应采取积极、主动的态度，能动适应营销环境。就宏观环境而言，企业可通过不同方式增强适应环境的能力，避免来自环境的威胁，有效把握市场机会。在一定条件下，也可运用自身资源，积极影响和改变环境因素，创造更有利于企业营销的空间。良好的企业营销行为会造就良好的营销环境，从而进一步形成良好的企业营销行为；反之亦然。市场营销环境与企业的循环互动作用，使环境与企业成为一个整体的系统。

二、市场营销微观环境

市场营销管理者的工作是通过创造顾客价值和满意，从而与顾客建立关系。但是，市场营销经理不能独自完成这一工作。图2-2展示了市场营销者在微观环境中的主要参与者。要取得市场营销的成功，就必须与营销渠道企业、企业内部其他部门、顾客、竞争者和各种公众建立关系，正是它们联合在一起，才组成了企业的价值递送网络。

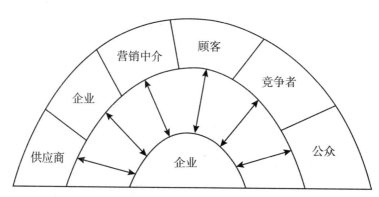

图2-2 市场营销微观环境

（一）供应商

供应商即向企业供应原材料、部件、能源、劳动力和资金等资源的企业和组织。供应商是公司整个顾客价值递送系统中的重要一环。它们为公司提供生产产品和服务所需要的资源。其所供应的原材料数量和质量将直接影响产品数量和质量。供应商问题可能严重影响市场营销活动。例如，2022 年的"土坑酸菜门"事件，酸菜包原料的供应商出现问题，酸菜原料在土坑中腌制而来，直接导致康师傅控股及统一企业中国股价大幅震荡，也打击了消费者对于方便面龙头企业食品安全的信心，销售量急剧下滑。市场营销管理者必须关注供应的稳定性和成本。供应短缺或延迟、工人罢工以及其他事件会在短期内影响销售；从长期看，会破坏顾客满意。不断增加的供应成本会迫使价格上升，减少公司的销售量。如今大多数企业懂得善待供应商的重要性，它们与供应商建立合作伙伴关系，共同创造和递送顾客价值。

（二）企业

企业本身包括市场营销管理部门、其他职能部门和最高管理层。企业为实现其目标，必须进行制造、采购、研究与开发、财务、市场营销等业务活动。而市场营销部门一般由市场营销副总裁、销售经理、推销人员、广告经理、营销调研经理、市场营销计划经理、定价专家等组成。市场营销部门在制定决策时，不仅要考虑企业外部环境力量，而且要考虑企业内部环境力量。首先，要考虑其他业务部门（如制造部门、采购部门、研究与开发部门、财务部门等）的情况，并与之密切协作，共同研究制订年度和长期计划。其次，要考虑最高管理层的意图，以企业任务、目标、战略和政策等为依据，制订市场营销计划，并报最高管理层批准后执行。

（三）营销中介

营销中介（marketing intermediaries）是指帮助企业促销、销售和分销产品给最终购买者的机构。营销中介包括中间商和辅助商，是市场营销不可缺少的中间环节。

1. 中间商

帮助公司寻找顾客并向他们销售的分销渠道企业，包括商人中间商和代理中间商。商人中间商，即从事商品购销活动，并对所经营的商品拥有所有权的中间商，如批发商、零售商等。代理中间商，即协助买卖成交，推销产品，但对所经营的产品没有所有权的中间商，如经纪人、制造商代表等。它们购买商品再转售出去。选择转售商并与之合作并非易事。制造商不再能够从大量小型独立经销商中挑挑拣拣，它们现在面对的是不断增长的大型转售商组织，例如沃尔玛、塔吉特、家得宝、好市多和百思买。这些组织常常有足够的力量操纵进货条件，甚至将小型制造商拒之门外。

2. 辅助商

辅助执行中间商的某些职能，为商品交换和物流提供便利，但不直接经营商品的企业或机构，如运输公司、仓储公司、银行、保险公司、广告公司、市场调研公司、市场营销咨询公司等。它们帮助公司选择恰当的目标市场并促销产品，或者帮助公司融资或抵御与交易相关联的风险。

在现代市场经济条件下，生产企业一般都通过市场营销中介机构（即代理中间商、商人中间商、辅助商等）来进行市场营销调研、推销产品、储存产品、运输产品等，因为这样分工比较经济。

（四）顾客

顾客是公司微观环境中最重要的行为者。整个价值传递的目的就在于为目标顾客提供服务并与他们建立牢固的关系。顾客是企业的市场，企业服务的对象，也是营销活动的出发点和归宿。顾客不断变化的需求，要求企业以不同的方式提供相应产品和服务，从而影响企业的营销决策和服务能力的形成。企业一切营销活动都应以满足顾客为中心，因此，顾客是企业最重要的基础。

作为营销学中的微观环境因素，按购买动机，可将顾客分为消费者市场、生产者市场、中间商市场、非营利组织市场等。消费者市场，即为了个人消费而购买的由个人和家庭所构成的市场；生产者市场，即为了生产、取得利润而购买的由个人和企业所构成的市场。中间商市场，即为了转卖、取得利润而购买的由批发商和零售商所构成的市场。非营利组织市场，即为了维持正常运作和履行职责而购买产品和服务的由各类非营利组织所构成的市场。按营销活动是否超越国境，又可分为国内市场和国际市场。公司可以选择任何一类或全部五类顾客市场。

（五）竞争者

市场营销观念表明，企业要想在市场竞争中获得成功，就必须比竞争者更有效地满足消费者的需要与欲望。因此，企业所要做的并非仅仅迎合目标顾客的需要，而是要通过有效的产品定位，使得企业产品与竞争者产品在顾客心目中形成明显差异，从而取得竞争优势。而竞争者包括：

（1）愿望竞争者，向企业的目标市场提供种类不同的产品以满足不同需要的其他企业。

（2）一般竞争者，向企业的目标市场提供种类不同的产品但可以满足同一种需要的其他企业。

（3）产品形式竞争者，向企业的目标市场提供种类相同，但质量、规格、型号、款式、包装等有所不同的产品的其他企业。

（4）品牌竞争者，向企业的目标市场提供种类相同，产品形式也基本相同，但品牌不同的产品的其他企业。

（六）公众

公众是指对企业实现其市场营销目标构成实际或潜在影响的任何团体，包括：

（1）金融公众，即影响企业取得资金能力的任何集团，如银行、投资公司等。

（2）媒体公众，即电视、广播、报纸、期刊（杂志）、户外媒体等传统媒体。随着科学技术的发展，逐渐衍生出自媒体、电子杂志、微信公众号等互联网新媒体。

（3）政府公众，即负责管理企业业务经营活动的有关政府机构。

（4）社会组织公众，即各种保护消费者权益组织、环境保护组织、少数民族组织等。企业开展营销活动，可能关系或影响到社会各方切身利益，必须密切注意来自社会公众的批评、意见和建议。

（5）当地公众，即企业附近的居民群众和社区组织。企业必须重视保持与当地公众的良好关系，积极支持社区的重大活动，为社区的发展贡献力量，争取社区公众理解和支持企业的营销活动。

（6）企业内部公众，如董事会、监事会、经理、职工等。如果员工对自己的公司感觉良好，其正面态度就会传递给外部公众。

（7）一般公众，即上述各种公众之外的社会公众。公司需要考虑一般公众对其产品和行为的态度。公司在一般公众心目中的形象会影响人们的购买决策。

如果企业希望从某一类公众那里得到特定的反应，比如商誉、良好的口碑或者人力和资金的捐赠，公司就必须为这一类公众设计有足够吸引力的营销方式，以产生所期待的反应。

三、市场营销宏观环境

企业和微观环境中的其他所有行为者在一个更大的宏观环境中活动。宏观环境因素既会给公司带来机会，也会给公司造成威胁。图2-3显示了公司宏观环境中六种主要的力量。即使最强大的企业在营销宏观环境动荡和持续变化的力量面前，也可能不堪一击。虽然通过优秀的管理，我们可以预测和控制其中的一些力量，但大多数宏观力量是不可预测且不可控制的。只有理解并很好地适应所处环境的公司才能发展，不能这样做的公司、企业将举步维艰。我们将在本章以下的部分考察这些力量，并说明它们是如何影响市场营销计划的。

（一）人口环境

人口统计是根据人口规模、密度、年龄、性别、种族、地理位置、家庭和其他一些统计量进行的人口研究。人口是构成市场的第一位因素，人口所有统计因素都会对企业的市场营销活动产生直接影响。（1）人口规模直接影响市场的潜在容量。截至2022年11月15日，全球人口突破80亿。大规模和高度多样化的人口既带来机会，也构成挑战。（2）人口构成也是影响市场的重要因素。性别差异给消费和需求带来差异，导致购买习惯、购买行为出现不同。世界男女性别比逐渐提升；老龄化加速，银色市场迅速扩大，在健康护理服务、娱乐、旅游等方面，需求潜力非常可观。（3）出生率下降也会引起市场需求变化，给儿童食品、童装、玩具等生产经营者带来威胁，但同时也使年轻夫妇有更多的闲暇时间用于旅游、娱乐和在外用餐。（4）种族决定企业营销活动的多样性。随着国际化经营范围的不断扩大，市场营销者现在无论在国内还是在国外，面对的都是越来越多样性的市场。各个国家的民族和种族结构很不一样。日本是一个极端，几乎所有人都是日本人。美国则是另一个极端，有来自几乎所有国家的人口。来自许多国家的多样性人群和文化融合成一个整体。（5）人口分布影响了企业的营销布局。预计2050年世界城市人口将占2/3，城市人口向大城市集聚。（6）家庭是社会的细胞，也是商品采购和消费的基本单位。一个市场拥有的家庭单位数和家庭平均成员数以及家庭组成状况等，对消费需求的潜力和需求结构都有重要影响。

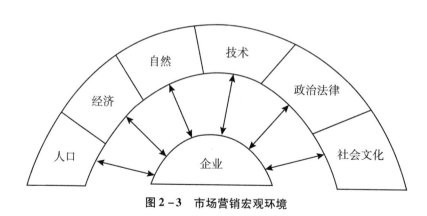

图 2-3　市场营销宏观环境

世界人口环境的变化对企业有重要的意义。因此，市场营销者要密切追踪国内外市场中的人口变化趋势和动态，关注不断变化的年龄结构和家庭构成、人口的地理迁移、教育特点以及人口多样化。

（二）经济环境

经济环境由各种影响消费者购买能力和支出模式的因素构成。对市场而言，购买力与人口同样重要。经济因素对消费者的支出和购买行为有着巨大的影响。例如，美国消费者在收入增长、股市繁荣、住房增值以及其他经济财富增加的推动下，直到最近几年还一直痴迷于狂热的消费。他们肆意消费，丝毫不顾及巨额债务。然而，2008～2009

年的经济衰退使曾经的随心所欲和高预期荡然无存。各个国家在经济发展水平和收入分配上存在很大的差异。市场营销者必须密切关注世界市场和各国市场的主要经济趋势与消费者支出模式的变化。收入水平在很大程度上，影响着消费者支出模式与消费结构。首先是支出模式。例如，在经济低迷、收入下降的情况下，消费者会紧缩消费开支，购物时更强调物有所值。于是，价值营销成为众多市场营销者的口号。各行各业的营销者都想方设法为手头拮据的消费者提供更多价值，甚至奢侈品牌的营销者也开始强调高价值。

其次，市场营销者在关注收入水平的同时，还应该关注收入的分配情况。收入分配状况创造出一个分层级的市场。营销者需要对从富人到中低收入者的各种市场进行针对性营销。最后，生活成本、利率、储蓄与借贷模式等主要经济变量的变化也会对市场产生重大影响。企业应借助经济预测关注这些变量。唯有高度警觉，企业才能利用经济环境中的变化，在经济衰退时不一定被淘汰，在经济繁荣时能发展得更好。

（三）自然环境

自然环境指市场营销者需要投入的或受到市场营销活动影响的物质环境和自然资源。在最基本的层面，自然环境中意想不到的事件，从气候到自然灾害都可能影响企业及其营销战略。例如，暖冬会使从冬装到面巾纸和金宝汤（Campbell）的销量锐减。相反，温暖的天气刺激人们对户外鞋、跑步鞋、家用涂料和园艺产品的需求。类似地，日本地震和海啸所造成的损失沉重地打击了索尼和丰田等日本公司满足其全球消费者需求的能力。尽管公司不能阻止这些自然灾害，但它们应该准备应急计划从容应对。

过去 30 年间，人们越来越关注环境保护问题。在全球的许多城市，空气污染和水污染已经达到非常危险的程度。全世界日益担忧地球变暖，许多环境保护主义者担心，人类很快就会被自己制造的垃圾掩埋。市场营销人员应该意识到自然环境中的主要趋势。首先是原材料的短缺。例如，空气污染问题使世界上许多大城市的人们呼吸困难。对需要利用石油、煤和各种矿藏等稀缺资源来制造产品的企业而言，原材料即使可以获得，也面临成本的大幅增加。第二种环境趋势是不断增加的污染。化学和核废料的处理，海洋危险的汞含量，土壤和食物中的化学残留物的数量，随意丢弃的不可降解的瓶子、塑料和其他包装材料，这一切都表明，工业几乎毁掉了自然环境的质量。第三种趋势是政府加强了对自然资源管理的干预。营销管理者应当注意自然环境面临的难题和趋势，要对自然环境的变化负起责任。人类只有一个地球，对自然环境的破坏往往是不可弥补的，企业营销战略中实行生态营销、绿色营销等，都是维护全社会的长期福利的必然要求。

（四）技术环境

技术环境指影响营销过程及其效率的外部因素。20 世纪 80 年代以来，全球范围内新技术迅猛发展，改变了人们的生活方式及其消费需求，从而对企业或组织的营销战略、营销过程和营销技术构成重要影响。技术既创造了诸如抗生素、器官移植、微电子、笔记本电脑和互联网之类的奇迹，又创造了诸如原子弹、化学武器和机关枪之类令人恐惧的东西，还创造了像汽车、电视机和信用卡这样利弊参半的东西。技术的发展不仅直接影响企业内部的生产和经营，还同时与其他环境因素互相依赖、互相作用，给企业活动带来有利与不利的影响。新技术创造了新的市场和机会，但是，新技术终将替代老技术。例如，一种新技术的应用，可以为企业创造一个明星产品，产生巨大的经济效益；也可以迫使企业曾获得巨大成功的某种传统产品退出市场。新技术的应用会引起企业市场营销策略发生变化，也会引起企业经营管理发生变化，还会改变零售业态结构和消费者购物习惯。

技术环境变化很快。今天很普通的产品在 100 年前甚至 30 年前都还不存在。当今世界新科技革命兴起，未来 20 年，数据、人工智能、自主技术、太空、高超声速、量子、生物技术以及材料这八大技术领域，将对世界产生颠覆性的影响。生产增长越来越多地依赖科技进步。市场营销者应该密切关注技术环境，不能紧跟技术进步步伐的公司很快会发觉自己的产品过时了，并错失了新产品和市场机会。

（五）政治法律环境

企业营销管理要受其政治和法律环境的强制和影响。政治和法律环境是那些强制和影响社会上各种组织和个人的法律、政府机构和压力集团。

1. 政治环境

指企业市场营销的外部政治形势，包括政治制度与体制、政局的稳定性和政府所持的市场道德标准等。在国内，安定团结的政治局面不仅有利于经济发展和人民收入的增加，而且能够影响公众的心理预期，导致市场需求变化；政府的方针政策对国民经济发展方向和速度的要求，也直接关系到社会购买力的提高和市场需求的增长变化。国际政治环境中"政治权力"与"政治冲突"对企业营销活动的影响也比较大。政治权力对市场营销的影响，往往表现为由政府机构通过某种措施约束外来企业或其产品，例如进口限制、外汇控制、劳工限制、绿色壁垒等。政治冲突指国际上的重大事件与突发性事件，即使在以和平与发展为主流的时代也从未停止过，其对企业开展市场营销的影响或大或小，有时带来机会，有时形成威胁。

2. 法律环境

法律环境是指国家或地方政府制定的法律法规，与其他组织签订过的贸易协定等。政府制定公共政策指导商业活动，为全社会的利益制定限制企业的一系列法律和规定。几乎每一项市场营销活动都受到一系列法律和规定的管辖。多年来，世界各地影响企业的立法越来越多。覆盖了诸如竞争、公平贸易、环境保护、产品安全、真实广告、消费者隐私、包装和标签、定价以及其他重要领域的各种问题。在我国，涉及市场营销活动的法律条例主要有：《中华人民共和国食品卫生法》《中华人民共和国商标法》《中华人民共和国价格法》《中华人民共和国反不正当竞争法》《中华人民共和国广告法》《中华人民共和国消费者权益保护法》《中华人民共和国专利法》《中华人民共和国中小企业法》《中华人民共和国电子商务法》《禁止传销条例》和《直销管理条例》等。研究并熟悉法律环境，可保证自身严格依法管理和经营，运用法律手段保障自身的权益。

新的法律及其执法部门持续增加。例如，互联网市场营销的蓬勃发展带来一系列新的社会和道德问题。令人最担忧的是网上隐私问题。可获得的个人数字资料爆炸式增长。人们自愿将个人数字信息放在社交网站上，任何人只要有电脑就能够很容易地搜寻到这些信息。尽管大多数企业充分地披露了其互联网的隐私政策，并努力运用这些数据造福顾客，但数据滥用仍然时有发生。消费者保护组织和政策制定者正采取行动保护消费者隐私。营销管理者在计划产品和市场营销方案时，必须关注这些发展。市场营销者需要了解地方、国家和国际各个层次的保护竞争、消费者和社会的重要法规。

（六）社会文化环境

社会文化环境主要指一个国家或地区的民族特征、价值观念、生活方式、风俗习惯、宗教信仰、伦理道德、教育水平、语言文字等内容的总和。不同国家、不同地区的人民，不同的社会与文化，代表着不同的生活方式，对同一产品可能持有不同的态度，直接或间接地影响产品的设计、包装，信息的传递方法，产品被接受的程度，分销和促销措施等。因此，企业在从事市场营销活动时，应重视对社会文化的调查研究，并作出适宜的营销决策。

1. 受教育水平

受教育水平是指消费者受教育的程度。一个国家、一个地区的受教育水平与经济发展水平往往是一致的。不同的文化修养表现出不同的审美观，购买商品的选择原则和方式也不同。一般来讲，受教育水平高的地区，消费者对商品的鉴别力强，容易接受广告宣传和接受新产品，购买的理性程度高。因此，受教育水平高低影响着消费者心理、消费结构，影响着企业营销组织策略的选取，以及销售推广方式方法的采用。

2. 语言文字

语言文字是人类交流的工具，它是文化的核心组成部分之一。不同国家、不同民族往往有自己独特的语言文字，即使同一国家，也可能有多种不同的语言文字，即使语言文字相同，表达和交流的方式也可能不同。语言文字的不同对企业的营销活动有巨大的影响。一些企业由于其产品命名与产品销售地区的语言含义等相悖，给企业带来巨大损失。例如，微信红包很难翻译成其他的语言。微信产品经理说：他们曾试图把红包翻译成"luky Money"，但是对于西方消费者"luky Money"意味着赌博；若翻译成"Red Packet"，马来西亚和印尼的用户却又不能理解。因此，企业在开展市场营销时，应尽量了解所在国家的文化背景，掌握其语言文字的差异，这样才能使营销活动顺利进行。

3. 价值观念

价值观念是人们对社会生活中各种事物的态度、评价和看法，具体指文化环境中的成员对于周围客观事物的意义和重要性的总体评价。也就是什么是好的、有价值的、值得追求的，什么是坏的、无意义的、不值得追求的。荷兰学者霍夫斯泰德将文化归纳为五个基本的价值观维度，分别为：集体主义和个体主义、权力距离高和低、男性气质和女性气质、不确定性规避高低、长期导向和短期导向。不同的文化背景下，人们的价值观念差别是很大的，而消费者对商品的需求和购买行为深受其价值观念的影响。对于不同的价值观念，企业营销人员应采取不同的策略。例如：当品牌在个体主义文化国家开展营销时，品牌概念必须足够独特、有个性，突出自身与他人的差异；当品牌在集体主义国家时，品牌需要与某个更大的实体相联结，强化自己与他人的关系，强调认同感和适应性。

4. 宗教信仰

不同的宗教信仰有不同的文化倾向和戒律，从而影响人们认识事物的方式、价值观念和行为准则，影响人们的消费行为，并带来特殊的市场需求。特别是在一些信奉宗教的国家和地区，宗教信仰对市场营销的影响力更大。企业应充分了解不同地区、不同民族、不同消费者的宗教信仰，提供适合其要求的产品，制定适合其特点的营销策略。否则会触犯宗教禁忌，失去市场机会。

5. 风俗习惯

风俗习惯是人们根据自己的生活内容、生活方式和自然环境，在一定的社会物质生产条件下长期形成，并世代相袭的风尚和由于重复、练习而巩固下来并变成需要的行为方式等的总称。它在饮食、服饰、居住、婚丧、信仰、节日、人际关系等方面，都表现出独特的心理特征、伦理道德、行为方式和生活习惯。不同的国家、不同的民族有不同的风俗习惯，它对消费者的消费偏好、消费模式、消费行为等具有重要的影响。例如，不同的国家、民族对图案、颜色、数字、动植物等都有不同的喜好和不同的使用习惯，如中东地区严禁带六角形的包装，英国忌用大象、山羊做商品装潢图案。企业应了解和注意不同国家、民族的消费习惯和爱好，做到入境问俗。可以说，这是企业做好市场营销尤其是国际营销的重要条件，如果不重视各个国家、各个民族之间文化和风俗习惯的差异，就很可能造成难以挽回的损失。

小链接 2－1

回顾饮食习惯的变迁

当我们回顾 70 多年的饮食文化时，会惊讶地发现，人们从无法解决温饱问题，到如今追求更加绿色、健康的饮食。人们深刻地感受到中国改革开放、民族复兴、共同繁荣的非凡历程。20 世纪 50 年代，粮票和大锅饭最为典型。60 年代，萝卜、大白菜一度成为老百姓餐桌上的主菜，并代替了粮食。70 年代，每张餐桌上的菜肴都是相似的。80 年代，木耳、丝瓜、西红柿、蘑菇和荷兰豆成为主流。一年四季都可以吃到各种各样的蔬菜水果。90 年代，海鲜开始出现在人们面前。21 世纪，"大鱼大肉"已逐渐退出了餐桌的争霸，绿色健康食品成了餐桌上的主角，人们注重吃出健康和文化。"吃"是最简单最表面的现象，它也最直观表现了我国改革开放以后国家的富强与繁荣。

资料来源：王嘉洲. 改革开放四十年 回顾饮食习惯的变迁［EB/OL］.［2018－10－30］. https：//www. sohu. com/a/272280080_99953082#comment_area.

四、环境分析与营销对策

（一）环境威胁与市场机会分析

市场营销环境通过构成威胁或提供机会，影响一个企业的营销活动。环境威胁是指环境中不利于企业开展市场营销的因素及其发展的趋势，它们对一个企业形成挑战，对其市场地位构成威胁。市场机会是指由环境变化形成的，对企业的营销活动富有吸引力和利益空间的领域。任何企业都面临若干环境威胁和市场机会。然而，并不是所有的环境威胁都一样大，也不是所有的市场机会都有同样的吸引力。企业需要通过环境分析评估市场机会与环境威胁。具体可用"威胁分析矩阵"和"机会分析矩阵"分析、评价营销环境，见图 2－4。

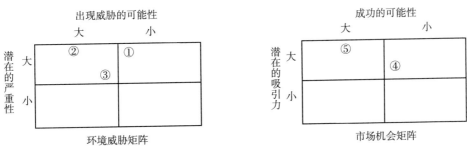

图 2－4　市场营销环境的分析与评价

环境威胁矩阵的横排代表"出现威胁的可能性",纵列代表"潜在的严重性",表示盈利减少程度。例如,上述环境威胁矩阵图上有三个"环境威胁",即动向①②③。其中,威胁②和威胁③潜在严重性大,出现威胁的可能性也大。所以,这两个环境威胁都是主要威胁,公司对这两个主要威胁都应十分重视;威胁①的潜在严重性大,但出现的可能性小,所以这个威胁不是主要威胁。

市场机会矩阵的横排代表"成功的可能性",纵列代表"潜在的吸引力",表示潜在盈利能力。上述市场机会矩阵图上有两个"市场机会",即动向④和⑤。其中,最好的市场机会是⑤,其潜在吸引力和成功的可能性都大;市场机会④的潜在吸引力虽然大,但其成功的可能性小。

用上述方法来分析和评价企业所经营的业务,可能会出现四种不同的结果(见图2-5)。

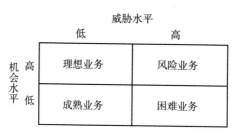

图2-5 环境分析综合评价

(1)理想业务:即高机会和低威胁的业务。
(2)风险业务:即高机会和高威胁的业务。
(3)成熟业务:即低机会和低威胁的业务。
(4)困难业务:即低机会和高威胁的业务。

(二)营销对策

营销管理者对所面临的主要威胁有三种可能选择的对策。(1)反抗,即试图限制或扭转不利因素的发展。(2)减轻,即通过调整市场营销组合等来改善环境适应,以减轻环境威胁的严重性。(3)转移,即决定转移到盈利更多的其他行业或市场。

营销管理者对企业所面临的市场机会,必须慎重地评价其质量。市场机会的实质,是"未满足的需要和欲望"。伴随需求的变化和产品生命周期的演变,市场会不断出现新的机会。但对不同的企业而言,环境变化产生的市场机会,并非都是其最佳机会;只有理想业务和成熟业务,才是最适宜的机会。一些成功的企业运用SWOT分析法,对内部因素的优势(strengths)和劣势(weaknesses)按一定的标准评价,并与环境中的机会(opportunities)和威胁(threats)结合起来权衡、抉择,力求内部条件和外部环境的协调平衡，扬长避短，趋利避害，牢牢把握最有利的市场机会。

第二节 购买者市场分析

一、消费者市场与购买行为

理解购买者行为是一项重要但困难的任务。市场营销的目的是影响消费者的想法和行动。这一节我们继续探讨市场营销者如何了解消费者和市场。为了影响消费者买什么、何时买以及怎样买，市场营销者必须首先了解最终影响消费者购买的因素和过程，理解他们为什么买。

（一）消费者市场购买行为模式

消费者市场亦称个人市场、最终产品市场或最终消费市场。在这个市场，人们的购买是为了直接用于满足个人、家庭的消费与生活需要。消费者市场广阔，购买人数多而分散；消费者购买多属非专家购买；消费者需求差异性大；消费者市场商品专用性不强；购买者购买次数较多，购买时间分散，每次购买数量较少；除少数高档消费品外，一般不要求技术服务。

消费者购买行为是指消费者购买商品的活动以及与其有关的决策过程，如收集信息、分析、比较、决定购买，甚至购买后的有关活动。消费者购买行为表现为一个投入产出的过程。一方面接受各种外部刺激，另一方面他们作出相应反应。外部刺激和消费者的反应，可能看得见、摸得着；但他们是如何"消化"这些外部刺激，进而形成某种反应的，则常常难以揣摩。似乎是一种"黑箱作业"的结果（见图2-6）。

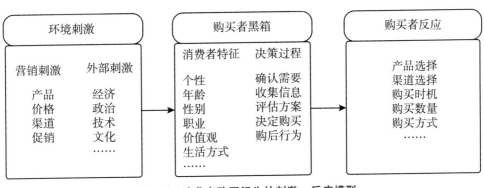

图2-6 消费者购买行为的刺激—反应模型

对市场营销者而言，核心的问题是：消费者对公司可能采取的市场营销努力会如何反应？图2-6所示的消费者购买行为的刺激—反应模型表明：市场营销和其他刺激进入购买者的"黑箱"后会产生某种反应。市场营销者必须探明购买者"黑箱"中有什么。市场营销刺激由4P（产品、定价、渠道和促销）构成。其他刺激包括购买者所处环境中的重要力量和事件，包括经济、政治、技术和文化等方面。所有这些因素进入购买者的黑箱中，在那里它们转化为一系列可以观察的购买者反应：购买的产品、品牌，他们买什么、何时、何地，以及购买数量、频率和如何买等。市场营销者需要理解该刺激怎样在购买者的"黑箱"中转化为反应，这主要由两部分构成。一方面，购买者的特征影响他对刺激的感知和反应。另一方面，购买者的决策过程本身影响购买者行为。购买者黑箱说明消费者为什么买，可是要了解消费者为什么购买并不是件容易的事情。

小链接2-2

鸿星尔克捐款爆火——掀起国货野性消费风潮

2021年7月21日，面对河南暴雨的灾情，在众多捐款的品牌中，鸿星尔克默默捐赠了5000万元物资，引发了网友的热议并一度登上热搜榜首。一夜之间，小红书和豆瓣上也涌现了很多支持鸿星尔克的帖子，网友们蠢蠢欲动要氪金，想"拯救"这个民族品牌。鸿星尔克23日当日销售额同比增长超52倍。除了鸿星尔克本身的行为，这场突然的爆火背后，更重要的是随着我们国家的强大崛起，近些年来这一代年轻人"文化自信"、爱国情怀的觉醒；从各种国货新品牌的崛起、新疆棉花事件中安踏坚决态度下的出圈，到这次河南洪灾下鸿星尔克的爆火，越来越多的中国年轻人开始热爱国货、正视中国品牌，中国人就该支持中国品牌的火苗早已燃起，未来将更加猛烈，国货品牌的新时代来临了！

资料来源：优讯舆情.鸿星尔克因慷慨物资爆火被"野性消费"，"走红"能否"长虹"？［EB/OL］.［2021-07-27］. https：//www. sohu. com/a/272280080_99953082# comment_area.

（二）消费者购买行为的影响因素

通常，消费者自己也不能准确地说明是什么影响了他们的购买行为。但是，消费者的购买决定不是在真空中形成的，消费者购买行为主要受到文化、社会、情境、个人和心理因素的影响（见图2-7），其中，文化、社会和情境因素是影响消费者行为的外部因素，个人和心理因素是影响消费者行为的内部因素。大多数情况下，营销人员难以控制这些因素，但是他们应该考虑这些因素。

1. 文化因素

（1）文化。文化是无形的。文化是影响人的欲望和行为的基本决定因素，是区分一个社会群体与另一个社会群体的主要因素。狭义的文化是指一个组织或社会中成员共享的知识、信念、意义、规范、惯例等的复合总体。广义的文化是指人类创造的一切物质财富和精神财富，包括了看得见的器皿、建筑、服饰等物质。凡是一切非自然的人文创造都可以称为文化。文化是一种无所不在的强大力量，它包含了从浅到深、由表及里的不同层次，它不仅决定了环绕我们的物品、建筑、食物的形态，还影响着我们到底怎样去解释自我、自然与社会，也决定了我们购买什么，被什么样的广告说服，被什么类型的品牌吸引，因此，文化对消费者的行为具有最广泛和最深远的影响。文化不仅影响人们对特定商品的购买，还作用于消费者信息收集和价值判断。虽然商家可以通过广告、促销等策略来影响这一阶段，但这种文化的力量是难以克服的，至少在短期内如此。譬如，一种文化强调人与人之间的自由、平等、独立，然而另一种文化则认为集体的重要性胜过个人的重要性。

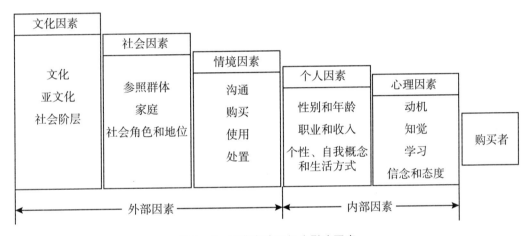

图 2-7 消费者购买行为影响因素

（2）亚文化。亚文化是某一文化群体所属次级群体的成员共有的独特信念、价值观和习惯。几乎每个国家都是由不同民族所构成的，主要包括民族亚文化、宗教亚文化、种族亚文化和区域亚文化等。不同的民族，都各有其独特的风俗习惯和文化传统。民族文化在预测消费者购买习惯、消费偏好时是非常重要的参考依据，它就像一个标签，标识出自己和其他人；由于传统和习惯与宗教团体的信仰总是联系在一起，而且代代相传，对商品有不同的偏好和禁忌，所以宗教可以认为是一种亚文化；世界上有白种人、黑种人、黄种人、棕种人四个人种，有些国家存在不同的人种，如美国、瑞士、新加坡和南非。各个种族都有自己独特的生活习惯和文化传统，他们的购买行为各不相同；不同的区域具有不同的地理特征、气候特点，赋予了人们不同的体质和性格，因而也形成了不同的文化。譬如，我国北方人体格魁梧，性格豪爽，而南方人则相对身材灵巧，性格细腻。这种差异自然会在商品购买过程中表现出不同的消费决策模式。

亚文化是在较大文化内与其他群体共存的一个群体共有的文化，其成员具有的共同信仰、特征或经历等，能提供更为具体的认同感。对企业开展营销活动而言，最重要的亚文化中包括民族与种族文化，因为许多消费者都强烈认同自己身上所具有的遗传特质，并受到体现这些特质的产品的影响。

（3）社会阶层。社会阶层是指所有社会成员按照一定的等级标准，被划分为许多相互区别的、地位从低到高的社会集团。每一阶层的成员具有类似的价值观、兴趣爱好和行为规范；每一阶层具有特定的作用和特定的社会地位。20世纪30年代以来，学者们一直在研究决定社会阶层的因素，研究发现收入、职业、教育和财富是决定社会阶层的重要因素。在某些社会，社会阶层的界限并非固定不变的，人们可能升到上一层或降到下一层。营销人员关注社会阶层是因为同一阶层的人具有类似的购买行为。不同社会阶层的消费支出模式、休闲活动、信息接收和处理以及购物方式存在着差异。消费者往往会把产品的品牌和服务与特定的社会阶层联系起来，许多产品也是针对特定社会阶层而设计的。工薪阶层的消费者通常从实用角度评价商品，而中上阶层则更看重产品的风格和时尚。因此，社会阶层观点可以被应用于市场细分和产品定位，以便在消费者心目中塑造产品形象。社会阶层的存在，也是出现炫耀式消费的重要原因。

2. 社会因素

消费者行为同样受到社会因素的影响，这些社会因素包括消费者所处的小群体、家庭，以及社会角色和地位等。

（1）参照群体。个体行为受到许多小群体的影响。个人所从属且受到直接影响的群体称为成员群体。相比之下，参照群体是个人态度或行为形成过程中直接（面对面）或者间接对比或参照的对象。该群体的看法和价值观被个体作为他当前行为的基础。人们经常受他们所在群体外的参照群体的影响。市场营销者试图在目标市场上寻找参照群体。参照群体展示了新的行为和生活方式，影响着人们的态度和自我观念，进而可能影响人们对产品和品牌的选择。参照群体对消费者的影响表现在：一是信息影响。面对不确定的消费选择时，消费者会积极地从他们认为具备相应知识的人那里收集相关的消费信息，包括观察和询问。通常，来自参照群体的信息能够增加消费者对特定产品或在特定情境下的消费知识。二是功利影响。消费者总是处在一定的社会关系之中，因此会感受到来自周围群体的压力，可能被迫在消费选择中放弃个体态度、意愿而遵从群体规范。为了与群体成员消费行为一致以赢得参照群体的认可或避免惩罚，消费者在选择产品或品牌时，就会迎合参照群体的偏好、期望或标准，以此缓解不安情绪。三是价值表达影响。倘若个体对参照群体具有强烈的归属感，或者非常向往某参照群体，消费者就会通过与参照群体成员消费行为保持一致以给别人留下自己属于该群体的印象，或是借此与参照群体建立联系，从而能够通过参照群体的形象来表达自我，体现自我价值，使个体实际的自我概念更加接近其理想中的自我概念。对于容易受到参考群体影响的品牌，营销者应该弄明白如何找到意见领袖（指从属某参考群体，凭借自身专业技能、知识、特殊个性或其他特征而对他人施加社会影响的人）。一些专家称他们为有影响力的人或率先采用者。当这些有影响力的人谈论时，消费者会倾听。营销者应尽力为其产品确定意见领袖，并直接针对他们开展营销活动。

过去几年，在线社交网络这种新型的社会互动方式迅速发展起来。在线社交网络是人们交流或交换信息和意见的在线交流社区。社交网络媒体包括博客、微博、微信、抖音和小红书等。直播这种新型的 B2B 和 B2C 对话方式给营销人员带来很大的启示。市场营销者开始利用新出现的社交网络和其他"网络语言"来推销他们的产品，建立更紧密的客户关系。

（2）家庭。家庭是指两个或两个以上的个体由于婚姻、血缘或收养关系而共同生活的社会单元。对于大多数产品而言，家庭是基本的消费单位。与家庭最为相关的产品包括住房、汽车、家用电器、家庭旅游等。家庭成员对购买者的行为也有很大的影响。作为社会中最重要的消费购买组织，家庭的消费行为已得到广泛的研究。市场营销者对丈夫、妻子和孩子在不同产品和服务的选择和购买上所扮演的角色很感兴趣。家庭购买决策包括四种方式：丈夫主导型、妻子主导型、联合型和自主型。对不同产品类别而言，夫妻在不同购买阶段的参与程度差别很大。夫妻二人购买决策权的大小取决于多种因素，如各地的生活习惯、妇女就业状况、双方工资及受教育水平、家庭内部家庭分工及产品种类等。孩子在家庭购买决策中的影响力也不容忽视，尤其中国内部的劳动分工导致儿童对家庭购买决策的影响力越来越大，儿童能改变家庭的消费结构。

中国的家庭模式已从"四世同堂"转变到夫妻二人带娃的"核心家庭"，再进一步转换到以独居或夫妻二人为主的模式。单身成年人与夫妻家庭占比增加，消费趋势发生变化。例如，单身成年家庭催生小型设备、孤独经济和便捷消费。

（3）社会角色和地位。个体可能同时归属于家庭、俱乐部、组织等多个群体，每个人在群体中的位置由其社会角色和地位决定。角色是在群体中人们被期望进行的活动内容。每个角色代表一定的社会地位，反映了社会的综合评价。

人们通常会选择适合自己角色和地位的产品。一位有工作的母亲可能扮演多种角色：在公司，她是品牌经理；在家里，她是妻子和母亲；在她喜爱的体育赛事中，她是狂热的体育迷。作为一个品牌经理，她将购买那些能显示她在公司中的角色和地位的服饰。在观看比赛时，她可能借助服装来表示对所喜爱的球队的支持。

3. 情境因素

情境是指那些独立于单个消费者和单个刺激客体（如一种产品、一类电视广告等）之外，并且能够在某一具体时间和地点影响消费者购买行为的一系列暂时的环境因素。例如，消费者在一次购买活动中的天气情况，消费者当时的情绪，购物伙伴以及购物场所的灯光、音乐等组成的店堂气氛，都构成购物时的情境。消费者情境大致可分为四种类型，即沟通情境、购物情境、使用情境和处置情境。沟通情境是指消费者接受和反馈营销信息的具体环境或背景。沟通情境是指对消费者行为产生影响的信息接受情境。消费者是独处还是与他人在一起，心情好坏，匆忙与否，都影响其接受营销信息的程度。购物情境是指消费者购买或获取产品的环境或背景，如购物环境、时间压力或心情状态等。消费者对日常用品的购买决策大部分是在商场中临时作出的，而购买情境因素无疑在其中起了巨大的促进作用。使用情境是指在产品使用场合会影响消费者对产品种类和品牌选择的情境。"使用"，在这里不仅仅是指人们消费产品、发挥产品的实体特性和使用价值，有时往往是指发挥产品的一种社会功能或所称的社交功能。使用场合的不同，会导致消费者产生较大的行为差异。营销人员需要理解他们的产品是否适合特定的使用情境。在对此有些了解后才能传递有关他们的产品是如何在每种使用情境下适合消费者需要的信息。处置情境是指消费者处置产品或包装物的具体环境，如以旧换新、循环使用或环保法规要求等。在产品使用前或后，消费者经常需要处置产品或产品的包装。处置情境会影响到消费者的满意度和后续购买的数量。

4. 个人因素

购买者的行为还受到购买者自身的年龄与生命周期阶段、职业、经济状况、生活方式、个性及自我观念等个人因素的影响。

（1）年龄与性别。人们一生中会不断更换产品和服务。他们对食物、衣服、家具以及娱乐等方面的品位往往与年龄密切相关。消费者的年龄通常是决定其需求的重要因素。人从出生到死亡要经历婴儿期、儿童期、青年期、成年期、中年期和老年期六个阶段，处于不同年龄段的消费者有着不同的需求心理和行为，而产品和服务通常只吸引某个特定年龄段的人群。需要注意的是，现代社会信息扩散范围与影响力惊人，使不同年龄段的人群在信息获取、心态和行为上趋同，年龄界限逐渐模糊难分。因此，营销人员不仅应注意消费者的生理年龄，更应关注其心理年龄。

男性和女性在生理上的先天差别导致了不同的心理和行为，使两性的消费产品及购买决策过程差异显著。男性消费者购物目的明确，决策比较理性，接受稳重可靠的商品，追求快捷、简单的购物过程；而女性消费者往往购物目的不够明确，通常有更多的计划外购物，喜爱时尚可爱的商品，决策偏于感性，常常乐于货比三家，在商场里流连忘返。不过，随着社会经济的发展，性别间的消费差异正逐步减少，许多企业已经开始研究如何把与性别有关的产品转变为对两性同样适用，从而扩大市场容量。

（2）职业和收入。个人的职业会影响他所购买的商品和服务。蓝领工人倾向于购买更结实的工作服，而高级管理人员更多购买职业服装。市场营销者试图识别对其产品和服务更感兴趣的职业群体。一家公司甚至可以专门为某一职业群体提供产品。

个人的收入影响其产品选择。受收入影响较大的商品的市场营销者比较关注个人收入、储蓄和利率的变化趋势。在经济衰退后的节俭时期，大多数公司纷纷采取措施重新设计产品和服务，改变定位和调整价格。

（3）个性、自我概念和生活方式。个性是指决定和折射个体如何对环境作出反应的内在心理特征。尽管消费者的心理过程具有共同的特点，但由于每个人的先天素质和后天环境影响是不一样的，因此，心理过程在每个人身上产生和发展时总是带有个人的特征，从而形成了具有个体差异的个性。每个人的购买行为都受其独特个性的影响。个性通常用自信、优越、善于交际、自主、防御性、适应性和进取等特征来描述。个性是分析消费者产品或品牌选择的有用变量。一位消费者行为专家说："你的个性决定了你消费什么，观看什么电视节目，购买什么产品，以及你作出的其他决策。"品牌也有个性，消费者更倾向于选择与自身个性相符的品牌。品牌个性是某种品牌所具有的人类特质的具体组合。例如，古驰体现着"经典"和"成熟"。

营销人员经常运用一个和个性相关的概念——自我概念（自我形象）。自我概念是指一个人所持有的关于自身特征的信念，以及他（她）对于这些特征的评价。自我概念是由我们对自己的态度所构成的。当我们对自身进行整体评价时，很多时候会更多强调其中的某些特性。该评价涉及"我是谁""我是什么样的人""我应该是什么样的人"等一些基本的价值判断。每个人都有自我概念，它是个体通过与父母、同伴、老师以及其他重要人物的相互作用而形成的。个体正是通过自我概念来认识和调控自己，在环境中获得动态平衡，求得独特发展。每个人的行为都是与他的自我概念保持一致的。自我概念的基本前提是人们拥有的产品决定和反映了他们的身份，即"我们消费什么就是什么"。因此，想要了解消费者的行为，就要先明白消费者自我概念与其拥有物之间的关系。

生活方式就是人如何生活，它对个体应选择何种消费模式，包括消费观念、如何使用时间和金钱等均有重要影响。生活方式很大程度上受个性的影响，是自我概念的外在表现，反映出消费者同外部环境相互影响的全部特征。通过 AIO 维度，即活动（Activity）、兴趣（Interest）和意见（Opinion）以区分不同的生活方式类型、个人在整个社会环境中的互动模式。如果运用得当，生活方式的概念可以帮助市场营销者了解消费者不断变化的价值观及其对购买行为的影响。消费者不仅购买产品，而且购买产品所代表的价值观和生活方式。例如，Kitchen Aid（凯膳怡，美国厨房电器品牌）不只出售的是厨房器具，还出售的是完整的烹饪和娱乐生活方式。

5. 心理因素

个人的购买决策还受到四种主要的心理因素影响，它们分别是：动机、知觉、学习、信念和态度。

（1）动机。个人在任何时候都有许多需要。有些需要是生理方面的，比如饥饿、干渴和不安等；有些则是心理方面的，如认可、尊重或归属等。当一种需要强烈到一定程度时，它就变成了一种动机。动机也是一种需要，它促使人们去寻求满足。心理学家西格蒙德·弗洛伊德理论认为，个体的购买决策受到潜意识动机的影响。即使是购买者自己，也不能充分认识到这些动机。因此，一位中年人购买了一辆宝马运动型敞篷车，可能会解释说仅仅是因为喜欢风拂过自己稀疏头发的感觉。但在内心深处，他们可能正竭力想向他人展示自己的成功。而在更深处，他们购买这款车的原因很可能是为了再次感觉年轻和独立。

消费者常常不清楚或者不能解释他们自己的行为。因此，动机研究者运用各种探测技术，发掘对品牌和购买情况的潜在情感和态度。例如，通过催眠、梦疗法，或者用柔和的灯光和情调化的音乐，来探究消费者模糊的深层次心理。

（2）知觉。处于相同的激励状态和目标情况下的两个人，其行为可能大不一样，这是由于他们对情况的知觉各异。所谓知觉是指感觉器官与大脑对刺激作出解释、分析和整合的创造性过程，人们之所以对同一刺激物产生不同的知觉，是因为人们要经历三种知觉过程，即选择性注意、选择性曲解和选择性记忆。选择性注意指人们在日常生活中接受众多的刺激，不可能全部加以注意，而只关注那些自己感兴趣或者对自己有意义的事物和信息。选择性曲解指人们将接收到的信息加以扭曲，使之合乎自己的认识或意愿的倾向。选择性曲解使顾客对信息的理解不一定符合信息的原貌，营销人员对此往往无能为力。选择性记忆指人们倾向于保留那些能够支持其态度和信念的信息，而可能忘记所有与自己的信念不一致的信息。

（3）学习。人们要行动就得学习。学习是指由于经验而引起的个人行为或行为潜能的持续性改变。人类行为大都来源于学习。一个人的学习是通过驱使力、刺激物、诱因、反应和强化的相互影响而产生的。消费者学习是指消费者在购买和使用商品的活动中，不断获取知识、经验和技能，不断完善其购买行为的过程。由于市场营销环境不断变化，新产品、新品牌不断涌现，消费者必须经过多方收集有关信息之后，才能作出购买决策，这本身就是一个学习过程。学习会引起行为的改变。消费者在购买以后非常满意，会对所购品牌、产品等加强信念，以至于重复购买。学习理论对市场营销者的实际意义在于，他们可以把产品与强烈的驱动联系起来，利用激励性诱因，并提供积极的强化作用，使人们产生产品需求。

（4）信念和态度。通过学习，人们获得了自己的信念和态度，而信念和态度又反过来影响人们的购买行为。所谓信念，是指一个人对事物所持有的确定性看法。企业应关注人们头脑中对其产品或服务所持有的信念，因为这些信念构成了产品和品牌的形象，进而影响人们的购买行为。人们根据自己的信念采取行动。如果一些信念妨碍了购买行为，企业就要运用促销手段去影响或修正这些信念。所谓态度，是指一个人对某些事物或观念长期持有的好与坏的评价、感受和由此导致的行动倾向。态度导致人们喜欢或不喜欢某种事物，并对它们亲近或疏远。相机购买者可能会持有以下态度："要买就买最好的""日本制造的电子产品是世界上最好的""创造性和自我表达是生活中最重要的事情"等。如果是这样的话，那么尼康相机正好符合消费者的这种态度。态度一旦形成，就很难改变。人们的态度会使人形成一种固定的模式，要改变态度就需要调整其他许多相关因素。因此，企业应该让它的产品适合既有的态度，而不是试图改变态度。

（三）消费者购买决策过程

消费者每天都进行购买决策，而购买决策是市场营销者努力的核心。大多数大型企业仔细地研究消费者购买决策，以回答消费者买什么，在哪里买，如何买，买多少，何时买，以及为什么买等问题。图2-8展示了购买决策过程的五个阶段：确认需要、收集信息、购买选择、购买决定以及购后行为。购买过程早在实际购买发生前就已经开始，并在购买后还会延续很长时间。市场营销者需要关注整个购买过程，而不是只注意购买决策阶段。

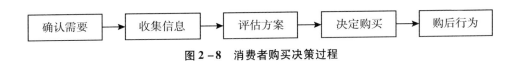

图2-8 消费者购买决策过程

消费者不是每次购买都要依次经过五个阶段。购买者通过整个购买过程的速度可能很快，也可能很慢。在经常性购买中，消费者常常跳过或颠倒某些阶段，主要取决于购买者特点、产品属性和购买情境。一位购买常用牙膏品牌的女士在确认牙膏需要时，会越过信息搜索和选择评估阶段，直接进入购买决定阶段。这里我们仍将运用图2-8的模式，阐述消费者面临一项新的复杂的购买行为时所发生的全部思考过程。

1. 确认需要

购买过程从购买者确认某一个问题或某种需要开始，即确认需要。需要可能由内部刺激引起，当一个人的正常需要比如饥饿、干渴，强烈到某种程度时，就变成了一种驱动力。需要也可能由外部刺激引起。例如，广告或与朋友的讨论可能让你考虑是否要买辆新车。在这一阶段，市场营销者应该进行消费者研究，找出他们的问题、需要及其产生的原因，以及如何引导消费者关注某种特定的产品。

2. 收集信息

当消费者对某种产品感兴趣时，可能会搜寻更多的信息。如果消费者的需要强烈或满意的产品恰巧在手边，那么他很可能购买。反之，消费者将暂时将这个需要记在心里，然后进行与之有关的信息收集。例如，一旦你决定购买一辆新车，那么至少，你可能会更多地关注汽车广告、朋友的车以及关于汽车的话题。或者，你会主动在互联网上搜索，和朋友交流，或通过其他方式收集信息。消费者可从这几种渠道获取信息：个人来源（如家庭、朋友、邻居和熟人）、商业来源（广告、销售人员、经销商网站、移动网站、包装和展览）、公共来源（大众传媒和网络搜索），以及经验来源（对产品的操作、检查和使用）。这些信息来源的相对影响因产品和购买者而异。一般情况下，消费者得到的大多数产品信息来自商业渠道，即营销者所控制的来源。然而，最有效的信息来源是个人来源。商业来源一般起告知作用，但个人来源具有判断或评价产品的作用。个人来源越来越数字化了。消费者自由地在各种社交网站上分享商品评论、图片和经验，购买者可以从诸如淘宝、京东、天猫和拼多多等众多网站中，获得大量关于拟购买产品的用户评价。这些信息的质量虽然良莠不齐，但总体上能够提供较为可靠的评价，更何况它们直接来自与自己类似的实际购买者或使用者。随着获取信息的增多，消费者对各种品牌和特征的认知与了解也逐渐增加。在对汽车信息的搜索中，你可能会了解到许多品牌信息，这些信息帮助你在再三思考后放弃了一些品牌。所以公司必须设计营销组合，以使消费者了解其品牌。另外，市场营销者应该认真识别消费者的各种信息来源，分析、评估其相对重要程度。

3. 评估方案

消费者使用各种信息筛选出一组最终可供选择的品牌之后，要从中进行选择。营销人员需要了解评估备选方案，即消费者如何处理信息并选择品牌的过程。购买方案的评估根据消费者个人和特定购买情形而定。在某些情况下，消费者会缜密思考。在某些情况下，同一位消费者却很少甚至不加思考，凭直觉或冲动进行购买。有时，消费者会自行决策；有时，会向朋友或销售人员寻求购买建议。很多时候，消费者不会仅仅根据一个产品属性作出购买决策，而是会综合考虑几种因素，而且每一种的权重不同。只有了解每种属性对消费者而言的相对重要性，市场营销者才能更加可靠地预测消费者的选择。因此，市场营销者应该研究购买者对品牌方案的实际评估过程。只要知道了消费者是如何评估产品的，市场营销者就能采取措施去影响购买者的选择。

4. 决定购买

在评估选择阶段，消费者对品牌进行排序，并形成购买意图。一般来说，消费者的购买决定将是购买他们最喜爱的品牌，但有两个因素会影响他们的购买意图和最终的购买决定。第一个因素是其他人的态度。如果某个人对你很重要，那么他的意见很可能会改变你最初的购买意愿。第二个是意想不到的环境因素。消费者可能将购买意图建立在预期收入、预计价格和期望产品利益等因素之上。然而，突发情况可能会改变消费者的购买意图。例如，经济开始恶化，竞争对手降低价格，或朋友的建议等。因此，偏好和购买意图并不总是会导致实际的购买行动。

5. 购后行为

产品购买后，营销人员的工作并没有结束。消费者是否满意以及他们的购后行为也是营销人员应该关注的。购买者是否满意取决于消费者预期与产品感知绩效之间的关系。如果产品符合或超过预期,消费者就会感到满意。然而,几乎所有重要的购买行为都会产生认知失调,或是购后冲突而引起的不适。购买之后,消费者对所选品牌的优点感到满意,并庆幸避免了未购买品牌的缺点。然而,所有购买行为都涉及权衡。消费者会为所选品牌的缺点而担心,也会为没有得到未购品牌的好处而感到不安。因此,消费者每次购后,或多或少都会存在不平衡感。顾客满意是建立有利可图的顾客关系的关键,它能吸引和保留顾客,获得顾客终身价值。满意的顾客会再次购买,并向他人推荐该产品,而不太重视竞争品牌及其广告,他们更可能购买该企业的其他产品。许多营销者不仅仅满足于达到顾客的期望,他们的目标是取悦顾客。不满意的消费者有截然不同的反应。对企业及其产品的差评能很快地破坏消费者对公司及其产品的印象。不满的顾客可能会投诉、会拒绝下次购买甚至影响他人购买。因此,企业应该经常测量顾客满意度,建立鼓励消费者投诉的机制。

通过研究完整的购买决策过程,营销人员或许能找到帮助消费者顺利决策的方法。例如,如果消费者因为没有发觉需要而不购买某种新产品时,那么市场营销者也许可以通过广告信息来激发需求,充分展示该产品能为消费者解决的问题。如果消费者知道这个产品,但因为缺乏好感而不购买,营销者就应想方设法,要么改变产品,要么转变消费者的观念。

二、组织市场与购买行为

组织市场是指所有为满足其各种需求而购买产品和服务的组织机构所构成的市场。它可分为三种类型:生产者市场、中间商市场和非营利组织市场。

组织市场与消费者市场在某种程度上类似。两者都涉及为满足需求而承担购买角色和制定购买决策的人。但是,组织市场在许多方面与消费者市场存在区别,主要体现在市场结构和需求、购买单位的特点、涉及的决策类型和决策过程等方面。与消费者市场的营销者相比,组织市场中的营销者通常面对数量较少但规模更大的买者。组织购买常常涉及更多的决策参与者和更加专业的购买工作。组织购买者的购买决策常常更加复杂。组织购买常常涉及大量的资金、复杂的技术和经济条件,以及与买方组织中不同层次的多个人员的互动。这种购买行为更加繁复,组织购买的决策周期也因此往往历时很长。

(一)生产者市场和购买行为

生产者市场是指一切购买产品和服务并将之用于生产其他产品或服务,以供销售、出租或供应给他人的个人和组织。

1. 生产者用户购买过程的参与者

生产者用户的采购作为一种组织行为，特点之一是集体决策。只有在极少数的情况下，由组织内部的个别人士作出了购买过程的所有决策；在大多数的情况下，是由"采购中心"共同作出决策。"采购中心"及其参与者在采购过程和相关决策中，发挥着以下一种或几种作用，并分担共同的风险：（1）使用者。具体使用、操作所购产品、服务的相关人员，往往也是最初提议购买的人士。他们对所购品种、规格等决策具有直接影响。（2）影响者。在用户内部或组织外部，可直接或间接影响到购买决策的相关人员。他们以自己的知识、经验和权威等影响购买决策，常见的影响者有采购经理、总经理、一线员工、办公室人员、研发工程师和技术人员。（3）采购者。具有开展采购业务正式职权的相关人员，主要负责挑选供应商和参与谈判。在复杂的采购中，采购者还包括用户的高层管理人员。（4）决策者。具有正式或非正式的权力、地位，可决定是否购买的角色。如果是一般例行采购，那么采购者常常也是决策者；若是复杂项目采购，决策者就往往会是高层管理人员。（5）批准者。有正式职权批准决策者或采购者所提购买方案的人士。（6）信息控制者。也叫"守门人"，他们可以控制信息"入口"及其流向。比如用户的采购代理、技术人员，有能力拒绝某些供应商，或拦截他们到达"采购中心"某些参与者手中的信息。有的时候，甚至秘书、接待员和门卫等，也能阻止供应商及其营销人员与使用者、决策者的联系和接触。

2. 影响生产者用户购买决策的影响因素

生产者用户的购买决定，受到许多因素的影响。供应商需要了解这些因素的具体构成和变化动态，采取相应措施，引导买方企业的购买行为。（1）环境因素。泛指来自企业用户外部的，宏观环境和微观环境的各种影响。包括经济发展的前景，市场供求的变化，技术进步和发展，政治与管制的情况，竞争态势及文化、习俗等。（2）组织因素。主要指与买方企业自身相关的一些因素。包括企业使命、愿景和目标，战略和政策，组织结构与制度体系等，都会影响到购买决策。（3）个人因素。这些与采购业务、采购项目相关的人员，他们的职级、实际地位、授权、相互关系以及态度、说服力等各异，在购买决策中的作用也不尽相同。（4）心理因素。参与购买决策的相关人员，年龄、受教育程度、个性等以及对风险的态度也会各有不同。这些差异影响他们对拟购货物、品牌及供应商的感觉和看法，并对购买决策和购买行为产生影响。

3. 生产者用户的购买决策过程

生产者用户的购买决策过程的复杂程度与其购买类型有关。组织购买有三种主要类型：直接重购、调整性重购和新购。直接重购指按部就班地重复以往的购买决策，通常由采购部门按常规操作完成即可。调整性重购指购买者希望调整对产品的要求、价格、交易条件或供应商。新购指首次购买一种产品或服务，也称新任务重购。生产者用户的购买决策过程在理论上可区分为八个阶段，见图2-9。在新购情况下，购买者通常会经历购买过程的所有阶段。而调整性重购或直接重购时，购买者很可能略过其中的某些阶段。我们将以典型的新购情况为例，依次考察这些步骤。

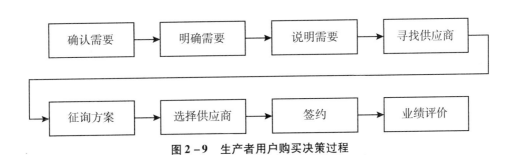

图2-9　生产者用户购买决策过程

（1）确认需要。采购过程始于公司中的某个人认识到产生了某种问题或需要，可以通过购买特定的产品或服务来解决或满足。问题确认是内部或外部刺激的结果。从内部来看，可能是公司决定推出一种新产品，因而要求添置新的生产设备和原材料；也可能是机器出了故障，需要更换新的零部件；还可能是采购经理对当前供应商的产品质量、服务或者价格不满意。从外部来看，购买者在展销会上获得一些新想法，看到一则新广告，或者接到销售人员声称可以提供更好的产品或更低价格的电话。

（2）明确需要。认识到需求之后，购买者会着手准备基本需求描述，说明所需产品项目的特点和质量。对标准的产品项目而言，这一过程很简单。但是对复杂的产品项目而言，购买者需要与其他人，包括工程师、使用者和咨询师等合作确定产品项目的各个细节。他们可能会对产品的可靠性、耐久性、价格和其他属性的重要性进行排序。在这一阶段，精明的组织市场营销者可以帮助购买者明确具体需要，并提供详细信息说明不同产品特征的价值。

（3）说明需要。购买者会就该产品项目的技术性能制定产品说明，这常常需要工程师团队帮助进行价值分析。产品价值分析是一种降低成本的方法。工程师仔细地研究产品成分或部件，看看能否重新设计、标准化或用成本较低的方法生产制造。该团队决定最佳的产品特征并对它们作详细说明。销售者也可以利用价值分析方法，作为一种寻找新客户的有用工具。通过向购买者展示制造产品的更好方法，外部的销售者可以将直接重购转化为新购，争取获得新业务的机会。

（4）寻找供应商。购买者开始寻找供应商，以便发现最佳人选。购买者可以借助考察工商名录、互联网搜索，或电话征询其他公司的推荐等方法，列出一份合格供应商的名单。如今，越来越多的公司求助于互联网来寻找供应商。对市场营销者而言，互联网使较小的供应商在许多方面也具有了与大规模竞争者同等的机会。采购任务越新，产品项目越复杂和昂贵，购买者用于搜寻供应商的时间就越长。供应商必须想方设法使自己的名字出现在重要的工商名录上，并在市场上建立良好的声誉。销售人员应该注意那些正在寻找供应商的公司，并争取让它们考虑自己的公司。

（5）征询方案。在征询方案阶段，购买者邀请一些通过资格审核的供应商提交方案。相应地，一些供应商会发送相关产品目录或者委派销售人员上门。但是，当产品项目复杂或昂贵时，购买者通常会要求每位备选供应商提供更为详细的书面方案或进行正式的展示。组织市场营销者必须具备根据购买者征询方案的要求调研、撰写和展示方案的技能。提交的方案应该是市场营销的文件，而不仅仅是技术文件。

（6）选择供应商。采购中心的成员需仔细评价方案并选择一位或几位供应商。在供应商选择期间，采购中心常常会列出理想的供应商属性及其相对重要性。这些属性包括产品和服务质量、声誉、及时交货、公司行为的规范性、沟通的诚实度和价格的竞争力等。采购中心的成员根据这些属性为供应商打分，最终确定最佳供应商。在作出最终的选择之前，为了获得更好的价格和交易条件，购买者会与比较青睐的供应商谈判。最后，他们可能选择一个供应商或几个供应商。

（7）签约。购买者开始准备签约合同，包括向选中的供应商订货，并列明诸如技术要求、所需数量、交货时间、退货政策和保证等条件。关于维护、维修和运营条件，购买者可能运用"一揽子"合同，而不是定期购买订单。一份"一揽子"合同可以缔结一种长期关系，即供应商承诺在设定的时期内，以协议好的价格在购买者需要时重复供应。

（8）业绩评价。最后是业绩评价阶段，购买者评价供应商的业绩。购买者联系使用者，请他们对满意程度作出评价。根据业绩评价的结果，购买者会沿用、调整或者剔除原有的供应商安排。卖方的工作是监控买方用以评价业绩的因素，确保自己能够达到预期的满意水平。

4. 网络采购

信息技术的进步改变了 B2B 市场营销的面貌。电子采购，通常称为 E 采购（e procurement），可以使购买者接触到更多供应商，降低采购成本，加快订货过程和缩短交货期。反过来，组织市场营销者可以在网上联系客户，分享市场营销信息，销售产品和服务，提供客户支持服务，以及维护现有的客户关系。

企业可以用下列任何一种方式开展电子采购。它们可以进行反向拍卖，在网上发布自己的采购要求，邀请供应商投标。或者从事网上贸易交换，以集中地促进交易过程。还可以通过建设自己的公司采购网站专门执行电子采购。

如今更为常见的是，B2B 营销者使用各种数字或社会营销手段，从网站、智能手机应用到主流社交网络，随时随地地影响企业客户和管理客户关系。数字营销已经迅速成为吸引组织客户的新手段。B2B 电子采购能带来许多利益。首先，它为买卖双方大幅削减了交易成本，创造了更高的采购效率。其次，电子采购显著地缩短了订购与交货之间的时间间隔。一个由网站支撑的采购计划消除了传统购买和订货程序所需的大量文案工作，并能帮助组织更好地追踪所有的采购活动。最后，电子采购还将采购人员从烦琐的事务性工作中解放出来，从而可以将精力集中于更具战略性的问题，例如寻找更好的供应来源，与供应商合作降低成本和开发新产品。

（二）中间商市场和购买行为

中间商市场也叫转卖者市场，由那些购买为了直接转卖以获取盈利的买主组成。中间商市场的顾客包括各种类型的商业中间商和代理中间商，它们位于生产者和消费者、组织机构顾客的"中间"，专门充当商品流通媒介。中间商市场的需求，也主要是由消费者市场或其他相关终端市场的需求派生而来，且带有组织购买的性质，所以和生产者市场有许多相似之处。

1. 中间商的购买决策

一般来说，中间商开展采购业务需要就以下方面作出决策。

（1）决定购买时间和采购数量。由于中间商"转手买卖"的特点，它们对购买时间的要求很严格。采购人员常常把下达订单的时间一拖再拖，甚至推延到最后一刻，以便更准确把握消费者和终端买主的需要，使所购产品适销对路，并避免库存积压。一旦下单又总是催促尽快到货，以便迅速转手卖出，防止占用资金。中间商总是以"勤进快销"谋取更多的收益。它们采购的数量或购买批量，通常依据现有的存货水平和预期的需求水平进行具体考虑。

（2）选择供应商。中间商与生产者用户相似，更多的是理性购买，对供应商、品牌以及产品选择更为慎重。面对众多供应商，中间商客户一般会根据交易条件的优惠、合作的诚意及当时的市场营销环境、产品销路、经营能力和本身的经营风格等加以甄选。

（3）决定采购的货色。"货色"是指中间商经营的产品、服务及其搭配，也就是提供给潜在顾客的产品组合，一般取决于它们的目标市场战略和定位。从既能体现自身经营特色，又可最大限度吸引买主出发，中间商往往从以下类型中考虑和选择：独家货色（只经营一家供应商的产品）、专深货色（同时经营多家供应商的同类产品，包括不同型号、规格等）、广泛货色（经营多家供应商的多种产品）、杂乱货色（经营的是相互之间没有什么关联的产品）。

（4）选择购买条件。购买条件直接影响到中间商效益，因此，它们总是力争能从供应商得到更多优惠。比如向制造商要求折扣、推迟付款或广告津贴；要求及时、迅速交货；要求供应商承担产品破损、缺陷的责任，甚至不受欢迎或销路不畅的损失；要求面对顾客投诉或其他产品质量问题与事故，生产者、供应商必须首先承担责任等。其中，价格是一个重要条件。中间商的需求与生产者用户的需求一样，都是派生需求，都受到消费者市场需求的影响，而中间商对价格更加敏感。由于它们与消费者的联系更直接，并能迅速察觉消费者市场对价格的要求，所以中间商往往认为它们在价格、付款条件等方面，有充分理由向供应商索要更多优惠。

2. 影响中间商购买行为的主要因素

中间商的购买行为和生产者用户一样，也要受到环境、组织、个人及心理因素等的影响。此外，还有以下因素会影响中间商购买的具体行为，需要供应商、市场营销人员了解和把握：（1）产品是否适销对路。（2）预期收益和利润率。（3）能否得到供应商的促销支持。供应商的积极促销可为销售铺平道路，创造良好的销售氛围。对中间商来说，有助于减少积压、滞销风险，加速销售和资金周转。（4）与自身的定位一致或接近的产品、品牌。（5）供应商的声誉、形象是否良好。

（三）非营利组织市场和购买行为

迄今为止，我们关于组织购买的讨论基本上都集中于企业购买者的购买行为。企业购买者行为的大部分内容同样适用于机构和政府组织的采购活动。但是，这两种非企业市场有一些另外的特征和需求。非营利组织（non-profitorganization，NPO）泛指所有不以营利为目的的社会组织和机构团体。一般来说，非营利组织的运作不是为了创造利润，不以营利为目的，这通常也被视为它们的主要特性。在我国，非营利组织通常也有"机关团体事业单位"的称谓。非营利组织市场是指为了维持正常运作和履行职能而购买产品和服务的各类非营利组织所构成的市场。

1. 非营利组织市场的顾客

非营利组织不从事营利性业务和活动。其存在的价值，或是推动某项社会事业发展，或是宣传普及某些知识、观念，或是唤起公众对某种社会现象的关心，或是共同商讨解决某个共同的社会问题……不同的非营利组织，有不同的目标和工作任务。一般来说，依据它们的社会职能及特征，可分为三种主要类型。

（1）公益性非营利组织。通常是履行国家职能的非营利组织，它们以国家或社会总体的利益为目标，服务于全社会。这种非营利组织包括各级政府机构，担负保卫国家重任的军队，负责社会公共安全的警察等。

（2）互益性非营利组织，或称为促进群体交流的非营利组织。包括各种职业团体、业余团体、宗教团体以及大多数专业学会、行业协会、同业公会等，都可列入这个范围。

（3）服务性非营利组织。侧重于满足某些公众的特定需要，或以此为基本任务和使命，提供相应的非营利性服务。常见的如公立学校、医院及卫生保健组织、新闻机构等。

各种各样的非营利组织，是庞大、复杂的社会组织体系的重要组成部分，也是组织机构市场的重要顾客。其中，政府通过税收、财政预算等，掌握相当部分国民收入，形成了一个潜力很大的政府市场，更是非营利组织市场的主要顾客。

2. 非营利组织的采购方式

一般来说，非营利组织的采购方式大致可以分为公开招标选购、议价合约选购和日常采购三种。

（1）公开招标选购。公开招标是买方通过刊登公告、发出信函或其他方式，说明拟购的产品和服务、品种、规格以及数量等，邀请不特定的供应商在规定期限内投标。有意争取业务的企业，在规定期限内准备标书（格式通常由招标人规定），说明可供商品名称、品种、规格、数量、交货日期和价格等，密封送交组织招标的买方有关部门。有关部门在规定的日期开标，选择报价更低并符合要求的供应商，与之洽谈成交。采用这种方法，买方一般无须与卖方反复磋商，而且处于较主动的地位。但供应商之间可能产生激烈的竞争。

（2）议价合约选购。议价合约选购是指买方采购部门和几个供应商进行接触，最后与其中合适的供应商签订合约，达成交易。这种方式多用于复杂的工程项目，因为这类采购往往涉及重大研发费用和风险。政府往往采用这种采购方式。

（3）日常采购。买方的采购部门为维持日常办公、运转进行的采购。与公开招标和议价合约采购不同，这种方式既不公开招标，在多数情况下也不用签订书面合同。采购金额少的话，交款和交货方式通常为即期交付。例如，添置办公桌椅、采购纸张和文具等。

3. 政府市场与购买行为

政府市场是指那些为执行政府的主要职能而采购或租用商品的各级政府单位，也就是说，一个国家政府市场上的购买者是该国各级政府的采购机构。政府采购是指各级政府部门为了从事日常政务活动或满足公共服务需要，利用财政资金和政府借款等，购买货物、工程和服务的行为。它不仅是指具体的采购过程，而且也是采购政策、采购程序、采购过程和采购管理的总称，是一种管理公共采购事务的制度。

（1）政府采购的主要特点。政府市场由各级政府部门、机构组成。与其他的组织比较，政府采购由于资金来源的公共性、政府组织的非营利性，具有以下不同的特点：①采购对象的广泛性、复杂性。从办公用品到生活用品，从快速消费品到不动产，有可能"什么都会购买"。②较强的政策性。政府采购与政府的宏观调控政策相协调，可以调节经济运行；其经费来源主要依靠财政，一般不能突破；注重社会效益，以维护公共利益为出发点。③公开透明，并以竞争方式作为实现采购目的的主要手段。④受到法律的严格限制。采购决策必须按法定程序审批才能实施开展，采购方式和程序有法律明文规定，采购机构的权力受到法律制约，采购对象受法律限制和采购标准控制。⑤强调价格。这是因为政府的采购经费有限。⑥具有极大的影响力。政府采购市场的主体是政府，是一个国家内最大的单一购买者。由于其购买力巨大，政府采购规模、采购结构的变化，必然会对社会经济发展、产业结构以及公众生活等带来十分明显的影响。

（2）政府采购的基本模式。政府采购一般有三种主要做法，即：集中采购模式（由一个专门的政府采购机构负责本级政府的全部采购任务）、分散采购模式（由各采购费用支出单位自行开展采购）和半集中半分散采购模式（由专门的政府采购机构负责部分项目采购，其他由各单位自行组织采购）。

目前，大量的政府采购已经在网上实现。政府网络采购的组织实施统一由各级政府采购中心负责，由它组织政府采购办公室或采购单位委托的政府采购事务，及时在政府采购网站发布采购信息，建立和维护政府采购信息数据库、供应商信息库、专家信息库，向政府采购办公室报送采购信息情况等。

（3）影响政府购买决策的因素。政府的购买决策受到环境、组织、个人和心理等因素的影响。根据政府机构的特点，还要注意以下方面：一是社会和公众监督。虽然世界各国的政治经济制度不同，但是政府采购几乎无一例外要受到各种监督。二是国际、国内政治形势的影响。三是除了价格因素，政府采购还可能结合其他目标。政府有时需要考虑和追求非经济性的目标，如为实现政治、社会、经济政策目标而实行的采购。

第三节　客户数据洞察与客户关系管理

一、客户数据

数据驱动营销。如今的营销已从过去有根据的假设转向现在更具战略性和以客户为中心的决策，并以数据作支持。优秀的产品和市场营销方案始于优质的客户数据。客户数据是指企业采集和管理的客户信息，包括客户基本信息、交易记录、历史互动记录等。

（一）客户数据的类型

1. 客户描述数据

客户描述数据是客户数据的基石，主要包括客户的基本信息和客户偏好和需求的数据。客户分为个人客户和企业客户。如果是个人客户，那么客户基本信息包括客户个人信息和客户家庭信息。客户个人信息包括姓名、年龄、性别、职业、收入等。这些信息的掌握可以帮助商家判断客户的基本需求；客户的家庭信息包括家庭人口数、家庭的年龄结构、家庭住址等。如果是企业客户，那么一定要涵盖企业的名称、规模、联系人和法人代表等。由于客户的基本信息变动不是很快，所以可在较长一段时间内使用。客户的偏好和需求的数据包括偏好获取促销信息的方式、购买意愿、购买力等。

2. 客户交易数据

客户交易数据包括历史购买记录数据和营销效果数据。客户交易数据包括：客户购买的产品类别、价格、数量、总价、支付方式、购买频率、购买时间、购买途径等，以及客户在企业网站、社交媒体等平台上的行为数据，如浏览记录、点击次数、留言等。营销效果数据包括：营销活动的参与人数、转化率、用户产品使用情况调查的数据、促销活动记录数据、客服人员的建议数据和广告数据等。客户交易数据是商家采购商品和展开营销活动的重要基础。

3. 客户关系数据

客户关系数据指客户与公司的接触记录。包括客户服务数据和客户反馈数据。客户服务数据是指客户请求提供咨询及售后服务等相关数据。客户反馈数据是指客户对企业的回馈性数据，包括客户对企业产品、服务的反馈信息，如满意度、投诉意见等。客户关系数据主要反映客户的心理和态度信息。这部分数据需要企业花费更多的努力来获得。例如，市场调研或者客户发布在其他平台上的信息，如大众点评和美团等。

（二）客户数据的作用

客户数据对企业营销非常的重要，主要体现在以下四个方面。

1. 客户数据是营销决策的基础

如果企业想要做事前诸葛亮，就必须充分掌握客户的数据，像了解自己的产品或服务那样了解客户，像了解库存的变化那样了解客户的变化。任何一个企业总是在特定的客户环境中经营发展的，有什么样的客户环境，就应有与之相适应的营销战略和策略。如果企业对客户的数据掌握不全、不准，判断就会失误，决策就会出现偏差，就无法制定出正确的营销战略和策略。所以，企业必须全面、准确、及时地掌握客户的数据。

2. 客户数据是对客户分级的基础

企业只有收集全面的数据，特别是客户与企业的交易数据，才能够知道自己有哪些客户，才能知道他们分别有多少价值，才能识别哪些是优质客户、哪些是劣质客户，才能识别哪些是贡献大的客户、哪些是贡献小的客户，才能根据客户带给企业价值的大小和贡献的不同对客户进行分级管理。

3. 客户数据是与客户沟通的基础

大众营销、大众广告、大众服务都不能实现有针对性地与客户沟通，实际上还拉大了企业与客户之间的距离。随着市场竞争的日趋激烈，客户情报越显珍贵。拥有准确、完整的数据，既有利于了解客户、接近客户、说服客户，也有利于与客户沟通。例如，中原油田销售公司设计了统一的客户基本数据表格分发给各个加油站，内容包括：司机的姓名、性别、出生年月、身份证号码、家庭住址、联系电话、个人爱好、车型、车号、单位、油箱容量、主要行车线路等。通过这些数据，中原油田销售公司建立了数据库，加油站每天从计算机中调出当天过生日的客户。向其赠送蛋糕等生日礼物，架起了加油站与客户之间的友谊桥梁。如果企业能够掌握详尽的数据，就可以做到因人而异地进行一对一的沟通，就可以根据每个客户的不同特点有针对性地实施营销活动，如发函、打电话或上门拜访，从而避免大规模的高额广告投入，使企业的营销成本降到最低点，而成功率却达到最高点。

4. 客户数据是实现客户满意的基础

在竞争激烈的市场上，企业要满足现有客户和潜在客户及目标客户的需求、期待和偏好，就必须掌握客户的需求特征、交易习惯、行为偏好和经营状况等数据，从而制定和调整营销策略。如果企业能够掌握详尽的数据，就可以在把握客户需求特征和行为偏好的基础上，有针对性地为客户提供个性化的产品或者服务，满足客户的特殊需要，从而提高他们的满意度。如果企业能够及时发现客户的订货持续减少的数据，就可以赶在竞争对手之前去拜访该客户，同时采取必要的措施进行补救，从而防止他们的流失。如果企业能够及时掌握客户对企业的产品或服务的抱怨数据，就可以立即派出得力的人员妥善处理和解决，从而消除他们的不满。

二、客户洞察

客户洞察是指企业通过各种行为特征识别客户、分析客户偏好和行为习惯并从中得到有价值的决策信息。自 Gartner Group 最早提出客户关系管理（CRM）概念以后，客户洞察作为客户关系管理工作的一项基本能力，逐渐被各行业领域所重视。随着现代消费者在不同平台、设备和渠道上变得更加分散，在网上花费越来越多的金钱和时间，企业更需要拥有洞察力。它可以确保企业足够了解消费者和客户，提供他们期待的体验，在关键时刻出现在他们眼前。在数字世界里，洞察力就是一切。根据埃森哲提出的客户洞察框架，它由客户数据管理、客户分析与洞察力应用三个部分组成。我们可以把客户洞察分解为四个步骤：收集客户数据、搭建客户标签体系、创建客户画像和洞察力应用（见图 2-10）。最终实现精准营销和自动营销。客户洞察是对消费者行为、需求和偏好的深刻理解和解读。它超越了基本数据，揭示了客户作出某些决定背后的动机。客户洞察可帮助企业制定更加个性化和有效的策略。通过了解客户行为的驱动因素，企业可以定制其产品、服务和营销工作，以更好地满足客户需求。客户洞察是一个漫长的过程，涉及多个外部研究部门，需要时间和资源。洞察的质量取决于研究的方式，以及收集的数据。

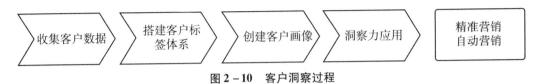

图 2-10 客户洞察过程

（一）收集客户数据

尽管顾客和市场洞察对建立顾客价值和关系非常重要，但是要获得这些洞察并不容易。顾客需求和购买动机常常不明显，消费者自己常常不能准确地告诉你他们需要什么以及为什么购买。为获得优质的顾客洞察，市场营销者必须有效地管理来自各种渠道的市场营销信息。客户数据的收集可以来自二手数据、原始数据或者两者兼顾，见图 2-11。

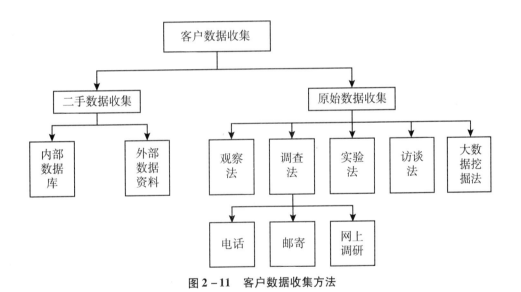

图 2-11 客户数据收集方法

1. 二手数据收集

二手数据指已经存在的、为其他目的而收集的信息。企业的内部数据库提供了一个很好的起点。但是公司也可以利用多种外部数据来源，包括商业数据服务机构和政府数据来源。例如，运用商业性网上数据库，市场营销调研人员可以自己搜索二手数据来源。诸如百分点、佰聆数据、标贝科技和 Around Deal［艾如恩迪（上海）信息技术有限公司，已提供超过 1.6 亿个联系人和企业的已验证数据及企业洞察数据］等通用数据库服务商将丰富的信息呈现在市场营销决策者的电脑上。除了必须付费的商业性网站，几乎所有的行业协会、政府机构、企业出版物和新闻媒体都在其网站和应用上提供免费信息。网络搜索引擎也可以是寻找相关二手数据来源的重要工具。

但是，二手数据的质量可能会存在问题，适用性受限；或者所需信息不存在，营销人员很少能够从二手数据中获得他们所需要的所有信息。即使数据可以找到，信息也可能无法使用。营销人员必须仔细地评估二手数据，确保其相关性、准确性（可靠地收集和报告）、及时性以及无偏性等。

2. 原始数据收集

二手数据有助于确定调研问题和目标，不过，在大多数情况下，企业还必须收集原始数据。原始数据指为当前特殊的目标而专门收集的信息。原始数据收集的方法主要有观察法、调查法、实验法、访谈法以及大数据挖掘法等。

（1）观察法。观察法是指通过观察相关的人员、行为和情景来收集原始数据。观察一般利用眼睛、耳朵等感觉器官去感知观察对象。但由于人的感觉器官具有一定的局限性，观察者往往要借助各种现代化的仪器和手段，如照相机、录音机、显微录像机等来辅助观察。

营销人员常常观察消费者行为来探寻那些不可能通过简单地询问顾客问题获得的消费者洞察。市场营销者现在也常常在博客、社交媒体和网站上倾听顾客的交谈。观察这些自然产生的反馈可以提供通过更加结构性和正式的调研方法根本得不到的信息。因而，观察的资料比较真实且具有及时性的优点，相反，有些信息不能够通过观察得到，比如感觉、态度、动机和私下的行为等。另外，长期或偶然的行为也不容易被观察到。最后，观察到的现象有时很难解释。由于这些局限，调研人员在运用观察法的同时，常常伴随其他数据收集方法。

（2）调查法。调查法是收集原始数据最常用的方法，最适用于收集描述性数据。希望了解人们的认知、态度、偏好或购买行为的公司常常通过直接询问消费者发现这些信息。调查法的主要优点是其灵活性，可以在许多不同情况下获得不同的信息。调查法几乎可以适用于任何市场营销问题或决策，一般通过电话或邮寄、个人或网络等方式进行。但是，调查法也存在一些问题。有时人们拒绝回答调查问题，可能是因为他们不记得或从来没有想过要做什么和为什么做；也可能有些人不愿意回答陌生人的问题和讨论他们认为私密的话题；还有些人可能太忙不愿意花时间，或者不愿意他人侵犯自己的隐私。不过，有时被调查者即使在不知道答案的时候也胡乱提供不真实的信息。或者，他们为了帮助访谈者，故意按调查人员的意图来回答问题。

要以较低的成本收集大量信息时，一般使用邮寄问卷法。但是，邮寄问卷不够灵活，邮寄调查通常需要较长的时间来完成，回收率很低。电话访问是迅速收集信息的最佳方法。但是，电话访问的成本比邮寄问卷高。而且，人们可能不愿意谈及私人问题。随着人们对电话促销骚扰的日益警觉和排斥，潜在的被调查者越来越多地挂断访问者的电话拒绝交谈。

互联网的发展对市场营销调研活动产生了巨大影响。调研人员越来越多地利用网上调研收集原始数据，包括互联网调查、网上小组讨论、实验，以及网上焦点小组访谈与品牌社区等。网上调研的形式多种多样。公司可以利用互联网作为调查媒体，在自己的网站上发布问卷，或用电子邮件邀请人们回答问题，创建网上小组，提供定期反馈或进行现场讨论、网上焦点小组访谈。调研人员还可以在网上进行实验。他们可以通过在不同的网页或同一网页的不同时间出现不同的价格、标题或产品属性，来比较自己的营销变量效果如何。他们可以创造虚拟的购物环境，测试新产品和市场营销方案。或者企业可以通过跟踪点击率了解网上顾客的行为，包括他们如何访问网站，又是如何转到其他网站的。互联网尤其适用于定量调研，进行市场营销调查并收集数据。目前，我国网民规模达 10.92 亿人，互联网普及率达 77.5%。这使得网络成为到达各种消费者群体的有效渠道。随着传统调查方式应答率的下降和成本的提高，网络迅速替代邮件和电话，成为主要的数据收集方法。

（3）实验法。实验法是指在既定条件下，通过实验对比，对市场现象中某些变量之间的因果关系及其发展变化过程加以观察分析的一种方法。观察法最适用于探索性调研，调查法最适用于描述性调研，而实验法最适用于收集反映因果关系的信息。实验法是将自然科学中的实验求证理论移植到市场调查中来，在给定的条件下，对市场经济活动的某些内容及其变化，加以实际验证，调查分析，从而获得市场资料。在某一种商品需改变包装、设计、价格和广告策略时可应用实验法。

实验法的最大特点是把调查对象置于非自然的状态下开展市场调查。通过实验取得的数据比较客观，具有一定的可信度。但是实验法应用有一定的局限性并且费用较高。实验法只适用于对当前市场现象进行影响分析，不适用于对历史情况和未来变化影响的分析。实验法所需的时间较长，又因为实验中要实际销售、使用商品，因而费用也较高。采用这一方法，必须讲究科学性，遵循客观规律。

（4）访谈法。访谈法是通过与研究对象交谈收集所需资料的一种研究方法，适合对事物进行深入研究。人员访谈有两种形式：个人访谈和小组访谈。个人访谈可以在家里或办公室、街上、购物中心进行。这种访谈非常灵活。训练有素的访谈者可以引导访谈，解释难懂的问题，根据实际情况调整问题。他们可以出示真实的产品、广告或包装，观察对方的反应和行为。但个人访谈的成本几乎是电话访问的 3～4 倍。

小组访谈指一次召集 6～10 人，在训练有素的主持人引导下，讨论一种产品、服务或组织。参与者通常会得到一小笔报酬。主持人鼓励自由和轻松的讨论，希望小组成员之间的互动会带来实际的感情和想法。同时，主持人引导讨论"聚焦"某个主题，确保不偏离——故而称为"焦点小组访谈"。在传统的焦点小组调查中，调研人员和市场营销者在单面镜后面关注焦点小组的讨论，并将参与者的评论记录或拍摄下来以备日后研究。现在，焦点小组调研人员甚至可以利用可视会议和互联网技术与市场营销者远程联系，借助摄像机和双向音响系统，现场进行焦点小组访谈。与观察法一起，焦点小组访谈法已经成为及时了解消费者想法和情感洞察的重要的营销定性调研工具之一。但是，焦点小组访谈也带来一些挑战。为节省时间和成本，调研人员通常采用较小的样本规模，这样就很难得到一般性的结论。而且，参与焦点小组的消费者在其他人面前并非总是坦诚地表达自己的真实情感、行为和意图。为克服这些问题，许多调研人员正在修正焦点小组的设计。一些企业偏好"浸入小组"小群消费者在没有焦点小组主持人出席的情况下直接、非正式地交谈。

（5）大数据挖掘法。随着信息技术的迅猛发展，企业现在可以产生和发现大量的市场营销信息。市场营销世界充满了各种来源的海量信息。如今消费者本身就能产生大量的营销信息。他们通过电子邮件、短信、博客、微信、抖音、小红书等数字渠道，自发地向企业提供并与其他消费者分享大量信息。实际上，大多数市场营销管理者根本不是缺乏信息，而是数据载荷太大，甚至常常被淹没其中。"大数据"的概念很好地总结了这一问题。大数据（big data），或称巨量数据海量数据、大资料，指的是所涉及的数据量规模巨大到无法通过人工，在合理时间内达到截取、管理、处理，并整理成为人类所能解读的信息。每一天，世界上的人和系统会产生令人难以置信的 2.5×10^{18} 字节新数据，每年大约 1000 万兆字节信息。这些数据足以灌满 2.47 兆张旧式 CD – ROM，堆起来的话足以往返月球 4 次。如果将以往人们表达的每个词记录下来并数字化，按当今的速度算才相当于两天所产生的数据量。著名咨询公司麦肯锡就说：数据已经渗透到当今每一个行业和业务职能领域，成为重要的生产因素。美国政府 2012 年宣布投资 2 亿美元启动大数据研究和发展计划。对数据的占有和控制将成为国家间和企业间新的争夺焦点。大数据时代已然来临。大数据背后隐藏着巨大的商机。比如阿里巴巴积极搭建数据流通，收集和分享底层架构。华为正在为大数据的挖掘和分析提供专业稳定的 IT 基础设施平台。百度正式发布大数据引擎，将在政府、医疗、金融、零售、教育等传统领域率先开展对外活动。浪潮互联网大数据采集中心已经采集超过 2PB 数据。腾讯利用用户关系数据和社交数据正在打通 QZON、微信、电商等产品的后端数据。

大数据时代的重点是数据的利用。也就是及时精准地挖掘出数据内在的价值。这种技术就是数据挖掘。数据挖掘（data mining），又译为资料探勘、数据采矿，一般是指从大量的数据中通过算法搜索隐藏于其中信息的过程。从商业角度出发，大数据获取最初要考虑的问题就是收集什么样的数据。从最小的范围来看，商家可以得到客户交易数据，金融市场中可以获取客户买卖股票、投资债券、购买保险、基金等金融产品的各种信息，电子商务中可以获取客户购买商品、体验服务等信息。再扩大范围，商家可以得到客户的行为信息。如电子商务企业可以获取用户行为和评论数据，从客户登录电商系统开始，其"轨迹"早已被记录，什么时候点击过某个商品，什么时候搜索过某个商品，都变得一目了然。这些数据虽然不是交易数据，但无疑是交易数据的一个强有力补充，是客户的潜在需求。又如当客户购买商品后留下评论时，这些评论或许是客户对未来商品的期许，又或许是该商品未来改进的方向。当然，社交媒体数据一定是商家关注的焦点。只有社交媒体数据才可以供商家公开查阅和参考，这些资料是商家洞察客户需求、摸清客户想法的最直接途径。

从大数据的角度进行数据处理和分析，可以达到最大的商业价值。如电子商务企业为更好地发现客户需求，不仅需要分析该客户的交易信息，更需要分析该客户的用户行为信息和社交媒体信息，这些信息更多地体现客户潜在需求，可以充分挖掘客户"所思"。这就需要利用大数据的精确数据处理能力和数据的关联分析能力。一方面划定大数据"边界"，即从获取的大数据出发，分析哪些数据可以真正体现用户的需求，如何提取这些信息。另一方面寻找大数据"特征"，通过关联分析、社会网络分析的手段，提取用户潜在需求，提供有效的分析工具。数据的获取、处理和分析不是目的，最终的目的是应用，增强客户体验和满意度。

营销管理者从各种各样的来源收集顾客和市场信息，从传统的市场营销调查研究到与消费者混在一起并观察他们，再到监督消费者关于企业及其产品的社交媒体网络交谈。营销管理者挖掘来源广泛的大数据，然后运用这些信息开发重要的顾客洞察，企业借此可以制定市场营销决策和管理客户关系，为顾客创造更多的价值。

（二）搭建客户标签体系

在你刷淘宝的时候，淘宝就会根据你的浏览记录不断给你推荐类似商品；在你刷抖音的时候，抖音每次都会为你精准推荐你喜欢看的视频。这些企业不断地靠着猜你的喜好，给你推荐你喜欢的产品，让你刷到停不下来，由此让这些企业也不断地盈利，不断地扩大营销规模。他们怎么做到的呢？答案是通过收集客户属性及行为特征建立客户标签，客户标签的建立其实是对客户数据的整理和清洗，即采取恰当的信息存储方式和结构化。然后再通过客户标签建立不同的客户画像，最后通过客户画像为不同用户提供不同的营销内容。

1. 客户标签及客户标签体系

标签（tag）：也称数据点，对用户信息高度精炼的特征标识，一般标签越精准，对应覆盖的人数则越少。所谓千人千面，不同人群有不同的特征和标签，就像指纹。如果企业拥有很多客户，那么为了能够让企业更好更精准地服务这么多客户，营销者需要知道这些客户每个人或每群人都有什么特征。客户标签就是对某个客户特征的描述，是一种针对客户进行分类标记的营销工具。客户标签的建立，是精细化营销的基础。数据的标签化，将无序的客户或用户数据进行业务化封装，方便业务部门更好地阅读、理解和使用数据，帮助企业更好地了解客户需求和偏好，制定更精准的营销策略，提高营销效果和客户满意度，从而实现数据价值最大限度地转换成为商业价值。标签的选择直接影响最终画像的丰富度与准确度，因而数据标签化时需要与媒介自身的功能与特点相结合。如电商类 App 需要对价格敏感度相关标签细化，而资讯类则需要尽可能多视角地用标签去描述内容的特征。

客户标签是基于业务场景的，不同的业务场景构建的客户标签也略有不同。但是从大的分类上来讲都是相同的。一般把标签分为五种类型：事实标签、行为标签、来源标签、兴趣标签和状态标签。

（1）事实标签。事实标签是指根据用户的客观信息建立的标签，如：年龄、公司、职位、地域、行业和偏好等基本信息。其目的是记录用户的基础信息，构建用户身份画像。事实标签是用户标签的起点。

（2）行为标签。行为标签，是建立在事实标签基础上，更深层次的用户标签信息。它所记录的信息包含用户在企业数据监测范围内的所有操作行为，包含线上的点击、浏览、注册、观看、购买和下载等动作，也包含线下活动的登记、签到和扫码等动作。

（3）来源标签。渠道来源标签会在用户首次与企业产生互动时，被添加到用户身上。例如，新增用户是通过百度 SEM 的关键词竞价获得，还是通过线下展会的二维码扫码获取。

（4）兴趣标签。兴趣标签是根据客户的兴趣、爱好和关注点进行分类。它们可以帮助企业更好地理解客户的需求和心理需求，并提供相关的产品和服务。通过客户的兴趣爱好，可以将客户分为户外运动爱好者、烹饪爱好者、旅游爱好者等不同群体。了解客户对特定领域的关注程度，如科技、健康、时尚等，可以为企业提供更符合客户需求的内容和推荐。

（5）状态标签。状态标签会根据用户在一段时间内的活跃状态，动态给用户打上标签。比如，7 天活跃度、15 天活跃度标签等。活跃度标签时长越久，说明近期的活跃度越低，潜在的衰退和流失的概率越大。以此，来帮助系统判断是否进行"流失召回"操作。

客户标签体系就是根据用户的"基本属性""来源渠道""行为轨迹""兴趣意向""用户状态""交易历史"等信息，把需求和状态各异的用户，打上标准化的标签，并对标签进行系统化的分类和组合，形成一系列具有用户行为趋向判断预测的标签组合。这一系列的标签组合就构成了企业的标签体系。标签的层级则代表了标签的深度。常见的标签体系需要拥有至少二级分类。例如，渠道来源的标签下方，一般会包含微信、网站、展会、线上直播等二级分类标签，甚至在展会标签的下方还可以分成：会议、展会、经销商会等更加细分的标签。标签体系的建立和实施可以帮助企业实现全流程的用户轨迹和操作历史的记录。

2. 客户标签的建模

基础数据采集后，需要对海量的用户源数据进行分析梳理，提炼出有效数据并构建有效模型。即根据相应的标准对不同维度的用户数据进行精细化处理，拆分成不同的客群组和客户标签，对客户进行细分。客户标签建模的构成就是根据具体的业务分析及营销规划制定，将得到的数据映射到构建的标签中，并将客户的多种特征组合到一起形成群组性标签，供运营人员直接进行活动分组及行为洞察。客户标签模型主要有两种：RFM 模型和客户生命周期模型。

（1）RFM 模型。RFM 模型是由美国数据库营销研究所 Arthur Hughes 提出来的。RFM 模型是根据客户购买间隔、购买频率和购买金额来计算客户价值的一种方法。R（recency）是指最近一次购买，也就是客户从上一次购买到现在的时间。理论上讲，离上次购买比较近的客户是比较好的客户。对提供及时的商品或服务最有可能获得反应的客户，企业可把相关的营销信息，比如邮购目录、促销海报、优惠服务等有针对性地寄给这些客户，从而提高营销的有效性。R 不仅仅在于提高营销策略的有效性，还可以用来评估公司的客户发展情况。例如，最近一个月消费数量的增加，则表明这家企业是在稳健成长的。这个指标不是一个静态的因素，而是持续变化的。F（frequency）是指消费频率，也就是客户在一定的期间内所购买的次数。经常购买的客户就是满意度最高的客户。M（monetary）是指购买金额，也就是客户在一定的时间内购买企业产品的总额。客户的购买金额越高，客户为企业创造的价值就越多。有的学者把购买金额概括为购买数量（amount purchased），所以有的学者把 RFM 分类法称为 RFA 分类法。

R、F、M 这三个指标可以很好地刻画客户价值的大小，可以帮助企业快速进行客户区分。在实践中，有很多的企业都会运用到 RFM 分类法。从总体上看，RFM 很动态地展示了一个客户的全部轮廓。这为个性化的沟通和服务提供了依据。RFM 分类法适用于：生产多种商品的企业，而且这些商品单价相对不高，如消费品、化妆品、小家电生产企业，录像带店、超市等；适合生产耐用商品，但该商品的部分属于消耗品的企业，如复印机店、打印机店、汽车维修店等；适合许多服务行业，如，加油站、旅行保险公司、运输公司、快递公司、快餐店、KTV 公司、移动电话公司、信用卡公司、证券公司等。RFM 三项指标的评分准则要根据客户的实际情况来得出评分。通过 RFM 分析，可以将客户群体划分成一般保持客户、一般发展客户、一般价值客户、一般挽留客户、重要保持客户、重要发展客户、重要价值客户、重要挽留客户八个级别（见图 2–12）。

（2）客户生命周期模型。随着流量焦虑的逐渐升级，越来越多的企业开始追求对存量用户的精细化运营。如何尽一切可能延长用户的生命周期，并且在生命周期中尽一切可能产生商业价值，是客户运营的核心命题。客户的生命周期指的是用户从开始接触产品到离开产品的整个过程。客户的生命周期长短将直接影响产品与企业的营收，因此，应将客户生命周期科学地量化，在合适的时候作出合适的运营策略，从而延长用户的生命周期。一般客户的生命周期主要分为五个阶段：引入期、成长期、成熟期、休眠期、流失期。在引入期，企业只能获得基本的利益，客户对企业的贡献不大；在成长期，客户开始为企业作贡献，企业从客户手中交易获得的收入大于投入，开始盈利；在成熟期内，客户愿意支付较高的价格，带给企业的利润较大，而且由于客户忠诚度的增加，企业将获得良好的间接收益；在休眠期，客户对企业提供的价值不满意，交易量回落，客户利润快速下降；在流失期，客户丧失兴趣，完全不再使用该产品。

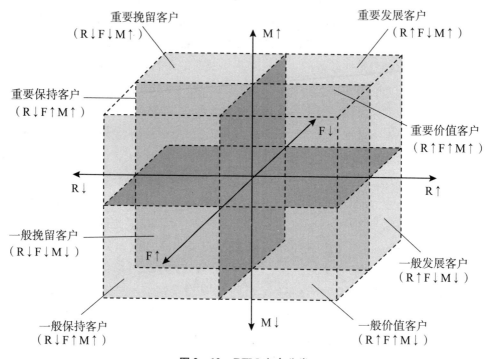

图 2-12　RFM 客户分类

客户生命周期模型包括多个阶段，每个阶段代表了客户在使用产品或与企业互动过程中的特定状态。客户状态是我们评价品牌与用户之间联系紧密度的重要属性，通常会以顾客的消费频次作为主要判断依据。常见的客户生命周期阶段的客户包括潜在客户、新客户/注册用户、活跃客户、忠诚客户、VIP 客户、沉默客户和流失客户，不同阶段的客户具有不同的特点和行为模式，如表 2-1 所示。该模型提供了对用户行为变化的洞察，帮助企业更好地了解客户需求和偏好，并根据不同阶段的特点制定相应的运营策略。通过对客户的行为、转化和流失等指标的监测和分析，企业可以精确把握客户的价值和潜力，从而提高用户的参与度、忠诚度和转化率。

表 2 – 1　　　　　　　　　　　　　　客户生命周期各阶段客户状态及特点

客户生命周期阶段	客户状态	特点
引入期	潜在客户	客户对产品或服务表现出兴趣，但尚未注册或创建账户
	新客户	客户完成注册或创建账户，刚开始使用产品或服务
成长期	活跃客户	X 时间内使用过产品；用户开始主动使用产品或服务并参与其中
成熟期	忠诚客户	长期有固定消费频次的用户，且平均消费周期 ≤200% X；用户持续使用并对产品或服务产生忠诚度
	VIP 客户	特定的高价值用户，通常是忠诚用户中的精英群体
休眠期	沉默客户	最近一次消费时间距今时间 >200% X；客户虽然注册或购买过，但在一段时间内没有活跃行为
流失期	流失客户	用户在某个时间段内停止使用产品或服务

客户生命周期模型是一种有力的工具，用于深入挖掘客户的价值和实现精细化用户运营。通过将客户划分为不同的阶段，并关注每个阶段的关键指标，企业可以更好地了解客户需求和行为，制定有针对性的运营策略，提高客户的忠诚度和参与度。客户生命周期模型适用于多个行业和场景，包括电商、工具类（移动应用行业）、订阅服务类、金融、旅游等行业。但是每个行业针对每个生命周期运营的策略会不一样。所以，在应用客户生命周期模型时，我们需要考虑数据准确性、实时更新、综合其他模型和数据、客户差异性等注意事项。

客户生命周期模型与 RFM 模型相比，RFM 模型更加简单和直观，适用于快速评估客户价值和分析客户购买行为。然而，RFM 模型可能缺乏对用户行为变化和转化过程的全面分析，无法提供关于客户整个使用过程的详细信息，因此，在精细化客户运营和挖掘客户价值方面的应用有一定限制。

企业在实践中区分客户的过程很复杂，会用到客户不同方面的信息。客户的区分是一个利用多种标准，不断细化的过程；客户价值是企业区分客户的重要指标，可根据企业的业务状况进行细化；需要明确客户的特征。

3. 定义标签体系架构

当我们根据客户的"基本属性""行为特征""社交网络""心理特征"和"兴趣爱好"等，把个性化的客户打上标准化的标签，并对标签进行梳理聚合后，就形成了一个个典型的客户标签体系。标签体系架构是一种基于标签的文件组织结构，通过多个标签对文件进行分类、组织和管理。这种架构通常采用树状结构，使得每个标签都可以有一个父标签和多个子标签。这样，文件可以根据不同的标签进行归类，从而实现多维度的组织。定义标签体系架构的终极目标是基于多维度的客户标签，精准把脉不同群体的需求，自动化满足不同用户群体的需求，精准推送个性化内容。利用自动化系统的强大算力，企业可以实现个性化诉求的挖掘和满足，从而提升用户体验和企业收益。

建立标签体系架构需要遵循以下步骤：

（1）明确需求：了解用户的需求，确定需要管理的文件类型和数量。

（2）设计标签体系：根据需求设计合理的标签体系，包括通用标签和特定标签，确保结构的完整性和灵活性。

（3）建立关系：为每个标签建立父子关系，形成树状结构。

（4）分配标签：将标签分配给相应的文件，完成文件的分类和组织。

（5）维护更新：根据实际使用情况，定期对标签体系进行维护和更新，确保其适应变化的需求。

要获得能给业务带来实际增长的标签体系，生成可持续的用户运营策略，还需要在标签体系中引入"假设—测试—验证—定义"的迭代过程，只有不断迭代挖掘与试验，才会找到可以准确刻画客户的标签体系，找到更多业务增长点。

（三）创建客户画像

完成客户各类标签搭建后，所沉淀的标签流动到业务应用中才能发挥价值。这就需要建立一个精准的客户画像。客户画像是对客户的综合描述，客户画像是刻画用户需求的模型，其本质是描摹用户需求，同时也是一切营销活动的基础。企业需要在创建出的客户角色框架中提取出更加关键的信息，根据关键特征数据进行用户评估分级，并结合用户规模、用户价值和使用频率来划分用户画像，帮助品牌确定高价值客户群、一般价值客户群和潜在价值客户群。依据客户属性、客户偏好、消费场景等要素对数据进行处理和区分，从而构建多维度完整的用户画像。客户画像是了解客户的重要工具，目的是辅助业务人员和营销人员快速发现客户显著特征，了解决消费者的痛点，满足消费者的需求，获得业务灵感，进而结合洞察客户痛点来改进产品和服务。

对企业来讲，问题的根本不在于需要多少客户画像，而在于需要多少种营销方式来营销，才能获得更多订单。而多少种营销方案，取决于客户购买产品时考量要素的差异。如果客户的考量要素绝大部分相同，则可以考虑合并为一个画像。如果客户的考量要素都完全不同，则可以归类为不同的客户画像。客户画像是为了帮助营销人员制定营销方案。所以最应该展示的是有关客户会因为什么而购买产品。我们可以从五个维度去整理画像内容，如图 2-13 所示。只有通过画像了解了客户在整个购买历程中的决策和想法，才能够知道在整个营销过程中怎么应对，争取帮助营销人员拿到更多的订单量，减少客户的流失。

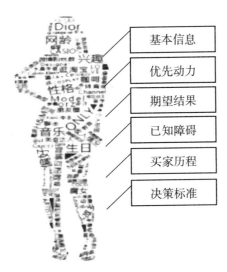

基本信息

优先动力

期望结果

已知障碍

买家历程

决策标准

图 2 -13 客户画像看板

优先动力是指客户为何决定购买产品或服务；期望结果是指客户希望通过产品或服务达到一个什么样的结果；已知障碍是指客户为什么不选择企业的产品或服务；买家历程是指客户从想买到购买之间经历了怎样的决策过程；决策标准是指客户在同类产品之间作对比的时候最看重哪个因素。这五点基本涵盖了一个客户在购买产品的时候是怎么作决策的，相比那些只是随便堆砌数据的看板来说，包括这五点内容的客户画像才能真正方便营销人员制定营销策略。客户画像并非一成不变的，因而模型需要具备一定灵活性，可根据客户的动态行为修正与调整画像。完善客户画像会将客户画像的颗粒度描绘得更精细，从而为品牌进行市场运营、战略提供有价值的参考，更好地服务消费者。

（四）洞察力应用

客户标签体系和客户画像所形成的客户洞察是帮助企业理解客户需求和制定精准营销策略的重要工具，通过对客户行为和属性的分析和标记，在营销自动化系统的加持下，企业可以开展精准营销或个性化的内容触达，实现千人千面的营销自动化，提升用户体验和业务效果。

1. 智能化信息推送

即在合适的时间，通过最佳的运营渠道，给用户传递最感兴趣的内容。

（1）渠道个性化。基于短信服务推送（Short Message Service，SMS）、电子邮件推送（Email Direct Marketing，EDM）、通知栏推送（push）、公众号模板消息推送等主流触达渠道用户的互动反馈情况，在客户偏好的渠道推送信息，提升体验的同时节约推送成本。

（2）推送内容个性化。根据客户历史订单、浏览数据，实现基于用户消费、兴趣偏好的个性化推荐，并在文案中适当植入"姓名""昵称""星座"等个人属性显示，在千人千面的基础上增加互动亲密度。拥有"推荐系统之王"美誉的亚马逊，曾表示平台有35%的成交额得益于个性化推荐。淘宝等众多电商App成交额逐年创新高，一定程度上也要归功于推荐算法逻辑的不断完善，在提高推荐精准度的同时，甚至能做到根据客户实时行为快速修正画像。

（3）推送时间个性化。基于客户历史点击、购买时间，判断客户最易被营销触动的时间点，在黄金时间点给客户发送营销信息。以星巴克为例，通过分析客户历史购买最小库存单元（Stock Keeping Unit，SKU，即库存进出计量的基本单元）数据，星巴克推算了用户的口味偏好，并以此为基础在专星送App产品端上线了"每日标配"和"懂你喜欢"功能。"每日标配"使得用户在使用星巴克外卖服务的时候可以高效地作出惯性选择，有效地提升了转化。而"懂你喜欢"则可以根据用户的口味习惯引导消费升级（美式→冷萃）或糕点搭售，"优雅"地提升客单。

2. 个性化的营销活动配置

在烧钱式一次性营销和零成本概念型营销的风潮褪去后，越来越多企业开始回归理性。找到每个客户的痛点，因人而异地进行营销刺激，才是提升投资回报率的最佳路径。

（1）广告精准营销。移动互联网的发展也极大冲击了广告投放的方式，当传统广告广撒网的打法已无法满足精准营销需求时，基于用户的喜好与特性投放广告成为主流。从电商应用内横幅广告（banner）等黄金位置的信息展示，到站外渠道如App开屏广告、视频前贴片广告等，利用用户画像数据指导广告投放，不仅能够降低成本，还可以大大提升点击率及转化率，提升整体广告投放效果。

（2）辅助产品设计。产品在最初推出时，会拥有自身的定位。但随着市场环境的变化，App在每一次迭代时，除了要考虑自身发展的规划，还会结合用户的特点，提供更契合受众的服务。比如，某图像处理App最初期望面向广大用户提供简单易上手的修图功能，但在运营与发展过程中，App发现自身的用户多为"95后"的年轻女性，因而在更新下一代产品时，提供可爱的贴纸与滤镜成为产品开发的重点。

（3）精细化运营。无论是在产品早期还是在产品成长期、成熟期阶段的精细化运营，客户画像都是重要的参考方向。比如，资讯类App经常利用消息推送的手段将用户可能感兴趣的内容及时奉上，确保客户通知栏上展现的大多是他们感兴趣的内容，在提升App活跃度的同时避免产生打扰。

3. 生命周期的自动化管理

有客户生命周期价值（Customer Lifetime Value，CLV）管理意识的企业通常会定期整理客户消费行为数据，并针对不同周期的用户进行对应的营销活动，这是标签体系的初级应用。但实际上，营销策略的变化永远赶不上客户兴趣迁移的速度，客户的来源、退出的节点都是动态的。因此，给客户打标签的过程也应该是动态的，当我们设置一个打标签条件后，所有满足条件的客户会自动打上这一标签，并进入此类标签人群的营销活动。这样的自动化管理可以确保我们对客户的认知永远是实时的，更能将运营人员从繁复的数据处理工作中解脱出来，真正释放营销创意。

使用基于颗粒数据的洞察，可以为目标人群创建一个完整的人物画像，为客户的购买路径描绘出精确、详细和全面的图像。只有有效整合用户数据，构建用户标签体系，深度洞察消费者的需求，满足消费者的喜好，并通过数据反哺，不断优化运营策略，才能驱动企业业绩增长，真正实现客户数据价值。

三、客户关系管理

当今的数字技术，如互联网络、移动通信以及社交媒体的发展，从根本上改变了人与人之间的联系方式。这些变化也显著地影响着企业及其品牌如何与顾客建立联系，以及顾客之间如何联系和影响彼此选择品牌的行为。人们总是有意识地、无意识地加入了各种粉丝群和微信群，各个社群对企业来说就是各种客户群，管理好客户群，处理好客户关系，是企业得以树立品牌、拓展市场的事业基石。

（一）客户关系管理的概念

客户关系管理（Customer Relationship Management，CRM）是现代市场营销最重要的观念。最初由美国高德纳咨询公司（Gartner Group）在 1993 年提出。其从战略的角度来定义客户关系管理，是指为增进盈利、收入和客户满意度而设计的企业范围的商业战略。CRM 受到人们的关注是在 1999 年，当时国内外很多软件供应商纷纷推出以客户关系管理系统命名的软件，很多企业也开始使用该系统。但是，客户关系管理是营销管理的演变而非技术进步的结果。客户关系管理产生并迅速发展的根本原因在于，传统的营销模式受到严重的挑战以及信息技术的迅猛发展使企业需要并得以借助先进的管理思想和技术手段，去充分了解和掌握客户信息，发现与挖掘市场机会，规避风险，提高客户满意度与忠诚度。在需求拉动、技术推动下，客户关系管理不断演变发展，逐渐形成了一套管理理论体系和应用技术体系。

客户关系管理就是指建立在现代信息技术和营销思想之上的一种先进的管理理念，它借助各种先进的数字技术手段和"以客户为中心"的管理理念来探讨如何与客户建立关系、提升关系和维护关系，也是企业巩固及进一步发展与客户长期稳定关系的动态过程和策略。它将管理的视野从企业的内部延伸并扩展到企业的外部，是企业管理理论发展的新领域。客户关系管理的思路是：首先，客户关系管理必须以信息技术与营销思想为两翼；其次，没有客户关系时，企业就要努力去建立关系，并且要有选择地建立关系；再次，有了客户关系时，还要努力去提升和维护这来之不易的关系；最后，当出现客户关系破裂时，要努力去修补、恢复关系。客户关系管理可以广义地理解为通过递送卓越的顾客价值和满意，来建立和维持有价值的客户关系的整个过程。它涉及获得、维持和发展顾客的所有方面。

（二）客户关系管理的内容

客户关系管理根据客户生命周期阶段划分而展开。对客户生命周期的理解不同，各阶段的划分也就不同。总体而言，客户生命周期会经历考察期、形成期、稳定期和退化期四个阶段。因此，客户关系管理应该以客户为中心，围绕客户旅途来设计，而不能全凭主观臆断。客户关系管理应涉及客户关系的建立、互动、提升和维护四个阶段的内容。

1. 客户关系的建立

客户关系的建立就是企业让目标客户和潜在客户产生购买欲望并付诸行动，促使他们成为企业现实客户的过程。对新企业来说，首要的任务就是吸引和开发客户；对老企业来说，企业发展也需要源源不断地吸引和开发新客户。建立客户关系的思路是为关系客户和潜在客户提供有吸引力的产品或服务、提供消费或购买的便利、使定价或收费更恰当、开展必要的促销活动等，从而使客户主动地、自愿地与企业建立关系，并且客户很可能是满心欢喜地与企业建立关系。因为根据一般经验，每年老客户流失率为10% ～ 30%，优质客户流失率会低一些，但也会流失，并且还要小心优质客户的变质。所以，企业在努力培养客户忠诚度的同时，还要不断寻求机会开发新客户，尤其是开发优质客户。这样，一方面可以弥补客户流失的缺口；另一方面可以壮大企业的客户队伍，提高企业的综合竞争力，增强企业的赢利能力，实现企业的可持续性发展。

寻找和识别客户需要通过一系列技术手段，根据大量的客户特征、需求信息等，找出哪些是企业的潜在客户、客户的需求是什么、哪些客户最有价值等，并以这些客户作为客户关系管理对象。

2. 客户关系的互动

客户关系的互动是指企业与客户之间进行信息的交流与互换，是企业与客户之间建立互相联系的纽带和桥梁。客户互动对客户关系管理有着重要的影响。首先，企业通过与客户的互动将自己的产品介绍给客户，扩大客户群体。例如，加多宝企业在推出红罐王老吉时，通过电视台、饭店等渠道宣传，将"怕上火就喝王老吉"的理念传递给企业未来的客户，由此开启了新的饮料市场。其次，企业通过与客户的互动来了解客户的需求。企业所提供的产品和服务都必须能够满足客户的需求，否则企业就难以在市场上立足。因此，现代市场营销都认为客户需求是企业开发新产品的起点。企业通过与客户之间的沟通和交流，不断更新客户需求信息，才能生产出符合客户期望的产品。最后，企业与客户之间的互动是提高客户满意维系客户的重要途径。根据美国营销协会（AMA）的研究，不满意的客户有1/3是因为产品或者服务本身存在问题，而其余2/3的问题都来自企业与客户之间的沟通不畅。因此，企业与客户之间加强互动与交流，才能建立良好的客户关系。客户互动的内容包括信息、情感、意见或建议三个方面。

企业在与客户的互动过程中，可以利用多种渠道，包括人员互动渠道和非人员互动渠道。人员互动渠道涉及了企业员工与客户之间的直接交流与沟通，这种交流与沟通可能是直接面对面交谈，也可能借助于某些工具，例如电话、邮件以及直接的网上交谈。非人员互动渠道是指那些不需要通过企业与客户之间的接触和反馈就可以传递信息的渠道，主要包括了媒体、环境和事件。媒体主要包括了报纸、杂志、直接邮寄、广播电视、广告牌等。环境能够创造或者加强客户对企业了解以及印象的氛围。事件是企业为了向客户传递信息而设计的一系列活动，例如，新闻发布会或重大的开幕式等。

3. 客户关系的提升

客户关系建立后，企业要不断与客户进行沟通，然后还要再接再厉，努力提升客户关系。企业通过不断为客户创造更多的价值，并且超出他们的期望来实现客户满意，从而使客户关系进一步深化。客户满意是提升客户关系的最重要因素，在完全竞争的市场环境下，没有哪家企业可以在客户不满的状态下得到发展。所以，企业想要提升客户关系，就必须努力让客户满意。一般来说，客户满意度越高，客户与企业的关系就会越好。这是因为曾经带给客户满意经历的企业意味着可能会继续使客户满意。但如果没有令客户满意，则很难形成忠诚的客户。调查表明，如果一个网站不能够吸引人，那么，75%的客户不会第二次访问。现实中，客户往往因为一个心愿没有得到企业的满足，而从此不再光顾该家企业。暂且不论一位客户离去的各种负面效应或其他间接损失，单就失去一位老客户的直接损失就非常大。总之，客户满意是企业取得长期成功的必要条件，是企业战胜竞争对手的最好手段，是企业实现客户忠诚的基础。在完全竞争的市场环境下，没有哪家企业可以在客户不满的状态下得到发展。

另外，企业还要注意客户之间的差别，对客户进行分级管理，区别对待不同级别的客户，经常性地与关键客户保持联系，并为他们提供更好的服务来加强与他们的关系。同时，鞭策普通客户和小客户自觉向关键客户看齐，这样也能够不断提升客户关系。一项业务所创造的全部价值源自客户。企业不应该对其所有的客户平均分配资源。客户分级管理是指企业在依据客户带来利润和价值的多少对客户进行分级的基础上，依据客户级别高低的不同设计不同的客户服务和关怀项目。企业将重点放在为企业提供80%利润的关键客户上，为他们提供上乘的服务，给他们特殊的礼遇和关照，努力提高他们的满意度，从而维系他们对企业的忠诚。同时，积极提升各级客户在客户金字塔中的级别，放弃不具赢利能力的客户，尤其是劣质客户，避免将大量资金花在不带来利润的客户上，从而使企业资源与客户价值得到有效的平衡。

4. 客户关系的维护

客户关系的维护是指企业通过努力来巩固及进一步发展与客户长期、稳定关系的动态过程和策略。客户忠诚是指客户一再重复购买，而不是偶尔重复购买同一企业的产品或者服务的行为。客户关系维护的目标就是要实现客户的忠诚，特别是要实现优质客户的忠诚。影响客户关系维护的因素有：客户满意的程度、客户因忠诚能够获得多少利益、客户的信任和情感因素、客户的流失成本、其他因素。

企业要实现客户忠诚，首先应当努力实现客户满意。但是，满意的客户也并不一定忠诚，因为可能有其他更令他满意或者割舍不下的企业，也就是说，竞争对手可能比你更令客户满意。因此，除让客户满意之外还要通过一些激励和约束机制才能最终实现客户的忠诚，也就是奖励忠诚、限制流失的机制，如奖励忠诚的客户、增加客户对企业的信任与情感牵挂、提高客户的流失成本、加强与客户的结构性联系、提高服务的独特性与不可替代性、加强企业内部管理、建立客户组织等。

客户关系维护还体现在客户关系的挽救上。在客户关系的发展过程中，可能出现客户关系破裂的情况。客户关系的破裂是指客户由于种种原因不再忠诚而流失，转向购买其他企业的产品或服务的现象。当前企业普遍存在客户易流失的特点。因此，企业要想让客户创造更多的价值，不但要让忠诚的客户带来更多的价值，而且要想办法让流失的客户回头，从而继续为企业创造价值。

（三）客户关系管理的平台和技术

现代客户关系管理离不开信息技术的支撑，信息技术也确实被深入地运用到了客户关系管理的实践中，特别是当客户群相对较大时，客户信息的调查、收集、登记、更新、分析、分类、营销等需要建立一个平台和相应的软件系统来完成。此外，呼叫中心技术和数据管理技术也被广泛地运用到企业的客户关系管理中。

1. 客户关系管理系统

客户关系管理系统是以客户数据的管理为核心，利用现代信息技术、网络技术、电子商务、智能管理、系统集成等多种技术，记录企业在市场营销与销售过程中和客户发生的各种交互行为，以及各类有关活动的状态，提供各类数据模型，从而建立一个客户信息的收集、管理、分析、利用的系统，帮助企业实现以客户为中心的管理模式。

一个完整、有效的 CRM 系统包含四个子系统：（1）客户合作管理系统。使客户能够以各种方式与企业进行沟通交流。（2）业务操作管理系统。客户关系管理系统需要对市场营销、销售、客户服务部门等部门提供支持，业务操作管理系统便应运而生。（3）数据分析管理系统。实现数据仓库、数据集市、数据挖掘等工作，在此基础上实现商业智能和决策分析。此系统主要负责收集、存储和分析市场、销售、服务及整个企业的各类信息，对客户进行全方位的了解，为企业市场决策提供依据。（4）信息技术管理系统。由于客户关系管理的各功能模块和相关系统运行都由先进的技术进行保障，因此，对于信息技术的管理也成为 CRM 系统成功实施的关键。

客户关系管理系统的主要工作是：帮助记录、管理所有企业与客户交易和交往的记录，并能够通过分析，辨别哪些客户是有价值的，以及这些客户的特征等；实现自动化管理，动态地跟踪客户需求、客户状态变化及客户订单，记录客户意见；通过自动的电子渠道，如短信、邮箱、网站等承担对客户进行的某些自动化管理的任务。

2. 呼叫中心

呼叫中心是通过电话等通信方式来为客户提供各种各样的服务。呼叫中心是一个不与客户直接见面而进行客户服务及客户关系管理的系统。它的主要特点是通过电话、传真、邮件、E-mail、网上交谈、交互式网站等来实现客户服务和产品销售，并且通过中心数据库收集、处理并分析各式各样的客户信息，最后将分析报告给公司决策部门。呼叫中心在企业应用中已经逐渐从电话营销中心向着 CTI（计算机通信集成）综合呼叫中心转变，已经将电话、计算机、互联网等多种媒介综合应用于营销、服务等多项工作当中。传统意义上的呼叫中心是以电话接入为主的电话响应中心，为客户提供各种电话响应服务。随着社会的发展和技术的进步，呼叫中心的功能也经历了多次更新：以查询为主的第一代呼叫中心（114 电话号码查询）；后来又形成了可以进行交易功能的第二代呼叫交流中心，即现代交流中心；以 CTI 计算机通信集成技术为核心的第三代呼叫中心；随着网络技术的发展，形成了与因特网相融合的 ICC 第四代呼叫中心；无线通信协议的应用形成了无线因特网呼叫中心（WICC）的第五代呼叫中心；多媒体技术的广泛应用促成了第六代多媒体呼叫中心的产生；融合了自动语音识别和文本转语音、互动式语音应答、数据仓库等技术的第七代呼叫中心。技术的融合成为潮流，呼叫中心也将顺应这个潮流，最终实现统一网络、统一服务和统一平台的目标，最后成为下一代多功能的电子商务平台。呼叫中心是企业与客户的接触平台。它通过电话、视频、数据、网络、移动等各种渠道，将客户接入企业，通过计算机电话集成应用，调取企业内部的客户数据库，从而使企业的完整数据呈现在企业所有部门的面前。企业各部门如生产、销售、人力资源管理等部门都能获取客户的数据。现代智能呼叫中心能够提供三项基本功能，能够提供每周 7 天、每天 24 小时的不间断服务，以及全媒体联络方式。

从管理方面，呼叫中心是一个促进企业营销、市场开拓并为客户提供友好的交互式服务的管理与服务系统。它作为企业面向客户的前台，面对的是客户，强调的是服务，注重的是管理。它充当企业理顺与客户之间的关系并加强客户资源管理和企业经营管理的渠道。它可以提高客户满意度、完善客户服务，为企业创造更多的利润。

3. 数据库

数据库指的是长期存储在计算机内的、为实现一定目标而按某种规则组织起来的、可共享的"数据"的集合。数据从产生到现在已有 60 多年了。数据库就是为存储大量数据而发展而来的。数据库的特点：（1）实现数据共享。数据共享包含所有用户可同时存取数据库中的数据，也包括用户可以用各种方式通过接口使用数据库，并提供数据共享。（2）减少数据的冗余。同文件系统相比，由于数据库实现了数据共享，从而避免了用户各自建立应用文件。减少了大量重复数据，减少了数据冗余，维护了数据的一致性。（3）数据的独立性。数据的独立性包括数据库中数据库的逻辑结构和应用程序相互独立，也包括数据物理结构的变化不影响数据的逻辑结构。（4）数据集中控制。数据库的共享是并发的共享，即多个用户可以同时存取数据库中的数据，甚至可以同时存取数据库中的同一数据。

4. 数据仓库

数据仓库（data warehouse）是数据库发展到一定阶段的必然产物，是在数据库大量存在的基础上，为进一步挖掘数据资源，为了决策需要而产生的。数据仓库是在企业管理和决策中面向主题的、集成的与时间相关的、不可修改的数据集合。数据仓库顾名思义就是一个很大的数据存储集合，出于企业分析性报告和决策支持目的而创建。它对多样的业务数据进行筛选和整合，为企业提供一定的商业智能能力，指导业务流程改进，监测时间、成本、质量等。数据仓库的输入方是各种各样的数据源，最终的输出用于企业的数据分析、数据挖掘、数据报表等方向。可以从两个层面对数据仓库的概念进行理解，一是数据仓库是面向分析处理的，主要用来支持决策制定；二是数据仓库包含历史数据，是对多个异构的数据源数据按照主题的集成，它的数据相对固定，不会经常改动。

数据仓库的功能：（1）数据仓库系统提供了标准的报表和图表展示功能。数据仓库内的数据来源于不同的业务处理系统，而数据仓库系统展示的数据是整个企业的数据集成，数据仓库的作用就是利用这些最宝贵的业务数据作出最明智的商业决策。（2）数据仓库支持多维分析。多维分析通过把一个实体属性定义成维度，使用户能方便地从多个角度汇总、计算数据，增强了数据的分析处理能力，通过对不同维度数据进行比较和分析，增强了信息处理能力。多维分析是数据仓库系统在决策分析过程中非常有用的一个功能。（3）数据仓库是数据挖掘技术的关键和基础。数据挖掘技术是在已有数据的基础上，帮助用户理解现有的信息并且对未来的企业状况作出预测。在数据仓库的基础上进行数据挖掘，可以针对整个企业的发展状况和未来前景作出较为完整、合理、准确的分析和预测。

5. 数据挖掘

面对海量的数据，企业能做的就是，尽可能收集客户的数据信息，借助各种分析方法，透过无序的、表层的信息挖出内在的知识和规律，这就是当前十分流行的数据挖掘技术。数据挖掘就是指从大量的数据中抽取出潜在的、有价值的知识、模型或规则的过程。通过数据挖掘实现数据向信息和知识的转化。

数据挖掘的功能：（1）概念/类描述：特征化和区分。数据特征化是指目标类数据的一般特性或特征的汇总。数据区分是指将目标类数据对象的一般特性与一个或多个对比类进行区分。（2）挖掘频繁模式、关联和相关性。频繁模式是在数据中频繁出现的模式。通过挖掘数据的频繁模式，可以发现数据之间的关联和相关性，从而让企业设计出能够更吸引消费者的商品组合方式或者利用交叉销售或捆绑营销来刺激消费者的需求。（3）分类和预测。分类是这样的过程：找出描述和区分数据类或概念的模型，以便能够使用模型预测类标记未知的对象类模型。导出模型是基于对训练数据集的分析。分类是依据历史数据形成刻画用户特征的类标识，进而可以预测未来数据的归类情况，通常能够借助分类功能来评估用户的价值程度。例如，我们通过业务平台分析数据，对客户进行画像，从而对客户进行分类。预测是基于输入的用户信息，通过模型的训练学习找出数据中的规律和趋势，以确定未来目标数据的预测值。（4）聚类是一种无指导的训练学习，在事先不知道数据分类的情况下，根据数据对象间的相似程度进行划分，目的是使得同类别的数据对象间的差别尽可能小，不同类别的数据对象间差别尽可能大。聚类是一种无监督的学习，它将相似的对象归到一个簇中，将不相似对象归到不同簇中。通过聚类分析可以为企业实行差异化营销提供依据。（5）离群点分析。异常的数据对象就是离群点。大部分数据挖掘方法将离群点视为噪声或异常而丢弃。然而，在一些应用中（如欺骗检测），罕见的事件可能比正常出现的事件更令人感兴趣。因此，离群点的分析会成为营销关注的重点。总而言之，数据挖掘技术可以用来客户细分的分析、客户满意度的分析、客户忠诚度的分析和交叉销售的分析等。

本 章 要 点

市场营销环境是指存在于企业营销系统外的不可控制或难以控制的力量，它们是影响企业市场营销活动以及目标实现的外部条件。市场营销环境由微观环境和宏观环境构成。市场营销微观环境也称直接营销环境，是指与企业紧密相连，直接影响和制约企业营销能力的外部因素，包括企业、营销中介、顾客、竞争者和公众。市场营销宏观环境指影响微观环境的主要的社会力量，包括人口、经济、自然、技术、政治法律、社会文化构成。市场营销环境具有客观性、差异性、动态性和相关性的特征。企业需要通过环境分析评估市场机会与环境威胁，具体可用"威胁分析矩阵图"和"机会分析矩阵图"分析、评价营销环境。

消费者市场亦称个人市场、最终产品市场或最终消费市场。消费者购买行为模式是一种刺激—反应模型。消费者的购买决定不是在真空中形成的，消费者购买行为主要受到文化、社会、情境、个人和心理因素的影响，其中，文化、社会和情境因素是影响消费者行为的外部因素，个人和心理因素是影响消费者行为的内部因素。消费者购买决策过程分为五个阶段：确认需要、收集信息、购买选择、购买决定以及购后行为。

组织市场是指所有为满足其各种需求而购买产品和服务的组织机构所构成的市场。它可分为三种类型：生产者市场、中间商市场和非营利组织市场。生产者市场是指一切购买产品和服务并将之用于生产其他产品或服务，以供销售、出租或供应给他人的个人和组织构成。生产者用户的购买决定，受到环境、组织、个人和心理因素的影响。生产者用户的购买决策过程为确认需要、明确需要、说明需要、寻找供应商、征询方案、选择供应商、签约和业绩评价八个阶段。中间商市场也叫转卖者市场，由那些购买为了直接转卖以获取盈利的买主组成。非营利组织市场是指为了维持正常运作和履行职能而购买产品和服务的各类非营利组织所构成的市场。

客户数据是指企业采集和管理的客户信息，包括客户基本信息、交易记录、历史互动记录等。客户洞察是指企业通过各种行为特征识别客户、分析客户偏好和行为习惯并从中得到有价值的决策信息。为获得优质的顾客洞察，市场营销者必须有效地管理来自各种渠道的市场营销信息。客户数据的收集可以来自二手数据、原始数据或者两者兼顾。

客户关系管理是建立在现代信息技术和营销思想之上的一种先进的管理理念，它借助各种先进的数字技术手段和"以客户为中心"的管理理念来探讨如何与客户建立关系、提升关系和维护关系，也是企业巩固及进一步发展与客户长期稳定关系的动态过程和策略。客户关系管理的内容包括：客户关系的建立、客户关系的互动、客户关系的提升和客户关系的维护。客户关系管理的平台和技术包括客户关系管理技术、呼叫中心、数据库、数据仓库和数据挖掘。

复习思考题

1. 市场营销环境有哪些特点，分析营销环境的意义何在？
2. 市场营销微观环境和宏观环境包括哪些因素？
3. 试剖析一个实例，指出企业威胁与机会所在，以及可考虑采用的对策。
4. 文化因素、社会因素和个人因素等怎样影响消费者行为？
5. 在消费者购买决策过程中，企业可从哪些方面做好市场营销？

6. 比较消费者市场和组织市场的不同。

7. 什么是客户洞察？

8. 如何认识客户关系管理？

9. 什么是客户关系管理系统？客户关系管理的技术主要包括哪些？

10. 建立客户关系的思路是什么？企业如何开展客户互动？

11. 为什么要对客户进行维护？如何挽救客户关系？

实践练习　客户互动策划

移动互联时代，企业的成功已经不在于每一次交易的成功，更重要的是，是否与每一个客户建立了充分的黏性关系。所以每一次互动对提升客户忠诚度都至关重要。客户互动策划流程主要包括六个步骤，旨在确保企业能够有效地与客户建立和维护良好的互动关系。这些步骤包括明确目标、选择合适的互动方式、设计互动内容、实施互动计划、评估互动效果，以及根据评估结果进行优化。

（1）明确目标。在策划任何客户互动活动之前，首要任务是明确活动的目标。这包括了解目标受众的需求和偏好，以及希望通过互动活动实现的具体目标，如提高品牌知名度、促进产品销售或增强客户忠诚度等。明确目标有助于确保所有的策划活动都与企业的长期战略目标保持一致。

（2）选择合适的互动方式。根据目标受众的特点和需求，选择最合适的互动方式。这可能包括线上活动（如社交媒体互动、电子邮件营销）、线下活动（如产品体验会、客户见面会）或混合方式（如线上线下结合的活动）。选择合适的互动方式能够确保信息传递的有效性，提高参与度和响应率。

（3）设计互动内容。根据选定的互动方式，设计具体的内容和形式。内容应具有吸引力和相关性，能够引起目标受众的兴趣。这可能包括优惠促销、竞赛、问答互动、用户生成内容等。设计互动内容时，应考虑如何使受众易于参与并分享，以扩大活动的影响力。

（4）实施互动计划。在确定了目标和互动方式后，需要制订详细的实施计划。这包括确定活动的具体日期、地点、参与人员、物资准备等。实施阶段需要确保所有准备工作到位，以便活动能够顺利进行。

（5）评估互动效果。活动结束后，对活动的效果进行评估是非常重要的。通过收集和分析参与数据、客户反馈等方式，评估活动的成功与否，以及是否达到了预期的目标。评估结果可以为未来的客户互动活动提供宝贵的经验教训。

（6）优化客户互动流程。根据评估结果，对客户互动流程进行优化。这可能包括改进互动方式、调整内容设计或改进实施策略等。持续优化客户互动流程有助于提高互动效果，更好地满足客户需求，增强品牌与客户的联系。

通过上述六个步骤，企业可以系统地规划和执行客户互动活动，从而提高活动的效率和效果，实现与客户的良好互动和长期关系的建立。

练习：请你根据客户互动的内容和流程，为一家企业设计一份客户互动策划方案。

本章知识拓展

人工智能生成内容（AIGC）应用向全场景渗透

人工智能生成内容（Artificial Intelligence Generated Content，AlGC）即利用各类机器学习算法，从数据要素中学习，使机器能自动生成全新的文本、图像、音频、视频等多媒体内容，是继专业生产内容（PGC）、用户生产内容（UGC）之后的新一代内容创作方式。现阶段大模型最主要的应用方向就是 AIGC，主要包括 AI 写作、AI 编程、AI 绘画、AI 视频生成等。

传统人工智能偏重数据分析能力，AIGC 则将人工智能的价值聚焦到了创造上，其所创建的内容来源于历史数据和内容，却不是简单复制历史，而是衍生出新内容。得益于大模型、深度学习算法、多模态等技术的不断进步，近年来各种内容形式的 AI 生成作品百花齐放，尤其是 2022 年，AIGC 呈现出爆发态势。其中，最引发市场关注的是 Stable Diffusion 和 Chat GPT。Stable Diffusion 于 2022 年 10 月发布，用户输入文字描述后即可得到 AI 生成的图像，使得 AI 绘画作品风靡一时。Chat GPT 于 2022 年底面世，其人机文本对话功能和文本创作能力将机器水平推向新高，在全球范围里掀起了一轮 AIGC 创新热潮。2023 年以来，AIGC 领域文生文、文生图等垂直赛道划分越发清晰，由于人类社会语言文化相较图片类视觉艺术的理解难度更高、对出现失误的容忍度更低，因此，文生文等类 Chat GPT 应用大规模普及的难度相对更大且进展更慢，文生图领域应用创新热度则相对更高。随着 Disco Diffusion、Stable Diffusion、DALL-E2、Midjourney 等对公众开放，文生图应用在 C 端的普及已初见成效。AIGC 的发展源头在数字内容创作领域，从单模态内容到多模态数字化内容创建已初显雏形，预计未来会进一步提高人类创造内容的效率，丰富数字内容生态，开启人机协同创作时代，各种需要创意和新内容的场景，都可能被 AIGC 重新定义，AIGC 向全场景渗透指日可待。

具体到场景来看，AIGC 目前集中在创造性工作场景中，包括广告营销、游戏创作、艺术设计等。一方面，创意属于稀缺资源，AIGC 的创造性对激发灵感、辅助创作、验证创意等大有助益；另一方面，互联网大规模普及使得"一切皆可线上"，数字内容消费需求持续旺盛，AIGC 能更低成本、更高效率地生产内容，经济性越发凸显。

不过，AIGC 在内容准确性、细节把控度、风格个性化等方面仍有较大优化空间，AIGC 潜力能否充分释放取决于和业务需求能否有效结合。例如，在客服场景中，多轮人机对话式客服不仅能改善用户体验，还节约了人工客服成本，但 AIGC 内容仍难以应对某些极为细分和高复杂度的需求。在芯片研发场景中，AIGC 生成的 3D 模型能帮助优化芯片元件位置，将产品开发周期从几周缩短至几小时，但对于某些定制化芯片往往还需额外投入参数训练。在医疗科技场景中，AIGC 基于真实病例数据生成的新数据解决了因医疗数据的稀缺性、敏感性造成的数据缺乏问题，为药物研发、精准医疗、医疗影像等领域提供了数据生成服务。长期来看，AIGC 实现全场景渗透的本质是机器创造能力的低成本复制，必然离不开大规模高质量数据和低成本算力的托底，AIGC 有望成为新一代内容生产基础设施。

资料来源：赵岩. 人工智能发展报告（2022—2023）［M］. 北京：社会科学文献出版社，2023：33.

第三章 制定营销战略

引例

小米汽车 SU7 的高端化战略

小米 SU7 自上市以来，市场表现备受瞩目。根据相关报道，小米 SU7 的问世标志着小米正式进军纯电中大型轿车市场，其售价区间定在 21.59 万至 29.99 万元，首批销售覆盖 29 个城市。小米 SU7 在车身尺寸和定价上具有竞争优势，尽管车内空间局促可能对销量有一定影响，但整体市场对这款新车型的反响和未来表现充满期待。

2024 年 6 月，小米 SU7 的市场表现尤为突出，单月销量超过 1.4 万辆，成功跻身月度轿车销量前 20 榜单。这一成绩显示了小米 SU7 在市场上的强劲竞争力和消费者的高度认可。此外，小米 SU7 在 BEV（纯电动车）市场的表现也相当亮眼，6 月批发销量同样达到 1.4 万辆，同比增长 134%，并前进 8 名入榜前 10。

小米 SU7 的主要竞争对手包括特斯拉 Model 3、极氪 001、宝马 i3 和蔚来 ET5/ET5T 等，这些品牌在 20 万~30 万元纯电轿车市场中占据较大份额。尽管 2024 年它们在这一市场销量略有下滑，但非 29 个城市的销量增长 16%，表明市场增长动力正在向更广泛的区域扩散，这对小米汽车的渠道扩张是一个积极的信号。此外，小米 SU7 的成功也得到了国际金融机构的认可。高盛将小米集团的目标股价上调，并预计小米 SU7 将成为中国销量前三的高端轿车型号之一，平均每月销量超过 1 万辆，平均零售价格为 25 万元人民币。这表明小米 SU7 不仅在国内市场有出色的表现，其潜力也得到了国际市场的认可。

小米汽车 SU7 的高端化战略是小米集团在汽车领域的重要布局，其战略核心在于打造集先进技术、卓越性能和高品质体验于一体的智能电动汽车。以下是小米汽车 SU7 高端化战略的详细介绍：

产品定位与差异化：小米 SU7 定位为"C 级高性能，生态科技轿车"，旨在为追求高品质生活的消费者群体提供一款具有未来科技感和高颜值的产品。小米汽车在产品定位上避开了流行的 SUV 和轿车赛道，转而专注于电动跑车市场，以 5 秒级别的百公里加速性能，实现与竞品的区分。

技术创新与智能化：小米 SU7 搭载了小米自研的智能驾驶技术和智能座舱，依托小米在智能手机市场积累的技术优势，推动汽车智能化发展。特别是小米全栈自研的智能驾驶技术，以及小米澎湃 OS 操作系统，实现了人车家全生态的无缝连接和智能交互体验。

用户体验设计：小米 SU7 在设计上注重提供优秀的驾驶体验，包括动感的外观设计、宽敞的车内空间、舒适的乘坐体验以及高度自定义的驾驶模式。此外，小米 SU7 还提供了包括 25 扬声器豪华音响和动感氛围灯带在内的豪华配置，满足用户对高品质体验的追求。

品牌生态构建：小米 SU7 不仅是一辆汽车，更是小米"人车家全生态"战略的关键一环。通过小米 SU7，小米希望实现车内个人空间与智能家居生活的无缝连接，为用户提供无所不在的智能化体验。

市场策略与用户参与：小米汽车在营销上采用了用户参与的策略，鼓励用户提出意见和建议，并在产品开发中考虑这些反馈。例如，针对用户对物理按键的需求，小米迅速作出响应并调整产品设计，这种"听劝"的态度赢得了用户的好感和信任。

产能规划与销售网络建设：为了满足市场需求，小米正在加速扩充产能，并计划到 2024 年底，在 46 个城市建立 219 家销售门店，以及在 86 个城市建立 143 家服务中心，以提供更好的用户体验和售后服务。

综上所述，小米汽车 SU7 的高端化战略是一个全方位、多层次的战略布局，涵盖了产品定位、技术创新、用户体验、品牌生态、市场策略和销售网络等关键领域。通过这一战略，小米汽车旨在为用户提供高品质的智能电动汽车，同时推动中国汽车工业的全面崛起。

资料来源：澎湃新闻．"人车家全生态"与高端化战略已显成效，小米 24Q1 交出亮眼成绩单［EB/OL］．［2024 - 05 - 27］．https：//www.sohu.com/a/781918033_260616.

第一节 目标市场营销战略

现代企业营销战略的核心被称为"STP 营销"，即市场细分（segmenting），选择目标市场（targeting）和市场定位（positioning）。战略规划决定了公司主要战略业务的目标及预算。但是，无论什么市场，特别是对消费者市场而言，顾客所处的区域环境、文化背景、心理特征等都存在差异；与年龄、收入、职业等人口统计特征相关的要素也存在差异，这些都会在一定程度上使顾客需求产生差异性。因此，企业需要通过市场细分、选择目标市场和产品定位三个重要战略步骤，来规划并准确地选择目标市场，为制定和实施针对目标市场需求的营销组合策略提供基础依据。

一、市场细分

市场细分就是企业根据自身条件和营销目标，以顾客需求的某些特征或变量为依据，区分具有不同需求的顾客群体的过程。经过市场细分，同一细分市场的顾客具有较多的相似性，不同细分市场之间的需求具有较多的差异性。企业应当明确有多少细分市场及各细分市场的主要特征。

（一）市场细分战略的产生与发展

市场细分是 1956 年由美国营销学者温德尔·斯密（Wendell R. Smith）在《产品差异和市场细分——可供选择的两种市场营销战略》一文中提出的。市场细分不单纯是一个理论抽象概念，而且具有很强的实践性，顺应了第二次世界大战以后美国众多产品市场转化为买方市场这一新的形势，是现代企业营销观念的一大进步。从总体上看，不同的市场条件和环境，从根本上决定了企业的营销战略。

市场细分理论和实践的发展，经历了以下几个阶段。

1. 大量营销阶段

在 19 世纪末 20 世纪初，即资本主义工业革命阶段，整个社会经济发展的中心和特点是强调速度和规模，市场以卖方为主导。在卖方市场条件下，企业市场营销的基本方式是大量营销，即大批量生产品种、规格单一的产品，并且通过广泛、普遍的分销渠道销售产品。在这样的市场环境下，大量营销的方式降低了产品的成本和价格，获得了较丰厚的利润。企业没有必要研究市场需求，市场细分战略也不可能产生。

2. 产品差异化营销阶段

20 世纪 30 年代发生了震撼世界的资本主义经济危机，西方企业面临产品严重过剩，市场迫使企业转变经营观念。营销方式从大量营销向产品差异化营销转变，即向市场推出许多与竞争者在质量、外观、性能和品种等方面不同的产品。产品差异化营销较大量营销是一种进步，但是由于企业仅仅考虑自己现有的设计、技术能力，忽视对顾客需求的研究，缺乏明确的目标市场，因此产品营销的成功率依然很低。由此可见，在产品差异化营销阶段，企业仍然没有重视对市场需求的研究，市场细分仍然缺乏产生的基础和条件。

3. 目标市场营销阶段

20 世纪 50 年代以后，在科学技术革命的推动下，生产力水平大幅度提高，产品日新月异，生产与消费的矛盾日益尖锐，以产品差异化为中心的推销体制远远不能解决西方企业所面临的市场问题。于是，市场迫使企业再次转变经营观念和经营方式，由产品差异化营销转向以市场需求为导向的目标营销，即企业在研究市场和细分市场的基础上，结合自身的资源与优势，选择其中最有吸引力和最能有效为之提供产品或服务的细分市场作为目标市场，设计与目标市场需求特点相匹配的营销组合。市场细分战略应运而生。

市场细分理论的产生，使传统营销观念发生根本性的变革，在理论和实践中都产生了极大影响，被西方理论家称为"市场营销革命"。

市场细分理论产生后经历了不断完善的过程。最初，随着"以消费者为中心"的营销理念日渐深入人心以及个性化消费时代的到来，企业把市场不断细分，从而出现超市场细分理论（即一对一营销理论）。人们认为把市场划分得越细越能适应顾客需求，只要通过增强企业产品的竞争力便可提高利润率。但是 20 世纪 70 年代以来，能源危机和整个资本主义市场不景气，使不同阶层消费者的可支配收入出现不同程度的下降，人们在购买时更多地注重价值、价格和效用的比较。过度细分市场导致企业营销成本上升而减少总收益，于是反市场细分理论应运而生。营销学者和企业家认为，应该从成本和收益的比较出发对市场进行适度的细分，这是对过度细分的反思和矫正。它赋予了市场细分理论新的内涵，使其不断地发展和完善，对指导企业市场营销活动具有更强的可操作性。

20 世纪 90 年代，在全球营销环境下，适度细分理论又被赋予了新的内涵，适应了全球营销趋势的发展。全球营销力图尽可能地识别和满足世界各国消费者的需求，并希望以此获得更广阔的市场和更低的成本。而且，全球营销对于"需求"的理解更为深刻，它不是简单、一味地识别和满足消费者的现有需求，而是更为关注挖掘潜在需求或在异国市场上引入并推行新的消费文化。与此同时，全球营销同样注意到各个国家和地区消费者需求之间的差异。因为分布于世界 200 多个国家和地区的全球消费者拥有不同的语言和肤色，不同的风俗习惯，不同的宗教信仰，不同的行为方式。事实上，没有一家企业已经或者试图把触角伸向世界的每一个角落。它们都根据自身的优势和劣势，寻求全球市场上的机会，选择能够比竞争对手更好地提供产品或服务的细分市场作为目标市场，并与之建立互惠互利的交换关系，在满足其需求的同时求得自身发展壮大。

（二）市场细分的作用

市场细分被西方企业誉为具有创造性的新概念，是企业是否能够真正树立"以消费者为中心"的营销观念的根本标志。细分市场对企业具有以下作用。

1. 有利于发现市场机会

在买方市场条件下，企业营销决策的起点在于发现具有吸引力的市场环境机会。这种环境机会能否发展成为市场机会，取决于两点：与企业战略目标是否一致；利用这种环境机会能否比竞争者具有优势并获取显著收益。这些必须以市场细分为起点——通过市场细分，可以发现哪些需求已经得到满足，哪些需求只满足了一部分，哪些仍是潜在需求；相应地可以发现哪些产品竞争激烈，哪些产品竞争较少，哪些产品亟待开发。

市场细分对所有企业都至关重要，对中小企业尤为重要。与实力雄厚的大公司相比，中小企业资源能力有限，技术水平相对较低。通过市场细分，可以根据自身的经营优势，选择一些大企业无暇顾及的细分市场，集中力量满足该特定市场，在整体竞争激烈的市场条件下，在某一局部市场取得较好的经济效益，求得生存和发展。

2. 有利于选择目标市场

不进行市场细分，企业选择市场就可能是盲目的；不认真鉴别各个细分市场的特点，就不能进行有针对性的市场营销。例如，某公司出口到日本的冻鸡，早期主要面向消费者市场，以超级市场、专业食品商店为主要销售渠道。但随着市场竞争加剧，销售量呈下降趋势。为此，公司对日本冻鸡市场作了进一步的调查分析，按照不同细分市场的需求特点，将购买者区分为三种类型：一是饮食业用户，二是团体用户，三是家庭主妇。三个细分市场对冻鸡的品种、规格、包装和价格等要求不尽相同，比如饮食业用户对鸡的品质要求较高，但对价格的敏感度低于零售市场的家庭主妇；家庭主妇对冻鸡的品质、外观、包装均有较高的要求，同时要求价格合理，购买时挑选性较强。根据这些特点，公司重新选择了目标市场，以饮食业和团体用户为主要顾客，并据此调整了产品、渠道等营销组合策略，此举使其出口量大幅度增长。

3. 有利于制定市场营销组合策略

市场营销组合是企业综合考虑产品、价格、促销形式和销售渠道等各种因素而制定的市场营销方案。就每一特定市场而言，只有一种最佳组合形式，这种最佳组合只能是市场细分的结果。前些年我国曾向欧美市场出口真丝花绸，消费者是上流社会的女性。由于出口企业没有认真进行市场细分，没有掌握目标市场的特点，因而营销组合策略发生了较大失误：产品配色不协调、不柔和，未能赢得消费者的喜爱；低价策略与目标顾客的社会地位不相适应；销售渠道又选择了街角商店、杂货店，甚至跳蚤市场，大大降低了真丝花绸产品的"华贵"品位；广告宣传也流于一般。这个失败的个案，从反面说明了市场细分对于制定营销组合策略具有极其重要的作用。

4. 有利于提高企业的竞争能力

企业的竞争能力受客观因素的影响而存在差别，通过有效的市场细分可以改变这种差别。市场细分以后，每一细分市场上竞争者的优势和劣势会明显地暴露出来，企业只要看准市场机会，利用竞争者的弱点，同时有效地开发本企业的资源优势，就能用较少的资源把竞争者的顾客和潜在顾客变为本企业的顾客，提高市场占有率，增强竞争能力。通过市场细分，中小企业把力量集中于选定的细分市场，可以让整体市场上的相对劣势转化为局部市场上的相对优势。

5. 有利于提升顾客的忠诚度

企业在了解不同细分市场需求特征的基础上开发出新产品，更好地满足消费者的需求，消费者会感到有一个特定的企业更理解他们，因此更加忠实于这个企业。例如，汤臣倍健发现，随着健康意识的提高，消费者对健康食品的需求日益增长，但不同群体的需求存在显著差异。例如，年轻白领群体更倾向于选择便携、快速的营养补充品，而中老年人则更注重食品对慢性病的预防和调节功能。因此，针对年轻白领，推出了易于携带和食用的膳食补充剂，如维生素和矿物质片；针对中老年人，则推出了更多针对特定健康需求的产品，如调节血糖、增强骨密度的保健品等。这不仅满足了不同消费者的需求，也让消费者感到品牌对他们的关注和理解，从而增强了消费者对品牌的忠诚度。

（三）市场细分的基本模式

市场细分的方法有很多种，其中之一就是识别偏好细分（preference segments），根据客户对不同产品属性的重视程度，可以分为三种偏好模式。这种需求偏好差异的存在，是市场细分的客观依据。

需要说明的是，完全同质的偏好或完全分散的偏好，在现实中是罕见的，就像经济学中的完全垄断和完全竞争一样，更多的市场是介于两者之间。但它仍然不失为一种科学分析方法，有助于认识事物的本质。

1. 同质偏好

同质偏好指的是一个市场或群体中所有消费者具有大致相同的偏好，即不存在细分市场，所有品牌或选项都处在偏好的中心。在这种模式下，市场上的消费者对产品或服务的需求和偏好非常相似，差异很小。例如，大多数消费者对瓶装水的基本需求是相似的，即干净、卫生、解渴。

2. 分散偏好

分散偏好指的是消费者对产品或服务的需求和偏好差异很大，市场上没有明显的共同趋势。时尚服装市场通常表现为分散偏好，因为不同消费者对风格、品牌、价格和质量的偏好各不相同。

3. 集群偏好

集群偏好，则是市场上的消费者可以根据他们的需求和偏好被划分为几个明显的群体。汽车市场通常表现为集群偏好，消费者可以根据他们对汽车的需求被分为不同的群体，如经济型、豪华型、SUV、跑车等。

（四）市场细分的标准

1. 消费者市场细分的标准

消费者市场细分标准可归纳为四大类，其因素少数相对稳定，多数则处于动态变化中，如表 3-1 所示。

表 3-1 　　　　　　　　　　　　消费者市场细分的标准

细分标准	细分变量
地理因素	地理位置、城镇大小、地形、地貌、气候、交通状况、人口密集度等
人口统计因素	年龄、性别、职业、收入、民族、宗教、受教育程度、家庭人口、家庭生命周期等
心理因素	生活方式、性格、购买动机、态度等
行为因素	购买时间，购买地点，购买频率，购买习惯（品牌忠诚度），对服务、价格、渠道、广告的敏感程度等

（1）地理因素。地理因素即按照消费者所处的地理位置、自然环境细分市场，具体变量包括国家、地区、城市规模、不同地区的气候及人口密度等。处于不同地理位置和环境下的消费者，对同一类产品往往会呈现出差别较大的需求特征，对企业营销组合的反应也存在较大的差别。一家跨国饮料公司可能会根据不同国家消费者的口味偏好来调整其产品配方。例如，亚洲市场可能更喜欢茶味饮料，而欧洲市场可能更偏爱咖啡味饮料。

（2）人口统计因素。人口因素指各种人口统计变量。包括年龄、婚姻职业、性别、收入、受教育程度、家庭生命周期、国籍、民族、宗教、社会阶层等。比如，不同年龄受教育程度不同的消费者在价值观念、生活情趣、审美观念和消费方式等方面会有很大的差异。一家时尚品牌可能会针对不同的年龄群体设计不同的服装系列。例如，青少年可能更喜欢潮流和街头风格的服装，而中年消费者可能更偏好经典和商务风格的服装。

（3）心理因素。心理因素即按照消费者的心理特征细分市场。心理因素包括消费者的生活方式、个性、价值观、兴趣和态度等。比如，健身器材公司为追求健康生活方式的消费者提供高端家用健身器材，而为偶尔锻炼的消费者提供经济实惠的入门级健身设备；有机食品品牌通过强调其产品的天然和可持续特性来吸引这些消费者等。

（4）行为因素。行为因素即按照消费者的购买行为细分市场，根据消费者的购买行为、使用模式、品牌忠诚度、购买频率等行为特征来划分市场。一家航空公司可能会根据乘客的飞行频率和偏好来提供不同的会员服务。例如，经常飞行的商务旅客可能会获得额外的忠诚度奖励，如免费升级或额外行李额，而偶尔飞行的休闲旅客则可能更关注票价的优惠。

2. 生产者市场细分的依据

细分消费者市场的标准，有些同样适用于生产者市场。如地理因素、追求的利益、使用者状况等因素，但还需要考虑一些其他的变量。生产者市场常用的细分变量是用户变量，主要包括行业、公司规模、地理位置等。

（1）行业细分。生产者市场的用户购买产品通常是为了生产用于出售的产品或服务，用户所处行业不同，其生产者需求也会有很大差异。例如，电脑制造商采购产品时最重视的是产品质量、性能和服务，价格可能不是最主要因素；飞机制造商所需要的轮胎必须达到的安全标准比农用拖拉机制造商所需轮胎的安全标准高得多。

（2）规模细分。用户规模也是细分产业市场的一个重要变量。用户规模不同，其购买数量存在着很大差异。大用户虽少，但购买量大；小用户虽多，但其购买量小。在现代市场营销实践中，许多公司建立适当的制度来分别同大客户和小客户打交道。例如，一家办公用具制造商按照规模将用户细分为两类：一类是大客户，由该公司的全国客户经理负责联系；另一类是小客户，由外勤推销人员负责联系。

（3）地理细分。企业可用地理变量确定重点的服务地区。由于自然资源、气候条件、生产的要求等存在差异，每个国家都会形成一些产业群，这就决定了生产者市场比消费者市场在地理上更为集中。按地理区域细分生产者市场，有助于企业设计恰当的营销组合，充分利用销售资源和网络，降低销售费用。

（五）市场细分的原则

从企业市场营销的角度看，无论消费者市场还是生产者市场，并非所有的细分市场都有意义。所选择的细分市场必须遵循一定的原则。

1. 可实现性

可实现性即企业所选择的目标市场是否易于进入，根据企业目前的人、财、物和技术等资源条件能否通过适当的营销组合策略占领目标市场。例如，通过适当的营销渠道，产品可以进入所选中的目标市场；通过适当的媒体可以将产品信息传达到目标市场，并使有兴趣的消费者通过适当的方式购买到产品。

2. 可盈利性

可盈利性即所选择的细分市场应当具有能够盈利的规模，且有一定的发展潜力，使企业赢得长期稳定的利润，值得营销者为之设计一套营销方案。例如，如果专门为2米以上身高的人生产汽车，对于汽车制造商来说就是不合算的。应当注意的是，需求量是相对于本企业的产品而言的，并不是泛指一般的人口和购买力。

3. 可衡量性

可衡量性表明该细分市场特征的有关数据资料必须能够加以衡量和推算。比如在电冰箱市场上，在重视产品质量的情况下，有多少人更注重价格，有多少人更重视耗电量，有多少人更注重外观，或兼顾几种特性。当然，将这些资料予以量化是比较复杂的过程，必须运用科学的市场调研方法。

4. 可区分性

可区分性指细分市场在观念上能被区别并对不同的营销组合因素和方案有不同的反应。比如女性化妆品市场可依据年龄层次和肌肤类型等变量加以区分；汽车市场可以根据收入水平和年龄层次等变量进行区分。

二、市场选择

（一）目标市场战略

目标市场是企业打算进入的细分市场，或打算满足的、具有某种需求的顾客群体。市场细分之后，企业要面对许多不同的子市场进行评价，结合自身资源和目标选择合适的目标市场战略。

1. 目标市场战略的类型

（1）无差异性市场营销战略。无差异性市场营销战略，又称为大众市场营销战略，是一种企业不对市场进行细分，而是将整个市场视为一个整体，采用单一的营销组合来满足所有消费者需求的策略。这种策略假设所有消费者的需求和偏好都是相似的，企业通过大规模生产和推广来实现成本效益。

例如，在早期，可口可乐公司通过标准化的口味和统一的广告宣传，将其产品推向全球市场，而不针对特定地区或消费群体进行产品调整；麦当劳在全球范围内提供基本相同的菜单，如汉堡、薯条和可乐，通过统一的服务和品牌形象吸引广泛的消费者群体；在 20 世纪初，福特汽车公司通过大规模生产 T 型车，提供了一种价格适中、易于维护的汽车，满足广大普通消费者的需求，而不是为不同的细分市场提供多种车型。

但是，无差异性市场营销战略对市场上绝大多数产品是不适宜的，因为消费者的需求偏好具有极其复杂的层次，某种产品或品牌受到市场普遍欢迎的情况很少。虽然一时能赢得某一市场，但如果竞争企业都如此仿照，就会造成市场上某个局部竞争非常激烈，而其他部分的需求却未得到满足。例如，20 世纪 70 年代以前，美国三大汽车公司都坚信美国人喜欢大型豪华的轿车，共同追求这一大的目标市场，采用无差异性市场营销战略。20 世纪 70 年代能源危机发生之后，需求发生了变化，消费者越来越喜欢小型、轻便、省油的小型轿车。而美国三大汽车公司都没有意识到这种变化，更没有适当地调整营销战略，致使大轿车市场竞争"白热化"，而小型轿车市场却被忽略，日本汽车公司在这种情况下"乘虚而入"。

（2）差异性市场营销战略。差异性市场营销战略是一种企业将市场划分为不同的细分市场，并为每个细分市场设计和实施不同的营销组合的策略。这种策略基于消费者需求和偏好的多样性，通过提供定制化的产品和服务来满足不同消费者群体的特定需求。

作为中国最大的电子商务公司，阿里巴巴针对不同的消费者群体和市场需求，提供了多个不同的平台。例如，针对B2B市场的阿里巴巴国际站，针对C2C市场的淘宝网，以及针对B2C市场的天猫商城。每个平台都有其独特的市场定位和营销策略，以满足不同消费者的需求。腾讯旗下的微信和QQ分别服务于不同的用户群体，提供差异化的社交体验。同时，腾讯还通过游戏、音乐、视频等不同领域的产品，满足用户多样化的娱乐需求。

（3）集中性市场营销战略。集中性市场营销战略，又称为聚焦市场营销战略，是一种企业选择一个或几个特定的市场细分领域，专注于满足这些细分市场的特定需求，而不是试图满足整个市场的需求。这种策略通常用于资源有限的情况下，通过集中资源和努力来实现在特定细分市场的竞争优势。

例如：拼多多通过聚焦于中国三、四线城市和农村地区的消费者，提供团购模式和低价商品，满足了这些地区消费者对实惠购物的需求。这种集中性策略使拼多多迅速在电商市场中获得了显著的市场份额；知乎是一个专注于知识分享和讨论的社交平台，它集中于吸引专业人士和对深度内容有需求的用户。通过提供高质量的内容和讨论环境，知乎在知识分享领域建立了独特的市场地位。

这一战略的不足是经营者承担风险较大。如果目标市场的需求突然发生变化，目标消费者的兴趣突然转移（这种情况多发生于时髦商品），或是市场上出现了强有力的竞争对手，企业就可能陷入困境。

以上三种目标市场战略比较如图3-1所示。

2. 选择目标市场营销战略的条件

（1）企业能力。企业能力是指企业在生产、技术、销售、管理和资金等方面力量的总和。如果企业力量雄厚，且市场营销管理能力较强，那么既可选择差异性市场营销战略也可选择无差异性市场营销战略，如果企业能力有限，则宜选择集中性市场营销战略。

（2）产品同质性。同质性产品主要表现在一些未经加工的初级产品上，如水力、电力、石油等，虽然产品在品质上或多或少存在差异，但用户一般不加区分或难以区分。因此，同质性产品竞争主要表现在价格和提供的服务水平上。该类产品适于采用无差异性市场营销战略。而对服装、家用电器、食品等异质性需求产品，可根据企业资源力量，采用差异性市场营销战略或集中性市场营销战略。

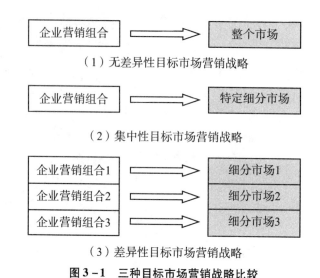

（1）无差异性目标市场营销战略

（2）集中性目标市场营销战略

（3）差异性目标市场营销战略

图 3 - 1　三种目标市场营销战略比较

（3）产品生命周期阶段。新产品上市往往以较单一的产品探测市场需求，产品价格和销售渠道基本上单一化，因此，新产品在引入阶段可采用无差异性市场营销战略。产品进入成长或成熟阶段，竞争加剧，同类产品增加，再用无差异性市场营销战略就难以奏效，所以改为差异性或集中性市场营销战略效果更好。

（4）市场的类同性。如果顾客的需求、偏好较为接近，对市场营销刺激的反应差异不大，就可采用无差异性市场营销战略；否则，应采用差异性或集中性市场营销战略。

（5）竞争者战略。如果竞争对手采用无差异性市场营销战略，那么企业选择差异性或集中性市场营销战略有利于开拓市场，提高竞争能力。如果竞争者已采用差异性市场营销战略，则不应采取无差异性市场营销战略与其竞争，可以选择对等的或更深层次的市场细分战略或集中化市场营销战略。

3. 选择目标市场营销战略应注意的问题

（1）细分市场之间的联合与归并。当企业实施差异性市场营销战略，选择若干数目的细分市场作为目标市场时，应密切关注各细分市场之间的关联性。根据某些单一的细分市场之间在原材料采购、制造设备以及销售渠道方面较多的共同性，可重新设计组合归并为新的细分市场，其销售场所的装饰、仓储等成本会随着产品品种或数量的增多而降低。

（2）有计划、有步骤地进入各细分市场。当某个企业已确定将若干个细分市场作为目标市场时，应有计划、有步骤地逐个进入每一个细分市场，对于进入的时间顺序，企业应该做到严格保密，特别是不能让竞争者了解到企业进入各细分市场的计划方案。当然，逐个进入的步骤和顺序并不是一成不变的，很大程度上应视竞争对手的策略而定。这对企业有两点好处：一是可以减少竞争，发挥企业的优势，集中力量进入竞争者尚未进入或本企业具有优势的细分市场，大大增强获胜的可能性，获得对单一细分市场进行集中营销的好处。二是可以减少风险。企业在第一个细分市场取得经验的基础上，可以灵活地采取产品专业化、市场专业化或选择专业化的战略进入第二个细分市场，如此逐步推进，使企业获得稳步成长。

如果企业面临的是一个封闭型市场，那么显然，其市场进入计划会遇到许多有形和无形的障碍。在此情况下，企业要运用大市场营销中权力与公共关系这两个特殊手段，开展"大市场营销"，找出进入该市场的有效途径，在此基础上再开展常规的市场营销。

（二）选择目标市场

企业在市场细分的基础上，确定了目标市场战略之后，就要决定如何选择目标市场。选择目标市场的首要步骤，是分析评价各个细分市场，在综合比较、分析的基础上，选择最优的目标市场。

1. 评价细分市场

评价细分市场，即对各细分市场在市场规模和增长率、市场结构吸引力和企业目标与资源等方面的情况进行详细评估。

（1）细分市场规模和增长率。这项评估主要研究潜在细分市场是否具有适当的规模和增长率。"适当的规模"是一个相对概念，大公司可能偏好销售量很大的细分市场，对小的细分市场不感兴趣；小公司则由于实力较弱，会有意避开较大规模的细分市场。细分市场的增长率也是一个重要因素。所有的企业都希望目标市场的销售量和利润具有良好的上升趋势，但竞争者也会迅速进入快速增长的市场，从而使利润率下降。

（2）细分市场的结构吸引力。一个具有适当规模和增长率的细分市场，也有可能缺乏盈利潜力。如果许多势均力敌的竞争者同时进入一个细分市场，或者说，在某个细分市场中存在很多颇具实力的竞争企业时，尤其是该细分市场已趋于饱和或萎缩时，该细分市场的吸引力就会下降。潜在进入者既包括在其他细分市场的同行，也包括那些目前不在该行业经营的企业。如果该细分市场的进入障碍较低，那么该细分市场的吸引力也会下降。替代品从某种意义上限制了该细分市场的潜在收益。替代品的价格越有吸引力，该细分市场增加盈利的可能性就被限制得越紧，从而使该细分市场吸引力下降。购买者和供应者对细分市场的影响，表现在它们的议价能力上。如果购买者的压价能力强，或者供应者有能力提高价格或降低所供产品的质量、服务，那么该细分市场的吸引力就会下降。

一个细分市场的结构吸引力是上述五种变量的函数。分析每个细分市场的吸引力，是企业选择目标市场时不能忽略的重要步骤。

（3）企业目标与资源。选择目标市场除了满足上述两个条件，企业还要考虑自身的目标与拥有的资源。某些有吸引力的细分市场，如果不适合企业的长期目标，那么也只能放弃。对一些适合企业目标的细分市场，必须考虑是否具有在该市场获得成功所需的各种营销技能和资源等条件。

2. 目标市场的选择

企业有五种可供参考的市场覆盖模式如图 3 - 2 所示。

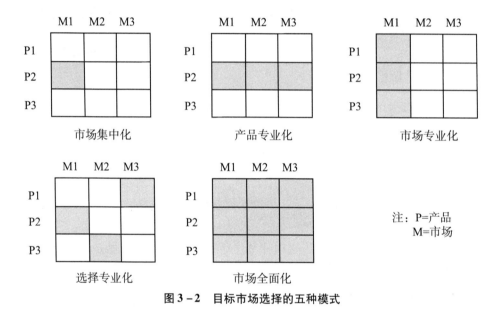

图 3 - 2　目标市场选择的五种模式

（1）市场集中化。这是一种最简单的目标市场模式。企业选取一个细分市场，生产一种产品，供应单一的顾客群，进行集中营销。选择市场集中化模式一般基于以下几点考虑：企业具备在该细分市场从事专业化经营或取得目标利益的优势条件；限于资金、能力，只能经营一个细分市场；该细分市场中没有竞争对手；准备以此为出发点，取得成功后向更多的细分市场扩展。

（2）产品专业化。产品专业化是指企业集中生产一种产品，并向各类顾客销售这种产品。产品专业化模式的优点是企业专注于某一种或一类产品的生产，有利于形成和发展生产和技术上的优势，在该领域树立形象。其局限性是当该领域被一种全新的技术与产品所代替时，产品销售量可能会因此而大幅度地下降。

（3）市场专业化。市场专业化是指企业专门经营满足某一顾客群体需要的各种产品。比如，某工程机械公司专门向建筑业用户供应推土机、打桩机、起重机、水泥搅拌机等建筑工程中所需要的机械设备。市场专业化经营的产品类型众多，能有效地分散经营风险。但由于集中于某一类顾客，当这类顾客的需求下降时，企业也会遇到收益下降的风险。

（4）选择专业化。选择专业化是指企业选取若干个具有良好的盈利潜力和结构吸引力，且符合企业目标和资源的细分市场作为目标市场，其中，每个细分市场与其他细分市场之间联系较少。优点是可以有效地分散经营风险，即使在某个细分市场盈利情况不佳，仍可在其他细分市场取得盈利。采用选择专业化模式的企业应具有较强的资源和营销实力。

（5）市场全面化。市场全面化是指企业生产多种产品去满足各种顾客群体的需要。一般来说，实力雄厚的大型企业在一定阶段会选用这种模式，以求收到良好效果。例如，美国可口可乐公司在全球饮料市场，宝洁在全球消费日用品市场等都采取市场全面化的战略。

三、市场定位

（一）定位的概念和方式

1. 市场定位的概念

"定位"一词，是由艾尔里斯（Al Reis）和杰克·特劳特（Jack Trout）在 1972 年提出的。他们对定位的解释是：定位起始于产品，一件商品、一项服务、一家公司、一个机构，甚至是一个人。定位并不是对产品本身做什么事，而是针对潜在顾客的心理采取的行动，即使产品在潜在顾客的心中确定一个适当的位置。他们强调定位改变的不是产品本身，而是目标和沟通等要素。定位理论最初是被当作一种纯粹的传播策略提出来的。随着市场营销理论的发展，定位理论对营销的影响已超过了原先把它作为一种传播技巧的范畴，而演变为营销策略的一个基本步骤。这反映在科特勒对定位所下的定义中：定位是对企业的产品和形象的策划行为，目的是使它在目标顾客的心理上占据一个独特的、有价值的位置。因此，营销人员必须开发所有的营销组合因素，使产品特色确实符合所选择的目标市场（即实体定位），并在此基础上进行心理定位。现在使用的"定位"一词，一般都是在这个意义上来理解的，即它不仅仅是一种沟通策略，更重要的还是企业的一种营销策略。

"定位"概念被广泛使用于营销领域之后，衍生出来多个专门术语，市场定位就是其中使用频率颇高的一个。市场定位，也被称为产品定位或竞争性定位，是根据竞争者现有产品在细分市场上所处的地位和顾客对产品某些属性的重视程度，塑造出本企业产品与众不同的鲜明个性或形象并传递给目标顾客，使该产品在细分市场上占有强有力的竞争位置。也就是说，市场定位是塑造一种产品在细分市场的位置。产品的特色或个性可以从产品实体上表现出来，如形状、成分、构造、性能等；也可以从消费者心理上反映出来，如豪华、朴素、时髦、典雅等；还可以表现为价格水平、质量水准等。

企业在市场定位过程中，一方面要了解竞争者的产品的市场地位；另一方面要研究目标顾客对该产品的各种属性的重视程度，然后选定本企业产品的特色和独特形象，从而完成产品的市场定位。

2. 市场定位的方式

市场定位作为一种竞争战略，显示了产品或企业同类似的产品或企业之间的定位方式不同，竞争态势也不同。下面分析三种主要定位方式。

（1）避强定位。企业通过识别市场上的主要竞争对手和它们的强势领域，然后不是选择在这些领域直接竞争，而是寻找市场中的空白点或弱点，开发自己的产品或服务。这种策略通常用于资源较少或市场新进入者，通过差异化来获得市场机会。例如，在视频市场中，B站（Bilibili）通过聚焦二次元文化和年轻用户群体，提供了一个独特的社交视频平台，拥有强大的用户黏性和社区氛围，与优酷、爱奇艺等主流视频平台形成了差异化竞争。

（2）迎头定位。企业选择与市场上的领导者或主要竞争对手直接竞争，通常是通过提供相似或更好的产品或服务，并试图在某些方面超越竞争对手。这种策略需要企业拥有强大的资源和能力，以及明确的竞争优势。例如：在全球智能手机市场中，华为通过技术创新和高端产品定位，直接与苹果（Apple）和三星（Samsung）等市场领导者竞争。华为推出了具有先进摄影技术和5G功能的智能手机，以吸引技术驱动的消费者。

（3）重新定位。企业对其产品或服务进行战略调整，以改变目标市场对品牌的认知和看法。这种调整可能涉及产品特性、价格、传播策略或市场细分等，目的是在消费者心中建立一个新的形象或位置。例如：微信起初是一个即时通信工具，但随着时间的推移，它通过添加支付、社交网络、小程序等功能，重新定位为一个全面的社交平台和生活服务工具，从而满足用户多样化的需求。

实行市场定位应与产品差异化结合起来。如上所述，定位更多地表现在心理特征方面，它使潜在的消费者或用户对一种产品形成了特定的观念和态度。产品差异化是在类似产品之间造成区别的一种战略，因而产品差异化是实现市场定位目标的一种手段。

（二）市场定位的步骤

市场定位通过识别潜在竞争优势、企业核心竞争优势定位和制定发挥核心竞争优势的战略三个步骤实现。

1. 识别潜在竞争优势

识别潜在竞争优势是市场定位的基础。通常企业的竞争优势表现在两方面：成本优势和产品差异化优势。成本优势是企业能够以比竞争者低廉的价格销售相同质量的产品，或以相同的价格水平销售更高一级质量水平的产品。产品差异化优势是指产品独具特色的功能和利益与顾客需求相适应的优势，即企业能向市场提供在质量、功能、品种、规格、外观等方面比竞争者更好的产品。为实现此目标，企业首先必须进行规范的市场研究，切实了解目标市场需求特点以及这些需求被满足的程度，这是能否取得竞争优势、实现产品差异化的关键。其次，研究主要竞争者的优势和劣势。可从三个方面评估竞争者：一是竞争者的业务经营情况，如近三年的销售额、利润率、市场份额、投资收益率等；二是竞争者核心营销能力，主要包括产品质量和服务质量的水平等；三是竞争者的财务能力，包括获利能力、资金周转能力、偿还债务能力等。

2. 企业核心竞争优势定位

核心竞争优势是与主要竞争对手相比，企业在产品开发、服务质量、销售渠道、品牌知名度等方面所具有的可获取明显差别利益的优势。应把企业的全部营销活动加以分类，并将主要环节与竞争者相应环节进行比较分析，以识别和形成核心竞争优势。

3. 制定发挥核心竞争优势的战略

企业在市场营销方面的核心能力与竞争优势，不会自动地在市场上得到充分的表现，必须制定明确的市场战略来加以体现。比如通过广告传导核心优势战略定位，逐渐形成一种鲜明的市场概念，这种市场概念能否成功，取决于它是否与顾客的需求和追求的利益相吻合。

（三）市场定位战略

差异化是市场定位的根本战略，具体表现在以下五个方面。

1. 产品差异化战略

企业通过提供独特的产品特性、功能、设计或服务来区别于竞争对手，以此吸引消费者并提高市场竞争力。这种策略的核心在于创造产品的独特价值，满足消费者的特定需求或偏好。这种战略具有如下特点：

（1）独特性。产品具有与众不同的特征，使其在市场中脱颖而出。

（2）消费者需求。紧密围绕消费者的特定需求进行产品设计和开发。

（3）品牌价值。通过产品差异化增强品牌识别度和品牌忠诚度。

（4）竞争优势。在竞争激烈的市场中获得优势，减少价格战的压力。

例如：作为全球领先的无人机制造商，大疆（DJI）通过提供高性能、高稳定性的无人机产品，以及易于使用的飞行控制软件，确立了其在无人机市场的领导地位；字节跳动（ByteDance）旗下的短视频平台抖音（TikTok）通过独特的算法推荐系统和丰富的创意工具，为用户提供个性化的内容体验，从而在全球社交媒体市场中脱颖而出。

2. 服务差异化战略

服务差异化战略是指企业通过提供与众不同的服务来区别于竞争对手，以增加产品或品牌的吸引力。这种策略侧重于服务质量、客户体验、售后支持等方面，以满足或超越客户的服务期望。这种战略具有如下特点：根据客户需求提供定制的服务；重视客户在整个购买和使用过程中的体验；对客户的问题和需求提供快速的响应和解决方案；提供超出基本服务范围的额外价值。

例如：京东以其高效的物流系统"京东物流"提供快速配送服务，包括当日达和次日达服务，这种服务差异化战略帮助京东在激烈的电商竞争中脱颖而出；腾讯云提供多种云服务和解决方案，包括游戏云、金融云、视频云等，针对不同行业客户提供定制化服务，以及 24 小时技术支持，从而在云计算市场中建立差异化优势。

3. 人员差异化战略

人员差异化战略是一种通过人力资源的优势来实现市场差异化的策略。这种战略强调企业员工的专业知识、技能、服务质量和品牌形象，以此来区别于竞争对手，并为客户提供独特的价值和体验。此种战略具有如下特点：员工具备高水平的专业技能和知识；提供高质量的客户服务和支持。员工代表企业形象，通过其行为和沟通方式传递品牌价值。对员工进行持续的培训和发展，可以保持服务的高标准。最典型的例子就是海底捞，它以其卓越的服务在餐饮行业中实现了人员差异化。员工的热情服务、快速响应和个性化关怀为顾客提供了难忘的就餐体验，这种以人为核心的服务理念在互联网时代的体验经济中同样适用。

4. 形象差异化战略

形象差异化战略是通过塑造独特的品牌形象来区分自己与竞争对手的策略。这种战略侧重于在消费者心中建立一种独特的感知，这种感知可能基于品牌的个性、价值主张、视觉识别系统、市场声誉等方面。其典型特征是：塑造独特的品牌个性，使品牌在消费者心中与众不同；明确品牌所代表的价值和信念，与消费者的期望和需求相契合；通过标志、色彩、包装等视觉元素建立独特的品牌识别；通过高质量的产品和服务以及有效的公关活动建立良好的市场声誉。

例如：小米通过其"为发烧而生"的品牌理念，塑造了一个创新、高性价比的科技品牌形象。小米的产品发布会、营销活动和社交媒体互动都围绕这一形象展开，成功吸引了大量追求高性价比和科技感的年轻消费者；网易通过其多元化的互联网产品，如网易云音乐、网易严选等，塑造了一个注重用户体验和产品质量的品牌形象。网易云音乐的社交音乐特性和严选的品质生活理念，都强化了网易在消费者心中的差异化形象。

5. 促销方式差异化战略

促销方式差异化战略是指企业通过独特的促销活动和沟通方式来区分自己的产品或服务，以吸引消费者的注意力和兴趣。这种策略涉及创意的促销活动、个性化的沟通策略和多渠道的推广手段，目的是在消费者心中建立独特的品牌形象。这种战略的主要特点是：设计新颖、有吸引力的促销活动，以区别于竞争对手；根据目标消费者群体的特点，采用个性化的沟通方式；利用线上线下多种渠道进行促销活动，以覆盖更广泛的消费者；通过互动性强的促销活动，提升消费者的参与感和品牌忠诚度。

例如：拼多多以其独特的"砍价"和"拼团"促销方式，鼓励用户邀请亲朋好友参与购物，以获得更低的价格。这种社交电商模式不仅增加了购物的趣味性，也通过口碑营销扩大了用户基础；小红书通过用户生成内容（UGC）和 KOL（关键意见领袖）营销，创造了一种社区驱动的购物体验。用户可以在平台上分享产品使用心得，而 KOL 的推荐则增加了产品的可信度，这种基于社区的促销方式使其在年轻消费者中获得了高度认可。

小链接 3 - 1

从瓜子二手车的市场定位看创新思维如何使企业绝处逢生

二手车交易平台是近年来互联网创业的一大热点，像所有的"风口"一样，明星云集，竞争惨烈。除了创立于 2014 年、2015 年左右的人人车、瓜子二手车直卖网之外，还有创立更早的优信、车易拍（2018 年被大搜车并购），以及车来车往（2016 年与开新二手车帮卖网合并，2017 年 9 月宣布破产）、车置宝、易鑫、天天拍车等诸多投入在亿元级别的"大玩家"，商业模式更是从 C2B、B2C、B2B，到 C2C、C2B2C……应有尽有。然而走到今天，市场已经呈现出一家独大的局面，其他公司中，美股上市的优信目前市值约为 13.6 亿美元（3 月 1 日），港股上市的易鑫集团市值约为 17.7 亿美元（3 月 1 日），余者也均与车好多集团目前估值相去甚远。这意味着，在 2019 年投资人的眼中，车好多集团的市场价值是其主要竞争对手的六七倍以上。考虑到杨浩涌和车好多团队既不是这一市场最早进入者，也没有极深的行业背景，甚至"后台"也不算很硬（多个友商都有阿里、腾讯以及大银行背书），这一结果就更加值得探究。稍了解特劳特的读者都知道，这句话带着明显的"定位"色彩和烙印。定位，是如何成就这样一个创业 3 年多、估值近百亿美元的公司的？

1. 创业伙伴：一个关键性制度创新

谈及与车好多集团的合作，特劳特（中国）合伙人李湘群告诉创业黑马学院："最值得说的一点是，特劳特不是以咨询公司，而是以创业伙伴的身份一路陪伴车好多成长的。"特劳特与瓜子二手车形成的这种创业伙伴关系能够很好解决上述三个问题，并使得特劳特的战略定位职能超然于公司内部视角，但又不同于利益无关的第三方，确保了战略成果。

2. 选择"直卖":"瓜子"的战略路径复盘

二手车在线交易是一个在国内刚刚起步的新兴产业,线上交易只占极小一部分二手车交易份额,互联网改造行业的空间是巨大的。在这一领域,有C2C、C2B、B2C、B2B等很多不同的模式。总体而言,大部分互联网平台也选择有中间商的模式,纯C2C模式因为效率低、链条长,被主流玩家所不看好。杨浩涌和特劳特却共同选择了看起来最难的C2C模式,把它定位为"二手车直卖网",名字是极具凸显性的"瓜子",价值是"没有中间商赚差价"。

3. 一次有争议的决策:千金夺定位

接下来,杨浩涌和特劳特做了一个决定:拿出10亿元真金白银打大广告,主推"瓜子二手车直卖网,没有中间商赚差价。车主多卖钱,买家少花钱"。在当时,这一决策引起相当大的争议,许多投资人表示不能接受。据了解,杨浩涌最终是动用了手中B类股的特殊投票权,才使决议在董事会中得以通过。于是,从央视到地铁广告,瓜子二手车直卖网的广告铺天盖地,"直卖"使"新一代"交易模式的认知开始进入消费者心智中。仅用一年时间,"瓜子"就取得了行业交易量第一。

4. 基于定位的进化:破解"做大"难题

通过保卖形式,"瓜子"补上了自身的短板——卖车效率低,买车选择少。无论买家还是卖家,效率都提升了,也为获取更多盈利打下了基础。更重要的是,由于保卖中"瓜子"平台上卖出去的车辆还是个人之间的交割,"瓜子"的"直卖"定位得到了夯实和进化。

资料来源:竹光侍.三年造就66亿美元独角兽,定位理论如何帮助瓜子成功"逆袭"[EB/OL].[2018 – 10 – 30].https://www.tmtpost.com/3558627.html.

讨论问题:

(1)简述瓜子二手车直卖网的市场细分标准、目标市场选择和市场定位。

(2)伴随着"瓜子"的定位,他们是如何制定战略的,即如何实现这个定位的?

(3)根据第五章内容分析二手车市场的竞争格局。

(4)"瓜子"和"毛豆"是如何进行战略协同的。

第二节　竞争战略选择

市场竞争是市场经济的基本特征之一,它推动了企业之间的创新、效率提升和服务质量改进。市场竞争的存在使得企业必须不断寻求更有效的方法来满足消费者的需求,提高自身的竞争力。在竞争激烈的市场中,企业需要通过战略规划来确定自己的竞争优势，并据此制订行动计划，以提高市场竞争力。

通过市场研究和战略分析，企业可以更好地理解消费者的需求和偏好，从而提供更符合市场需求的产品和服务。适当的战略可以帮助企业更有效地分配有限的资源，包括资金、人力和技术，以实现最佳的经济效益。市场环境是不断变化的，企业需要灵活的战略来应对这些变化，如消费者行为的变化、新技术的出现、政策的调整等。而长期的战略规划有助于企业实现可持续发展，通过不断的创新和改进，保持企业的竞争力和市场地位。通过有效的竞争战略，企业可以提高其产品和服务的市场接受度，增加销售量，从而提高盈利能力。战略不仅影响企业的市场行为，也影响企业的公共形象和品牌价值，有助于建立企业的正面形象和声誉。

总之，市场竞争战略是企业在复杂多变的市场环境中生存和发展的关键。通过精心设计和执行竞争战略，企业可以更好地应对挑战，抓住机遇，实现长期的成功和增长。

一、波特五力模型

波特五力模型（Porter's Five Forces）是由迈克尔·波特（Michael E. Porter）于1979 年提出的，用于分析行业竞争强度和盈利潜力的框架。五力模型（如图 3 - 3 所示）认为，一个企业在特定行业的盈利能力受到五种竞争力量的影响。

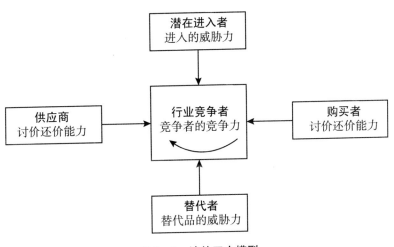

图 3 - 3　波特五力模型

（一）波特五力模型介绍

1. 行业竞争者

"知彼知己，百战不殆"。企业要制定正确的竞争战略和策略，就要深入地了解竞争者。需要了解的主要内容有：谁是竞争者，他们的战略和目标是什么，他们的优势与劣势是什么，他们的反应模式是什么，我们应当攻击谁、回避谁。现有企业之间的竞争程度，包括价格竞争、广告战、产品创新、服务质量等。激烈的竞争可能导致价格下降、成本上升和利润减少。企业可能需要通过差异化或成本领先战略来获得竞争优势。

例如，运用波特五力模型来分析一个新兴行业的竞争力时，可以从以下几个方面对行业竞争者进行详细分析：（1）市场参与者。识别新兴行业中的所有现有和潜在竞争者。（2）竞争强度。评估现有竞争者之间的竞争强度，包括价格竞争、产品创新、市场份额争夺等。（3）战略差异。分析不同竞争者的战略差异，如某些企业可能专注于技术创新，而其他企业可能追求成本领先。

2. 潜在的新进入者

新企业进入行业的难易程度，受市场准入壁垒、规模经济、产品差异化、资本需求和政策法律等因素影响。新进入者可能带来新的产能和竞争压力，迫使现有企业改进或降低价格。企业可能需要建立进入壁垒，如专利、品牌忠诚度或规模经济，以保护其市场地位。

例如，运用波特五力模型来分析一个新兴行业的竞争力时，可以从以下几个方面对潜在的新进入者威胁进行详细分析：（1）进入壁垒。评估新兴行业的进入壁垒，包括资本需求、技术壁垒、品牌认知、法规限制等。（2）进入激励。分析潜在进入者进入市场的激励，如市场增长潜力、盈利前景等。（3）现有企业反应。预测现有企业对新进入者的可能反应，如价格战、创新加速等。

3. 替代品的威胁

替代品是指那些能够满足相同需求的不同产品或服务。替代品的存在限制了企业提高价格的能力，因为消费者可能会转向更便宜的替代品。企业可能需要通过创新和提高产品价值来降低替代品的吸引力。

例如，运用波特五力模型来分析一个新兴行业的竞争力时，可以从以下几个方面对替代品威胁进行分析：（1）替代品识别。识别可能替代新兴行业产品的其他产品或服务。（2）替代品影响。评估替代品对新兴行业的影响，包括价格、性能、消费者偏好等。（3）创新替代：考虑技术创新如何导致新的替代品出现。

4. 供应商的议价能力

供应商影响价格、质量和供应条件的能力。供应商议价能力强，可能会提高原材料成本，压缩企业利润。企业可能需要通过后向整合、多元化供应商或提高供应链效率来降低供应商的议价能力。

运用波特五力模型来分析一个新兴行业的竞争力时，可以从以下几个方面对供应商的议价能力进行分析：（1）供应商集中度。分析供应商的集中度和市场控制力。（2）供应商产品差异化。评估供应商提供的原材料或服务的差异化程度。（3）供应商可替代性。考虑供应商的可替代性，以及企业更换供应商的难易程度。

5. 买家的议价能力

买家影响价格、质量和服务条款的能力。买家议价能力强，可能会压低价格和要求更高的产品质量或更好的服务。企业可能需要通过提高产品差异化程度、建立品牌忠诚度或提高客户服务来降低买家的议价能力。

运用波特五力模型来分析一个新兴行业的竞争力时，可以从以下几个方面对供应商的议价能力进行分析：（1）买家集中度。分析买家的集中度和市场控制力。（2）产品标准化。评估产品或服务的标准化程度，标准化程度高的产品通常面临更强的买家议价能力。（3）买家价格敏感度。考虑买家对价格的敏感度，以及他们对产品质量和性能的要求。

此外，还应该综合五力分析的结果，评估新兴行业的吸引力和盈利潜力。基于五力分析，制定或调整企业战略，如差异化、成本领先、集中化战略等。识别和制定应对策略中的关键风险，如监管变化、技术过时等。持续监控新兴行业的发展动态和五力的变化。根据行业变化和企业内部条件的变化，适时调整战略。在新兴行业中，五力模型的应用需要考虑到行业的快速发展和变化特性，企业可能需要更加灵活和创新的战略来应对不断变化的市场环境。

（二）五力模型对企业战略选择和市场定位的影响

1. 战略选择

五力模型可以帮助企业识别行业中的关键竞争因素，从而制定相应的战略。例如，面对激烈的竞争，企业可能选择差异化战略；面对供应商的强大议价能力，企业可能寻求多元化供应商或提高供应链效率。

2. 市场定位

企业可以根据五力模型的分析结果，确定自己在市场中的位置。例如，企业可能定位为低成本领导者，以抵御新进入者的威胁；或者通过提供独特的产品特性，避免与竞争对手直接竞争。

3. 长期规划

五力模型可以促使企业考虑长期内行业结构的变化，以及这些变化如何影响企业的竞争力和盈利能力。

4. 竞争优势

通过分析五力模型，企业可以发现潜在的竞争优势来源，如通过建立品牌忠诚度来降低买家的议价能力，或通过创新来减少替代品的威胁。

五力模型是企业战略规划和市场分析的重要工具，它不仅适用于单一行业，也可以应用于企业的不同业务单元或战略业务单元（SBUs）。通过理解和应用五力模型，企业可以更好地制定战略，提高竞争力和市场地位。

二、市场竞争战略的类型

市场竞争战略是企业在特定市场环境中为了获得竞争优势而采取的长期行动方案。以下是几种常见的市场竞争战略，包括成本领先战略、差异化战略、集中化战略、最优成本供应商战略、创新领导者战略、快速跟随者战略。

（一）成本领先战略

1. 成本领先战略的内涵

成本领先战略也称为低成本战略，是指企业通过有效途径降低成本，使企业的全部成本低于竞争对手的成本，甚至是在同行业中最低的成本，从而获取竞争优势的一种战略。这是一种先发制人的战略，它要求企业有持续的资本投入和融资能力，生产技能在该行业处于领先地位。例如，国内互联网企业中，拼多多通过团购模式和直接与制造商合作，降低了成本，提供了低价商品，吸引了大量寻求性价比的消费者。

在这种战略的指导下，企业决定成为所在产业中实行低成本生产的厂家。企业经营范围广泛，为多个产业部门服务甚至可能经营属于其他有关产业的生意。企业的经营面往往对其成本优势举足轻重。成本优势的来源因产业结构不同而异。它们可以包括追求规模经济、专利技术、原材料的优惠待遇和其他因素。

成本领先并不等同于价格最低。如果企业陷入价格最低，而成本并不最低的误区，那么换来的只能是把自己推入无休止的价格战。因为一旦降价，竞争对手也会随着降价，而且由于比自己成本更低，因此具有更多的降价空间，能够支撑更长时间的价格战。例如，在电视机方面，取得成本上的领先地位需要有足够规模的显像管生产设施、低成本的设计、自动化组装和有利于分摊研制费用的全球性销售规模。在安全保卫服务业，成本优势要求极低的管理费用、源源不断的廉价劳动力和因人员流动性大而需要的高效率培训程序、追求低成本的生产厂商。成本领先战略不仅仅需要向下移动学习曲线，而且必须寻找和探索成本优势的一切来源。

2. 成本领先战略的优势和不足

该战略的优点是能够以低于竞争对手的价格吸引价格敏感的消费者；高的利润空间，可以在竞争中保持较强的市场地位。不足之处是可能牺牲产品质量和服务水平；过度关注成本可能导致创新能力下降。

3. 成本领先战略的适用条件

该战略的适用条件有：

（1）现有竞争企业之间的价格竞争非常激烈；

（2）企业所处产业的产品基本上是标准化或者同质化的；

（3）实现产品差异化的途径很少；

（4）多数顾客使用产品的方式相同；

（5）消费者的转换成本很低；

（6）消费者具有较大的降价谈判能力。

企业实施成本领先战略，除具备上述外部条件之外，企业本身还必须具备如下技能和资源：

（1）持续的资本投资和获得资本的途径；

（2）生产加工工艺技能；

（3）认真的劳动监督；

（4）设计容易制造的产品；

（5）低成本的分销系统；

（6）培养技术人员。

（二）差异化战略

1. 差异化战略的内涵

差异化战略，也称特色优势战略，是指企业力求在顾客广泛重视的一些方面独树一帜。它选择许多用户重视的一种或多种特质，并赋予其独特的地位以满足顾客的要求。它既可以是先发制人的战略，也可以是后发制人的战略。包含产品差异化战略、服务差异化战略、人事差异化战略、形象差异化战略五种类型。例如，网易云音乐通过提供个性化的音乐推荐、独特的社交功能和优质的音乐体验，与竞争对手区分开来。

产品差异化带来较高的收益，可以用来对付供方压力，同时可以缓解买方压力。当客户缺乏选择余地时，其价格敏感性也就不高。最后，采取差异化战略而赢得顾客忠诚的公司，在面对替代品威胁时，其所处地位比其他竞争对手也更为有利。

2. 差异化战略的优势与不足

差异化战略的优点是能够吸引愿意为独特价值支付溢价的消费者，同时降低价格战的风险。不足之处在于高成本可能导致高价格、市场接受度可能有限。

3. 差异化战略的适用条件

（1）可以有很多途径创造企业与竞争对手产品之间的差异，并且这种差异被顾客认为是有价值的；

（2）顾客对产品的需求和使用要求是多种多样的，即顾客需求是有差异的；

（3）采用类似差异化途径的竞争对手很少，即真正能够保证企业是"差异化"的；

（4）技术变革很快，市场上的竞争主要集中在不断地推出新的产品特色。

除上述外部条件之外，企业实施差异化战略还必须具备如下内部条件：

（1）具有很强的研究开发能力，研究人员要有创造性的眼光；

（2）企业具有以其产品质量或技术领先的声望；

（3）企业在这一行业有悠久的历史或吸取其他企业的技能并自成一体；

（4）很强的市场营销能力；

（5）研究与开发、产品开发以及市场营销等职能部门之间具有很强的协调性；

（6）企业具备能吸引高级研究人员、创造性人才和高技能职员的物质设施；

（7）各种销售渠道强有力的合作。

（三）集中化战略

1. 集中化战略的内涵

集中化战略是指将企业的经营活动集中于某一特定的购买群体、产品线的某一部分或某一地域性市场，通过为这个小市场的购买者提供比竞争对手更好、更有效的服务来建立竞争优势的一种战略。集中化战略同低成本战略、差异化战略和最优成本供应商战略的区别在于集中化战略的注意力在于集中整体市场的一个狭窄部分，其他战略则以广大市场为目标。例如，知乎专注于知识分享和专业讨论的细分市场，通过提供高质量的内容和社区氛围，吸引了一群忠实的用户。

企业可以通过差异化战略服务于某一细分市场，又可以通过低成本战略实现这一目标，因而集中化战略具体有两种形式：一种形式是成本集中化战略，即在细分市场中寻求低成本优势；另一种形式是差异集中化战略，即在细分市场中寻求差异化优势。

2. 集中化战略的优势与不足

集中化战略的优点是能够更深入地满足特定细分市场的需求；在细分市场中获得较高的市场份额和利润。不足之处在于市场范围有限，风险较高；依赖于细分市场的稳定性。

3. 集中化战略的适用条件

集中化战略的适用条件有：

（1）具有完全不同的用户群；

（2）在相同的目标市场群中，其他竞争对手不打算实行重点集中的战略；

（3）企业的资源不允许其追求广泛的细分市场；

（4）行业中各细分部分在规模、成长率、获得能力方面存在很大的差异。

（四）最优成本供应商战略

1. 最优成本供应商战略的内涵

最优成本供应商是指低成本地提供优秀的差异化产品，然后利用成本优势制定比竞争产品更低的价格，通过为买方提供超值价值来建立竞争优势的战略。

从长期来看，实行最优成本供应商战略的企业试图在成本领先战略、差异化战略两者之间寻求某种平衡，从而形成竞争优势。这些企业提供差异化产品，可以实行高于成本领先者的定价选择；同时，由于其拥有低成本结构，它们的产品定价可以只比成本领先者高一点，并远远低于差异化竞争企业的定价。因此，一方面，顾客可能会认为最优成本供应商企业的产品更加物有所值，从而抛弃成本领先者的产品；另一方面，不愿意再为差异化产品支付高价的顾客可能认为最优成本供应商企业产品的品质（和价格）足以补偿所牺牲的豪华、高价产品的差异化特性。因而，实施这种战略的企业同时对成本领先者和差异化企业构成威胁。

例如：作为全球最大的零售商之一，沃尔玛的成功离不开其最优成本供应商战略。沃尔玛与全球最大的供应商建立了长期稳定的合作关系，并通过大量采购实现了成本降低，从而提高了竞争力。作为世界著名的汽车制造商，丰田汽车的供应链管理和最优成本供应商战略被认为是世界上最先进和成功的战略之一。丰田汽车与供应商建立了长期稳定的合作关系，共同致力于提高质量和效率。通过合理的库存管理和精益生产等方法，丰田降低了成本，提高了生产效率和竞争力。作为全球知名的科技公司之一，苹果公司的成功也离不开其最优成本供应商战略。苹果公司与全球优秀的供应商建立了长期的合作关系，通过大量采购和合理的供应链管理，实现了成本的降低和效率的提高，从而提高了产品的品质和竞争力。

2. 最优成本供应商战略的优势与不足

最优成本供应商战略的优点是降低成本、提高效率、增强竞争力、集中精力和可持续发展等。这些优点可以帮助企业提高盈利能力、市场竞争力和社会责任，从而实现长期成功。不足之处在于需要精准定位细分市场、可能面临来自更广泛市场的成本领先者的竞争。

3. 适用条件

最优成本供应商战略的适用条件为细分市场对价格敏感，同时对产品或服务有特定需求。

（五）创新领导者战略

1. 创新领导者战略的内涵

创新领导者战略就是指企业通过不断的技术创新，引领市场趋势和消费者需求。市场的不断创新成为企业盈利的重要因素。通过产品和服务创新、市场定位与营销策略、技术和生产效率的提升以及市场扩展和多元化经营，企业能够在竞争激烈的市场中保持竞争力并实现盈利。例如，华为在通信设备和智能手机行业中，通过不断的技术创新，推出了多项行业领先的产品，如5G技术和折叠屏手机。

与市场领导者一样，创新领导者也可以通过扩大市场需求量、保持现有市场份额、提高市场占有率三种战略增强企业的竞争力。

具体而言，处于市场主导地位的领先企业，可以扩大总市场，即增加总体产品需求数量。还可以运用发现新的用户、开辟产品的新用途、增加用户的使用量三条途径实现竞争力的提升。在保持现有市场份额方面，领导者企业必须防备竞争对手的进攻和挑战，保护企业现有的市场阵地。最佳的战略方案是不断创新，以壮大自己的实力。还应抓住竞争对手的弱点主动出击。当创新领导者不准备或不具备条件组织或发起进攻时，至少也应使用防御力量，坚守重要的市场阵地。可以采用阵地防御、侧翼防御、先发制人防御、反攻防御、收缩防御这六种防御战略，防御战略的目标是使市场领导者在某些事关企业领导地位的重大机会或威胁中采取最佳的战略决策。在提高市场占有率方面，创新领导者实施这一战略的途径是设法通过提高企业的市场占有率来增加收益、保持自身成长和市场主导地位。企业在确定自己是否以提高市场占有率为主要努力方向时应考虑是否会引发反垄断行为，经营成本是否提高，采取的营销策略是否准确等。

2. 创新领导者战略的优势与不足

创新领导者战略的优点是能够创造新的市场机会和需求、建立强大的品牌影响力和忠实的消费者群体。缺点是研发成本高，风险大；需要持续的创新以维持领先地位。

3. 创新领导者战略的适用条件

创新领导者战略的适用条件有：技术进步对行业发展至关重要；企业具有较强的研发能力和创新文化。

（六）快速跟随者战略

1. 快速跟随者战略的内涵

快速跟随者战略是指企业不是市场的创新者，但能够迅速模仿和改进市场上的创新产品，快速占领市场份额。例如，OPPO和vivo在智能手机市场中，通过快速模仿和改进竞争对手的创新，迅速推出了一系列受欢迎的产品。

市场跟随者不是盲目、被动地单纯追随领先者，而是确定一个不致引起竞争性报复的跟随战略，在不同的情形下有自己的策略组合和实施方案。其战略要求：必须懂得如何稳定自己的目标市场，保持现有顾客，并努力争取新的消费者或用户；必须设法创造独有的优势，给自己的目标市场带来如地点、服务、融资等某些特有的利益；还必须尽力降低成本并提供较高质量的产品和保证较高的服务质量，提防挑战者的攻击，因为市场跟随者的位置是挑战者的首选攻击目标。

2. 快速跟随者战略的优势和不足

快速跟随者战略的优点是降低了研发成本和市场风险、能够快速响应市场变化。缺点是缺乏创新可能导致长期竞争力下降、可能面临知识产权的法律风险。

3. 快速跟随者战略的适用条件

快速跟随者战略的适用条件有：市场对新技术的接受度高，但创新速度不快；企业具有较强的市场洞察力和执行力。

总之，企业在选择市场竞争战略时，需要考虑自身的资源、能力、市场环境和竞争对手的状况，选择最适合自己的战略。同时，企业还需要根据市场的变化和自身的发展，不断调整和优化战略。

三、竞争战略选择的影响因素

企业战略选择是一个复杂的过程，需要考虑多种内外部因素。以下是影响企业战略选择的关键因素。

（一）内部因素

1. 企业资源

企业拥有的有形资产和无形资产，包括财务资源、技术能力、人力资源、品牌价值等。例如，阿里巴巴集团拥有强大的技术资源和庞大的用户数据，这些资源使其能够开发出支付宝这样的创新金融科技产品。

2. 企业能力

企业执行特定任务和活动的能力，如研发、市场营销、供应链管理等。例如，腾讯公司在社交网络和游戏开发方面拥有卓越的能力，这些能力使其在相关市场领域保持领先地位。

3. 企业文化和组织结构

企业的核心价值观、行为准则和组织架构等都会影响战略的制定和执行。例如，华为强调创新和客户导向的企业文化，以及灵活的组织结构，这有助于其快速响应市场变化并推动技术创新。

（二）外部因素

1. 市场环境

企业所处的宏观和微观市场环境，包括经济、政治、法律、社会和技术因素。例如，字节跳动利用中国移动互联网的快速发展，推出了抖音等短视频平台，满足了用户对碎片化娱乐内容的需求。

2. 竞争对手

市场上与企业竞争的其他公司，它们的策略和行动会对企业的战略选择产生影响。例如，在电商领域，京东通过自建物流系统与阿里巴巴的淘宝和天猫竞争，提供了更快的配送服务，从而在市场中获得了差异化优势。

3. 客户需求

目标市场中消费者的需求和偏好，这些需求是企业战略选择的重要依据。例如，小米公司通过深入了解年轻消费者对高性价比智能手机的需求，推出了一系列受欢迎的小米和红米手机。

4. 行业趋势

行业发展的方向和趋势，如技术进步、消费者行为变化、法规变化等。例如，随着中国消费者对健康生活方式的追求，Keep 这样的健身应用通过提供在线课程和社区支持，满足了用户的健身需求。

5. 供应链和分销渠道

产品从生产到最终消费者手中的整个流程，包括供应商、制造商、分销商和零售商。例如，拼多多通过与制造商直接合作，简化了供应链，降低了成本，并通过社交网络分销渠道，快速扩大了市场份额。

企业在制定战略时，需要综合考虑这些内外部因素，以确保战略的有效性和可持续性。通过分析自身的资源和能力，以及外部的市场环境和竞争态势，企业可以制定出符合自身特点和市场需求的战略。

四、市场竞争战略的未来发展

未来市场趋势和技术变革对市场竞争战略的选择和实施有着深远的影响。企业必须预见和适应这些变化，以保持竞争力和市场地位。

（一）市场趋势和技术变革

1. 数字化转型

数字化转型将推动企业采用数字技术来优化运营、提高效率和创新业务模式。非常典型的例子是，腾讯通过数字化转型，将其业务扩展到云计算、大数据和人工智能领域，以适应数字化时代的需求。

2. 移动优先

随着智能手机的普及，消费者越来越多地通过移动设备进行在线活动。比如，字节跳动的 TikTok（抖音）专注于移动视频内容，满足了移动互联网用户的需求，迅速在全球范围内获得了巨大成功。

3. 消费者行为变化

消费者越来越倾向于个性化、定制化的产品和服务。比如，阿里巴巴通过大数据分析消费者行为，提供个性化的购物体验，增强了用户黏性。

4. 可持续发展

环保和社会责任成为消费者和投资者越来越关注的问题。例如，京东实施绿色供应链管理，推广环保包装和节能物流，以响应市场对可持续发展的需求。

5. 全球化与本地化

企业需要在全球范围内竞争，同时适应不同地区的市场特点。值得一提的是，华为在全球范围内推广其通信设备和服务，同时在不同市场提供定制化的解决方案，以满足本地化需求。

6. 技术进步

新技术如人工智能、物联网、区块链等，为企业提供了新的增长机会。一个典型的例子是百度投资自动驾驶技术，通过技术创新来开拓新的市场领域。

（二）战略选择和实施的影响

企业需要制定灵活的战略，以快速适应市场和技术的变化。企业必须加大研发投入，以技术创新来驱动业务增长和市场竞争力。企业战略应更加关注客户需求和体验，以提高客户满意度和忠诚度。企业需要评估和管理与市场趋势和技术变革相关的风险，如技术过时、市场变化等。企业可能需要与其他公司、政府机构或行业组织建立合作伙伴关系，以共同应对市场和技术的挑战。企业需要培养具备新技能的人才，并进行组织结构调整，以支持战略的实施。

通过预见和适应未来市场趋势和技术变革，企业可以制定出更具前瞻性的战略，从而在激烈的市场竞争中保持领先地位。中国互联网企业在这方面已经展现出了强大的适应能力和创新精神，为全球企业提供了宝贵的经验。

小链接 3-2

竞争要合规：阿里巴巴集团"二选一"垄断行为被罚

2021 年 4 月，市场监管总局依法对阿里巴巴集团控股有限公司（以下简称阿里巴巴集团）在中国境内网络零售平台服务市场实施"二选一"垄断行为作出行政处罚，开展行政指导，责令其停止违法行为、全面自查整改，连续三年向市场监管总局提交自查合规报告。

三年来，市场监管总局加强对阿里巴巴集团合规整改的督导，对整改落实情况开展深入核查，并委托第三方机构开展执法效果评估。从核查和评估情况看，阿里巴巴集团按照《行政处罚决定书》《行政指导书》要求，全面停止"二选一"垄断行为，严格规范自身经营行为，认真落实平台主体责任，健全企业合规管理制度，提升平台内商家和消费者服务水平，合规整改工作取得良好成效，网络零售市场环境得到改善，公平竞争秩序有效恢复，市场发展空间不断拓展，平台间竞争活力明显提高，平台经济发展质量和营商环境持续优化。下一步，市场监管总局将指导阿里巴巴集团持续规范经营，进一步提升合规质效，加快创新驱动发展，不断提升服务水平，为建设世界一流企业、增强国际竞争力提供坚实保障。

资料来源：人民法治. 反垄断：阿里、美团"二选一"行为被处罚［EB/OL］. ［2022-02-07］. https：//www. thepaper. cn/newDetail_forward_16598227.

本 章 要 点

从本质上说，任何一个管理规范化的现代企业，在经营管理体制上都必须处理好企业战略计划管理和市场营销管理之间的关系，以市场导向为中心的战略计划引导并驱动企业进入一个有发展前途的朝阳业务领域。然而，如何实现企业的战略目标，并使企业真正步入发展良好的目标市场，有赖于科学的市场营销战略管理过程。本章讨论的主要是企业如何计划、实施市场营销战略管理过程，包括市场细分战略、市场选择战略、市场定位战略。通过本章学习，读者可以了解到市场细分、市场选择、市场定位等目标市场战略各步骤的含义及其联系，掌握市场细分的作用和依据，应用市场细分原理和市场定位方法，分析企业目标市场营销中存在的各种问题。同时，本章还从全球营销角度对企业的目标市场战略作了探讨，读者可以从一个更广阔的视角对该章内容有更深刻的理解。

同时，本章着重论述了竞争战略中的波特五力模型（行业竞争者、潜在进入者、替代品、供应者、购买者），还对成本领先战略、差异化战略、集中化战略、最优成本供应商战略、创新领导者战略、快速跟随者战略这六大类型进行了介绍。

对竞争者进行分析时要着重对市场参与者有哪些，竞争强度如何，战略有何差异等方面进行分析；对于潜在的新进入者分析方面，需要评估行业的进入壁垒以及进入激励两个方面；在分析替代品威胁时需要识别可能替代的其他产品或服务、识别替代品对该行业的影响，还需进一步考虑创新替代的能力等。对于供应商的议价能力，重点需要评估供应商集中度及供应商替代性两方面；在对买家的议价能力进行分析时，还需要评估买家集中度、产品标准化程度及买家价格敏感度。

成本领先战略也称为低成本战略，是指企业通过有效途径降低成本，使企业的全部成本低于竞争对手的成本，甚至是在同行业中最低的成本，从而获取竞争优势的一种战略。差异化战略，也称特色优势战略，是指企业力求在顾客广泛重视的一些方面独树一帜。集中化战略是指将企业的经营活动集中于某一特定的购买群体、产品线的某一部分或某一地域性市场，通过为这个小市场的购买者提供比竞争对手更好、更有效的服务来建立竞争优势的一种战略。最优成本供应商战略是指低成本提供优秀的差异化产品，然后利用成本优势制定比竞争产品更低的价格，通过为买方提供超值价值来建立竞争优势的战略。创新领导者战略就是指企业通过不断的技术创新，引领市场趋势和消费者需求的战略。快速跟随者战略是指企业不是市场的创新者，但能够迅速模仿和改进市场上的创新产品，快速占领市场份额。

复习思考题

1. 为什么市场细分战略是现代市场营销观念的产物？
2. 细分消费者市场依据哪些主要变量？
3. 细分生产者市场依据哪些主要变量？
4. 企业怎样选择目标市场？
5. 企业应怎样进行市场定位？
6. 决定行业结构的主要因素有哪些？
7. 确定企业业务范围的导向有几种？不同导向如何识别竞争者，分别适用于何种条件？
8. 简述波特五力模型。
9. 简述创新领导者战略。
10. 简述快速跟随者战略。

实践练习　从客户旅程地图拆解店铺营销

一、实验背景

地摊经济备受欢迎成为新的"风口"，极大地促进了灵活就业，降低了创业成本（至少不会付高房租），增加了老百姓生活便捷程度，让老百姓生活更加丰富多彩，空余时间可以用来增加收入。地摊经济具有低成本性、规模小、非正式、流动性，可以降低失业率，拉动消费，推动中国年轻人的创业精神，以及提升社会经验和经商经验。手机提供了机会和平台，能让具有创业精神的年轻创业者，以及想再就业人群，消除创业血本无归的顾虑，能敢试、再试，经营战略能够快速转移，其转移成本也低。

实验以一家古镇景点的地摊商家为背景，运用客户旅程分析消费者消费行为和过程。实验目的是理解客户旅程的概念，学会如何使用客户旅程图分析客户消费过程，学生学会如何通过客户旅程图对自己的产品/服务进行优化，用尽可能少的成本改善地摊，尽可能增加消费者购买量。

二、实验目的

1. 理解客户旅程的概念。

2. 学会如何使用客户旅程图分析客户消费过程。

3. 学会如何通过客户旅程图对自己的产品/服务进行优化。

三、实验操作流程

1. 了解地摊经营情况以及景点环境、制度、其他商贩等外部因素；

2. 和游客交流获取游客在景点的消费过程和心理思考；

3. 学习客户旅程图相关知识点；

4. 使用客户旅程图定义不同消费者，分析他们的消费过程以及不同环节的需求和痛点；

5. 在客户旅程图中找到父亲地摊的改善点和突破口；

6. 在3D场景中对父亲的地摊进行整改调整；

7. 进行整改方案验证，在3D场景中观察消费者是否增多；

8. 分析成本投入和利润产出比，看是否要继续优化。

四、实验评估

完成客户旅程分析与改善实验全过程。在过程中掌握客户从初次接触产品、触达产品的各个触点，到最后结束使用产品。能够阐明客户与产品之间的关键交互节点，并通过观察分析用户在各个阶段的行为、想法、情绪来帮助优化产品流程，解决痛点。最后导出实验报告并提交800~100字的实训心得。

本章知识拓展

泡泡玛特案例拆解内容营销与品牌定位

内容营销是一种战略性的营销方法，它主要通过创造和分发有价值、相关和连贯的内容来吸引和留住明确定义的受众，最终目的是驱动盈利性的客户行动。内容营销不依赖于打断式的推广或销售技巧，而是通过提供有用的信息来吸引目标受众，建立品牌信任和权威性。

内容营销专注于创造对目标受众有价值的内容，如教育性文章、娱乐视频、操作指南等；内容与受众的需求、兴趣和问题紧密相关，提供解决方案或增强其知识；内容营销活动在不同平台和渠道上应保持一致性，以建立品牌声音和形象；高质量的内容能够吸引受众的注意力，并鼓励他们与品牌进行互动；内容营销是一个长期的过程，需要持续地创造和发布内容以维持受众的兴趣；内容可以通过多种渠道进行分发，包括社交媒体、博客、电子邮件、视频平台等；内容营销依赖于数据分析来优化内容策略，提高内容的吸引力和效果。总之，内容营销具有价值创造、相关性、连贯性、引人入胜、可持续性、多渠道分发、数据分析等核心特征。

泡泡玛特是成立于2010年的潮流文化娱乐品牌。泡泡玛特在全球范围内挖掘潮流艺术家和设计师，通过IP运营体系，打造潮流文化领域的IP形象及产品，孵化及开发了MOLLY、SKULLPANDA、DIMOO、THE MONSTERS、Hirono等知名IP，围绕旗下IP推出潮玩及周边商品。2020年12月11日，泡泡玛特（09992-HK）正式在港交所挂牌上市。2024年中期业绩报告显示，其旗下7个IP实现半年营收过亿，上半年整体实现营收45.58亿元，同比增长62%，净利润同比增长90.1%。国际市场拓展迅速，东南亚市场营收同比增长478.3%。会员数量显著增长，上半年会员销售占比92.8%。

一、泡泡玛特内容营销私域体系

泡泡玛特的成功可以拆解为三个阶段：第一阶段，品类认知搭建品牌基础；第二阶段，客群深化构筑品牌"护城河"；第三阶段，玩转潮流IP符号突破品牌。具体做法是通过构建产品矩阵，进行IP打造，再通过社群运营及分层会员体系形成组合，搭建起了一套完整的内容营销私域体系，从而实现了快速发展。其内容营销私域体系如图3-4所示。

二、品类认知搭建品牌基础

1. 线下渠道

2017~2019年，线下零售门店在销售业绩当中占比最大，从1亿元增长了7倍，开了114家店，并且门店之间产生了分层的关系，有黑标零售店、快闪店、博物馆等不同类型门店，带给消费者不同的体验。同时，泡泡玛特看到自动零售机的机会，把机器人店、自动零售机布局到各种各样的网点。此外，在旅游景区的线下门店设置限量的特色盲盒和特色产品。

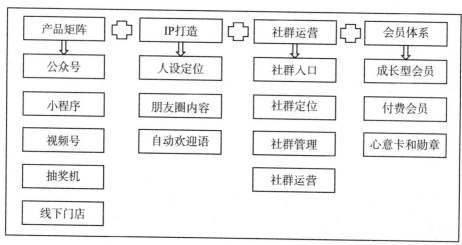

图 3-4 泡泡玛特内容营销私域体系搭建

2. 线上渠道

线上业务增速飞快，其线上店铺做法是用线上抽盲盒的形式，把微信商城的销售额从2300多万元增加到了2.7亿元，并且将这种形式迁移到了天猫和各种电商渠道的直播间。泡泡玛特上线的那一年，闲鱼上娃娃的交易金额超过了1亿元。在这个过程中，泡泡玛特也推动了一次又一次的跨界合作，如美妆、IP联名、旅游、Cosplay的跨界合作，互相借势、背书。泡泡玛特还利用小程序，推动用户产生更多话题，产生更多交流。

在品类认知阶段的整体策略是，第一步让用户感受极致体验，在极致体验快速迭代过程当中，从线下往线上迁移；第二步沉淀用户，在沉淀用户后，深度经营用户，增加用户和泡泡玛特之间的社交关系；第三步核心产品不断迭代，让用户产生强新鲜感。

三、客群深化构筑品牌"护城河"

客群深化本质上是建立客户的深度联系，当客群量级变多时，客群深化就成为难题。首先要解决客户触达的问题，而解决客户触达的第一步是区分不同触达场景的问题。

（一）圈层营销

泡泡玛特用户线上探讨怎么改装娃娃，线下他们交换各自喜欢的盲盒，泡泡玛特在这个过程中承担了组局的角色，有相似兴趣的用户之间可以产生大量话题或资源交换，或者产生链接和感情。

（二）精细化营销

精细化营销即根据用户的来源、特点和兴趣进行标签分类，然后根据用户标签，给用户发送更精准的话术。

1. 泡泡玛特微信产品矩阵拆解

泡泡玛特旗下有"泡泡玛特 POPMART""泡泡玛特会员 Club""泡泡范儿""PTS 国际潮流玩具展"4 个微信公众号。四类公众号服务不一样的客群。公众号下也会涉及对应的社群和企业微信引流入口。

泡泡玛特主要有两个小程序,泡泡玛特和抽盒机,除了有线上购买功能以外,还承担了强势引导用户加入私域的作用,会员体系的积分也和小程序互通,是泡泡玛特极其重要的收入来源之一。视频号的作用是给客户呈现更多 IP、盲盒、手办的故事情节和内容。视频号不仅关联了公众号,也关联了企业微信,扮演流量中转站的角色。而与此同时,视频号是一个非常好的故事、文化输出窗口。

公众号的作用是让用户能够产生黏性;小程序的作用是和用户更容易地产生丰富的互动。视频号的作用是赋予产品更多的故事情节。三者合一也就形成了泡泡玛特的私域流量矩阵。其实在这背后,很大程度上都是不同的内容在发挥着作用。

2. 泡泡玛特的私域人设 IP 拆解

泡泡玛特私域 IP 人设的昵称是不固定的,它有非常个性化且鲜明的名称,比如欧气派送员、宇宙观察员 5 号,头像都是泡泡玛特的 IP 形象,非常多元的人设,输出泡泡玛特非常个性化的人设形象。关注泡泡玛特的公众号之后,泡泡玛特会第一时间告知福利活动、上社群链接,引导客户进群。泡泡玛特私域人设的朋友圈里面有"鸡汤"、生活日常、产品活动内容。但产品活动内容占比并不高,大部分的内容空间都是留给了"鸡汤"、生活日常内容。这是因为朋友圈变成了内容分发机制。如果朋友圈内容没有让人点赞评论的能力,能够看到朋友圈内容的人就会越来越少。泡泡玛特为了让用户看见,慢慢被影响成为深度客户,所以产品内容并不多。

据不完全统计,泡泡玛特在微信上面有 3 万多个社群,其中 90% 的社群都是玩家自发建立的,剩下只有 10% 是由群运营专员在维护。泡泡玛特的社群营销活动包括秒杀活动、优惠福利、互动玩法,每日抽奖等一系列。发送时间也是打工人比较活跃的时间,比如中午 12 点、下午 5~6 点、晚上 7~8 点。

3. 泡泡玛特的会员体系设计

2022 年,泡泡玛特的注册会员达到了 2600 万人。年增数达到了 32.8%,会员贡献的销售额占比高达 93.1%,复购率 50.7%。泡泡玛特的会员设计如下:

(1)免费会员。泡泡玛特的免费会员区分了四个等级体系,具体权益也有所不同。

(2)付费会员。泡泡玛特的付费会员卡筛选了一些对品牌认可度高的忠诚客户,他们可以享受新品优享欧气加倍、成长加速,还有会员日狂欢 4 项权益。但这些权益与免费会员的权益极其相似,所以会员体系设计当中付费会员和免费会员的权益是需要更进一步优化的。

（3）特色会员设计。泡泡玛特在会员体系上有两个更有意思的设计就是心翼卡和勋章系统。心翼卡有非常强的社交属性，也很符合潮玩的产品特质，它允许用户互相赠送亲密卡，只要有积分，就可以兑换赠送给朋友；勋章系统是对消费结构的一次拓展。比如线上首次购买就可以发一枚勋章；赠送了心意卡，又可以发一枚勋章。这种体系将消费机会串联起来，鼓励用户发生的行为转变成勋章系统发送给用户，进一步创造收益。

（三）全域经营

全域经营即线上多平台经营+线下经营，根据不同平台的特点和规则，进行特色化营销。泡泡玛特通过构建"人、货、场"新蓝图（如图 3-5 所示），实现了内容营销的精准把控。

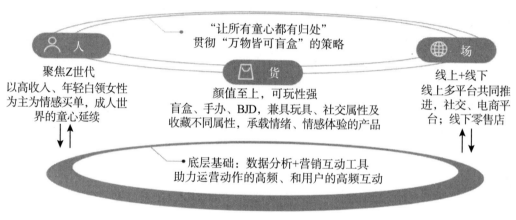

图 3-5　泡泡玛特人货场新蓝图

泡泡玛特贯彻"万物皆可盲盒"的营销策略，聚焦于高收入、年轻白领女性的情感需求，"让所有童心都有归处"，推出颜值至上，可玩性强，兼具玩具、社交属性及收藏不同属性的盲盒、手办、BJD，承载消费者情绪。泡泡玛特通过线上社交、电商等多平台及线下零售店共同推进，再加上数据分析、营销互动工具助力运营动作与用户的高频互动，实现了高效的全域运营。

四、玩转潮流 IP 符号突破品牌

泡泡玛特通过持续运营头部 IP，以及不断推出新 IP，用户规模得以迅速扩大。2024年上半年，泡泡玛特的头部 IP SKULLPANDA、MOLLY 和 DIMOO 均保持着强劲的表现，其中，SKULLPANDA 甚至超过了经典 IP MOLLY，成为新晋"宠儿"。同时，公司推出的多个新 IP，如小野及小甜豆等，也获得了不错的市场表现。

泡泡玛特还通过与不同行业的品牌进行跨界合作，进一步提升了 IP 的商业价值。例如，泡泡玛特与瑞幸咖啡合作推出了生椰 3 周年新品椰皇拿铁，并将 LABUBU 这一

IP 应用于咖啡包装和线下联名主题门店中，为消费者带来了视觉和味觉的双重享受。

泡泡玛特还打造了泡玛特乐园，用户数增加 569% ，抖音成交 1.1 亿元。新渠道的开拓也非常地有效，动画合作《新神榜：哪吒重生》《白蛇2》，也投资了手游业务，让 IP 衍生更丰富，和文化产生深度的交融。

泡泡玛特通过持续运营头部 IP 和新 IP、积极拓展海外市场、与不同行业品牌进行跨界合作以及推出新的产品类别等方式，成功地突破了传统品牌的界限，成为中国潮玩的代表之一。未来，泡泡玛特将继续在全球范围内探索更多的市场机会，以实现品牌的持续增长和影响力提升。

资料来源：造物者咨询. 深度案例拆解：泡泡玛特如何用盲盒征服世界［EB/OL］. ［2024－03－22］. https：//business. sohu. com/a/766058334_121679381.

第四章　规划营销组合

引例

饿了么：祝你过年不用饿了么

2024年2月初，饿了么上线一组广告，核心主题是"祝你过年不用饿了么"，并以此延展到不同场景。

"祝你过年不用饿了么 什么都不管 做回爸爸妈妈的孩子""祝你过年不用饿了么（的红包）要用就只用爷奶给的红包""祝你过年不用饿了么 这回饿了是真的可以喊妈！但如果妈妈着急去搓麻将，@饿了么""祝你过年不用饿了么 给老爸钓的鱼一个解冻的机会 但如果鱼太小吃不饱@饿了么"……这组营销文案，每一条都击中了当代年轻人的内心，引导大家春节期间，可以安心享受与家人相处的温馨时光。

这与通常的营销手段不同，它没有强调服务的便利性，而是鼓励用户在春节期间放下工作，享受与家人团聚的时光。这种反向营销策略成功地将饿了么定位为一家不仅关注平台活跃度，更关心用户体验和幸福感的企业。通过一系列深入人心的文案，饿了么引导消费者在春节期间安心享受家庭生活，从而与用户建立了情感共鸣。

这次营销活动的成功之处在于它突破了传统营销的局限，没有直接推销产品或服务，而是通过传递一种生活态度和价值观，来赢得消费者的认可。它体现了营销组合中产品、价格、渠道（渠道）和促销的整合应用，通过情感营销的方式，提升了品牌形象并加深了与消费者之间的联系。

资料来源：凤凰网．"祝你过年不用饿了么"！饿了么的这波广告有点格局［EB/OL］．［2024-02-05］．https：//tech. ifeng. com/c/8WvUdPwcWbH.

营销组合（Marketing Mix）是企业用来满足目标市场需求的策略和工具的组合。营销组合通常由四个主要元素组成，这四个元素被称为"4P"模型，包括产品：产品或服务的特性、设计、品牌、包装、质量、性能和保证等。价格：定价策略，包括定价方法（成本加成、价值定价、竞争导向等），价格结构（单一价格、分层价格、折扣等）。促销：促销活动，包括广告、公关、销售促进、个人销售、直接营销和数字营销等。渠道：分销策略，涉及产品如何到达消费者手中，包括渠道选择、物流、库存管理、地理位置等。随着市场的发展和营销实践的创新，营销组合的概念也有所扩展，包括了以下几个方面：人员、流程、物理证据、政治法律环境、公共关系、社会责任、技术、市场细分、目标市场、定位等。

这些扩展的元素可以帮助企业更全面地考虑营销策略，以适应不断变化的市场环境和消费者需求。在实际应用中，企业需要根据自身的业务模式、目标市场和竞争环境，灵活运用和调整营销组合的各个方面。

在理论发展方面，随着市场竞争日趋激烈，媒介传播速度越来越快，到 20 世纪 80 年代，美国劳特朋（Lautebom）针对 4P 理论提出了 4C 营销理论（客户的欲望和需求、满足需求的成本、方便的购买环境、双向沟通）。后来，美国 Don E. Schultz 提出了 4R 理论：关系、节省、关联、报酬营销。

第一节　以产品销售为导向的 4P 理论

一、4P 理论的原理

以产品销售为导向的 4P 理论，通常被称为"传统 4P"，是营销组合的经典模型，由美国密西根大学教授杰罗姆·麦卡锡（E. Jerome McCarthy）在 20 世纪 60 年代提出。4P 理论为企业提供了一个框架，以系统地规划和执行营销策略，主要关注如何通过产品、价格、促销和渠道四个要素来满足市场需求和实现销售目标。

（一）产品

产品是营销组合中最重要也是最基本的要素。无论公司的目标市场是定位在全球还是本土，制定营销组合策略时，首先都需要考虑生产什么产品满足目标市场，是高科技产品还是传统产品，是有形产品还是服务。同时，重视产品生命周期趋势的变化，认识现有产品，不断开发新产品、改进和完善产品性能，是占领市场的基础。产品策略还直接或间接影响到其他营销组合要素的管理。

在现代市场营销学中，产品概念具有极其宽广的外延和丰富的内涵。产品一般是指通过交换提供给市场的，能满足消费者或用户某一需要和欲望的任何有形物品和无形的服务。有形物品包括产品实体及其品质、款式、特色、品牌和包装等；无形服务包括可以给顾客的心理满足感、信任感，各种售后支持和服务保证等。

以往学术界曾用三个层次来表述产品整体概念，即核心产品、形式产品和延伸产品

（附加产品）。20 世纪 90 年代以来，菲利普·科特勒等学者更倾向于使用五个层次来表述产品整体概念，认为五个层次的表述方式能够更深刻、更准确地表述产品整体概念的含义。产品整体概念的五个基本层次是：

1. 核心产品

核心产品是指向顾客提供的产品的基本效用或利益。从根本上说，每一种产品实质上都是为解决问题而提供的服务。比如，人们购买空调不是为了获取装有某些电器零部件的物体，而是为了在炎热的夏季满足凉爽舒适的需求。因此，营销人员向顾客销售的任何产品，都必须具有反映顾客核心需求的基本效用或利益。

2. 形式产品

形式产品指核心产品借以实现的形式，由五个因素构成，即品质、式样、特征、商标及包装。即使是纯粹的服务，也具有相类似的形式上的特点。产品的基本效用必须通过特定形式才能实现，营销人员应努力寻求更加完善的外在形式以满足顾客需要。

3. 期望产品

期望产品指购买者在购买产品时期望得到的与产品密切相关的一整套属性和条件。比如，住旅馆的客人期望得到清洁的床位、洗浴香波、浴巾、衣帽间的服务等。因为大多数旅馆均能满足旅客这些一般的期望，所以旅客在选择档次大致相同的旅馆时，一般不是选择哪家旅馆能提供期望产品，而是根据哪家旅馆就近和方便而定。

4. 延伸产品

延伸产品指顾客购买形式产品和期望产品时附带获得的各种利益的总和，包括产品说明书、保证、安装、维修、送货、技术培训等。许多情况表明，新的竞争并非凭借各公司在其工厂中所生产的产品，而是依靠附加在产品上的包装、服务、广告、顾客咨询、金融、运送、仓储及其他具有价值的形式。

5. 潜在产品

潜在产品指现有产品包括所有附加产品在内的，可能发展成为未来最终产品的潜在状态的产品。潜在产品指出了现有产品可能的演变趋势和前景（见图 4-1）。

产品整体概念的五个层次，清晰地体现了以顾客为中心的现代营销观念。这一概念的内涵和外延都是以消费者需求为标准的，由消费者的需求来决定的。可以说，产品整体概念是建立在"需求＝产品"这样一个等式基础之上的。没有产品整体概念，就不可能真正贯彻现代营销观念。

（二）价格

为了有效开展市场营销，增加销售收入和提高利润，企业不仅要给产品制定基本价格，而且还需对制定的基本价格适时地进行修改。价格是市场营销组合中十分敏感而又难以控制的因素，直接关系到市场对产品的接受程度，影响着市场需求和企业的利润，涉及生产者、经营者和消费者等多方利益。

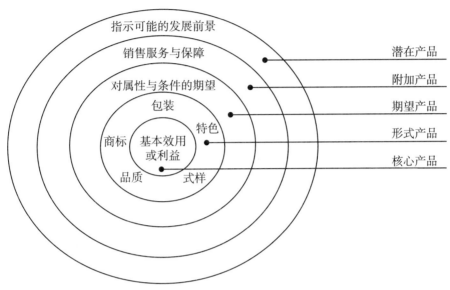

图 4 – 1 整体产品概念的五个层次

（三）渠道

在市场经济条件下，生产者与消费者之间存在时间、渠道、数量、品种、信息产品估价和所有权等多方面的差异和矛盾。企业生产的产品只有通过一定的分销渠道，才能在适当的时间、渠道，以适当的价格和方式供应给消费者或用户，从而化解生产者与消费者之间的矛盾，实现企业的市场营销目标。

1. 分销渠道的层次

分销渠道可根据其渠道层次的数目分类。在产品从生产者转移到消费者的过程中，任一个对产品拥有所有权或负有推销责任的机构，都可视为一个渠道层次。生产者和消费者也参与了将产品及其所有权转移到消费领域的工作，因此也被列入每一类渠道中。但是，市场营销学以中间机构层次的数目表述渠道的长度（如图 4 – 2 所示）。

2. 分销渠道的宽度

分销渠道的宽度是指渠道中的每个层次使用的同种类型中间商的数目，它与分销策略密切相关。企业的分销策略通常分为三种，即密集分销、选择分销和独家分销。

密集分销是指制造商尽可能通过许多负责任的、适当的批发商和零售商推销产品。消费品中的便销品和产业用品中的供应品通常采取密集分销，使广大消费者（用户）能随时随地买到。

135

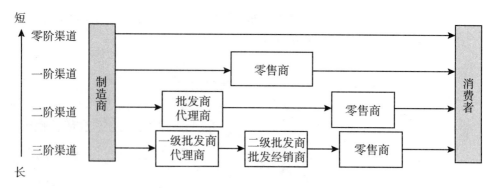

图 4 - 2　消费品分销渠道

选择分销是指制造商在某一地区，仅仅通过少数精心挑选的、最合适的中间商来推销产品。选择分销适用于所有产品。相对而言，消费品中的选购品和特殊品较宜使用选择分销。

独家分销是指制造商在某一地区，仅选择一家中间商推销产品。通常双方协商签订独家经销合同，规定经销商不得经营竞争者的产品，以便控制经销商的业务经营，调动其经营积极性。

（四）促销

成功的市场营销活动，不仅需要制定适当的价格、选择合适的分销渠道向市场提供令消费者满意的产品，而且需要采取适当的方式进行促销。

促销是促进产品销售的简称。从市场营销的角度看，促销是企业通过人员和非人员的方式，沟通企业与消费者之间的信息，提升品牌形象，引发、刺激消费者的购买欲望，使其产生购买行为的活动。从这个概念不难看出，促销具有以下几层含义。

促销工作的实质与核心是沟通信息。企业与消费者之间达成交易的基本条件是信息沟通。若企业未将自己生产或经营的产品或服务等有关信息传递给消费者，那么，消费者对此则一无所知，自然谈不上认购。只有将企业提供的产品或服务等信息传递给消费者，才能引起消费者注意，并有可能产生购买欲望。

促销的目的是提升品牌形象，引发、刺激消费者产生购买欲望。在消费者可支配收入既定的条件下，消费者是否产生购买行为主要取决于消费者的购买欲望，而消费者购买欲望又与外界的刺激、诱导密不可分。促销正是针对这一特点，通过各种传播方式把产品或服务等有关信息传递给消费者，以激发其购买欲望，使其产生购买行为。

促销的方式有人员促销和非人员促销两类。人员促销，亦称直接促销或人员推销，是企业运用推销人员向推销对象推销商品或服务的一种促销活动，它主要适合于消费者数量少、比较集中的情况。非人员促销，又称间接促销或非人员推销，是企业通过一定的媒体传递产品或劳务等有关信息，以促使消费者产生购买欲望、发生购买行为的一系列促销活动，包括广告、公关和销售促进、直接营销等。它适合于消费者数量多、比较分散的情况。通常，企业在促销活动中将人员促销和非人员促销结合运用。

二、4P 营销策略

（一）产品策略

1. 产品组合策略

产品组合是指一个企业提供给市场的全部产品线和产品项目的组合或结构，即企业的业务经营范围。企业为了实现营销目标，充分有效地满足目标市场的需求，必须设计一个优化的产品组合。其中，产品线又是指产品组合中的某一产品大类，是一组密切相关的产品，比如以类似的方式发挥功能、出售给相同的顾客群、通过同一的销售渠道出售或属于同一的价格范畴等。产品项目是衡量产品组合各种变量的一个基本单位，指产品线中不同品种及同一品种的不同品牌。产品组合包括 4 个衡量变量：宽度、长度、深度和关联度。

产品组合的宽度是指产品组合中所拥有的产品线数目。如表 4 - 1 所示的产品组合的宽度为 7。产品组合的长度是指产品组合中产品项目的总数，以产品项目总数除以产品线数目即可得到产品线的平均长度。如表 4 - 1 所示的产品组合总长度为 25，每条产品线的平均长度为 $25 : 7 \approx 3.6$。产品组合的深度指产品项目中每一品牌所含不同花色、规格、质量产品数目的多少，如手机有 2 种系列和 4 种型号，其深度就是 8。通过统计每一品牌的不同花色、规格、质量产品的总数目，除以品牌总数，即为企业产品组合的平均深度。产品组合的关联度是指各条产品线在最终用途、生产条件、分销渠道或其他方面相互关联的程度。例如，某家用电器公司拥有电视机、收录机等多条产品线，但每条产品线都与电有关，这一产品组合具有较强的关联度。相反，实行多元化特别是非相关多元化经营的企业，其产品组合的关联度则可能较小或无关联。

每一企业的产品都有特定的市场定位，如"林肯"汽车定位于高档市场，"雪佛兰"定位于中档汽车市场，"斑马"则定位于低档车市场。企业可采取向下延伸、向上延伸和双向延伸三种产品线延伸策略。向下延伸是指在高档产品线增加低档产品项目。向上延伸是指在原有的产品线上增加高档产品项目。双向延伸是指原定位于中档产品市场的企业在掌握市场优势以后，向产品线上下两个方向延伸。

2. 产品生命周期及其策略

产品生命周期是指，产品从投入市场到被市场淘汰所经历的全部运动过程，亦即产品的市场寿命周期或经济寿命周期。产品生命周期是相对于产品的物质寿命或使用寿命而言的。物质寿命反映商品物质形态消耗的变化过程，市场寿命则反映商品的经济价值在市场上的变化过程。

表4-1   小米公司的产品组合的宽度和产品线的长度

	产品组合的宽度							
	手机		电视	电脑	智能家居	穿戴设备	小米汽车	其他产品
	小米手机	红米手机						
产品线的长度	数字系列	数字系列	4K超清电视	轻薄本	音箱	智能手环	小米SU7	电动滑板车
	Civi系列	Note系列	人工智能电视	游戏本	门锁	智能手表		空气净化器
	MIX系列	Turbo系列			摄像头			电饭煲
	折叠屏系列	K系列			空调伴侣			
					插座			
					智能灯具			
					智能窗帘			

产品生命周期一般分为四个阶段：引入期（introduction），也称导入期或介绍期，成长期（growth），成熟期（maturity）和衰退期（decline），如图4-3所示。产品引入阶段是指在市场上推出新产品，产品销售呈缓慢增长状态的阶段。成长阶段是指产品在市场上迅速为顾客所接受、销售额迅速上升的阶段。成熟阶段是指大多数购买者已经接受该项产品，市场销售额缓慢增长或下降的阶段。衰退阶段是指销售额急剧下降、利润渐趋于零的阶段。产品生命周期概念能够用来分析一个产品种类、一种产品形式、一种产品或一个品牌。产品种类具有最长的生命周期。品牌产品显示了最短的产品生命周期历史。

（1）产品市场引入期营销策略。产品引入期着重于新产品如何推销宣传和如何制订产品的收益目标，以让用户尽快接受新产品，以缩短介绍期，更快地进入成长期。

快速撇脂策略（以高价格、高促销费用推出新产品）。适用条件：产品拥有较大潜力，潜在客户需求强，采用此策略可以尽快收回投资，建立知名度、占领市场。

缓慢撇脂策略（以高价格、低促销费用推出新产品）。适用条件：市场规模较小，产品拥有一定知名度，采用此策略可以减少支出获取更多利润。

快速渗透策略（以低价格、高促销费用推出新产品）。适用条件：市场容量大，潜在用户对产品不了解且对价格敏感，采用此策略可以尽快扩大市场占有率，降低单位成本，取得规模效益。

缓慢渗透策略（以低价格、低促销费用推出新产品）。适用条件：市场容量大，产品知名度高且用户对价格敏感，采用此策略可以扩大销售，降低营销成本，增加利润。

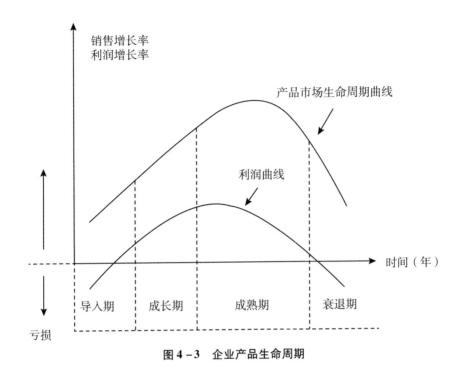

图 4－3　企业产品生命周期

（2）产品市场成长期的营销策略。进入成长期后，企业销量激增，为了维持其市场增长率，延长获取最大利润的时间，需要树立产品品牌形象，维系老用户、吸引新用户，可以采取以下三种策略：改善产品品质。对产品进行改进，如改变产品款式，发展新的型号等，这样可以提高产品的竞争能力，满足顾客更广泛的需求，吸引更多的用户。寻找新的细分市场。找到新的、尚未满足的市场领域，快速占领市场份额。适时降价。在适当的时机采取降价策略，激发对价格比较敏感的人群产生购买动机。

（3）产品市场成熟期营销策略。产品进入成熟期的标志是产品销售增长达到某一点后逐渐放慢销售增长速度，该阶段通常比前几个阶段延续时间更长，在策略调整上需要注意：寻找产品新用途，寻求新的用户或营销方式等，以使产品销售量得以扩大；通过产品自身的调整来满足顾客的不同需要，如产品的品质、特性、美感等，吸引有不同需求的顾客；因竞争加剧，可以考虑降低价格，巩固现有市场，拓展新市场，追求商业利益最大化。

（4）产品市场衰退期营销策略。当商品进入衰退期时，企业必须调研产品在市场的真实情况，再决定是继续经营下去，还是放弃经营。

继续策略：即继续沿用过去的策略，仍按照原来的细分市场，使用相同的分销渠道、定价及促销方式，直到该产品完全退出市场为止；集中策略：就是把企业能力和资源集中在最有利的细分市场和分销渠道上，从中获取利润。这样有利于缩短产品退出市场的时间，同时又能为企业创造更多的利润；放弃策略：即尽可能用有利方式处理资产，以迅速放弃业务，退出市场。

产品生命周期注重的是某一特定产品或品牌发生的情况，而不是全部市场的演变情况，因此，它描绘的不一定是市场导向的写照。当企业受到新的需求、竞争者、技术等影响时，需要一种预测市场演进过程的方法。如同产品一样，市场演进也经历四个阶段：出现阶段、成长阶段、成熟阶段和衰退阶段。

（二）价格策略

价格策略是市场营销组合策略中极其重要的组成部分。

1. 定价的基本策略

依据成本、需求和竞争等因素决定的产品基础价格，是单位产品在生产渠道或者经销渠道的价格，并未计入折扣、运费等的影响。在实践中，企业还需考虑和利用灵活多变的定价策略，修正或调整产品价格。

（1）折扣定价策略。企业为了鼓励顾客及早付清货款、大量购买、淡季购买，可酌情降低基础价格，这种价格调整叫作价格折扣。价格折扣的主要类型有：现金折扣、数量折扣、功能折扣、季节折扣、价格折让等。

（2）地区定价策略。一般来说，一个企业的产品不仅销售给当地，同时也可能销售到外地。销售给外地顾客，要把产品从产地运到顾客所在地，需要支付装运费。所谓地区性定价策略就是决定：销售给不同地区（包括当地和外地）的顾客，是分别制定不同价格还是制定相同价格，也就是说是否制定地区差价。

（3）心理定价策略。心理定价策略包括声望定价（指企业利用消费者仰慕名牌商品或名店的声望所产生的心理，把价格定成整数或高价）；尾数定价（利用消费者数字认知的某种心理，尽可能在价格数字上不进位、保留零头，使消费者产生价格低廉和卖主认真核算成本的感觉，使消费者对企业产品及定价产生信任感）；招徕定价（零售商利用顾客求廉心理，将某些商品定价较低以吸引顾客。一些商店随机推出降价商品，每天、每时都有一至两种商品降价出售，以吸引顾客经常光顾，同时也选购其他正常价格的商品）。

（4）差别定价策略。差别定价或需求差异定价，是指企业按照两种或两种以上不反映成本费用的比例差异的价格销售产品或服务。差别定价包括顾客差别定价、产品形式差别定价、产品渠道差别定价、销售时间差别定价等主要形式。

2. 产品组合定价策略

当产品只是产品组合的一部分时，必须对定价方法进行调整。企业要研究出一系列价格，使整个产品组合的利润最大化。由于各种产品之间存在需求和成本的联系，而且会带来不同程度的竞争，所以定价十分困难。

（1）产品大类定价。通常企业开发出来的是产品大类，而不是单一产品。企业生产的系列产品存在需求和成本的内在关联性时，为了充分发挥这种内在关联性的积极效应，需要采用产品大类定价策略。在定价时首先确定某种产品的最低价格，它在产品大类中充当领袖价格，以吸引消费者购买产品大类中的其他产品；其次，确定产品大类中某种产品的最高价格，它在产品大类中充当品牌质量和收回投资的角色；最后，产品大类中的其他产品也分别依据其在产品大类中的角色不同而制定不同的价格。

在许多行业，企业都为产品大类中某一种产品事先确定价格点。例如，男士服装店可能经营三种价格档次的男士服装：1500 元、2500 元和 3500 元。顾客会从三个价格点上，联系到高、中、低三种质量水平。即使三种价格同时提高，顾客可能仍然会按自己偏爱的价格点购买。营销管理的任务就是确立认知质量差别，使价格差别合理化。

（2）选择品定价。许多企业提供主产品的同时，会附带一些可供选择的产品或服务，如汽车用户可订购电子开窗控制器、扫雾器和减光器等。但是对于选择品的定价，公司必须确定价格中应当包括哪些，又有哪些可作为选择对象。例如，饭店定价，顾客除了饭菜，也会购买酒水。许多饭店酒水价格高，食品价格相对低。食品收入可弥补食品成本和饭店其他成本，酒水收入可带来利润。也有饭店酒水价格定得较低，食品定高价，以吸引饮酒的消费者。

（3）补充产品定价。有些产品需要附属或补充品配合才能使用，例如，剃须刀架与刀片、照相机与胶卷、打印机与墨盒或色带。许多制造商喜欢为主产品（如打印机）制定较低价格，给附属品（如墨盒、色带）制定较高价格。但是，补充品定价过高，也会出现问题。

（4）分部定价。服务性企业经常收取一笔固定费用，再加上可变的使用费。例如，电话用户每月要支付一笔最少的使用费，如果超过使用次数，就还要再交费。游乐园一般先收门票费，如果游玩的地方超过规定，就要再交费。

服务性公司面临着和补充品定价同样的问题，即收多少基本服务费和可变使用费。固定成本较低，可以推动人们购买服务，利润从使用费中获取。

（5）副产品定价。在生产加工肉类、石油产品和其他化工产品的过程中，经常产生副产品。如果副产品价值低、处置费用昂贵，就会影响主产品定价——其价格必须能弥补副产品处置费用。如果副产品能够发挥用处，则可按其价值定价。副产品如果能带来收入，则有助于企业在应对竞争时制定较低价格。

（6）产品系列定价。企业经常打包出售一组产品或服务，如化妆品、计算机、假期旅游公司提供的系列活动方案。这就是产品系列定价，也称价格捆绑，目的是刺激产品线的需求，充分利用整体运营的成本经济性，同时努力提高利润净贡献。

在实践中，价格捆绑可以有纯粹的捆绑、混合捆绑等多种形式。纯粹捆绑就是指只能一次买下所有东西，不能分开购买。如微软将视窗操作系统和 IE 捆绑。这种做法有可能引起法律问题，如捆绑是否导致垄断。混合捆绑就是顾客可以选择捆绑购买，也可选择分开购买。通常，产品系列的捆绑价格低于单独购买其中每一产品的费用总和。因为顾客原本可能不打算购买所有产品，但这一组合的价格有较大降幅，也有可能推动购买。

当然，有些顾客可能不需要整个系列产品。假设一家医疗设备公司免费提供送货上门和培训服务，某一顾客就可能要求免去送货和培训服务，以获取较低价格。有时顾客要求将系列产品拆开，在这种情况下如果企业节约的成本大于向顾客提供其所需商品的价格损失，利润就会上升。比如供应商不提供送货上门可节省 100 元，向顾客提供的价格的减少额为 80 元，则利润增加 20 元。

（三）渠道策略

随着信息时代到来，互联网渗透到生活中的方方面面，也给企业的渠道策略创新带来机会。以下是一些不同于传统渠道的新分销渠道形式。

1. 通路"直销"策略

传统意义上的直销，是生产厂家直接将产品销售给消费者，但目前的通路"直销"，是生产厂家或经销商绕过一些中间环节，直接供货给零售终端，并非直接向最终消费者销售。直接控制零售终端，是厂家提高市场辐射力和控制力的关键。可以说，拥有终端网络就拥有消费者，从而最终拥有市场。企业一方面通过授权，严格界定销售区域和范围；另一方面通过销售队伍，加强对市场终端的服务与控制。既可避免市场价格混乱、窜货现象，又可牢牢控制终端网络，从而赢得市场。

2. 垂直渠道网络策略

垂直渠道网络是将厂商由松散的利益关系，变为紧密型战略伙伴型关系；由平行关系变为垂直、利益一体化关系；由简单的无序放射状分布，变为真正的网络分布；由简单的契约型变为管理型、合作型、公司型。这样，厂商之间就容易达成信息共享、风险共担、利益共享、物流畅通的理想状态，有利于厂商强力合作。

在实际操作中，垂直渠道网络形成方式有以下几种。（1）非常紧密型：由厂商双方相互投资组成销售公司或营销配送中心，直接向零售终端供货。（2）较紧密型：以独家代理、独家经销的方式，适当持有双方股份。（3）管理型：由双方共同组建管理的营销配送中心，双方人员参与管理，以管理契约加强合作。（4）松散的联盟型：由企业组织"联盟会"，选择"渠道领袖"管理。（5）较松散的捆绑型：厂家和一级经销商形成明确的利益捆绑关系，共同管理二级批发商与终端零售商。

3. 水平渠道系统策略

这是由两家或两家以上的企业横向联合，共同开拓新的营销机会的渠道系统。这些企业或因资本、人力、生产技术、营销资源不足，无力单独开发市场机会，或因惧怕承担风险，或因与其他公司联合可实现最佳协同效益而组成共生联合的渠道系统。如日本共同网络股份有限公司（CN），就是由大中型旅游公司、票务公司、体育娱乐服务公司等 27 家企业出资组建。其成员借助 CN 的共同信息网享用信息资源，齐心协力开拓旅游市场。

4. 多渠道系统策略

即对同一或不同细分市场，采用多渠道分销体系，大致有两种形式，一种是制造商通过两条以上的竞争性渠道销售同一商标产品，另一种是制造商通过多条渠道销售不同商标的差异性产品。此外，还有一些公司通过同一产品在销售过程中服务内容与方式的差异，形成多渠道以满足不同顾客的需要。多渠道系统为制造商提供了三方面利益：扩大产品的市场覆盖面，降低渠道成本和更好地适应顾客要求。该系统也容易造成渠道之间的冲突，给渠道控制和管理带来更大难度。

5. 基于互联网的分销渠道策略

基于互联网的分销渠道是指应用互联网提供产品或服务，使用计算机或其他技术手段的目标客户通过电子手段进行并完成交易。在互联网环境下，分销渠道不再仅仅是实体的，而是虚实结合的，甚至完全是虚拟的。在线销售、网上零售、网上拍卖、网上采购、网上配送等新的分销形式，使分销渠道多元化，由宽变窄，由实变虚，由单向静止变互动。在互联网渠道中，中间商的地位受到动摇，即使最小的生产商也能在互联网上向广大消费者提供信息；数以百万计的消费者通过互联网搜索与生产商直接联系，进行电子化购买。

（四）促销组合及其策略

各种促销方式都有其优点和缺点，在促销过程中，企业常常将多种促销方式同时使用。所谓促销组合，就是企业根据产品的特点和营销目标，综合各种影响因素，对各种促销方式的选择、编配和运用。促销组合是促销策略的前提，在促销组合的基础上，才能制定相应的促销策略，而促销策略又是促销组合的结果。因此，促销策略也称促销组合策略。

促销策略从总的指导思想上可分为推式策略和拉式策略两类。推式策略，是企业运用人员推销的方式，把产品推向市场，即从生产企业推向中间商，再由中间商推给消费者或最终用户，故也称人员推销策略。推式策略一般适合于单位价值较高的产品，性能复杂、需要做示范的产品，根据用户需求特点设计的产品，流通环节较少、流通渠道较短的产品，市场比较集中、集团性购买的产品等。拉式策略也称非人员推销策略，是指企业运用非人员推销方式把顾客拉过来，使其对本企业的产品产生需求，以扩大销售。对单位价值较低的日常用品，流通环节较多、流通渠道较长的产品，市场范围较广、单次购买量少、市场需求较大的产品，常采用拉式策略。

促销组合与促销策略的制定，其影响因素较多，主要应考虑以下几个因素。

1. 促销目标

企业在不同时期或不同地区，经营的目标不同，促销目标也不尽相同。无目标的促销活动收不到理想的效果。因此，促销组合和促销策略的制定，要符合企业的促销目标，并根据不同的促销目标，采用不同的促销组合与促销策略。

2. 产品因素

（1）产品的性质。产品的性质不同，购买者和购买目的就不相同，因此，对不同性质的产品必须采用不同的促销组合和促销策略。一般说来，在对消费品进行促销时，因市场范围广而更多地采用拉式策略，尤其以销售促进和广告形式促销为多；在对工业品或生产资料进行促销时，因购买者购买批量较大，市场相对集中，则以人员推销为主要形式。

（2）产品的市场生命周期。促销目标在产品市场生命周期的不同阶段是不同的，这决定了在市场生命周期各阶段要相应选配不同的促销组合，采用不同的促销策略。以消费品为例，在投入期，促销目标主要是宣传介绍商品，以使顾客了解、认识商品，产生购买欲望。广告起到了向消费者、中间商宣传介绍商品的功效，因此，这一阶段以广告为主要促销形式。在成长期，由于产品打开销路，销量上升，但同时也出现了竞争者，所以这时仍需广告宣传，以增进顾客对本企业产品的购买兴趣，同时辅之以公共关系、销售促进等形式，尽可能扩大销售渠道。在成熟期，竞争者增多，促销活动以增进购买兴趣为主，各种促销工具的重要程度依次是销售促进、广告、公共关系。在衰退期，由于更新换代产品和新发明品的出现，原有产品的销量大幅度下降。销售促进应继续成为主要的促销手段，并辅之以广告和公关手段。同时，为减少损失，促销费用不宜过大。

3. 市场条件

市场条件不同，促销组合与促销策略也有所不同。从市场地理范围大小看，若促销对象是小规模的本地市场，就应以人员推销为主；而对广泛的全国甚至世界市场进行促销，则多采用广告形式。从市场类型看，消费者市场因消费者多而分散，多数靠广告销售促进等非人员推销形式。而对用户较少、批量购买、成交额较大的生产者市场，则主要采用人员推销形式。此外，在有竞争者的市场条件下，制定促销组合和促销策略还应考虑竞争者的促销形式和策略，要有针对性地适时调整自己的促销组合及促销策略。

4. 促销预算

企业开展促销活动，必然要支付一定的费用。费用是企业经营十分关心的问题，并且企业能够用于促销活动的费用总是有限的。因此，在满足促销目标的前提下，要做到效果好而费用省。企业确定的促销预算额应该是企业有能力负担的，同时是能够适应竞争需要的。为了避免盲目性，在确定促销预算额时，除了考虑营业额的多少外，还应考虑到促销目标的要求、产品市场生命周期等其他影响促销的因素。

三、4P 理论的实践

（一）4P 营销理论在亚马逊的应用

1. 产品：亚马逊产品几乎涵盖任何领域

任何在亚马逊上购买产品的消费者都会看到数以百万计的选择触手可及。这个市场上有大量的卖家在销售他们的产品，它涵盖了所有可能的行业：服装、电子产品、食品、饮料、音乐、娱乐、玩具、办公用品、保健品、实体书和电子书、乐器，以及更多。

此外，独立卖家的所有产品都添加了亚马逊品牌本身的产品。这些范围涵盖从流式传输 Amazon Prime Video 或 Amazon Music Unlimited 到 Alexa、Amazon Fresh 或 Amazon Warehouse。

有了它，公司就涵盖了销售中可以想象的一切，并提供了诸如在同一天或在购买亚马逊 Prime 上的所有产品后的几天内立即收到订单等优势。而那种无所不卖的能力也暴露在亚马逊的标志中，一个从 A 到 Z 的微笑形状的箭头。

2. 价格：亚马逊与其竞争对手竞争的价格

亚马逊的定价政策是提供市场上最具竞争力的价格，以提高其主要竞争对手的报价。这些竞争对手不仅包括大品牌的在线商店（亚马逊"吃掉"了许多竞争对手，是大部分在线买家的偏好），还有它在市场领域的直接竞争对手阿里巴巴集团的全球速卖通。除了像任何公司都应该做的那样分析竞争价格之外，神经营销也是亚马逊营销策略的一部分，尤其是其营销组合。通过这种方式，我们都"陷入"了基于促销或"心理价格"（例如 9.99 欧元或类似价格）的神经营销技术的"圈套"。

3. 渠道：亚马逊全球分销

亚马逊配送覆盖全球也许不是字面意思，亚马逊和西伯利亚的爱斯基摩人总是有一些部落没有互联网连接，甚至不是任何公司的潜在客户，但是亚马逊到达了发达世界的任何可居住区。

零售行业没有竞争对手可以与亚马逊相匹配,无论是网络版本还是其移动应用程序,都处于市场领先地位。正如我们在亚马逊营销组合的产品部分中提到的,必须提高给那些订阅亚马逊 Prime 的人的发货速度。它无处不在,而且速度很快,这是对亚马逊营销策略的一个很好的总结。

4. 促销:亚马逊促销作为购买的挂钩

与任何市场、电子商务或实体店的促销活动一样,亚马逊促销活动是吸引消费者几乎不假思索地购买的诱饵。就公司的定价政策而言,全年固定价格并不是一个好的策略。

需要注意的是,在一年中的特定时间,例如黑色星期五和圣诞节,亚马逊会对其产品进行促销和大幅折扣。在许多情况下,这让人无法抗拒促销购物。

一家全球性公司,作为一个市场销售各种产品,不仅有自己的产品(像 Echo 或 Amazon Prime Video 这样的高科技产品),而且还有来自许多独立卖家的产品。然而,它们最终都在亚马逊的保护伞下。它的产品种类繁多,并且能送往任何地方,而且不乏促销和折扣,还有 Prime 等服务的速度。

亚马逊的营销策略涉及线下营销和线上营销的不同方面,其营销活动不仅包括数字营销,还包括电视等流媒体。所有这些都是为了塑造最好的形象,并尽可能地扩大其商业可能性。

(二)4P 理论在数字营销中的应用关键点

4P 理论在数字营销中的应用关键点包括以下几个方面。

1. 产品

利用用户数据来定制个性化的产品和内容;确保数字产品易于使用,提供良好的用户体验;快速迭代产品功能,以适应市场变化和消费者需求。

2. 价格

根据实时市场数据和用户行为调整价格;在线展示价格,确保消费者了解价格构成;强调产品价值,而不仅仅是成本。

3. 渠道

整合线上线下渠道,提供无缝购物体验;根据用户偏好和行为选择最合适的销售渠道;利用数据分析优化渠道策略和提高转化率。

4. 促销

创造有价值的内容来吸引和保留用户;利用社交媒体平台进行品牌推广和用户互动;使用数据分析进行精准定位,提高广告和促销的效果。

另外还需要运用大数据、人工智能等技术提升营销效果;收集和分析用户数据,以更好地理解用户需求；建立快速反馈机制，及时调整营销策略；简化购买和用户参与流程，减少用户流失；提供个性化推荐和定制化服务；确保网站和移动应用程序在移动设备上表现良好；开发适合移动用户的营销活动；明确告知用户数据如何被收集和使用；实时监控营销活动的表现，快速调整策略。

小链接4-1

传统文化的现代传播——"中国风"服饰品牌的4P营销策略

在中国传统文化复兴的背景下，将中国传统元素与现代设计相结合，展现中国传统文化韵味的服装品牌不断涌现。这些品牌通常运用中国元素如刺绣、印染、立领、盘扣等，以及使用桑蚕丝、亚麻等传统材质，设计出既有传统文化底蕴又不失现代时尚感的服装。

成立于2014年的国风品牌花朝记，主打清新文艺风格的汉服女装设计，运用刺绣、印染等工艺，将服饰与文化融合。产品方面，花朝记精心设计了一系列融合传统元素与现代审美的服装，如立领、盘扣、绣花等，满足消费者对文化认同和时尚的追求。价格方面，花朝记采取中高端定价策略，既体现了服饰的工艺价值，又避免了过高的价格门槛。促销方面，品牌通过社交媒体营销、文化活动赞助和KOL合作，有效提升了品牌知名度和影响力。渠道方面，花朝记在主要城市的文化商圈和电商平台设立销售点，方便消费者体验和购买。通过这一系列策略，花朝记不仅推动了传统文化的传播，也实现了商业价值和社会价值的双赢。

资料来源：张逸."汉服经济"兴起！10分钟售出25万套，一年成交20亿！[EB/OL].[2020-10-17]. https：//www. sohu. com/a/425432628_120065410.

第二节　以消费者需求为导向的4C理论

在当今数字化时代，消费者行为和购买模式发生了显著变化。传统的4P营销理论虽然经典，但已逐渐难以满足现代市场的需求。因此，营销学者提出了以消费者需求为导向的4C理论，以更好地适应消费者中心的市场环境。

一、4C理论的原理

4C理论由罗伯特·劳特伯恩（Robert Lauterborn，1990）提出，作为对4P理论的补充和扩展。4C理论的四个要素分别是：顾客需求和欲望、成本、便利性、沟通。它强调企业首先应该把追求顾客满意放在第一位，其次是努力降低顾客的购买成本，再次要充分注意到顾客购买过程中的便利性，而不是从企业的角度来决定销售渠道策略，最后还应以消费者为中心实施有效的营销沟通。

（一）顾客需求和欲望

企业应生产消费者所需要的产品而非自己能制造的产品。4C 营销理论首先强调的是"顾客"，这一点标志着营销的核心已经从过去的产品中心转移到了顾客中心。在这个理念下，企业在进行产品开发、市场策略制定时，必须首先考虑顾客的需要和偏好。理解顾客的期望、满足顾客的需求成为企业成功的关键。

以消费者为中心的营销首先要求企业深入理解顾客的需求和欲望。这不仅包括产品的基本功能，还包括情感、社会和个性化需求。如亚马逊和淘宝等电商平台通过分析用户的浏览和购买历史，提供个性化的产品推荐，满足消费者的个性化需求。

（二）成本

成本不仅指产品的定价，还包括消费者为获取产品或服务所付出的金钱、时间、精力等所有成本。成本在这里不仅仅是指顾客购买产品或服务需要支付的价格，更广泛地包括了顾客在获取、使用产品过程中的时间成本、精神成本等。企业在定价策略上，不仅要考虑成本与利润，还需要考虑顾客的总成本感知，通过合理定价来吸引顾客并保持竞争优势。

（三）便利性

便利性就是指为顾客提供最大的购物和使用便利，强调让消费者能够轻松地获取产品或服务。这包括购买过程的简化、产品的可获得性以及服务的快速响应。便利性关注的是顾客购买和使用产品的方便程度。在数字化时代，这一点尤为重要。企业需要通过优化销售渠道、提高服务效率等方式，使顾客能够在最便捷的条件下获取产品和服务。无论是线上的购物平台还是线下的实体店，提高顾客的购物便利性都是提升顾客满意度和忠诚度的有效途径。如：亚马逊的"一键购买"功能减少了购物流程的复杂性，提高了购买便利性。

（四）沟通

沟通是企业与消费者之间互动的过程，包括信息的传递、反馈的收集和关系的建立。沟通不仅仅是企业向顾客传达产品信息的单向过程，更是一个双向互动的过程。有效的沟通能够帮助企业更好地理解顾客的需求，收集反馈，以及建立起顾客的信任与忠诚。在当今社交媒体高度发达的背景下，企业需要利用各种沟通渠道，与顾客建立稳定而深入的关系。如：品牌通过 Facebook、Instagram 等社交媒体平台与消费者进行实时互动，收集反馈，建立品牌社区。

二、4C 营销策略

（一）顾客需求营销策略

1. 以顾客需求为导向

4C 理论的核心是顾客策略。而顾客策略也是许多成功企业的基本战略原则，比如沃尔玛"顾客永远是对的"的基本企业价值观。4C 的基本原则是以顾客为中心进行企业营销活动的规划设计，包括从产品生产到如何实现顾客需求的满足，从价格制定到综合权衡顾客购买所愿意支付的成本，从促销的单向信息传递到实现与顾客的双向交流与沟通，从通路的产品流动到实现顾客购买的便利性。

2. 以适度创新为竞争手段

顾客需求有显性需要和潜在需要之分。显性需要的满足是迎合市场，潜在需要的满足是引导市场。营销的首要考虑因素是研究客户需求，发现其真实需求，再制定相应的需求战略，以影响企业的生产过程。由于市场竞争的加剧，客户对于同质化产品表现出消费疲惫，而适度创新则是引导和满足客户需求的竞争利器。

3. 以顾客需求层次为市场细分依据

顾客需求层次也是进行市场细分的依据之一。满足何种需求层次，直接决定了目标市场定位抉择。根据马斯洛的需求层次理论，顾客需求从基本的产品需求向更高的心理需求满足的层次发展，因此，企业不仅要做产品，还要做品牌、做生活。通过创建品牌核心价值，营造新型生活方式，实现顾客在社会认同、生活品位等层次需求的满足。以房地产行业为例，在房地产开发前要考虑，房屋的建造不再是建造一个单纯的栖身之所，更是在营造一种生活，顾客不只是想拥有一个安身之处，更是要为心灵找到一个安心之港。身体的住所和心灵的港湾是两个不同的境界，也由此使产品本身的附加价值大相径庭。

4. 获取顾客需求

企业需要通过市场调研、数据分析等手段来了解顾客的购买行为、偏好和需求。了解顾客的需求可以帮助企业开发出更加符合市场需求的产品和服务，从而提高顾客的满意度和忠诚度。了解顾客需求的方法有：

（1）市场调研。通过问卷调查、焦点小组讨论等方法来获取顾客的反馈和意见。

（2）数据分析。通过分析顾客的购买数据、浏览数据等来了解他们的购买偏好和行为。

（3）社交媒体监测。通过监测社交媒体上的讨论和评论来了解顾客对产品和品牌的看法。

（二）成本营销策略

在制定营销策略时，企业需要考虑顾客购买产品的成本，以确保产品的价格和价值之间的平衡。

1. 考虑顾客购买总成本

顾客成本是顾客购买和使用产品所发生的所有费用的总和。价格制定是单纯的产品导向，而顾客成本则除了产品价格之外，还包括购买和熟练使用产品所发生的时间成本、学习成本、机会成本、使用转换成本、购买额外配件或相关产品的成本的统和。对于这些成本的综合考虑，更有利于依据目标客户群的特征进行相关的产品设计和满足顾客的真实需要。

顾客在购买某一商品时，除耗费一定的资金外，还要耗费一定的时间、精力和体力，这些构成了顾客总成本。所以，顾客总成本包括货币成本、时间成本、精神成本和体力成本等。由于顾客在购买商品时，总希望把有关成本包括货币、时间、精神和体力等降到最低限度，以使自己得到最大限度的满足，因此，零售企业必须考虑顾客为满足需求而愿意支付的"顾客总成本"，包括：努力降低顾客购买的总成本，如降低商品进价成本和市场营销费用从而降低商品价格，以减少顾客的货币成本；努力提高工作效率，尽可能减少顾客的时间支出，节约顾客的购买时间；通过多种渠道向顾客提供详尽的信息、为顾客提供良好的售后服务，减少顾客精神和体力的耗费。

例如：在房地产操作中，对于小户型房采用装修或是毛坯，就要对顾客需求和顾客成本进行综合考虑。又如：Netflix 和 Spotify 等流媒体服务通过提供月度或年度订阅，降低了消费者的单次购买成本，同时保证了服务的连续性。

2. 降低顾客购买成本

企业在降低顾客购买成本方面可以采用如下方法：
（1）价格优惠。通过降价、促销活动等方式来吸引顾客购买。
（2）便捷的购买渠道。提供线上线下多种购买渠道，方便顾客选择。
（3）提供售后服务。提供良好的售后服务，帮助顾客解决问题和提高购买体验。

（三）便利性营销策略

1. 最大程度地便利消费者

最大程度地便利消费者，是目前处于过度竞争状况的零售企业应该认真思考的问题。零售企业在选择地理位置时，应考虑地区抉择、区域抉择、渠道抉择等因素，尤其应考虑"消费者的易接近性"这一因素，使消费者容易到达商店。即使是远程的消费者，也能通过便利的交通接近商店。同时，在商店的设计和布局上要考虑方便消费者进出、上下，方便消费者参观、浏览、挑选，方便消费者付款结算等。

2. 提高购买方便性的方法

企业在提高购买方便性时，可采取以下方法：

（1）多样化的购买渠道。在线上和线下提供多种购买渠道，如官方网站、线下门店、手机应用等。

（2）快速的物流配送。提供快速、准确的物流配送服务，确保顾客能够及时收到产品。

（3）简化购买流程。简化购买流程，减少顾客的购买时间和精力消耗。

（四）沟通营销策略

与顾客沟通首先要明确企业传播促销策略是以顾客为导向而非企业导向或竞争导向。现实中的许多企业以竞争导向制定促销策略，结果陷入了恶性竞争的迷茫之中。顾客导向才更能使企业实现竞争的差异性和培养企业的核心竞争能力。顾客沟通也更强调顾客在整个过程中的参与和互动，并在参与互动的过程中，实现信息的传递以及情感的联络。

1. 选择多渠道沟通媒介

沟通要选择目标客户经常接触的媒介管道。由于社会信息爆炸，消费者每天所接触的信息来源非常广泛，因而单向的信息传递会由于消费者的信息接收过滤而造成传播效率低下。

2. 强调顾客的参与及互动

沟通强调客户的参与，这就要求顾客在互动的过程中对于信息充分接收并产生记忆。当前的体验营销就是客户在体验的过程中，了解产品与自身需求的契合，发现产品的价值所在，并在无形中领悟品牌文化，在潜移默化中达到心理的感动。而在体验的过程中，顾客的心声被企业接纳，又成为下一次创新的方向。万科的产品创新的循序渐进，就是在与顾客的长期沟通之中实现的。可口可乐随处皆可买到，房地产的售楼专车，驾校提供上门接送服务，快餐店送餐上门……这些都是在通路设计上实现产品到达的便利性。顾客便利的目标是通过缩短顾客与产品的物理距离和心理距离，提升产品被选择的概率。网上售楼系统作为一种新兴的销售手段，也是在应用科技发展，满足顾客购买便利性的需求。

3. 有效沟通的方法

企业在有效沟通方面可采取如下方法：

（1）品牌传播。通过广告、宣传、公关等方式向顾客传递品牌的理念和价值。

（2）社交媒体营销。通过社交媒体平台与顾客进行互动，传递产品信息和品牌形象。

（3）顾客反馈。及时回应顾客的反馈和问题，建立良好的沟通和互动关系。

综上所述，4C 营销组合策略的提出，是对传统营销 4P 理论（Product，Price，Place，Promotion）的一种补充和发展，它更加强调以消费者为中心，从消费者的角度出发，重新审视和调整企业的营销策略，以达到更好的市场效果。同时，4P 理论和 4C 理论还是存在着实质上的关联，包括从顾客需求的角度思考如何设计和研发产品，从顾客成本的角度考虑如何制定最合理的价格，此外，顾客需求本身对于产品价格也有着直接的影响，从与顾客如何沟通的角度思考促销和促销的方式，从客户购买的便利性的角度来确定企业通路的选择。作为营销的基本理论，4P 理论和 4C 理论的营销策略组合原则，都在我们日常的营销实践中被有意无意地广泛应用。

但随着时代的发展，这一理论也显现了其局限性。当顾客需求与社会原则相冲突时，顾客战略也是不适应的。例如，在倡导节约型社会的背景下，部分顾客的奢侈需求是否要被满足，这不仅是企业营销问题，更成为社会道德范畴问题。同样，建别墅与国家节能省地的战略要求也相背离。于是 2001 年，美国的艾略特·艾登伯格（Elliott Ettenberg）在其著作《下一个经济体：你知道你的客户在哪里吗？》（*The Next Economy：Will You Know Where Your Customers Are？*）一书中，提出了关系（Relationship）、节省（Retrenchment）、关联（Relevancy）和报酬（Rewards）的 4R 新说，"侧重于用更有效的方式在企业和客户之间建立起有别于传统的新型关系"。

三、4C 理论的实践

（一）4C 营销理论在物流企业中的应用

1. 物流营销的原则及其特点

一般而言，物流营销有三个原则，即：

（1）注重规模原则。物流业产生效益取决于它的规模，所以进行市场营销时，首先要确定某个客户或某几个客户的物流需求具有一定的规模，才去为他们设计有特色的物流服务。

（2）注重合作原则。现代物流的特点要求在更大的范围内进行资源的合理配置，因此物流企业本身并不一定必须拥有完成物流业的所有功能。物流企业只有做好自身的核心物流业务，而将其他业务交给别的物流企业完成，才能取得更大的物流效益。所以，物流营销还应该包括与其他物流企业进行联合的工作。

（3）注重回报原则。此外，物流市场营销与产品市场营销有着很大的差别。物流市场营销的一个最重要特点就是物流企业所提供的物流服务的质量水平并不完全由企业所决定，而同顾客的感受有很大的关系。即使是被企业自认为是符合高标准的质量，也可能不为顾客所喜爱和接受。另外，物流市场是一个差别化程度很大的市场，物流企业在进行营销工作时，已经根据目标客户企业的特点为其量身定制，建立了一套高效合理的物流方案。这是物流营销与产品市场营销的又一个重要差别。

2. 物流营销策略组合 4C

物流营销具有一般产品市场营销的一些特征，然而，由于物流所具有的特点，要求物流营销组合与有形产品以及其他服务产品的营销有着不同的特点。

传统的 4P（产品、价格、渠道、促销）营销策略自 20 世纪 50 年代末提出以来，对市场营销理论和实践产生了深刻的影响，被营销经理们奉为营销理论中的经典。而且，如何在 4P 理论指导下实现营销组合，实际上也是企业市场营销的基本营运方法。因此，物流营销不能脱离 4P 的理论框架基础。

然而随着市场竞争的变化，以及物流服务的特殊性，完全以 4P 理论来指导物流企业营销实践已经不能适应迅速发展的物流市场的要求。本书认为，20 世纪 90 年代，美国劳特朋提出的 4C 营销理论更适合当今物流企业的营销组合策略。4C 营销理论主要有这样几点内容：

（1）瞄准消费者需求。物流企业首先要了解、研究、分析消费者的需要与欲求，而不是先考虑企业能提供什么样的物流服务。有许多企业开始大规模兴建自己的物流中心、分拨中心等，然而一些较成功的物流企业却不愿意过多地把资金和精力放在物流设施的建设上，他们主要致力于对物流市场的分析和开发，争取做到有的放矢。

（2）消费者愿意支付的成本。物流企业首先需要了解物流需求主体为满足物流需要而愿意付出多少钱（成本），而不是先给自己的物流服务定价，即向消费者要多少钱。该策略指出物流的价格与客户的支付愿意密切相关，当客户对物流的支付意愿很低时，即使某物流企业能够为其提供非常实惠却高于这个支付愿意价格时，物流企业与客户之间的物流服务交易也无法实现。因此，只有在分析目标客户需求的基础上，为目标客户量体裁衣，设计一套个性化的物流方案才能为客户所接受。

（3）消费者的便利性。此策略要求物流企业始终从客户的角度出发，考虑为客户提供的物流服务能给客户带来什么样的效益。如时间的节约，资金占用减少，核心工作能力加强，市场竞争能力增强等。只有为物流需求者对物流的消费带来效益和便利，他们才会接受物流企业提供的服务。

（4）与消费者沟通。即以客户为中心，实施营销策略，通过互动、沟通等方式，将物流企业的服务与客户的物流需求进行整合，从而把客户和物流企业双方的利益无形地整合在一起，为用户提供一体化、系统化的物流解决方案，建立有机联系，形成互相需求、利益共享的关系，共同发展。在良好的客户服务基础上，物流企业就可以争取到更多的物流市场份额，从而形成一定的物流服务规模，取得规模效益。

从上述的 4C 内容可以看出，4C 物流营销组合有着很强的优势。一是 4C 物流营销组合首先以客户对物流的需求为导向，与中国的物流供求现状相适应，提出了物流市场不断发展的特点，着眼于企业与客户间的互动，达到物流企业、客户以及最终消费者都能获利的三赢局面。4C 物流营销组合能主动依照客户需求，积极地适应客户的需求，并运用优化和系统的思想去整合营销，通过与客户建立长期、稳定的合作关系，把企业与客户联系在一起，形成竞争优势。因此，该营销组合将会成为中国物流企业很长一段时间内主要运用的营销策略。二是 4C 物流营销重点考虑顾客愿意付出的成本，实现成本的最小化。物流企业的利润是客户效益中的一部分，只有客户的效益提高了，才能促进物流的需求增加和质量的提高；反过来，物流企业服务质量的提高又会促进客户效益的提高，形成良性循环。

3. 4C 营销策略对物流企业的指导作用

本书的 4C 物流营销的策略组合，是为解决中国物流业存在的有效需求不足的问题而提出的，应该说它对中国的物流企业具有较强的指导作用。首先，由于中国许多大型的物流企业是从原来的国有物资企业、运输企业、快递企业发展而来的，这些企业仍保持着相当的"老大"思想惯性，一切都以自身为中心，对他们的客户重视不够。4C 可引导这些企业关心客户的需求，关心客户关系的维护，并根据客户的行为来预测客户的物流需求，并为其设计物流服务。这样就可以使这些企业有可能获得长期、稳定的物流客户。其次，4C 营销策略告诉物流企业，物流业所产生的效益具有共享性，这种共享是在物流企业和客户之间实现的。在企业的物流营销过程中，必须时刻注意到如果客户不能从外包的物流业中获取效益，那么物流企业的所有努力都将是徒劳的。最后，结合上文提出的物流营销原则，物流企业在从事物流活动时，应该把该企业最擅长的一面（核心竞争能力）充分展示给客户，让他们充分相信物流企业的能力，能为其带来满意的效益，最终将物流业务交付给专业物流企业完成。

（二）4C 理论在数字营销时代的应用

在数字营销中，4C 理论的应用更加灵活和动态。以下是一些关键点：

（1）数据驱动的消费者洞察：利用大数据分析消费者行为，预测需求趋势。

（2）动态定价策略：根据市场需求和消费者行为实时调整价格。

（3）多渠道分销：通过线上线下融合的多渠道策略，提高产品的可获得性。

（4）内容营销：创造有价值的内容，从而与消费者建立信任和关系。

4C 理论为数字时代的营销提供了新的视角，强调了消费者在营销过程中的中心地位。通过深入理解消费者需求、降低购买成本、提高购买便利性和加强与消费者的沟通，企业能够在竞争激烈的市场中获得优势。

小链接 4 - 2

山货插上"云翅膀"，激活乡村经济"一池春水"

近年来，我国农村电商规模持续增长。据商务大数据监测，2024 年 1～7 月，我国农产品网络零售额增长 20.1%。截至 6 月，全国农村网商数达 1853.2 万家，同比增长 7.6%。在日前举行的 2024 年上半年中国农产品电商高层研讨会上，与会专家分析了上半年农产品电商形势，提出要以改革创新的举措推进农产品电商持续快速发展，推动农产品现代物流体系建设、促进农产品销售和农民收入增加。

电商渠道可以更好地带动地方产业发展，服务乡村振兴，不少地方政府也积极发挥自身力量，推动更多的特色农产品通过农村电商走出大山。"农村电商的核心是农产品电商，能不能发展好农产品电商，主要考验的是地方产业链和供应链的成熟度。"甘肃省陇南市电子商务发展局副局长焦武民说，陇南地处西秦岭南麓，气候宜人，物产丰富，但受限于交通区位劣势，销售渠道狭窄，产业链发展水平低，优质山林农产品长期存在"藏在深山无人识"的情况。焦武民介绍，2013 年以来，陇南市积极发展农村电商，以电子商务为突破口打开农产品销路，建立了农业特色产业链优、网货供应链优、电商人才培育链优的良好电商机制。截至 2023 年底，全市电商经营主体 1.5 万家，累计电商销售额 408 亿元；建成县级公共服务中心 9 个、乡镇电商服务站 192 个、村级电商服务点 2404 个。

"当前，陇南电商升级服务，开创电商'培训强农、村点惠农、平台联农、网销富农、订单益农、业态带农、数商兴农'的'七路助农'新实践，助力乡村全面振兴。"焦武民指出，强大的头部企业是引领农业发展的火车头，企业强才能开发出好产品，才能打开市场卖个好价钱，才能留得住农村青年在本地就业创业。一个好企业可以解决"人才短缺和产品单一"两个问题。

资料来源：中国食品报．山货插上"云翅膀"，激活乡村经济"一池春水"［EB/OL］．［2024 - 9 - 20］．http：//www.foodscn.cn/jujiao/12445.

第三节　以关系营销为导向的 4R 理论

一、4R 理论的原理

4R 理论是由美国学者唐·舒尔茨（Don E. Schultz）在 20 世纪 90 年代提出的，作为对传统 4P 营销理论的进一步发展，特别是在关系营销领域。4R 理论更加强调与消费者建立长期的关系，并通过这些关系来推动营销活动。以下是 4R 理论的四个主要组成部分。

（一）关联

关联，即认为企业与顾客是一个命运共同体。建立并发展与顾客之间的长期关系是企业经营的核心理念和最重要的内容。关联强调企业必须提供与消费者高度相关和有价值的产品或服务。企业需要了解消费者的需求和兴趣，确保营销信息和产品与消费者的生活方式和期望相匹配。

（二）反应

反应，就是说在相互影响的市场中，对经营者来说最难实现的问题不在于如何控制、制订和实施计划，而在于如何站在顾客的角度及时地倾听和从推测性商业模式转移成为高度回应需求的商业模式。反应关注企业如何对市场和消费者的反馈作出快速响应。这包括对消费者的需求变化、市场趋势和竞争对手行为的及时反应，并调整营销策略。

（三）关系

关系，是说在企业与客户的关系发生了本质性变化的市场环境中，抢占市场的关键已转变为与顾客建立长期而稳固的关系。与此相适应产生了 5 个转向：从一次性交易转向强调建立长期友好合作关系；从着眼于短期利益转向重视长期利益；从顾客被动适应企业单一销售转向顾客主动参与到生产过程中来；从相互的利益冲突转向共同的和谐发展；从管理营销组合转向管理企业与顾客的互动关系。关系是 4R 理论的核心，强调建立和维护与消费者之间的长期关系。通过高质量的客户服务、定制化的沟通和价值创造，企业可以提高客户忠诚度和维持持续的交易关系。

（四）回报

回报，即任何交易与合作关系的巩固和发展，都是经济利益问题。因此，一定的合理回报既是正确处理营销活动中各种矛盾的出发点，也是营销的落脚点。回报关注企业如何通过长期关系实现盈利。这不仅仅是短期的销售收入，而且是通过持续的关系和客户忠诚度来实现的长期盈利能力。企业需要评估关系营销的成本效益，并确保营销活动能够带来正向的投资回报。

4R 营销理论的最大特点是以竞争为导向，在新的层次上概括了营销的新框架，根据市场不断成熟和竞争日趋激烈的形势，着眼于企业与顾客的互动与双赢，不仅积极地适应顾客的需求，而且主动地创造需求，运用优化和系统的思想去整合营销，通过关联、关系、反应等形式与客户形成独特的关系，把企业与客户联系在一起，形成竞争优势。其反应机制为互动与双赢、建立关联提供了基础和保证，同时也延伸和升华了便利性。"回报"兼容了成本和双赢两方面的内容，追求回报，企业必然实施低成本战略，充分考虑顾客愿意付出的成本，实现成本的最小化，并在此基础上获得更多的市场份额，形成规模效益。这样，企业为顾客提供价值和追求回报相辅相成。

二、4R 营销策略

（一）与顾客建立稳定且紧密的关系

企业必须通过某些有效的方式在业务、需求等方面与顾客建立关联，形成一种互助、互求、互需的关系，把顾客与企业联系在一起，减少顾客的流失，以此来提高顾客的忠诚度，赢得长期而稳定的市场。

企业应该建立一个长期的关系，而不是仅仅追求一次性的销售，这可以通过以下几个方面来实现。

（1）提供有价值的信息。企业可以通过社交媒体、博客、邮件等方式向顾客提供有价值的信息，包括行业趋势、产品知识、使用技巧等；也可以提供个性化的服务，企业可以通过了解顾客的需求和偏好，提供个性化的服务，包括定制、售后服务等。

（2）社交活动。企业可以通过组织社交活动，如聚会、讲座等，来增强和顾客的联系和互动。

（二）提高对市场的反应速度

多数公司倾向于说给顾客听，却往往忽略了倾听的重要性。在相互渗透、相互影响的市场中，对企业来说最现实的问题不在于如何制订、实施计划和控制，而在于如何及时地倾听顾客的希望、渴望和需求，并及时作出反应来满足顾客的需求。这样才有利于市场的发展。

企业应该积极地收集顾客的反馈，包括对产品、服务、营销活动的反馈。这可以通过以下几个方面来实现。

（1）调查。企业可以通过在线调查、电话调查、面对面调查等方式来收集顾客的反馈。

（2）社交媒体。企业可以通过社交媒体来获取顾客的反馈，包括评论、留言、私信等。

（3）监控。企业可以通过监控关键词、品牌提及等方式来获取顾客。

（三）重视与顾客的互动关系

4R 营销理论认为，如今抢占市场的关键已转变为与顾客建立长期而稳固的关系，把交易转变成一种责任，建立起和顾客的互动关系。而沟通是建立这种互动关系的重要手段。

（四）回报是营销的源泉

由于营销目标必须注重产出，而达成回报是动力的源泉，注重企业在营销活动中的回报，所以企业要满足客户需求，为客户提供价值，不能做无用的事情。一方面，回报是维持市场关系的必要条件；另一方面，追求回报是营销发展的动力，营销的最终价值在于其是否给企业带来短期或长期的收入能力。

企业应该提供有价值的回报，以回馈顾客的忠诚和信任。这可以通过以下几个方面来实现。

（1）优惠：企业可以提供优惠活动，如折扣、满减等。

（2）礼品：企业可以提供礼品，如赠品、积分兑换等。

（3）特殊待遇：企业可以为忠诚顾客提供特殊待遇，如 VIP 会员、定制服务等。

三、4R 理论的实践

（一）4R 营销在房产销售中的应用

如果将 4R 理论移植到现今的房地产销售行业，那么我们会发现房地产的营销将会进入一个前所未有的真正的双赢时代。

具体来说，4R 是一个非常准确描述开发商与业主之间关系的一种营销策略，同时也符合当前人们对商业的普遍要求，是第一次把双赢的概念引入房地产的营销策略。

4R 理论有利于建立楼盘品牌，进一步成就企业品牌。一个好的营销策略能产生一个成功的楼盘，一个成功的楼盘就能成就一个企业品牌。4R 理论就是这样一个营销策略。

现代企划的鼻祖史蒂芬·金曾说过："产品是工厂所生产的东西，品牌是消费者要购买的东西。产品是可以被竞争者模仿的东西，品牌却是独特的。产品极易过时落伍，但成功的品牌能长久不衰。"开发商建立品牌的出发点是满足消费者的需求，而有些需求是情感化的，这就需要关系营销的力量。通过引入 4R 营销策略，可以给业主一个有情感"依归"感的房子，4R 策略通过将关系营销引入售卖过程来建立起开发商与业主之间情感沟通的桥梁，使业主与开发商能相互理解，相互支持，完全可以成就一个名牌楼盘，进一步成就一个名牌的企业。

事实上，很多名牌的企业都已在经营实践中运用着 4R 营销策略。京城经典的房地产营销案例——潘石屹的现代城，在整个的营销推介过程中，都能看到 4R 的影子，并且发挥了显著的影响力。首先从开发理念上看，潘石屹第一个引进国外的 SOHO 观念，针对大批的自由职业者"在家办公"的消费需求，抓住了消费者的需求变化，及时适应了一批消费者的房产需求变化，将 4R 的关联要素转变为销售核心价值，制造出有核心竞争力的产品。其次，在现代城的售卖过程中，随着消费者的需求变化，现代城的图纸也在建筑过程中不断地被修改。最初现代城为解决顶层物业销售的难度，将顶层的户型设计成复式结构的，结果一下子供不应求，所有顶层复式的房子都卖完了，但还是有顾客不断地来问还有没有复式，潘石屹当机立断，将下面本来平层的房子改成复式的，以适应消费者变化的购房需求，就这样一层挨一层地从顶层往下改。设计院说，怎么改个没完，潘石屹回答说，消费者的需求是最好的设计，只要消费者有需求变化，设计就要改。这正是 4R 中的反应要素。再次，现代城的营销中后期建立了业主沟通网站，所有业主的意见都可以在第一时间到达公司的最高领导那里，对所有业主的资料建立详细的资料库，附以无理由退房等有力的售后保障，开发商与消费者之间建立了长效稳固的关系。关系要素，把对业主的管理变成了责任，消费者从顾客变成了品牌忠诚者，从管理营销组合变成管理和顾客的互动关系。最后，回报可当然不只是现代城一个项目的成功，潘石屹和他的红石公司声名赫起，其后开发的其他项目在企业品牌和客户关系的积累中无往不利，且营销费用也节省了不少，短期利润与长期回报双效回笼。

（二）4R 理论在数字营销中的应用

4R 理论在数字营销中通过大数据和社交媒体技术实现精准营销的方式主要包括以下几个步骤。

1. 识别

利用大数据技术追踪和分析消费者的在线行为，包括网页浏览、搜索历史、购物习惯、社交媒体活动等，构建详细的消费者画像。应用数据挖掘技术识别消费者的偏好、需求和购买意向，从而更好地理解目标市场。

2. 到达

根据消费者画像，通过社交媒体平台、搜索引擎、个性化电子邮件等数字化渠道，将营销信息精准推送给目标消费者。利用社交媒体广告定向功能，如 Facebook 和 Instagram 的定向广告，根据用户的年龄、性别、兴趣和行为等信息，实现精准投放。

3. 建立关系

通过社交媒体与消费者建立互动，如评论、点赞、分享和私信等，增强消费者的品牌忠诚度。创建社群或论坛，邀请消费者参与讨论和反馈，建立品牌社区，促进消费者之间的互动和口碑传播。

4. 回报

利用社交媒体的数据分析工具，如 Facebook Insights，监测营销活动的效果，包括用户参与度、转化率和 ROI 等关键指标。根据数据分析结果调整营销策略，优化广告投放和内容营销，提高营销活动的转化率和投资回报率。

5. 内容定制化

结合大数据分析结果，创建定制化的内容营销策略，确保内容与消费者的兴趣和需求高度相关。运用社交媒体的动态广告产品，如 Instagram 的购物帖子，展示个性化的产品推荐。

6. 多渠道整合

整合线上线下多个渠道的数据，提供无缝的消费者体验，无论是在网站、社交媒体、移动应用还是实体店铺。确保品牌信息和营销活动的一致性，加强消费者的品牌认知。

7. 技术应用

运用先进的技术如人工智能（AI）和机器学习（ML）来分析消费者行为，预测购买趋势，并自动化营销流程。利用聊天机器人和虚拟助手提供个性化的客户服务和支持。

通过这些步骤，4R 理论在数字营销中有效地结合了大数据和社交媒体技术，帮助企业实现精准营销，提高营销效率和效果。

小链接 4 - 3

红色旅游的创新发展——创新供给促红色旅游"长红"

在浙江嘉兴南湖重温"一大路"、到贵州遵义追寻"长征魂"、去湖南橘子洲头瞻仰青年毛泽东雕塑……当前，我国红色旅游市场火热，游客的旅游体验更加丰富。《中国红色旅游发展报告（2023）》显示，全国红色旅游接待人数已突破 20 亿人次，红色旅游市场规模接近万亿元。有效优化红色旅游产品供给，将进一步提升红色旅游服务水平。

近年来，全国重点建设红色旅游经典景区 300 个，历史类博物馆、纪念馆 1644 家，历史类纪念馆累计推出主题展览 1.5 万个，红色旅游业规模持续扩大。旅游产业形式不断创新，产品不断升级。例如，江西省某地依托"红医"文化，打造"红色康养"小镇，实现人均增收 2.5 万元。又如，重庆市融合 3D Mapping 技术、全息投影与真人演艺，推出沉浸式史诗剧《红岩红》，创新红色文化表达方式，运用新理念、新内容、新技术赋能红色旅游，推动红色精神入脑入心。

与此同时，我国在红色旅游发展方向、行业规范、功能作用等层面先后出台一系列重大政策举措。《"十四五"旅游业发展规划》提出，要大力发展红色旅游，提升示范化水平，广泛开展宣传推广活动，积极发挥巩固拓展脱贫攻坚成果作用，推进人才队伍建设。文化和旅游部、教育部等部门于2023年8月印发的《用好红色资源 培育时代新人 红色旅游助推铸魂育人行动计划（2023—2025年）》强调，到2025年，红色旅游助推铸魂育人工作机制更加完善，教育功能更加凸显，青少年思想政治素养和全面发展水平明显提升。

管理好、运用好红色旅游资源，未来应以游客消费需求为核心，进一步把握红色旅游的特点，供需两端协同发力。

一方面，利用大数据平台，精准分析红色旅游景区的游客需求，推出个性化、定制化、品质化红色旅游产品。依托数字技术，建立立体式、沉浸式、交互式的红色旅游新场景，使红色文物由"物化"走向"活化"，让游客从"参观者"变成"参与者"，共情共振。聚焦游客的"食、住、行、学、养、购、娱"需求，将红色旅游与教育、农业、康养等产业融合，延伸"红色＋"产业链，形成产业集群。深挖红色文化内涵，与当地的历史文化、人文特色相融合，因地制宜发展红色旅游夜间经济。找准市场定位，采取短视频、直播等多元化方式进行推介宣传。

另一方面，加大对红色旅游产业智能化设施的政策和资金支持力度，把红色文物的智能化保护、红色景区的智慧化运维作为提高旅游资源开发利用率的重要抓手。加快制订红色旅游专项人才培养计划，吸引和培育更多既懂历史又通晓旅游管理的专业型、复合型人才。加大红色旅游惠民力度，持续发放旅游消费券，推出票价优惠、折扣套餐、消费补贴，让游客愿消费、想消费、能消费。对于学生、老人、亲子等不同游客群体，通过红色主题活动、赛事活动吸引游客。还应落实红色旅游安全责任，保障游客出行安全，市场平稳有序。

资料来源：李响，孔朝霞. 创新供给促红色旅游"长红"［EB/OL］.［2024－07－20］. http：//m. people. cn/n4/2024/0720/c30_21163253. html.

本 章 要 点

在市场营销组合中，4P分别是产品、价格、渠道、促销。（1）产品的组合，主要包括产品的实体、服务、品牌、包装。它是指企业提供给目标市场的货物、服务的集合，包括产品的效用、质量、外观、式样、品牌、包装和规格，还包括服务和保证等因素。（2）定价的组合，主要包括基本价格、折扣价格、付款时间、借贷条件等。它是指企业出售产品所追求的经济回报。（3）渠道通常称为分销的组合，它主要包括分销渠道、储存设施、运输设施、存货控制，它代表企业为使其产品进入目标市场所组织、实施的各种活动，包括途径、环节、场所、仓储和运输等。（4）促销组合，指企业利用各种信息载体与目标市场进行沟通的传播活动，包括广告、人员推销、营业促销与公共关系等。

4C 理论包含：消费者、成本、便利、沟通。4C 强化了以消费者需求为中心的营销组合。（1）消费者，指消费者的需要和欲望。企业要把重视顾客放在第一位，强调创造顾客比开发产品更重要，满足消费者的需求和欲望比产品功能更重要，不能仅仅卖企业想制造的产品，而且要提供顾客确实想买的产品。（2）成本，指消费者获得满足的成本，或是消费者满足自己的需要和欲望所肯付出的成本价格。这里的营销价格因素延伸为生产经营过程中的全部成本。包括：企业的生产成本，即生产适合消费者需要的产品成本；消费者购物成本，不仅指购物的货币支出，还有时间耗费、体力和精力耗费以及风险承担。（3）便利指购买的方便性。相比传统的营销渠道，新的观念更重视服务环节，在销售过程中，强调为顾客提供便利，让顾客既购买到商品，也购买到便利。企业要深入了解不同的消费者有哪些不同的购买方式和偏好，把便利原则贯穿于营销活动的全过程，售前做好服务。及时向消费者提供关于产品的性能、质量、价格、使用方法和效果的准确信息。（4）沟通，指与用户沟通。企业可以尝试多种营销策划与营销组合，如果未能收到理想的效果，就说明企业与产品尚未完全被消费者接受。这时，不能依靠加强单向劝导顾客，要着眼于加强双向沟通，增进相互的理解，实现真正的适销对路，培养忠诚的顾客。

4R 营销理论是由美国学者唐·舒尔茨在 4C 营销理论的基础上提出的新营销理论。4R 分别指关联、反应、关系和回报。该营销理论认为，随着市场的发展，企业需要从更高层次上以更有效的方式在企业与顾客之间建立起有别于传统的新型的主动性关系。（1）紧密联系顾客，企业必须通过某些有效的方式在业务、需求等方面与顾客建立关联，形成一种互助、互求、互需的关系，把顾客与企业联系在一起，减少顾客的流失，以此来提高顾客的忠诚度，赢得长期而稳定的市场。（2）提高对市场的反应速度，多数公司倾向于说给顾客听，却往往忽略了倾听的重要性。在相互渗透、相互影响的市场中，对企业来说最现实的问题不在于如何制订、实施计划和控制，而在于如何及时地倾听顾客的希望、渴望和需求，并及时作出反应来满足顾客的需求。这样才利于市场的发展。（3）重视与顾客的互动关系，4R 营销理论认为，如今抢占市场的关键已转变为与顾客建立长期而稳固的关系，把交易转变成一种责任，建立起和顾客的互动关系。而沟通是建立这种互动关系的重要手段。（4）回报是营销的源泉，由于营销目标必须注重产出，注重企业在营销活动中的回报，所以企业要满足客户需求，为客户提供价值，不能做无用的事情。一方面，回报是维持市场关系的必要条件；另一方面，追求回报是营销发展的动力，营销的最终价值在于其是否给企业带来短期或长期的收入能力。

复习思考题

1. 在产品的不同生命周期应当采取哪些营销手段?

2. 定价策略如何与其他营销组合策略协调配合?

3. 如何正确处理渠道成员之间的利益冲突?

4. 选择促销组合应该考虑哪些因素?

5. 在数字营销中, 4C 理论的实施关键点有哪些?

6. 企业如何运用 4R 理论通过大数据和社交媒体技术实现精准营销?

实践练习　品牌广告歌曲展播

一、实践目的

1. 学习如何通过音乐增强品牌识别度和情感联系。

2. 培养学生的创意思维, 设计能够代表品牌精神的广告歌曲。

3. 通过实践活动, 理解广告歌曲在市场营销中的作用。

4. 通过小组合作完成项目, 提升团队协作和沟通能力。

二、实践具体要求

1. 每组选择一个知名品牌, 进行广告歌曲创作。

2. 分析品牌定位、目标受众、品牌个性和现有广告策略。

3. 创作一首 30 秒至 1 分钟的广告歌曲, 要求旋律简洁、歌词富有品牌特色。设计广告歌曲的应用场景, 包括但不限于电视广告、社交媒体推广等。

4. 准备一个 5 ~ 10 分钟的展示, 包括歌曲播放和创作理念讲解。

三、实践步骤

1. 分组与品牌选择:学生分成小组, 每组选择一个品牌进行广告歌曲创作。

2. 市场调研:各组进行市场调研, 收集品牌相关信息。

3. 创作与制作:小组成员合作创作歌曲, 并进行录音制作。

4. 广告概念设计:设计广告歌曲的应用场景和推广策略。

5. 展示准备:准备展示材料, 包括 PPT、视频和演讲稿。

6. 展示与评估:各组进行展示, 教师和同学进行评估。

四、实践评估

1. 创意性(30%):歌曲是否具有创新性和独特性, 能否有效传达品牌信息。

2. 品牌契合度(30%):歌曲与品牌形象和价值观的契合程度。

3. 市场适应性(20%):广告歌曲是否符合目标市场的需求和偏好。

4. 团队展示（20%）：展示的流畅性、专业性和互动性。

注意事项：确保广告歌曲内容健康、积极，符合社会主流价值观。尊重音乐版权，避免使用未经授权的音乐作品。鼓励原创，避免抄袭他人作品。

五、实践拓展

1. 研究不同行业（如科技、时尚、食品等）品牌广告歌曲的特点和趋势。

2. 分析不同品牌广告歌曲的异同，探讨成功因素。

3. 探讨广告歌曲在数字营销中的应用，如社交媒体挑战、用户参与活动等。

4. 了解广告歌曲涉及的音乐版权和法律问题。

本章知识拓展

基于互联网的定价策略

互联网的产生与发展，使得收集信息的成本大大降低。市场资源朝着最优化方向发展，意味着市场的主动权不再是卖方，所以由需求引导的市场资源配置是互联网时代的重要特征。同时，互联网也以其独特技术优势提供了从事商业的新渠道。它创造出了电子市场，购买者和销售商在那里会见、收集信息、提交标书、商议订单和跟踪订单处理，以电子手段完成交易。

企业基于互联网的定价策略有以下几方面。

（一）低价定价策略

直接低价定价策略：在定价时采用成本加较低利润，有的甚至是零利润。这种方式一般是企业在网上进行直销时采用的定价方式，前提是通过互联网可以大量销售货物。

折扣策略：是在原价基础上进行折扣定价。这种方式可以让买方直接了解产品降价幅度。该方式主要用在一些网上商店，如 Amazon，图书价格一般都有折扣，有时达到3~5折。

（二）定制生产定价策略

通过互联网确定定制产品的过程，在计算机帮助下由买方自己完成，使企业有可能以较低成本给买方提供定制服务，满足买方个性化需求。

定制生产定价策略主要包括以下几方面。

（1）定制定价策略。在企业实行定制生产的基础上，利用网络技术和辅助设计软件，帮助买方选择配置或者自行设计能满足自己需求的个性化产品，买方同时承担自己愿意付出的价格成本。

（2）按需定价策略。企业通过定制服务，根据买方选择的产品功能与配置实行不同的价格。

（3）买方出价，卖方应价策略。由买方先提出愿意为某种产品或服务支付的价格，再由卖方决定是否接受这一价格。

（三）使用定价策略

使用定价策略是指买方通过互联网注册后可直接使用企业的产品，根据使用次数付费，不需要将产品完全购买。这一方面减少了企业为完全出售进行的大量生产和包装；另一方面还可吸引过去有顾虑的买方使用，扩大市场份额。买方按使用次数付款，可节省购买、安装、处置产品的支出。

采用按使用次数定价，产品应能通过互联网传输。目前比较适合的产品有软件、电影等。对于软件，用户网上注册后即可直接使用，无须购买软件和担心软件的升级维护等非常麻烦的事务；对于电影，则可通过视频点播系统 VOD 来实现远程点播，无须购买影带。

（四）拍卖竞价策略

网上拍卖是发展较快的领域。英式拍卖是目前网上拍卖最流行的一种方式，一旦竞买人发现感兴趣的物品，就能浏览当前最高出价，并决定是否竞价。当竞买人提交竞价后，可继续观察拍卖状态。当目前竞价高于该竞买人的竞价时，拍卖站点会自动通过 E - mail 通知竞买人。

网上英式拍卖与传统英式拍卖有所差别。传统英式拍卖对于每件拍卖品来说，不需要事先确定拍卖时间，一般数分钟即可结束拍卖；对于网上拍卖来说，则事先需要确定拍卖起止时间，一般是数天或数周。如果拍卖在某个固定的时间关闭，则许多竞买人往往直到拍卖结束前数分钟才开始竞价，试图提交一个能击败所有其他竞买人的竞价，并使其他竞买人没有时间反击。解决在拍卖最后时刻竞价的一种方式，是在固定时间内增加扩展期，通常是 5 分钟。意味着如果最后 5 分钟内有竞价，则拍卖的关闭时间自动延长 5 分钟。这一过程一直持续下去，直到 5 分钟以内没有新的竞价拍卖才终止。另一种方式是实施代理竞价机制。通常每个竞买人都有一个代理帮助竞价，竞买人只需告诉代理希望为该物品支付的最高价格，代理会自动帮其定价，直到达到最高价格。

还有一种逆向拍卖的方式，允许购买者规定规格和愿意支付的价格，然后给参与的销售商提供相应出价，把传统零售市场的功能倒过来。假如没有人愿意以标出的价格和规格出售，购买者可能会提高价格，直到有一个销售商同意这个价格。

通常，网上拍卖由下列五个基本步骤组成。

（1）买卖双方注册，进行双方身份的确认、密钥的交换等。

（2）建立一个特定的拍卖事件，描述被拍卖的物品，确定拍卖方式、拍卖终止规则、物品发送时间、货款支付方式等。

（3）按照事先确定的竞价规则进行竞价。

（4）评估竞价和终止拍卖，按照事先确定的拍卖终止规则终止拍卖，公布拍卖的中标者。

（5）拍卖成交和办理交货手续，中标人支付货款给卖方，卖方收到货款后，将货物发送给买方。如果卖方不是中介人，则还要向拍卖人支付一定的佣金。

目前，网上拍卖已逐渐从单件物品拍卖，向多件相同物品拍卖和组合拍卖方向发展。网上拍卖竞价策略将成为基于互联网的产品定价主要策略之一。

（五）数字化产品的免费定价策略

目前电子市场上，数字化产品主要指信息产品，如计算机软件、股票行情和金融信息、新闻、搜索、书籍、杂志、音乐影像、电视节目、在线学习和虚拟主机的服务、FAQ（常见问题回答）等。这些数字化产品具有非毁坏性、可改变性和可复制性等特点，所以生产的边际成本几乎为零。

数字化产品除了前面的使用定价策略，许多网络公司更加热衷于采用免费价格策略进行网络营销。数字化产品免费价格策略主要有以下几方面。

（1）数字产品限制免费策略。指数字产品免费下载后，顾客可以使用它的全部功能，但要受到一定限制。限制主要表现为两种：一种是使用期限，就是只能让顾客下载后免费使用一段时间，并且时间较短，一般一个月左右，超过这个时间继续使用需要付费；另一种是使用次数，规定顾客只能免费使用几次，超过次数就要付费，实际上是让顾客先得到产品，若满意则付款拥有该产品，不满意则不购买。

（2）数字产品部分免费策略。可以让消费者免费使用其中一种或几种功能，想要获得全部功能则必须付费购买正式产品。数字产品提供的付费功能，可以归为两类：一类是必要的，就是顾客要得到产品的全部功能，产品才能发挥实质性功效，如免费的杀毒软件只能处理一些简单的病毒，对真正影响计算机的、较为关键的病毒往往起不到作用，这时就要购买正版杀毒软件。企业提供这类产品的免费功能，主要是为了扩大产品的知名度，让顾客有先入为主的观念，利用免费功能为产品做广告。另一类是个性化的，产品的免费功能能够很好地满足顾客某一方面需求，但其他方面的需求则要付费功能。如腾讯公司的即时聊天软件，所有的注册用户都可免费享受服务以满足即时通信的需求，但为了享受更为个性化的服务（如 QQ 秀等）就必须付出相应费用。企业正是通过增加产品附加服务的含量来使产品差别化，这类付费的服务都是更具诱惑力的体验性增值服务，能使核心产品更具个性化。

（3）数字产品捆绑式免费策略。指购买某产品或服务时，赠送其他产品或服务。数字产品的捆绑策略有两种，一是"软硬捆绑"，即把软件安装在指定设备上出售。如联想集团与通用软件公司的捆绑合作；二是"软软捆绑"，即不同的软件产品打包出售。

（4）数字产品完全免费策略。指数字产品从购买、使用和售后服务所有环节实行免费。完全免费的是无差异的产品，也就是各个网站提供的基本相同。如果某个网站收费，消费者就会转向别的网站。

资料来源：吴建安，聂元昆. 市场营销学［M］. 5 版. 北京：高等教育出版社，2014：261 - 263.

第五章 数字营销策略

引例

华为 Mate 60：未发先售，遥遥领先

2023 年 8 月 29 日，在未召开任何相关发布会的情况下，华为 Mate 60 系列手机直接宣布上架开售，引发全民热议，于极短的时间内一售而空，可谓"一机难求"。在华为发布会上，华为常务董事、终端 BG CEO 余承东频繁用"遥遥领先"来形容华为在业内的地位——从处理器、摄像头、屏幕、电池、充电、系统到应用等，华为均"遥遥领先"于竞争对手，余承东充满个人特色的口音和风格引发广大网友调侃，"遥遥领先"也成为网络热梗，在华为 Mate 60 系列的相关宣发视频被网友津津乐道，进一步引爆了此次新品的流量热度。

此外，华为 Mate 60 系列还在全平台投放了大量新媒体广告，在广告数量和质量方面也"遥遥领先"——从各平台开屏广告，到视频中的插入式广告、使用该系列产品拍摄的"质感大片"，再到央视专门策划的 20 分钟揭秘 Mate 60 系列的专题栏目，全方位向消费者展示了该系列产品的优雅外观、坚固机身、强大信号、专业拍摄等卖点。数质兼有的广告宣发，加之适当的媒体炒热，华为 Mate 60 系列成为全民关注焦点，引起了线上线下的抢购热潮，消费者对华为的品牌好感度亦达到巅峰。

资料来源：山西省广告协会.2023 年度中国最具影响力的十大数字营销传播案例 [EB/OL].[2024 - 01 - 08].http：//sxsggxh.com/html/xiehuidongtai/3438.html.

随着互联网技术的飞速发展，数字时代已经全面到来，这一变革对市场营销领域产生了深远影响。内容营销作为数字时代的新兴营销手段，正逐渐成为品牌与消费者沟通的重要桥梁。

第一节　数字时代的内容营销

自 20 世纪 90 年代互联网萌芽之初至 21 世纪初期，伴随着互联网的初步普及，企业开始勇于探索在网络空间中发布信息，旨在吸引潜在客户的关注。然而，这一时期的内容营销尚未形成独立的体系，更多时候仅作为传统广告策略的附属，其核心价值与战略地位尚未被充分认识与挖掘。

进入 21 世纪的前十年，社交媒体平台的迅猛崛起为企业营销开辟了新的互动疆域。这一时期，内容营销逐渐挣脱了传统广告的桎梏，摇身一变成为一项独立的营销策略。企业纷纷将战略焦点转向内容的创意与品质，力求通过创造并提供富有价值的内容，来有效吸引并稳固目标受众群体。

2010～2020 年，移动互联网技术的飞速发展与智能手机的广泛普及，加之 4G 乃至 5G 网络的全面覆盖，共同将内容营销推向了一个前所未有的崭新高度。这一时期，短视频、直播等创新内容形式犹如雨后春笋般涌现，极大地拓宽了企业与消费者之间的沟通渠道，不仅显著提升了互动的频次与深度，还有效增强了品牌信息的传播效率与覆盖范围。

自 2020 年起，人工智能与大数据技术的深度融合为内容营销领域注入了前所未有的活力与变革动力。AI 生成内容、个性化精准推送、多元化内容生态体系及内容营销的战略化布局等前沿趋势，正逐步成为引领行业创新发展的风向标。在这一快速变化的市场环境中，企业需时刻保持敏锐的市场洞察能力，不断创新并优化内容营销策略，以确保在激烈的竞争中稳固领先地位，持续引领行业潮流。

一、数字时代内容营销的概念

随着数字时代的到来，互联网与移动设备的广泛普及，消费者的信息获取途径与消费行为习惯发生了根本性的变革。传统的广告形式在这一背景下逐渐式微，而内容营销作为一种创新且高效的营销范式，正逐步占据数字营销的核心舞台。内容营销不仅聚焦于内容的创意与品质卓越，更强调与受众之间的深度互动与即时反馈，成为企业提升品牌竞争力、巩固市场地位的关键策略。

在数字时代，内容营销作为一种前沿且高效的营销策略，可理解为利用互联网与数字化技术的广泛覆盖与即时交互能力，企业精心策划、创作并分享具有高度价值性、趣味性和教育意义的内容，旨在与目标受众建立深度连接与互动，从而增强品牌认知度、提升用户忠诚度，并最终促进销售转化与市场地位巩固的过程。

具体而言，数字时代的内容营销根植于互联网与数字化技术的深厚土壤，致力于创造并分享那些兼具价值性、趣味性与教育意义的内容。通过这些精心策划的内容，企业能够有效地吸引目标受众的关注，深化品牌印象，进而促进用户的长期留存与转化。在这一过程中，品牌认知度得以显著提升，用户忠诚度得到不断强化，最终推动企业销售业绩的稳健增长。因此，内容营销不仅是企业传递品牌信息与价值的有效载体，更是其实现市场营销目标、巩固市场地位的重要工具。

二、数字时代的内容形式

（一）文字形式

文字作为内容营销领域中最传统且不可或缺的基石，凭借其独特的魅力与功能，持续在数字世界中发光发热。它通过精心雕琢的语言艺术，以逻辑严谨、条理清晰的论述方式，向广大读者群体精准地传递信息、分享专业知识、启迪思考或激发情感共鸣。在当前的数字时代背景下，文字内容更是跨越了传统的界限，通过博客文章、社交媒体平台的动态更新、电子邮件营销策略、专业的新闻稿发布等多种渠道，实现了广泛而深入的传播，成为企业与消费者之间沟通的桥梁。

文字内容的创作与编辑过程相对简便，易于根据目标受众的偏好、平台的特性以及市场变化进行适时的调整与优化。这种灵活性确保了文字内容能够迅速适应不同场景和需求，实现精准投放与有效传播。与其他形式相比，文字内容在阐述复杂概念、解析行业趋势、分享专业知识等方面具有得天独厚的优势。通过详细的论述和深入的逻辑分析，文字能够引导读者深入思考，建立对品牌的信任与尊重，进而提升品牌在行业内的权威性与影响力。同时，搜索引擎优化（SEO）是数字营销中不可或缺的一环。优化后的文字内容能够更好地匹配用户的搜索意图，提高网站在搜索引擎中的排名，从而吸引更多的自然流量。这对于提升品牌知名度、扩大市场份额具有重要意义。

以企业博客为例，许多企业选择定期发布高质量的行业洞察文章、产品使用指南等内容。这些文章不仅为潜在客户提供了有价值的信息与帮助，还通过搜索引擎的排名优势吸引了大量目标客户群体的关注。随着时间的推移，这些持续输出的文字内容逐渐构建起企业的专业形象与品牌影响力，进而提升了品牌在目标市场中的认知度与竞争力。

（二）图片形式

在数字营销的广阔舞台上，图片以其直观、生动的独特魅力，扮演着不可或缺的角色。作为内容营销的重要组成部分，图片通过其丰富的色彩、细腻的构图和深刻的寓意，跨越了语言的界限，成为传递品牌信息、展现产品特色、讲述品牌故事的有效工具。在社交媒体、官方网站、电子邮件营销等多种数字渠道中，图片以其强大的视觉冲击力，迅速吸引用户的注意力，引导用户深入了解品牌内涵。

在社交媒体盛行的今天，图片因其直观、简洁的特点而备受用户青睐。一张富有创意和感染力的图片往往能够迅速在社交媒体上传播开来，引发用户的点赞、评论和分享。这种病毒式的传播方式极大地扩大了品牌的影响力，为品牌带来了更多的曝光机会和潜在客户。高质量的图片，无论是精美的产品图、创意十足的海报，还是富有故事性的场景照，都能在短时间内迅速抓住用户的眼球。这种强烈的视觉刺激不仅提升了内容的吸引力，还激发了用户的探索欲和好奇心，促使他们进一步了解图片背后的品牌或产品信息。通过精心挑选的图片，品牌可以巧妙地展现其品牌理念、产品特色或用户场景，从而触动用户的情感神经。这种情感共鸣不仅加深了用户对品牌的认知和记忆，还增强了用户对品牌的归属感和忠诚度。

众多品牌通过巧妙运用图片形式进行内容营销，取得了显著成效。例如，某时尚品牌定期在社交媒体上发布创意海报和模特美图，不仅展示了其产品的独特魅力和时尚感，还通过图片传递了品牌的时尚态度和生活方式。这些图片内容迅速吸引了大量用户的关注和点赞，并在社交媒体上广泛传播，极大地提升了品牌的曝光度和知名度。同时，品牌还通过图片内容与用户建立了深厚的情感联系，增强了用户对品牌的认同感和忠诚度。

（三）音频形式

在数字营销领域，音频形式以其独特的沉浸式体验和高度伴随性，成为连接品牌与消费者的新桥梁。随着数字技术的飞速发展，音频内容不再局限于传统的广播和唱片，而是广泛融入了社交媒体、在线平台、智能设备等多个数字渠道中。这种融合不仅拓宽了音频内容的传播范围，也极大地丰富了数字营销的手段和形式。

音频内容的高度伴随性在数字营销中尤为突出。用户可以在数字设备上随时随地收听音频内容，无论是通过手机 App、智能家居设备还是车载音响，都能轻松享受音频带来的知识与娱乐。这种无缝融入用户日常生活的特性，使得音频内容成为数字营销中提升品牌曝光度、增强用户黏性的重要工具。同时，音频内容的多样化与个性化也为数字营销提供了广阔的空间。品牌可以根据目标受众的喜好和需求，定制专属的音频内容，如播客节目、有声书、音频广告等，以独特的声音魅力和情感共鸣吸引用户的关注。通过精准的内容策划和分发策略，品牌可以在数字世界中构建独特的品牌形象，与用户建立深厚的情感联系。

为了充分利用音频形式的优势，许多品牌纷纷推出专属的播客节目。某知名汽车品牌推出的专属播客节目，不仅邀请了汽车行业内的权威专家进行深度访谈，分享行业趋势和技术创新，还融入了品牌的历史故事和文化传承。这种集知识性、娱乐性和情感性于一体的音频内容，成功吸引了大量汽车爱好者的关注和喜爱。通过播客节目的持续输出，该品牌不仅提升了品牌形象和市场影响力，还与用户建立了深厚的情感联系，增强了用户的品牌忠诚度。

（四）视频形式

在数字营销的时代背景下，视频形式以其独特的魅力成为连接品牌与消费者的关键桥梁。短视频、直播、微电影等多样化的视频内容，通过丰富的画面、生动的情节和直观的信息传递方式，不仅满足了用户对于高质量内容的需求，还极大地提升了品牌的曝光度和市场影响力。以下是几种常见的视频营销形式：

短视频以其短小精悍、易于传播的特点，成为数字营销中的热门选择。品牌可以通过短视频快速展示产品特色，使用场景或品牌故事吸引用户的关注和兴趣。同时，短视频平台如抖音、快手等，凭借其庞大的用户基数和精准的算法推荐，为品牌提供了高效的流量入口和转化路径。

直播作为一种实时互动的视频形式，为品牌与消费者之间建立了更直接、更紧密的联系。通过直播，品牌可以实时展示产品、解答用户疑问、进行优惠促销等活动，增强用户的参与感和购买欲望。此外，直播还具备社交属性，能够激发用户的分享和传播意愿，进一步扩大品牌的影响力。

微电影则以其深度和情感共鸣为特点，适用于品牌故事的讲述和品牌形象的塑造。微电影通过精心编排的故事情节和视觉效果，将品牌理念、价值观等深层次内容传递给用户，从而在用户心中建立起对品牌的深刻认知和情感认同。

视频营销的优势不言而喻，其视觉冲击力强大，能在极短时间内抓住观众眼球；同时，视频内容易于在社交媒体平台上分享与传播，极大拓宽了品牌信息的覆盖范围，加速了品牌影响力的扩张。此外，视频作为一种信息密集型媒介，能够在有限时间内传递大量信息，帮助用户更全面地了解产品或服务。然而，视频营销也面临着一定的挑战，包括制作成本较高、时长限制导致信息传递不全面以及用户注意力易分散等问题，这要求企业在制作过程中既保证内容质量，又注重信息的精炼表达，以克服上述难题。

（五）H5 活动营销形式

H5 活动营销，作为数字时代内容营销的一种创新且充满趣味性的形式，巧妙运用了第五代超文本标记语言（Hyper Text Markup Language 5，HTML5）技术，实现了更为丰富的交互与动画效果，极大提升了用户参与体验感。通过精心策划诸如大转盘抽奖、刮刮乐、砸金蛋等互动活动，企业能够以极具吸引力的方式传递产品信息，激发用户的浓厚兴趣与广泛参与。以某移动通信品牌推出的"刮刮乐"活动为例，用户在 App 登录后即可参与刮奖，赢取包括折扣券、免费流量等在内的多重奖励。此类活动不仅成功吸引了用户的眼球与参与，还显著增强了品牌的互动性与客户忠诚度。更值得一提的是，用户乐于通过社交媒体分享自己的中奖体验与奖品展示，从而进一步扩大了品牌的影响力与传播范围。

H5 活动营销的魅力在于其强大的趣味性与互动性，能够迅速聚拢人气并促发用户的自发传播。借助社交媒体的快速分享功能，H5 活动链接得以广泛扩散，品牌曝光度与认知度随之飙升。此外，通过巧妙设置优惠与抽奖机制，企业还能有效引导用户采取购买、注册等行动，显著提升转化率。然而，值得注意的是，高质量的 H5 活动背后往往需要专业设计与研发团队的支持，制作门槛相对较高。同时，面对多样化的设备与网络环境，如何确保用户体验的一致性与流畅性也成为一大挑战。随着 H5 营销的日益普及，市场竞争愈发激烈，企业需不断创新活动形式与内容，以保持竞争力。

以上 5 种不同内容形式的营销特点、优势和适用场景如表 5 - 1 所示。

表 5 - 1　　　　　　　　　　　不同内容形式的区别

内容形式	特点	优势	适用场景
文字	传统、严谨、逻辑性强	信息表达精准 便于搜索和索引 成本低廉，易于制作	博客文章 产品说明书 学术论文 长篇内容阅读
图片	直观、视觉冲击力强	快速传达信息 吸引用户注意力 适用于社交媒体传播	产品展示 创意海报 时尚杂志 社交媒体广告
视频	直观、生动、感染力强	全方位展示产品或 服务吸引年轻用户 提升品牌形象 易于病毒式传播	产品介绍视频 品牌宣传片 用户教程 短视频平台营销
音频	沉浸式体验、伴随性强	适合用户碎片化时间 无须视觉专注 情感传递效果好	有声读物 播客节目 音乐营销 语音助手互动
H5	交互性强、动画效果丰富	提升用户参与度 易于分享传播 整合多种媒体元素 实时反馈与互动	互动营销活动（如抽奖、游戏） 产品演示 问卷调查 虚拟试衣间

三、数字时代内容营销的特点

在数字时代背景下，内容营销展现出其独特的魅力与优势，其核心特点可归结为内容价值导向、多渠道传播广泛性、高度的互动性、数据驱动决策的科学性以及长远视角下的长期效益。这些特点共同构筑了内容营销在品牌塑造、用户吸引与留存以及营销效果提升中的不可替代地位。

（一）内容价值导向显著

数字时代的内容营销，其核心理念在于提供富有价值、深度与见解的内容，而非直接的产品或服务推销。这一转变深刻契合了当代消费者的心理与行为趋势。面对信息爆炸的环境，消费者更倾向于寻求那些能够带来实际帮助与启发的高质量内容。因此，品牌需聚焦于创作兼具吸引力与实用性的内容，以满足用户需求，进而提升品牌信誉，塑造专业可信的形象。

（二）多渠道传播的广泛性

数字时代的内容营销不再受限于单一渠道，而是充分利用社交媒体、博客、官方网站、电子邮件、视频平台等多元化途径进行广泛传播。这种多渠道策略构建了全方位的内容覆盖网络，确保内容能够触及更广泛的潜在用户群体，显著提升内容的可见度与传播效率。同时，不同渠道所聚集的用户群体各具特色，多渠道传播策略有助于品牌更全面地洞察用户需求，从而制定更为精准的营销策略。

（三）互动性的强化

数字内容天然具备高度的互动性，这一特性使内容营销能够突破传统营销的单向传播模式。用户可通过评论、点赞、分享等方式与内容创作者进行实时互动，表达个人观点与感受。这种互动性不仅增强了用户的参与感与归属感，还深化了用户与品牌之间的情感联系。品牌则可通过积极互动收集用户反馈与需求信息，及时调整营销策略，提供更加个性化的服务体验。

（四）数据驱动决策的科学性

在数字时代，内容营销的效果可通过详尽的数据分析进行量化评估。品牌可依托先进技术收集并分析用户的浏览量、点赞数、分享次数、转化率等关键指标，从而直观把握内容表现与用户行为特征。这些数据不仅为营销策略的优化提供了坚实依据，还助力品牌实现更加精准的决策制定，有效提升了营销效率与成果。

（五）注重长期效益的深远视角

相较于追求短期曝光与转化的传统广告模式，内容营销更注重长期效益的积累。通过持续输出高质量内容，品牌得以逐步构建稳固的用户群体与良好的品牌形象。这一过程虽需时间与耐心，但一旦形成稳定的用户基础与品牌形象，将为品牌带来持续的商业价值与市场竞争力。因此，内容营销被视为一种具有前瞻性与战略性的营销手段，有助于品牌在激烈的市场竞争中脱颖而出。

四、数字时代内容营销方法

在数字化时代，内容营销面临着信息过载、竞争加剧、信任危机、数据隐私保护以及内容创作难度增加等多重挑战。为了有效应对这些挑战，企业需要采取一系列策略来优化和提升内容营销的效果。

（一）精准定位，深化用户洞察

在数字化时代，内容营销的成功离不开对目标受众的精准定位。精准定位不仅是内容创作的前提，也是确保营销信息有效触达用户的关键。通过深入了解目标受众的需求、兴趣和行为习惯，企业能够创作出更具针对性和吸引力的内容，从而增强用户的参与度和品牌忠诚度。精准定位的核心在于构建用户画像，即通过收集和分析用户数据，勾勒出目标受众的详细特征。这一过程需要借助大数据和人工智能技术，以实现对用户行为的深度洞察和精准预测。

三只松鼠通过大数据分析，精准锁定了年轻消费者群体，特别是喜欢网购和零食的年轻白领和学生。他们针对这一目标受众，在社交媒体上发布趣味图文、短视频等内容，成功吸引了大量粉丝，推动了品牌快速发展。

（二）创新内容形式与风格

在当今这个信息爆炸、用户口味瞬息万变的时代，企业面对的核心挑战之一便是如何持续创新内容的形式与风格，以捕捉并满足用户日益多样化的需求。这不仅仅是对传统内容传播方式的一次革新，更是企业提升品牌竞争力、深化市场渗透力的关键所在。

为了打破常规，企业需积极拥抱短视频、直播、互动故事等新型内容形式。短视频以其直观、快速、易于传播的特点，成为吸引年轻用户眼球的利器。通过精心策划的短视频内容，企业能够在极短的时间内传达品牌理念、展示产品特性，激发用户的购买欲望。而直播则以其实时互动、场景还原的优势，为用户提供了沉浸式的购物体验，拉近了品牌与消费者之间的距离。此外，互动故事作为一种新兴的内容形式，通过情节设计、角色塑造等方式，引导用户参与其中，增强了内容的趣味性和吸引力。

在创新内容形式的同时，企业还需注重内容的趣味性和教育性。趣味性是吸引用户关注、提高参与度的关键。通过幽默、夸张、情感共鸣等手法，企业可以创作出让人捧腹或深思的内容，使用户在享受娱乐的同时，对品牌产生好感。而教育性则能让用户在获取信息的同时，感受到品牌的专业性和价值感。企业可以通过分享行业知识、解答用户疑问等方式，提升品牌形象，增强用户黏性。

故宫文化作为传统文化与现代创新融合的典范，其成功之道在于对内容形式与风格的深度挖掘与创新。通过推出一系列富有创意的文创产品，如"故宫口红""故宫胶带"等，故宫文化不仅让传统文化焕发了生机，还成功吸引了大量年轻消费者的关注。同时，故宫文化还在社交媒体上发布了一系列有趣的故事和视频，如《我在故宫修文物》等纪录片，以及以故宫为背景的创意短片，这些内容形式新颖、内容丰富、趣味横生的作品，不仅传播了传统文化知识，还提升了故宫文化的品牌影响力和美誉度。

（三）分析内容触达场景

内容触达场景分析是确保内容精准投放的关键环节。通过深入研究用户在各种生活场景中的行为模式和心态，企业能够更准确地把握用户需求，进而优化内容分发策略，提高内容的曝光率和转化率。这一过程不仅有助于提升用户体验，还能增强品牌与消费者之间的连接。

在实施内容触达场景分析时，企业需采取综合性策略。首先，深入洞察用户在不同生活场景（如工作、学习、休闲等）中的具体行为与心理需求，通过多渠道收集并分析用户数据。其次，基于这些洞察，利用社交媒体、搜索引擎及应用商店等平台，进行精准的内容投放，确保内容在正确的时间，以适宜的形式触达目标用户。最后，企业应建立持续的反馈机制，通过用户反馈和数据分析不断优化内容触达策略，确保策略的有效性和适应性。以某电商平台为例，该平台通过分析用户购物习惯，在周末和节假日等休闲时段增加促销活动的推送，同时，利用大数据分析用户搜索历史，为其推荐个性化商品，显著提升了用户转化率和满意度。

极米投影仪在小红书平台上的内容触达策略就是一个成功的案例。通过分析不同生活场景下的用户需求，极米构建了多样化的使用场景来展示产品潜力，同时，与知名短视频创作者合作，利用他们的影响力传播品牌故事，并在新品上市时通过利用小红书的FEEDS和SEM广告功能，使广告投放触达核心用户群体。这一系列举措不仅提升了品牌知名度和美誉度，还显著增强了用户转化率，为极米在激烈的市场竞争中脱颖而出提供了有力支持。

（四）优化内容创作流程与提高创作效率

为了在快速变化的市场环境中保持竞争力，企业亟须优化内容创作流程，以实现创作效率与质量的双重提升。这一过程涉及多个层面的变革，首先，企业应组建或引入专业的内容创作团队，这些团队不仅具备扎实的文字功底和创意能力，还应熟悉目标受众的喜好与需求。通过团队内部的合理策划与分工合作，可以确保每个创作环节都紧密衔接，减少不必要的等待和重复工作。

此外，企业还应积极拥抱技术革新，引入智能化的内容创作工具。这些工具能够辅助创作者进行市场调研、数据分析、灵感激发等工作，从而加速创作过程并提升内容的针对性与吸引力。腾讯作为科技行业的领军者，凭借其强大的技术实力，开发了一系列内容创作平台。这些平台不仅提供了丰富多样的模板和素材库，简化了创作流程，还通过智能推荐算法，帮助创作者更精准地把握用户兴趣点，实现内容与用户的深度匹配。

腾讯的内容创作平台极大地提升了创作者的效率与创造力，吸引了众多内容创作者加入腾讯的生态体系。平台上的创作者可以轻松地获取所需资源，快速生成高质量的内容作品，并通过腾讯的广泛分发渠道触达目标受众。这种高效的创作与分发模式不仅促进了内容的持续更新与优化，还保持了品牌的活力与影响力。同时，随着平台用户规模的扩大和创作者社区的繁荣，腾讯还不断迭代升级平台功能，以满足创作者日益增长的需求，推动内容创作行业的持续发展。

（五）强化品牌故事与情感共鸣

在构建品牌影响力的征途中，讲述引人入胜的品牌故事与传递深具共鸣的品牌价值观是不可或缺的基石。企业需深入挖掘自身品牌背后那些鲜为人知却充满力量的故事与理念，这些故事不仅仅是企业历史的简单回顾，更是品牌精神的生动体现。通过细腻的情感描绘和富有感染力的叙述方式，企业能够跨越产品与消费者之间的物理界限，直接触动用户的心灵深处。

分享品牌创始人的创业历程，是建立情感连接的有效手段之一。这些故事往往蕴含着坚持、创新、挑战与突破的元素，能够激发消费者的共鸣与敬佩。同时，展现品牌在社会责任项目上的贡献与努力，也是强化品牌形象、提升品牌美誉度的重要途径。它不仅能够展现企业作为社会公民的责任担当，还能增强消费者对品牌的信任与好感。

百雀羚作为一个经典国货品牌，其成功之道便在于深谙品牌故事与情感共鸣的力量。通过精心策划与呈现，百雀羚在社交媒体平台上发布了一系列与品牌历史、文化传承紧密相关的优质内容。这些内容不仅追溯了品牌的起源与发展，更深入挖掘了品牌背后的文化价值与美学理念，成功唤起了广大消费者对国货品牌的情感共鸣与怀旧情怀。面对数字化内容营销的挑战，企业需要采取精准定位、创新内容、建立信任、保护数据、优化流程、深化洞察和强化品牌故事等策略。通过综合运用这些策略，企业可以有效提升内容营销的效果，实现品牌的快速发展和市场的持续拓展。

第二节　数字广告营销

一、数字广告认知

（一）数字广告的含义

数字广告营销，亦被业界广泛称作网络广告或互联网广告，是借助数字网络、互联网媒体平台及移动设备等多元化数字化媒介，实施广告信息传播与市场营销活动的过程。此概念虽伴随技术迭代与市场变迁持续深化，但其核心精髓始终未变：即依托先进的数字化技术，实现广告投放的精准定位、高效触达以及深度互动，从而最大化营销成效，塑造卓越的市场反响。

（二）数字广告的优势

1. 精准画像，个性化触达

数字广告借助大数据与人工智能技术，深度挖掘并分析用户行为数据，构建出详尽的用户画像。这一过程不仅涵盖了用户的基本属性，如年龄、性别、地域等，还深入洞察其兴趣偏好、消费习惯等深层次特征。基于这些精准的用户画像，数字广告能够实现高度个性化的广告投放，确保每一条广告都能精准触达目标受众的内心需求。这种个性化的投放策略，不仅提高了广告的吸引力和点击率，还显著增强了用户的品牌忠诚度和购买意愿。

2. 全球覆盖，灵活应变

数字广告打破了传统媒体的地域限制，通过互联网和移动设备的普及，实现了全球范围内的广泛覆盖。企业可以轻松地将品牌信息传递给全球潜在客户，极大地拓宽了市场边界。同时，数字广告的传播策略具有高度灵活性，企业可以根据市场变化、竞争对手动态以及用户反馈等信息，实时调整广告内容、形式和投放渠道，确保营销策略始终紧跟时代步伐，满足市场需求。

3. 深度互动，激发参与

数字广告不仅仅是信息的单向传递，更是一种双向互动的沟通过程。通过嵌入丰富的互动元素，如点击链接、填写表单、参与调查、观看视频等，数字广告鼓励用户积极参与其中，表达自己的意见和看法。这种互动不仅增强了用户的参与感和满足感，还为企业提供了宝贵的用户反馈和市场洞察。此外，通过社交媒体、移动应用等平台的分享功能，用户还可以轻松地将有趣的广告内容分享给亲朋好友，进一步扩大广告的传播范围和影响力。

4. 数据驱动，效果可量化

数字广告营销的核心优势之一在于其强大的数据分析能力。通过收集和分析广告展示量、点击率、转化率、投资回报率等关键指标数据，企业可以直观地评估广告效果，了解营销活动对品牌知名度、用户行为等方面的具体影响。这种数据驱动的评估方式不仅提高了营销决策的准确性和科学性，还为企业提供了持续优化广告策略的依据和方向。基于数据分析结果，企业可以针对性地调整广告内容、优化投放策略，以实现更好的营销效果和更高的投资回报率。

5. 成本优化，效益提升

相较于传统广告高昂的制作和发布成本，数字广告在成本控制方面展现出了显著的优势。首先，数字广告的制作流程更加高效便捷，降低了制作成本；其次，通过精准定位和个性化投放策略，数字广告能够确保广告信息有效触达潜在客户群体，减少了广告浪费现象；最后，借助实时竞价等程序化购买方式，企业可以以更低的价格获得优质的广告资源位置。这些优势共同使得数字广告营销在成本控制和效益提升方面表现出色，成为越来越多企业的首选营销方式。

数字广告的 5 个优势如图 5 - 1 所示。

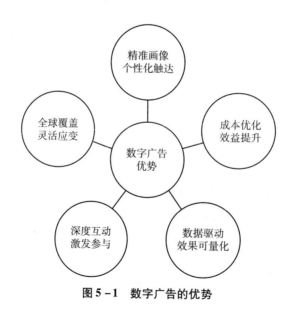

图 5 - 1　数字广告的优势

二、数字广告营销的分类及特征

在数字化时代，广告营销已不再局限于传统媒介，而是全面迈入了数字领域。数字广告营销以其精准性、高效性和互动性，成为现代品牌推广和市场营销不可或缺的重要手段。其主要渠道可细分为搜索引擎营销、推荐引擎营销和社交媒体营销三大板块，每一板块都扮演着独特的角色，共同编织成数字广告营销的广阔网络。

（一）搜索引擎广告营销

1. 搜索引擎广告的定义、特点与重要性

搜索引擎广告，即 SEM（Search Engine Marketing），是企业在数字化营销时代中不可或缺的一种推广手段。它利用搜索引擎这一全球用户广泛使用的信息检索平台，通过竞价排名或优化自然搜索结果的方式，将企业的广告信息精准地展示给正在主动搜索相关信息的潜在用户。搜索引擎广告之所以受到企业青睐，主要得益于其以下几个显著特点。

（1）高度精准。基于用户输入的搜索关键词，搜索引擎广告能够实现广告与潜在用户需求的精准对接，从而提高广告的曝光率和转化率。这种精准定位的能力，使得企业能够更有效地触达目标受众，提升营销效果。

（2）广泛覆盖。搜索引擎拥有庞大的用户群体，覆盖了全球范围内的互联网用户。这使得搜索引擎广告能够为企业带来广泛的品牌曝光和销售机会，助力企业扩大市场份额。

（3）成本效益。相比其他营销手段，搜索引擎广告在成本控制方面具有显著优势。企业可以根据自身的预算和营销目标，灵活设置广告投放策略，如调整关键词出价、设置投放时间等，从而有效控制广告成本，实现最佳的投资回报率。

（4）数据驱动。搜索引擎广告平台提供了丰富的数据分析和监控工具，使企业能够实时了解广告效果，如点击率、转化率、成本等关键指标。这些数据为企业提供了宝贵的市场反馈，帮助企业不断优化广告投放策略，提升营销效果。

2. 搜索引擎广告投放流程

搜索引擎广告投放流程是一个复杂而精细的过程，需要企业精心策划和执行。以下是对该流程的详尽解析。

（1）前期准备阶段。企业首先需要明确广告目标，如提升品牌知名度、促进产品销量等。同时，还需要对目标受众进行深入分析，了解他们的搜索习惯和需求特点。这些准备工作将为后续的广告投放策略制定提供有力支持。

（2）关键词策略制定。关键词是搜索引擎广告的核心。企业需要根据产品或服务特性及目标受众搜索习惯，精心挑选并组合关键词。在选择关键词时，企业需要考虑关键词的相关性、竞争程度以及搜索量等因素，以确保广告能够触达潜在用户并实现精准投放。

（3）广告内容创意设计。广告内容的创意设计是吸引用户点击和关注的关键。企业需要设计具有吸引力的广告标题、描述文案以及着陆页。在设计广告内容时，企业需要注重内容的真实性和合法性，避免夸大其词或误导用户。同时，还需要注重用户体验的优化，确保用户能够顺畅地浏览和了解广告信息。

（4）投放参数设置。在投放广告之前，企业需要根据广告目标和预算合理设置投放参数。这些参数包括投放时间、地域、设备等。通过精准设置投放参数，企业可以确保广告在最适合的时间和地点展示给目标受众，提高广告的曝光率和转化率。

（5）投放执行与监控。广告投放后，企业需要密切关注广告效果数据，如点击率、转化率等。通过实时监控数据变化，企业可以及时了解广告的实际效果并作出相应调整。同时，还需要对竞争对手的广告策略进行关注和分析，以便及时调整自身策略以保持竞争优势。

（6）持续优化与调整。搜索引擎广告是一个持续优化和调整的过程。企业需要根据广告效果数据和市场反馈不断调整投放策略和优化广告内容。通过不断尝试和改进，企业可以逐步提升广告效果并实现最佳的投资回报率。

搜索引擎广告投放流程如表5-2所示。

表5-2   搜索引擎广告投放流程

顺序	阶段	主要任务
1	前期准备阶段	明确广告目标 分析目标受众 确定广告预算
2	关键词策略制定	挑选并组合关键词 考虑关键词相关性、竞争度、搜索量
3	广告内容创意设计	设计广告标题 编写描述文案 设计着陆页 注重真实性和用户体验
4	投放参数设置	设置投放时间 选择投放地域 确定投放设备

顺序	阶段	主要任务
5	投放执行与监控	投放广告 监控广告效果数据（点击率、转化率等） 关注竞争对手策略
6	持续优化与调整	根据数据调整投放策略 优化广告

3. 搜索引擎广告营销在不同行业的应用与成效

搜索引擎广告营销作为一种高效、精准的营销手段，已经广泛应用于各行各业中。无论是电商、旅游、教育还是其他领域的企业，都可以通过搜索引擎广告来实现品牌推广、产品促销和用户引流等目标。通过精准投放广告，企业能够快速提升品牌知名度和产品曝光率，吸引更多的潜在客户关注和购买。同时，搜索引擎广告还能够帮助企业降低营销成本，提高投资回报率，为企业的持续发展提供有力支持。

（1）电商行业。在电商行业中，搜索引擎广告是企业提升商品曝光率和促进销售的重要手段。通过精准投放广告，企业可以将商品信息展示给正在搜索相关商品的潜在用户，从而提高商品的点击率和转化率。同时，通过不断优化广告投放策略和创意内容，企业还可以提升品牌知名度和用户忠诚度。

（2）旅游行业。旅游行业是一个高度依赖搜索引擎广告的行业。通过投放搜索引擎广告，旅游企业可以将旅游线路、酒店住宿等旅游产品展示给正在计划旅行的用户。这种精准投放的方式不仅提高了旅游产品的曝光率，还为用户提供了便捷的旅游信息查询和预订服务。同时，通过监控广告效果数据并不断优化投放策略，旅游企业还可以提升用户满意度和忠诚度。

（3）教育行业。在教育行业中，搜索引擎广告同样发挥着重要作用。教育机构可以通过投放搜索引擎广告将课程信息、学校介绍等内容展示给正在寻找教育资源的用户。这种精准投放的方式不仅提高了教育机构的知名度，还为学生和家长提供了便捷的选课和咨询渠道。同时，通过不断优化广告内容和投放策略，教育机构还可以提升教学质量和用户口碑。

（二）推荐引擎广告营销

1. 定义与特点

推荐引擎营销作为现代数字营销领域的核心策略之一，是运用大数据技术和人工智能算法，对用户的在线行为数据进行深度挖掘与分析，进而实现个性化广告内容的精准推送。这一营销手段不仅重塑了传统广告的传播方式，还极大地提升了广告的针对性和有效性。

（1）高度个性化与精准性。通过细致分析用户的浏览、搜索、购买及互动数据，推荐引擎能够构建出详尽的用户画像，从而确保推送的广告内容与用户兴趣紧密相关，实现一对一的精准营销。

（2）强化用户体验与互动性。基于用户反馈的实时调整机制，推荐引擎能够不断优化推荐策略，确保广告内容的持续更新与用户的兴趣变化同步，增强了广告的吸引力和用户的参与度。

（3）显著提升广告效果。由于广告内容的高度个性化，用户的点击意愿和购买转化率得到显著提高，为广告主带来了更为可观的回报。

（4）数据驱动与持续优化。整个推荐过程以数据为基础，通过实时数据监控和效果评估，推荐引擎能够不断学习和优化推荐算法，确保营销策略的科学性和有效性。

2. 运作机制

在推荐引擎营销的运作过程中，每一步都紧密相连，共同构成了一个高效、精准的营销体系。

（1）数据收集与整合。推荐引擎的运作始于数据的广泛收集。这一过程涉及多个渠道，包括但不限于用户在电商平台上的浏览记录、搜索关键词、购买历史，以及在社交媒体平台上的互动行为等。这些数据是构建用户画像的宝贵素材，它们反映了用户的兴趣、偏好、消费习惯等多个维度。

收集到的原始数据需要经过严格的清洗和整合过程，以去除噪声和冗余信息，确保数据的准确性和一致性。清洗后的数据被整合到用户画像数据库中，为后续的算法分析和建模提供坚实的基础。

（2）算法分析与建模。在拥有了丰富的用户数据之后，推荐引擎可以运用先进的机器学习、深度学习等算法，对这些数据进行深度挖掘和分析。算法通过分析用户的浏览、搜索、购买等行为模式，识别出用户的兴趣偏好、消费习惯及潜在需求。

同时，基于这些分析结果，推荐引擎还会建立相应的预测模型。这些模型能够预测用户在未来的行为趋势，如可能感兴趣的商品、服务或内容等。预测模型的建立为后续的广告匹配和推送提供了科学依据。

（3）广告匹配与推送。基于算法分析的结果和预测模型的预测，推荐引擎开始为用户推荐个性化的广告内容。这一过程充分考虑了广告的相关性，展示的时机、形式及频次等多个因素，以确保广告能够最大化地吸引用户的注意力并促使其采取行动。

在广告匹配阶段，推荐引擎会根据用户的兴趣偏好和需求，从广告库中筛选出最符合用户需求的广告内容。然后，在合适的时机以合适的形式将广告推送给用户。为了提高推荐效果，推荐引擎还会采用 A/B 测试等优化手段，不断验证和调整推荐策略。

（4）效果评估与反馈。推荐引擎的营销效果并非一成不变的，而是需要通过持续的效果评估和反馈来不断优化和提升。通过实时数据监控工具，推荐引擎能够对广告展示量、点击率、转化率等关键指标进行持续跟踪和评估。

根据评估结果，推荐引擎会及时调整推荐策略，优化广告内容和展示方式。同时，收集用户反馈也是优化推荐算法的重要环节。用户反馈能够帮助推荐引擎更准确地了解用户的需求和偏好，为后续的算法优化提供数据支持。

这种效果评估与反馈的闭环机制确保了推荐引擎能够不断适应市场环境的变化和用户需求的演变，始终保持高度的精准性和有效性。

3. 应用场景

（1）电商平台。在电商领域，推荐引擎营销成为提升用户体验感和促进销售的重要手段。通过分析用户的购买历史和浏览行为，电商平台能够为用户推荐符合其兴趣和需求的商品，提高购物满意度和转化率。同时，个性化推荐还能够帮助用户发现潜在的兴趣点，拓展消费领域。

（2）视频平台。视频平台利用推荐引擎技术，可以为用户提供个性化的视频内容推荐。通过分析用户的观看历史和兴趣偏好，平台能够精准推送用户可能感兴趣的视频，提高观看时长和用户黏性。此外，个性化推荐还能够促进优质内容的传播和发现，为平台带来更为丰富的内容生态。

（3）新闻资讯。在新闻资讯领域，推荐引擎营销同样发挥着重要作用。通过分析用户的阅读偏好和时事关注度，新闻资讯平台能够为用户推送定制化的新闻内容，提高信息获取的效率和满意度。同时，个性化推荐还能够帮助用户发现更多有价值的新闻资讯，拓宽视野和知识面。这种基于用户兴趣的推送方式不仅提升了用户体验，还增强了平台的吸引力和竞争力。

（三）社交媒体营销

1. 社交媒体营销的定义与核心特点

社交媒体营销是企业运用各类社交媒体平台（涵盖微博、微信、抖音、快手、小红书等）作为传播媒介，进行品牌故事讲述、产品宣传推广、用户互动沟通以及市场趋势洞察的综合性营销策略。它不仅是一种传播手段，更是企业连接消费者、构建品牌社群的重要桥梁。

（1）高度互动性。社交媒体平台以其即时通信、评论回复、点赞分享等功能，赋予了品牌与用户前所未有的互动能力。这种即时的双向交流有助于加深用户对品牌的认知和情感联系。

（2）快速传播性。在信息爆炸的时代，社交媒体上的内容能够以惊人的速度传播开来，形成裂变效应。一条有吸引力的内容可能迅速成为热门话题，为品牌带来广泛的曝光和关注度。

（3）用户黏性强化。社交媒体平台凭借其丰富的内容和多样的功能，吸引了大量忠实用户。品牌通过持续的内容输出和互动管理，能够有效提升用户的活跃度和忠诚度。

（4）数据驱动决策。社交媒体平台提供了详尽的数据分析工具，使品牌能够精准地追踪营销活动的效果，了解用户行为模式，为后续的营销策略调整提供数据支持。

不同社交媒体营销的区别如表5-3所示。

表5-3　　　　　　　　　　　　　　不同社交媒体营销区别

社交媒体平台	用户特征	内容偏好	投放成本	效果评估
微信	- 高用户黏性，以熟人社交为主 - 中高收入群体占比较高 - 用户群体广泛，覆盖各年龄段	- 图文、视频内容 - 公众号文章、小程序 - 社交分享、朋友圈互动	- 广告投放以公众号文章、朋友圈广告为主 - 投放成本相对可控，但效果因内容质量而异	- 精准触达目标用户 - 社交属性强，易引发用户口碑传播 - 效果评估可基于公众号阅读量、转发量、用户互动等指标
微博	- 开放性社交平台，用户基数大 - 年轻用户占比较高 - 信息传播速度快，话题性强	- 短文、图片、视频 - 热点话题、明星八卦、行业动态 - 短视频、直播内容受欢迎	- 广告投放形式多样，包括信息流广告、开屏广告等 - 投放成本相对较高，但曝光量大	- 覆盖广泛，适合品牌曝光和话题营销 - 易于制造热门话题，提高品牌关注度 - 效果评估可基于阅读量、点赞量、转发量、评论量等指标
抖音	- 年轻用户群体为主 - 内容以短视频为主，娱乐性强 - 高度碎片化的内容消费习惯	- 短视频（音乐、舞蹈、美食、旅行等） - 创意内容、挑战赛、直播带货 - 高度依赖视觉和音效效果	- 广告投放以信息流广告、开屏广告、直播带货为主 - 投放成本较高，但转化效果好，特别是直播带货	- 高效触达年轻用户群体 - 内容消费频率高，用户黏性强 - 直播带货效果显著，适合产品推广和销售 - 效果评估可基于视频播放量、点赞量、评论量、分享量、带货销量等指标

2. 社交媒体营销的流程详述

（1）平台选择与策略规划。在社交媒体营销的第一步，企业需要对多个社交媒体平台进行深入分析，了解它们的用户群体特征、内容生态、活跃度等因素。根据品牌定位、目标受众的喜好以及营销目标的具体要求，精选出最符合需求的平台进行布局。例如，如果目标受众主要是年轻人群，那么抖音、B 站等平台可能是不错的选择；而针对商务人士，LinkedIn 可能更具优势。在确定了营销平台后，企业需要制定一套完整的营销策略。这包括明确营销目标（如提高品牌知名度、增加产品销量、提升用户参与度等）、受众定位（细化目标用户群体的特征和行为习惯）、内容规划（确定内容主题、形式、发布频率等）以及预算分配（考虑广告投放、内容制作、人员投入等成本）。策略规划应具有前瞻性和灵活性，以便根据市场变化和营销效果进行适时调整。

（2）内容创作与策划。内容是社交媒体营销的核心。企业需要根据平台特性和用户喜好，创作出高质量、有创意的内容。这要求内容既符合品牌形象和价值观，又能够吸引用户的注意力和兴趣。在内容形式上，企业可以灵活运用图文、视频、直播、短剧等多种形式，以满足不同用户的喜好和需求。同时，注重内容的时效性和话题性，紧跟社会热点和行业动态，确保内容能够引起用户的共鸣和讨论。在内容创作的基础上，企业还需要进行内容策划。这包括确定内容的发布时间、频率和节奏，以及如何通过内容引导用户参与互动和分享。内容策划应充分考虑用户的活跃时间和平台的推荐机制，以确保内容能够在最佳时机触达目标用户。同时，通过设计话题讨论、问卷调查、抽奖活动等方式，激发用户的参与热情和互动意愿。

（3）发布与推广执行。在选定的社交媒体平台上，企业需要按照策划方案定期发布内容。发布时应注意内容的排版、配图和标题的吸引力，以提高用户的点击率和阅读体验。同时，保持与用户的活跃互动，及时回应评论和私信，建立正面的品牌形象。为了扩大内容的曝光范围和影响力，企业可以利用社交媒体平台的付费推广功能进行广告投放和合作推广。通过精准定位目标用户群体和设置合理的投放策略，提高广告的转化率和 ROI（投资回报率）。此外，还可以与平台上的 KOL（关键意见领袖）或网红进行合作，借助他们的影响力和粉丝基础来推广品牌和产品。在发布与推广过程中，企业还需密切关注竞争对手的动态和市场趋势。通过对比分析竞争对手的营销策略和效果，发现自身的优势和不足，为后续的策略调整提供参考依据。

（4）用户互动与社群管理。用户互动是社交媒体营销的重要环节。企业需要积极回应用户的评论和私信，及时解答用户的疑问和反馈，建立正面的品牌形象。通过互动了解用户需求和偏好，为后续的营销策略调整提供依据。同时，鼓励用户参与内容创作和分享，形成用户生成内容（UGC）的良性循环。利用社交媒体平台上的社群功能（如微信群、QQ 群、微博超话等），组织线上活动、开展话题讨论等，增强用户黏性和活跃度。社群管理需要制定明确的规则和流程，确保社群的健康有序发展。同时，通过定期发布有价值的内容、举办优惠活动等方式，激励用户持续关注和参与社群活动。

（5）效果评估与策略优化。利用社交媒体平台提供的数据分析工具，对营销活动的曝光量、点击率、转化率等关键指标进行监测和分析。通过对比不同时间段、不同内容形式、不同推广方式的营销效果，评估营销策略的有效性和可行性。同时，关注用户反馈和舆情动态，了解用户对品牌和产品的态度和看法。根据效果评估的结果和用户反馈的信息，及时发现问题和不足，调整营销策略和内容形式。例如，针对曝光量低的问题，可以优化内容质量、提高发布频率或调整投放策略；针对用户反馈的负面信息，需要及时回应并采取措施进行改进。同时，总结成功经验和教训，为未来的营销活动提供参考和借鉴。通过不断地试错和优化，提高社交媒体营销的效果和ROI。

社交媒体的具体营销流程如图5-2所示。

图5-2　社交媒体营销流程

3. 社交媒体营销的深度应用与拓展

（1）品牌塑造与文化传播。社交媒体营销不仅仅是产品推广的工具，更是品牌文化传播的阵地。它通过发布品牌故事、价值观等内容，传递品牌的独特魅力和文化内涵。同时，应利用社交媒体平台上的UGC（用户生成内容）机制，鼓励用户参与品牌文化的传播和共创。

（2）产品创新与用户洞察。社交媒体平台是了解用户需求和市场趋势的重要窗口。通过收集和分析用户的反馈和意见，品牌可以发现产品改进的方向和创新的灵感。同时，利用大数据分析技术，挖掘用户的消费偏好和行为模式，为产品开发和市场定位提供精准的数据支持。

（3）客户关系管理与社群运营。社交媒体营销为品牌提供了与客户建立长期关系的机会。通过持续的互动和关怀，品牌可以赢得客户的信任和忠诚。同时，利用社交媒体社群功能，组织线上活动、开展会员服务等，可以增强客户黏性和归属感。此外，通过社群运营还可以发现潜在客户和合作伙伴，为品牌的拓展和发展提供新的机遇。

（4）危机公关与舆情管理。在社交媒体时代，任何负面信息都可能迅速扩散并引发危机。因此，品牌需要建立完善的危机公关和舆情管理机制。通过及时回应、积极沟通、澄清事实等方式，有效化解危机并维护品牌形象。同时，利用社交媒体平台上的数据分析工具，监测舆情动态和舆论走向，为危机公关提供有力支持。

三、数字广告营销中的数字技术应用

（一）大数据技术

1. 大数据收集与处理技术的核心作用

大数据在数字广告领域的深入应用，首要依托于其高效的数据收集与处理技术。这些技术如同精密的信息滤网，广泛搜集来自社交媒体、搜索引擎、电商平台乃至线下调研的海量用户数据。通过复杂而高效的算法，这些原始数据被精心清洗、整合与分析，不仅处理速度惊人，还能实时生成详尽的报告与分析结果，为企业决策提供坚实的数据基石。

2. 大数据驱动的广告精准投放

大数据技术在广告精准投放中扮演着至关重要的角色。它凭借对用户基本属性（年龄、性别、地域等）及行为特征（浏览历史、购买行为等）的深入分析，实现了对目标受众的精确锁定。这一精准定位策略确保了广告信息能够直击潜在消费者的心坎，大幅提升广告的有效触达率与转化率。同时，通过深度挖掘用户兴趣偏好，大数据技术还能助力广告内容的个性化优化，使广告更加贴近用户需求，增强互动性与吸引力。此外，实时跟踪广告效果并据此调整策略，也是大数据技术赋予企业的宝贵能力，为持续优化广告投放效果提供了可能。

为了提升品牌知名度和市场份额，云南白药牙膏与阿里巴巴合作开展了大数据营销活动。双方利用阿里平台的大数据技术和用户行为数据，对目标受众进行深入分析，并制定了针对性的营销策略。通过跨界宣传、明星效应和个性化推荐等方式，吸引了大量潜在消费者的关注。

（二）人工智能与机器学习技术

1. AI 赋能广告创意的革新

随着人工智能技术的飞速发展，其在广告创意生成中的应用日益广泛且深刻。传统上依赖于人类创意与经验的广告创作过程，如今正被 AI 的智能化分析与学习能力所重塑。AI 能够深度分析用户的浏览轨迹、购买行为及喜好倾向等数据，从而创造出既个性化又极具针对性的广告内容。这种基于大数据的智能创意生成方式，不仅提高了广告的创新性与吸引力，还为企业精准营销提供了强有力的支持。

2. 机器学习优化广告效果

作为人工智能的重要分支，机器学习在广告效果预测与优化领域展现出了巨大的潜

力。通过训练机器学习模型，企业能够深入挖掘历史广告数据中的隐藏规律与模式，进而对未来广告效果进行精准预测。更重要的是，机器学习模型具备实时调整策略的能力，能够根据市场反馈与用户行为数据动态优化广告投放策略，确保广告效果的最大化。这种智能化的优化机制，不仅提升了广告转化率与 ROI，还为企业带来了显著的竞争优势。

例如，体育运动品牌 Under Armour 为了提升品牌形象和增强与消费者的情感共鸣，使用 AI 技术生成了富有感染力的新广告。Under Armour 与拳击手安东尼·约书亚合作，运用 AI 技术生成了一个全新的视觉形象。广告中，约书亚变成了一个巨大的石质人，象征着力量与坚持，这一形象与 Under Armour 品牌所倡导的核心价值观完美契合。

（三）程序化购买与实时竞价技术

1. 程序化购买的自动化革新

程序化购买作为一种创新的广告投放方式，正逐步取代传统的人工购买流程。它依赖于先进的算法与数据技术，实现了广告位与受众群体的自动匹配与精准投放。在这一过程中，需求方平台（DSP）、供应方平台（SSP）与广告交易平台（ADX）等关键角色紧密协作，共同推动广告市场的透明化与高效化转型。

2. 实时竞价技术的精准竞价策略

实时竞价（RTB）技术作为程序化购买的核心驱动力，确保了广告曝光的公平性与高效性。在每次广告展示机会出现时，RTB 机制能够实时分析用户行为与广告位价值等因素，并自动发起竞价请求。这一过程不仅帮助企业以最优价格捕获目标受众的注意力资源，还显著提升了媒体广告位的利用效率与收益水平。

例如，百度作为中国领先的搜索引擎和在线广告平台，其广告系统广泛应用了程序化购买与实时竞价技术。广告主通过百度推广平台（如百度凤巢系统）设置广告目标、预算、关键词等参数。百度利用先进的算法和数据技术，自动分析用户行为和兴趣偏好，将广告精准投放给目标受众。在百度的广告系统中，每次广告展示机会出现时，RTB 机制会根据广告主设定的出价策略和受众定向条件，实时分析用户行为和广告位价值，并自动向媒体供应方发起竞价请求。这一过程确保了广告主能够以最优价格获得对目标受众的曝光机会，同时也提高了广告位的利用效率，如图 5 - 3 所示。

（四）跨屏营销与多渠道整合技术

1. 跨屏营销的全域覆盖策略

随着多屏时代的到来，跨屏营销已成为企业提升品牌曝光度与用户黏性的重要手段。通过整合电脑、手机、平板、电视等不同屏幕的广告资源，企业能够实现对目标受众的全天候、全方位覆盖。跨屏营销策略注重品牌信息的统一传达与广告创意的优化调整，同时借助跨屏数据追踪与分析技术，深入了解用户需求与行为特征，为精准投放与效果优化提供有力支持。

图5-3 百度推广平台展示

2. 多渠道整合营销的协同效应

多渠道整合营销则强调不同营销渠道之间的协同作战能力。通过将社交媒体、搜索引擎、电子邮件、短信等多种渠道的广告资源进行整合与优化，企业能够形成强大的营销合力，扩大广告覆盖面与触达率。这一策略不仅提升了品牌知名度与用户参与度，还通过渠道间的协同作用增强了广告效果并降低了整体营销成本。实现多渠道整合营销的关键在于明确营销目标与受众特征、精选营销渠道与广告形式以及实现跨渠道数据的无缝对接与深入分析。

可口可乐（Coca-Cola）作为全球知名的饮料品牌，在营销活动中广泛运用了跨屏营销与多渠道整合策略。可口可乐通过整合电视、电脑、手机、平板等不同屏幕的广告资源，实现全天候、全方位的品牌曝光。例如，在电视广告中展示品牌形象，同时，在社交媒体和手机应用中推送互动内容和优惠券，形成互补效应。除了跨屏营销外，可口可乐还将社交媒体（如 Facebook、Twitter、Instagram 等）、搜索引擎优化、电子邮件营销等多种渠道的广告资源进行整合。通过社交媒体发布话题挑战和互动内容，提高用户参与度；通过搜索引擎优化提升品牌搜索可见度；通过电子邮件发送个性化营销信息，增强用户黏性。

小链接 5 – 1

《"十四五"大数据产业发展规划》解读

数据是新时代重要的生产要素，是国家基础性战略资源，这已成为全球共识。我国高度重视数据要素市场培育。党的十九届四中全会提出将数据作为生产要素参与分配，《关于构建更加完善的要素市场化配置体制机制的意见》和《建设高标准市场体系行动方案》明确提出"加快培育数据要素市场"。《国家"十四五"规划纲要》对完善数据要素产权性质、建立数据资源产权相关基础制度和标准规范、培育数据交易平台和市场主体等作出战略部署。广东、江苏等地就数据要素市场培育开展积极探索，深圳、天津、贵州等地在数据立法、确权、交易等方面已经取得了有益进展。

为充分发挥大数据产业在加快培育数据要素市场中的关键支撑作用，《"十四五"大数据产业发展规划》围绕数据要素价值的衡量、交换和分配全过程，重点部署以下工作：一是建立数据价值体系，制定数据要素价值评估指南，开展评估试点，为数据要素进入市场流通奠定价值基础。二是健全要素市场规则，发展数据资产评估、交易撮合等市场运营体系，鼓励企业参与数据交易平台建设，创新数据交易模式，建立健全风险防范处置、应急配置等机制。三是提升要素配置作用，加快数据要素化，培育数据驱动的产融合作、协同创新等新模式，推动要素数据化，促进数据驱动的传统生产要素合理配置。

资料来源：工业和信息化部.《"十四五"大数据产业发展规划》解读 [EB/OL].[2021 – 12 –01]. https：//www. gov. cn/zhengce/2021 – 12/01/content_5655197. htm.

第三节　数字互动营销

一、数字互动营销的概念

(一) 定义

数字互动营销作为互联网时代的营销新标杆，是对传统市场营销理论的一次深刻革新与超越。它植根于互联网的广泛普及与迅猛发展之中，紧密围绕消费者需求，借助多样化的数字化媒体平台——如企业官方网站、热门社交媒体平台及各类移动应用等，搭建起企业与消费者之间高效、即时的信息通道与互动空间。这一过程不仅促进了双方信息的深度交互与共享，更旨在通过持续的互动，构建基于相互信任与利益共享的长期稳固关系。

（二）特征

1. 双向性与互动性

数字互动营销颠覆了传统营销的单向传播模式，开创了一个多向沟通的全新时代。在这一模式下，信息的流动不再是单向的灌输，而是演变为一场消费者积极参与的信息共创与传播盛宴。消费者不仅能够即时接收信息，还能主动贡献内容、表达观点，形成企业与消费者之间活跃的双向互动与即时反馈机制。

2. 消费者主权

在数字互动营销的框架下，消费者地位显著提升，拥有了前所未有的主动权。他们不再是被动的信息接收者，而是能够根据个人兴趣和个性化需求，主动探索、筛选信息，甚至参与到产品的设计与推广过程中。这种消费者主权的提升，不仅增强了用户体验，也为企业带来了更多贴近市场、激发创新的产品与服务灵感。

3. 个性化

得益于大数据与人工智能技术的深度融合，数字互动营销实现了前所未有的个性化营销能力。企业通过对消费者历史行为、兴趣偏好等多维度数据的深入分析，能够精准锁定目标群体，量身定制个性化营销方案。这不仅增强了营销信息的相关性与吸引力，还促进了资源的优化配置与营销效率的最大化。

4. 高效整合与即时反馈

数字互动营销通过整合社交媒体、搜索引擎、电子邮件等多元化数字资源，构建了一个全方位、立体化的营销网络。这一网络不仅拓宽了信息传播的边界，还通过实时数据分析与反馈机制，使企业能够迅速捕捉市场动态，灵活调整营销策略。这种高效整合与即时反馈的能力，确保了营销活动的持续优化与高效执行。

（三）数字互动营销的核心价值

在当今这个数字化时代，数字互动营销不仅成为企业市场战略的重要组成部分，更是推动品牌成长与市场渗透力的关键力量。

1. 深化顾客关系，强化品牌忠诚度

数字互动营销以其独特的互动性，为企业搭建了一座直达消费者内心的桥梁。这种以顾客为中心的策略，不仅增强了顾客参与感与归属感，还促进了更深层次的情感联结，构建了坚不可摧的顾客忠诚度。

2. 激发购买潜力，驱动业绩增长

数字互动营销通过持续而富有创意的互动方式，有效激发了消费者的购买欲望。从

线上活动、限时优惠到个性化推荐，这些策略如同催化剂，不断刺激着消费者的购买神经，促使他们从潜在需求转化为实际行动。同时，优质的售后服务与社群建设进一步巩固了消费者的购买信心，促进了重复购买与口碑传播，为企业带来了可持续的业绩增长与市场份额扩张。

3. 塑造品牌形象，提升品牌价值

数字互动营销是品牌形象塑造与传播的重要舞台。通过精心策划的互动活动与高质量的内容营销，企业得以全方位展示其品牌理念、价值主张与文化底蕴。这种多维度的展示方式，不仅加深了消费者对品牌的认知与记忆，还赋予了品牌独特的个性与情感色彩，提升了品牌的市场辨识度与美誉度。在此基础上，品牌价值得以显著提升，为企业赢得了更多消费者的信任与喜爱。

4. 洞察市场趋势，指导策略制定

数字互动营销平台为企业提供了宝贵的市场情报来源。通过收集与分析用户反馈、行为数据等关键信息，企业能够准确把握市场动态与消费者心理变化，为产品开发与市场策略的制定提供科学依据。这种基于数据的决策模式，不仅提高了企业应对市场变化的灵敏度与灵活性，还确保了市场策略的有效性与针对性，为企业长远发展奠定了坚实基础。

5. 优化业务流程，提升运营效率

数字互动营销还为企业业务流程的优化与运营效率的提升提供了有力支持。通过引入自动化工具、智能客服系统等数字化手段，企业实现了订单处理、客户服务等关键环节的自动化与智能化管理。这不仅缩短了响应时间、提高了工作效率，还降低了人力成本、提升了客户满意度。

二、数字互动营销得以实现的背景

（一）技术背景

互联网的普及与深入渗透，不仅拉近了世界的距离，更为数字互动营销铺设了一条宽广的道路。这一技术平台，让企业与消费者之间的实时互动成为可能，为企业创造了前所未有的市场触达能力。

数字技术的飞速发展，特别是大数据、云计算和人工智能的广泛应用，为数字互动营销插上了翅膀。大数据技术使企业能够深入挖掘消费者行为数据，精准把握市场脉搏；云计算的强大算力与存储能力，则为处理海量数据提供了坚实支持；而人工智能的融入，更是让营销变得智能化、人性化，无论是智能客服的即时响应，还是个性化推荐的精准触达，都极大地提升了用户体验与满意度。

与此同时，移动互联网的崛起，更是为数字互动营销开辟了新的战场。智能手机的普及与移动支付的便捷，让消费者能够随时随地接入互联网世界，享受个性化的信息与服务。这一变化不仅丰富了数字互动营销的场景与应用，也让企业能够更加灵活地与消费者进行互动，实现精准营销与品牌传播。

展望未来，新兴技术如虚拟现实（VR）、增强现实（AR）以及区块链等，正为数字互动营销带来前所未有的机遇与挑战。VR与AR技术通过创造沉浸式体验，让消费者仿佛置身于产品之中，极大地增强了购买欲望与品牌忠诚度；而区块链技术的去中心化、透明性与不可篡改性，则为广告投放的透明化追踪与验证提供了可能，进一步提升了营销的公正性与可信度。这些技术的融合与创新，正引领着数字互动营销迈向更加辉煌的未来。

（二）市场环境背景

市场环境作为数字互动营销发展的宏观舞台，其复杂性与多变性深刻影响着这一营销模式的演进路径。这一背景由消费者行为变迁、市场竞争格局重塑以及宏观经济环境的波动共同构成。

1. 消费者行为的深刻转型

现代消费者的消费观念与行为模式正经历着前所未有的变革。他们不再满足于标准化的商品与服务，转而追求个性化、定制化的消费体验。这一趋势不仅要求企业精准捕捉并响应消费者的独特需求，还促使营销手段向更加灵活、互动的方向转变。数字互动营销凭借其强大的数据分析与个性化推荐能力，恰好契合了这一需求，为消费者提供了前所未有的参与感与满足感。同时，社交媒体的蓬勃兴起进一步放大了消费者声音的影响力，促使企业在这一平台上积极开展互动营销，以口碑传播与社群效应扩大品牌影响力。

2. 市场竞争格局的剧烈变动

随着市场边界的日益模糊与竞争的日益激烈，企业不得不寻求新的增长点以维持或扩大市场份额。数字互动营销以其高效、精准的特点，成为企业突破传统营销瓶颈、实现差异化竞争的关键手段。此外，跨界合作与生态共建的兴起，不仅拓宽了数字互动营销的应用场景，还促进了资源与优势的互补整合，为企业创造了更为广阔的发展空间。

3. 经济环境的复杂影响

宏观经济环境的变化对数字互动营销的发展产生了深远影响。尽管全球经济面临诸多不确定性与挑战，但中国经济的持续回暖与消费信心的逐步恢复为企业提供了宝贵的发展机遇。在此背景下，企业纷纷加大营销投入，以期抓住市场先机。数字互动营销以其高性价比与显著成效，成为众多企业的首选营销方式。在预算分配上，企业更加注重营销效果的量化评估与投入产出比的优化，进一步推动了数字互动营销的专业化、精细化发展。

（三）政策背景

国家政策在推动数字互动营销行业的蓬勃发展中扮演着至关重要的角色，其支持力度广泛且深远，为行业构筑了稳固的成长基石与广阔的发展蓝图。

1. 法治框架的稳固构建

国家通过精心制订与实施一系列法律法规，为数字互动营销行业编织了一张严密的保护网。例如，《互联网广告管理办法》的颁布，不仅为互联网广告活动的合法合规性设立了明确标杆，还细化了对广告参与者行为的规范要求，有效净化了市场环境，保障了消费者权益，为数字互动营销的健康生态奠定了坚实的法律基石。

2. 行业标准的引领规范

为促进行业的规范化、标准化发展，国家积极引导并参与行业标准的制定工作。中国信息通信研究院等机构在数字营销标准体系方面的探索与实践，旨在构建一套科学、合理的标准体系，以引导企业遵循最佳实践，提升行业整体的服务质量与竞争力。这些标准的实施，不仅促进了数据资源的合理高效利用，还为行业的可持续发展提供了有力支撑。

3. 产业政策的明确导向

国家层面出台的一系列产业政策，为数字互动营销行业绘制了清晰的发展蓝图。从《产业结构调整指导目录》到《关于深入贯彻落实科学发展观、积极促进经济发展方式加快转变的若干意见》，这些政策不仅明确了服务业与数字经济的重要性，还为企业在营销创新、市场竞争力提升等方面指明了方向。通过政策引导，企业得以在更广阔的舞台上施展拳脚，实现跨越式发展。

4. 技术创新的大力扶持

技术创新是数字互动营销行业持续发展的不竭动力。国家通过制定并实施多项鼓励技术创新与研发投入的政策，如《生成式人工智能服务管理暂行办法》，为行业注入了强劲的科技活力。这些政策不仅激发了企业的创新热情，还促进了人工智能等先进技术在数字互动营销领域的深度融合与应用，推动了行业向更加智能化、个性化的方向迈进。

三、数字互动营销客户分层方法

在数字互动营销中，客户分层扮演着至关重要的角色。它基于客户的购买行为、价值贡献、互动频率等多个维度，将客户群体细分为不同的层次。这种分层不仅帮助企业更清晰地理解客户需求和市场结构，还为实现精准营销提供了坚实基础。通过客户分层，企业能够识别并优先服务高价值客户，为他们提供更加个性化和优质的服务体验，从而增强客户满意度和忠诚度。同时，对于低价值或潜在客户，企业也能采取针对性的营销策略，激发他们的购买兴趣，促进转化。此外，客户分层还有助于企业优化资源配置。在有限的资源条件下，企业可以根据客户价值的不同，合理分配营销预算和人力资源，确保每一分投入都能带来最大的回报。在竞争激烈的市场环境中，客户分层更是企业提升竞争力的关键。通过深入了解客户需求和市场变化，企业可以灵活调整营销策略，快速响应市场挑战，从而在竞争中占据有利位置。

（一）ABC 客户分层法

1. ABC 客户分层法

ABC 客户分层法，又称帕雷托分析法或 ABC 分析法，是一种根据客户价值进行分类的方法。它基于"重要的少数与琐碎的多数"原理，将客户分为 A、B、C 三类。

（1）A 类客户，约占客户总数的 10% ~ 15%，是企业最重要的客户群体。这类客户对产品或服务高度认可，满意度高，有稳定的需求，且愿意支付高价或产生高频率购买。企业应给予这类客户最充分的关注、最优质的服务和最优先的资源配置。

（2）B 类客户，约占客户总数的 15% ~ 25%，是次重要客户群体。这类客户对产品或服务比较满意，但可能还有一些异议或需求未被完全满足。企业应通过持续跟进、提供个性化服务和解决客户问题，努力将这类客户转化为 A 类客户。

（3）C 类客户，余下的客户归为 C 类，即"琐碎的多数"。这类客户数量多但价值低，可能对产品或服务有一定的兴趣，但购买意愿不强或购买频率低。企业应对这类客户保持关注，但不必投入过多资源，同时寻找机会提升他们的价值。

2. 数字时代的 ABC 客户分层法

在当今数字化时代，ABC 客户分层法不再仅仅是一种静态的客户分类方式，而是与数字互动营销深度融合，形成了更加动态、精准且高效的客户管理策略。

（1）A 类客户。A 类客户作为企业的核心价值源泉，其需求与体验被置于战略高度。通过数字互动营销，企业能够为他们打造个性化的尊享体验，利用大数据和 AI 算法，分析 A 类客户的购买历史和浏览行为，精准推送符合其偏好的产品或服务，实现"千人千面"的个性化推荐。企业应建立 A 类客户的专属社群或 App 专区，提供一对一的客服支持、优先抢购权、专属折扣等特权服务，增强客户的归属感和忠诚度；通过社交媒体、邮件营销等渠道，定期向 A 类客户发送节日祝福、生日礼遇、定制化内容等，建立深厚的情感联系。

（2）B 类客户。B 类客户是企业潜力股，通过数字互动营销，企业可以更加精准地触达并转化他们，利用数据分析工具，深入挖掘 B 类客户的购买行为和偏好变化，识别其潜在需求。基于行为分析结果，为 B 类客户量身定制营销信息，如定制化广告、专属优惠券等，激发其购买欲望。通过在线调查、社交媒体互动等方式，收集 B 类客户的反馈意见，及时调整产品策略和服务内容，提升客户满意度和转化率。

（3）C 类客户。C 类客户虽然价值相对较低，但数量庞大，是企业不可忽视的潜在市场。通过数字互动营销，企业可以广泛覆盖并激活这部分客户，如制作高质量、有吸引力的内容（如博客文章、视频教程、行业报告等），通过社交媒体、电子邮件等渠道广泛传播，吸引 C 类客户的关注；设置低门槛的优惠活动（如首次购买折扣、满减优惠等），降低 C 类客户的购买门槛，激发其购买兴趣；建立或参与相关社群，通过分享有价值的信息、组织线上活动等方式，增强 C 类客户的参与感和归属感，逐步提升其购买意愿和忠诚度。

在数字互动营销的背景下，ABC 客户分层法不再局限于传统的静态分类，而是通过与大数据、AI 算法、社交媒体等数字化工具的深度融合，实现了对客户需求的精准洞察、个性化服务的提供以及客户关系的深度维护。这不仅提升了企业的营销效率和客户体验，还为企业带来了更加可持续的增长动力。

（二）客户生命周期分层法

1. 客户生命周期分层法

客户生命周期分层法是一种基于客户关系发展阶段的战略性管理方法，它帮助企业深入理解并应对客户在不同阶段的行为模式、需求变化及价值贡献，从而制定更加精准和有效的营销策略与服务措施。

（1）潜在用户阶段。这一阶段的客户尚未与企业建立直接联系，但他们属于产品或服务的潜在目标受众，可能通过广告、市场宣传、社交媒体等渠道了解到企业的产品或服务。他们对产品或服务有一定的兴趣或需求，但尚未产生购买行为。

（2）新用户阶段。客户初次与企业建立联系或购买产品，标志着客户关系的正式建立。他们初次体验产品或服务，可能还在探索和学习阶段。

（3）激活用户阶段。客户完成注册、登录或首次购买等关键行为，开始活跃使用产品或服务。他们对产品或服务有了初步了解，并表现出一定的使用频率。

（4）成熟用户阶段。客户频繁访问、复购或使用产品，为企业贡献稳定价值，他们对产品或服务高度认可，成为企业的忠实用户。

（5）衰退用户阶段。可能由于需求变化、竞争加剧或其他原因，客户的访问频次和贡献度开始下降。顾客使用频率降低，购买意愿减弱。

（6）沉睡用户阶段。客户长时间未访问或购买产品，处于休眠状态，几乎没有任何互动或购买行为。

（7）流失用户阶段。客户长时间未活跃且可能已转向竞争对手，标志着客户关系的终止。顾客彻底停止使用产品或服务，不再与企业互动。

客户生命周期7个阶段如图5-4所示。

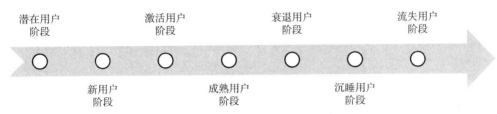

图5-4　客户生命周期分层示意

2. 客户生命周期分层法与数字互动营销的融合策略

在当今数字化时代，客户生命周期分层法已不仅仅是一种传统的客户管理方法，而是与数字互动营销深度融合，形成了更加高效、精准且动态的客户管理策略。以下是如何在客户生命周期的各个阶段融入数字互动营销内容的详细阐述：

（1）潜在用户阶段。数字化触点吸引。利用社交媒体广告、搜索引擎优化（SEO）、内容营销等数字渠道，精准定位潜在用户群体，通过引人入胜的创意内容和个性化广告吸引其注意。设置互动环节，如在线问卷、抽奖活动或免费试用申请，鼓励潜在用户与企业建立初步联系，并收集其基本信息和偏好数据。

（2）新用户阶段。无缝体验与即时反馈。优化网站或App的注册与购买流程，确保新用户能够轻松完成首次交易。利用自动化工具发送欢迎邮件、使用教程和新手优惠，提升新用户满意度。即时响应新用户的咨询和反馈，通过聊天机器人、社交媒体客服或电子邮件等方式，建立快速、友好的沟通渠道，增强信任感。

（3）激活用户阶段。个性化推荐与社区参与。利用大数据和AI技术，分析用户行为数据，提供个性化推荐内容和服务，提升用户体验。同时，构建在线社区或论坛，鼓励用户分享使用心得和创意内容。定期推送定制化优惠信息、使用技巧和社区活动通知，保持用户活跃度。通过点赞、评论和分享等社交互动功能，增强用户黏性和归属感。

（4）成熟用户阶段。忠诚度计划与深度互动。实施会员制度、积分兑换等忠诚度计划，为成熟用户提供专属优惠和特权服务。通过数据分析，预测用户需求，提前推送定制化产品或服务。邀请成熟用户参与产品测试、市场调研和品牌活动，收集宝贵意见。利用社交媒体、电子邮件和短信等多种渠道，与成熟用户保持高频次、高质量的互动。

（5）衰退用户阶段。精准挽回与再激活。通过数据分析识别衰退用户的原因，制定个性化挽回方案。利用邮件营销、短信推送或社交媒体广告等方式，向衰退用户发送唤醒信息或特别优惠。主动与衰退用户沟通，了解其真实需求和不满之处，提供解决方案或补偿措施。同时，邀请其参与专属活动或体验新产品，重新激发其兴趣。

（6）沉睡用户阶段。智能唤醒与重新连接。利用自动化工具定期向沉睡用户发送唤醒邮件或短信，提醒其回归。设计"沉睡用户回归"活动，如限时折扣、专属优惠码等，吸引其重新关注和使用产品。通过个性化推荐和定制化内容，重新建立与沉睡用户的联系。利用社交媒体和在线社区等平台，展示产品更新和社区动态，激发其好奇心和归属感。

（7）流失用户阶段。友好告别与未来机会。对于无法挽回的流失用户，保持友好态度，发送告别邮件或短信，感谢其过去的支持。同时，邀请其填写流失原因调查表，收集宝贵反馈。在告别信息中留下未来回归的线索或机会，如特别优惠码、邀请码或回归活动预告。保持对流失用户的关注，为未来可能的回归留下窗口。

客户生命周期分层法与数字互动营销的融合，使企业能够更加精准地识别客户需求、优化客户体验并延长客户生命周期。通过数字化手段实现高效互动和个性化服务，企业不仅能够提升客户价值，还能在竞争激烈的市场中赢得更多忠实用户并实现可持续发展。

（三）长尾理论分层法

1. 长尾理论概述

长尾理论分层法虽然不是专门针对客户分层的理论，但可以为数字互动营销中的客户分层提供启示。传统经济学往往强调"二八法则"，即20%的客户贡献80%的收益。而长尾理论则指出，在一个足够大的市场中，由于搜索成本的大幅降低和互联网平台的普及，那些之前被忽视的、需求量小但数量庞大的产品（或客户）集合起来，可以形成一个与热门产品（或客户）相媲美甚至更大的市场。在客户分层方面，长尾理论鼓励企业不仅要关注少数高价值客户（即"头部客户"），也要重视并深入挖掘数量众多但单次价值较低的长尾客户。这些客户虽然单次贡献不大，但总体上能形成巨大的市场规模。

通过有效挖掘和满足长尾客户的需求，企业可以开拓新的市场领域，增加收入来源。通过个性化的服务和产品，能提升长尾客户的满意度和忠诚度，促进口碑传播，同时减少对少数高价值客户的依赖，降低经营风险。

2. 长尾理论在数字互动营销中的应用

在长尾理论分层法中融入数字互动营销的元素，我们可以构建一种更加动态、个性化和高效的客户分层与营销策略。

（1）智能识别与细分。利用大数据和 AI 技术，企业能够智能地识别并分析海量用户数据，不仅限于传统的购买历史和基本信息，还包括用户在数字平台上的行为轨迹、偏好表达、社交互动等多维度信息。这种深度的用户洞察使得企业能够更精细地划分长尾客户群，识别出他们独特的需求和兴趣点。

（2）个性化内容推送。基于智能识别的结果，企业可以运用数字互动营销工具，如自动化邮件、社交媒体广告、个性化网站推荐系统等，向长尾客户推送高度定制化的内容。这些内容可能包括针对其兴趣的产品推荐、专属优惠、定制化资讯或教育内容，旨在增强用户的参与感和归属感，同时激发其购买欲望。

（3）社群互动共创。数字平台为长尾客户提供了便捷的交流空间。企业可以建立或参与相关的在线社群，鼓励长尾客户之间进行互动与分享。通过社群活动、话题讨论、用户生成内容（UGC）等形式，企业不仅能够深入了解客户的真实需求，还能促进客户之间的口碑传播，形成正向的品牌影响力。同时，企业也可以邀请长尾客户参与产品或服务的共创过程，如产品测试、设计建议等，进一步加深与客户的联系。

（4）动态调整优化。数字互动营销使得企业能够实时追踪和分析营销活动的效果，包括用户参与度、转化率、满意度等指标。基于这些数据反馈，企业可以灵活调整营销策略，优化长尾客户的分层和服务。例如，对于参与度较高的长尾客户，可以提供更深入的个性化服务；而对于反馈不佳的策略，则及时进行调整或终止。这种动态调整的能力有助于企业持续提高长尾客户的满意度和忠诚度。

（5）构建长尾价值网络。在数字互动营销的背景下，企业可以构建一个以长尾客户为中心的价值网络。这个网络不仅包括企业自身的产品和服务，还涵盖了与长尾客户相关的合作伙伴、内容创作者、意见领袖等。通过整合这些资源，企业能够为长尾客户提供更加丰富、多元的价值体验，同时拓展自身的业务范围和市场影响力。

四、数字互动营销策略

（一）社交营销策略

1. 社交营销的内涵与特点

社交营销是指利用社交媒体平台（如微博、微信、抖音、Instagram、Facebook 等）作为营销渠道，通过创建、发布和分享内容，以及利用社交媒体平台的功能和特性，与目标受众建立联系、互动和沟通，以达到品牌推广、产品宣传、用户增长、客户关系维护等营销目标的过程。其核心在于利用社交媒体平台的用户基础、互动性和数据分析能力，实现精准营销和高效传播。

社交媒体平台拥有庞大的用户群体，可以覆盖不同年龄段、性别、地域和兴趣爱好的受众。它的内容形式丰富多样，包括文字、图片、视频、直播等，可以根据目标受众的喜好和需求进行选择和创作。社交媒体平台提供了多种互动方式，如点赞、评论、分享、私信等，使得企业可以与用户进行实时互动，了解用户需求和反馈。通过社交媒体平台的数据分析工具，企业可以了解用户的行为习惯、兴趣爱好等信息，从而精准定位目标受众，制定更加有效的营销策略。相比传统的营销方式，社交媒体营销的成本相对较低，且可以根据预算和效果进行灵活调整。

2. 社交营销类型及其策略

（1）社交广场营销。以微博为典型代表的公众对话场，通过发布信息、引导互动评论与话题讨论，构建起品牌与消费者之间的广泛连接。微博平台拥有庞大的用户基础，信息传播速度快、范围广，加之实时更新的特性，确保了信息的时效性与鲜活度。用户可以通过评论、点赞、转发及私信等多种方式参与互动，形成高度的用户参与度和即时反馈机制。此外，微博上的热门话题与趋势极易吸引公众关注，为品牌创造了天然的营销热点。

品牌可巧妙设置互动话题，结合新品发布、节日庆典等时机，激发用户讨论热情；利用微博数据分析，精准定位目标受众，实施个性化推广策略；积极回应用户反馈，构建良好的品牌口碑。面对海量信息，品牌需创新营销策略以脱颖而出；加强危机管理，及时应对负面评论，维护品牌形象。

（2）即时通信营销。即时通信营销依托微信这一国民级应用，通过公众号、朋友圈、小程序等多渠道布局，实现品牌信息的精准推送与用户黏性的持续增强。即时通信营销基于好友关系的私密通信环境，使得信息传播更为精准有效；个性化推送与多样化交流形式（文字、语音、视频）进一步提升了用户体验与互动深度。

运用即时通信营销，应当整合微信公众号内容营销、朋友圈广告展示与小程序商城购物体验，形成营销闭环；利用数据分析优化推送内容，提升用户兴趣与转化率；设置互动环节，如问答、投票等，增强用户参与感与品牌忠诚度。同时，平衡营销信息与用户体验，避免过度推送导致用户反感；强化数据安全管理，保护用户隐私。

（3）内容分享营销。内容分享营销聚焦于知乎、小红书等平台，通过高质量、专业性的内容输出，形成知识传递与价值共鸣，吸引并留住目标受众。这些平台汇聚了各行业专家与意见领袖，形成了丰富的内容生态与活跃的用户社群。品牌通过发布深度文章、解答用户疑问、分享行业洞察等方式，逐步建立品牌权威性与用户信任，并结合品牌特色与行业趋势，创作有价值的内容吸引关注；鼓励用户生成内容（UGC），形成内容共创与传播的良性循环；积极参与用户讨论，展现品牌专业性与亲和力。同时，企业的内容创作需持续投入，保持高质量输出；量化评估难度大，需结合多维度数据综合分析营销效果。

（4）视频分享营销。视频分享营销以抖音、B站等平台为载体，通过创意视频内容快速吸引用户眼球，给用户传递一场视觉盛宴和情感共鸣，传递品牌形象与产品价值。短视频以其直观性、生动性及强视觉冲击力，成为当下最受欢迎的营销形式之一。多样化的视频内容与丰富的互动形式（评论、点赞、转发、合拍等）极大地提升了用户参与度与品牌曝光度。企业可以结合品牌特性与热点话题，创作有趣、有创意的短视频内容；与 KOL、网红合作，扩大品牌影响力；发起挑战赛、直播互动等活动，激发用户创作热情与参与度。同时，短视频制作门槛提高，需专业团队支持；内容需不断创新以保持吸引力；平台规则变化快，需灵活调整营销策略。

社交营销类型如图 5-5 所示。

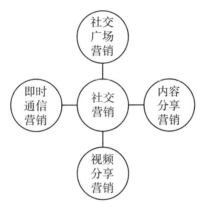

图 5-5 社交营销类型

（二）App 营销策略

1. App 营销的内涵与特点

App 营销是指通过移动应用程序（Application，简称 App）进行营销活动的一种方式。它利用安装在移动设备上的应用程序作为媒介，通过向用户推送广告、优惠信息、活动内容等，以吸引用户关注、提高用户黏性，并最终实现品牌推广、产品销售等目的。App 营销充分利用了移动互联网的便捷性和个性化特点，通过精准定位目标用户群体，提供定制化的产品和服务，以满足用户的多元化需求。它不仅仅局限于传统的广告宣传，更涵盖了用户体验优化、内容营销、社群运营等多个方面，旨在通过全方位、多层次的互动方式，建立企业与用户之间的深度连接和信任关系。

相较于传统媒体广告，App 营销的投入运营成本较低，且效果易于衡量。企业可以自主开发或合作开发 App，根据自身需求进行定制化和个性化营销。App 营销能够根据用户的行为习惯和偏好，进行精准定位和推送。这种精准营销方式可以显著提高广告的点击率和转化率，降低营销成本。它还具有强大的互动性，用户可以通过评论、点赞、分享等方式与品牌进行互动，形成口碑传播。同时，企业也可以通过用户反馈不断优化产品和服务，提升用户体验。App 在用户手机上安装后，可以长期保留，实现持续营销和品牌传播。企业可以通过定期更新内容、举办活动等方式，保持用户的活跃度和黏性。最后，App 营销能够收集大量用户数据，包括使用习惯、偏好、地理位置等。这些数据为企业提供了宝贵的市场洞察，有助于企业制定更加精准的营销策略和决策。

2. App 营销的类型及其策略

（1）广告植入。广告植入模式作为 App 营销中最为直观且常见的策略之一，其精髓在于将广告无缝融入用户的使用体验中。这不仅仅是在游戏或功能性应用的边角位置简单地放置一个广告横幅，而且是利用大数据和用户行为分析，精准定位目标用户群体，并设计与之高度相关的广告内容。例如，在健康类应用中植入健身器材或营养品的广告，或是在游戏的关键节点插入与游戏情节相契合的品牌露出，都能有效提升广告的点击率和转化率。

此模式的成功关键在于平衡广告展示与用户体验之间的关系。通过创新广告形式，如原生广告、互动广告等，可以在不破坏应用整体美感的同时，吸引用户的注意力。同时，对广告内容的严格筛选和审核也是必不可少的，这样才能确保广告信息的真实性、合法性和正面性，避免引起用户的反感和投诉。

此外，广告植入模式还为企业提供了多元化的收益渠道。除了直接的广告展示费用外，企业还可以通过与广告主合作，开展联合营销活动，如优惠券发放、积分兑换等，进一步促进用户转化和品牌忠诚度提升。

（2）应用商店推广。应用商店作为用户获取 App 的主要渠道之一，其推广效果直接关系到 App 的下载量和用户活跃度。因此，应用商店推广模式成为众多企业竞相争夺的制高点。

在应用商店推广中，企业首先需要关注应用信息的优化。这包括应用标题、描述、关键词的选择和排版，以及应用图标和截图的设计。一个吸引人眼球的标题和描述能够迅速抓住用户的注意力，而高质量的应用图标和截图则能够进一步提升用户的下载意愿。除了基础信息的优化外，企业还需要积极利用应用商店提供的各种推广资源。例如，参与应用商店的推荐位竞标、利用应用商店的搜索算法提升排名、参与应用商店的专题活动等。这些推广资源能够帮助企业快速提升应用的曝光度和下载量，从而实现用户增长和品牌传播。

此外，企业还需要关注用户反馈和评分。通过积极收集用户评论和评分，企业可以了解用户对应用的真实感受和需求，从而不断优化应用功能和用户体验。同时，高评分和正面评论也能够提升应用的信誉度和口碑效应，吸引更多潜在用户的关注和下载。

（3）购物网站移植。随着移动互联网的快速发展，购物网站移植模式已经成为电商行业的重要趋势之一。通过将 PC 端的购物网站移植到移动设备上，企业能够为用户提供更加便捷、个性化的购物体验。

在购物网站移植过程中，企业需要注重移动端与 PC 端的一致性和差异性。一方面，移动端应用需要保留 PC 端网站的核心功能和商品信息，确保用户能够无缝切换使用场景；另一方面，移动端应用还需要根据用户的移动设备特性和使用习惯进行优化和创新，如增加扫码购物、语音搜索等功能，提升用户的购物体验。

此外，企业还需要注重移动端应用的营销策略。通过优惠措施、个性化推荐等手段吸引用户下载和使用应用；通过积分系统、会员制度等方式提升用户的忠诚度和复购率；通过社交媒体、短信营销等渠道与用户保持紧密联系和互动。这些营销策略能够帮助企业实现用户增长和销售额提升的双重目标。

（4）用户参与。用户参与模式是一种强调用户参与和互动的营销策略。在这种模式下，企业不再是单一的内容提供者或服务提供商，而是成为用户创造和分享内容的平台。

为了激发用户的参与热情和提高用户的黏性，企业需要设计多样化的互动方式和活动形式。例如，可以举办线上话题挑战、用户创作大赛等活动，鼓励用户发表自己的观点和创意；可以设置用户反馈和奖励机制，对用户的积极参与和贡献给予肯定和奖励；可以构建用户社区和论坛等交流平台，促进用户之间的交流和分享。

同时，企业还需要注重用户生成内容（UGC）的管理和利用。通过筛选和整理用户生成的内容，企业可以将其融入自己的产品和服务中，丰富产品的内涵和表现形式；通过展示和推广用户生成的内容，企业可以树立积极向上的品牌形象和口碑效应；通过分析用户生成的内容，企业还可以了解用户的真实需求和反馈意见，为产品和服务的优化提供有力支持。

（三）小程序营销策略

1. 小程序营销的内涵与特点

小程序营销，特别是微信小程序营销，已成为企业和商家不可或缺的灵活多元线上策略。它利用微信平台开发的小程序，实现手机新零售、线上活动推广、品牌知名度提升和客户信息建立等全方位营销活动。这种快速响应、低成本的移动电子促销方式，不仅能有效助力品牌宣传、产品推广和用户互动，还能通过数据分析工具优化营销策略，提升用户黏性。

小程序营销的特点鲜明，首先在于其高灵活性和低成本优势，无须下载安装，即开即用，降低了用户的使用门槛，同时减少了企业的研发和运营成本。其次，小程序拥有丰富的入口，如微信搜索、公众号关联和附近的小程序等，便于用户发现和访问。再次，基于微信庞大的用户基础，小程序通过社交分享功能实现快速传播，扩大了品牌影响力。最后，小程序提供的便捷客服功能，让企业与用户的沟通交流更加顺畅，提升了服务质量。这些特点共同构成了小程序营销的强大竞争力，为企业带来了显著的市场效益。

2. 小程序营销的类型及其策略

小程序营销作为数字互动营销的一个重要分支，正以其独特的优势在市场中占据一席之地。

（1）推广类小程序营销。这一类小程序营销主要有推广员机制模式和社区团长运营两种模式。

推广员机制模式的核心在于构建一个双赢的生态系统，让会员或买家不仅作为消费者，还能成为品牌的推广者。该模式不仅限于传统的佣金奖励，还可以与社交媒体（如微信朋友圈、微博、抖音等）深度结合。通过鼓励推广员在社交平台上分享小程序二维码或专属链接，并结合社交媒体平台的算法推荐机制，实现更广泛的传播。同时，利用数字互动工具（如 H5 互动页面、短视频等）增强推广内容的吸引力，提高用户点击率和转化率。

社区团长模式充分利用了地域性和社群凝聚力的优势。通过招募并培训社区内的活跃分子作为团长，建立起稳定的消费社群。通过小程序建立社群，团长可以利用社群管理工具（如自动回复、群公告等）进行日常管理和运营。同时，结合数字互动技术（如直播、投票、问卷调查等），增强社群互动性和用户参与感，提升用户黏性和转化率。这种模式尤其适用于日常生活用品、生鲜食品等高频次消费品，有效拉近了品牌与消费者之间的距离。

（2）促销类小程序营销。这一类小程序营销模式主要有拼团活动、秒杀抢购、优惠券策略。

拼团是一种基于社交分享的促销方式，通过邀请一定数量的好友共同购买来享受优惠价格。这种活动不仅能够刺激用户的购买欲望，还能促使他们主动分享给身边的亲友，形成裂变效应。结合数字营销工具（如数据分析、用户画像等），商家可以精准定位目标用户群体，推送个性化的拼团邀请，提高活动的参与度和转化率。

秒杀活动通过设定限时限量的超低价商品，可以营造出一种紧迫感和稀缺感，迅速吸引用户的关注和参与。这种促销方式能够在短时间内快速聚集大量流量，提升销售额。结合数字互动技术（如倒计时、弹幕评论等），还能增强用户参与感和购买体验。商家还可以通过数据分析工具实时监控秒杀活动效果，及时调整策略。

优惠券作为一种常见的促销手段，具有灵活多变、易于实施的特点。商家可以根据经营策略和市场需求，设计不同类型的优惠券活动，如满减券、折扣券、新人券等。通过精准投放和有效管理优惠券，商家可以吸引新用户下单、刺激老用户复购、提升客单价等。同时，优惠券的使用规则也需要清晰明确，以避免引起用户的不满和投诉。

（3）会员类小程序营销。这一类小程序营销模式主要有会员储值计划、积分营销形式。

会员储值是一种提前锁定消费资金、提升用户黏性的有效方式。商家可以通过提供储值赠送、积分返利等优惠措施，鼓励用户进行储值。储值资金不仅可以用于未来消费抵扣，还能享受更多专属服务和特权。这种模式有助于商家提前获取现金流、降低经营风险，并增强用户的品牌忠诚度。

积分营销是一种基于用户行为奖励的营销策略。商家可以通过设定积分获取规则（如消费、签到、分享等）和积分使用场景（如兑换商品、抵扣现金等），激励用户积极参与以促进消费。积分营销不仅能够提升用户的活跃度和参与度，还能通过积分兑换等方式增加用户的消费频次和客单价。同时，商家也可以根据积分数据对用户进行分层管理，提供更加个性化的服务和推荐。

（4）裂变类小程序营销。这一类小程序营销模式主要有分销模式和裂变海报两种形式。

分销是一种基于用户口碑传播的裂变方式。商家可以招募并培训分销商作为品牌的微型销售团队，通过分享商品链接并促成交易来获取佣金。这种模式不仅降低了商家的营销成本，还能够快速扩大品牌的市场影响力。为了激励分销商积极推广，商家可以设立多级佣金制度、提供专业培训和支持等。同时，商家也需要加强对分销渠道的监管和管理，确保分销活动的合法性和合规性。

裂变海报是一种结合视觉吸引力和营销信息的传播媒介。商家可以通过设计精美、内容丰富的裂变海报来吸引用户的注意力和兴趣。海报中可以包含优惠信息、商品介绍、二维码等元素，方便用户扫码关注或购买。为了提升裂变效果，商家还可以设置分享奖励机制（如分享得红包、积分等），鼓励用户将海报分享至社交媒体或朋友圈等渠道。这种裂变方式能够快速扩大品牌的曝光度和传播范围，吸引更多潜在用户关注和购买。

数字互动营销不同策略的区别如表 5-4 所示。

表 5-4　　　　　　　　　　　数字互动营销不同策略区别

策略类别	策略类型	主要特点与策略描述
社交营销策略	社交广场营销（微博）	利用微博平台发布信息，引导互动评论与话题讨论；设置互动话题，精准定位目标受众，回应用户反馈
	即时通信营销（微信）	通过公众号、朋友圈、小程序等多渠道布局；整合内容营销、广告展示与购物体验；利用数据分析优化推送内容
	内容分享营销（知乎、小红书）	输出高质量、专业性内容；鼓励用户生成内容（UGC）；积极参与用户讨论，展现品牌专业性与亲和力

策略类别	策略类型	主要特点与策略描述
社交营销策略	视频分享营销（抖音、B站）	创作有趣、有创意的短视频内容； 与KOL、网红合作； 发起挑战赛、直播互动等活动
App营销策略	广告植入	将广告无缝融入用户体验中； 利用大数据和用户行为分析精准定位； 创新广告形式，平衡广告展示与用户体验
	应用商店推广	优化应用信息，利用推广资源提升曝光度和下载量； 关注用户反馈和评分，优化应用功能和用户体验
	购物网站移植	移植PC端购物网站到移动设备，优化和创新移动端应用； 通过优惠措施、个性化推荐等吸引用户
	用户参与	设计多样化的互动方式和活动形式； 注重UGC的管理和利用； 构建用户社区和论坛等交流平台
小程序营销策略	推广类小程序营销（推广员机制、社区团长运营）	构建双赢生态系统，鼓励推广员分享； 利用社群管理工具进行日常管理和运营
	促销类小程序营销（拼团活动、秒杀抢购、优惠券策略）	刺激用户购买欲望，形成裂变效应； 营造紧迫感和稀缺感，快速聚集流量； 灵活多变，易于实施
	会员类小程序营销（会员储值计划、积分营销形式）	提前锁定消费资金，提升用户黏性； 基于用户行为奖励，提升活跃度和参与度
	裂变类小程序营销（分销模式、裂变海报）	基于用户口碑传播，快速扩大品牌影响力； 结合视觉吸引力和营销信息，快速扩大曝光度和传播范围

五、数字互动营销常见评价指标

数字互动营销指标是衡量和评估互动营销活动效果的关键数据点，它们能帮助企业了解受众行为、内容效果以及整体营销策略的成效。以下是一些主要的社交营销指标及其简介。

（一）关注量

关注量是指社交媒体账号所吸引的受众数量，即关注该账号的用户总数。它反映了账号的受众基础大小，是衡量社交媒体影响力的重要指标。高关注量意味着账号具有较大的潜在受众群体，能够吸引更多人的注意，同时也体现了账号的社交信任度。

关注量的构成不是简单的数字累加，而是由具有不同特征和属性的个体所组成的。通过分析关注者的地域分布，企业可以了解品牌在不同地区的受欢迎程度，进而调整地区性的营销策略和广告投放。年龄、性别比例的分析则有助于企业把握目标受众的基本人口统计学特征，为内容创作和产品定位提供依据。此外，关注者的兴趣偏好是理解其需求和动机的关键，通过分析这些偏好，企业可以更加精准地推送相关内容，提高受众的满意度和忠诚度。

关注量的增长速度是衡量账号吸引力和活跃度的重要指标。快速增长的关注量意味着账号正在积极吸引新用户的关注，同时也可能反映了内容策略和推广计划的有效性。然而，增长并非总是一帆风顺的，企业还需要关注增长趋势中的波动和变化。通过定期分析增长趋势，企业可以识别出增长的高峰期和低谷期，从而及时调整内容策略和推广计划，以应对市场的变化和挑战。例如，在增长高峰期，企业可以加大内容产出和推广力度，以进一步扩大受众基础；而在低谷期，则需要深入分析原因，调整策略，以重新激发受众的兴趣和关注。

在关注量的评估中，质量往往比数量更为重要。一个拥有大量但低质量关注者的账号，其实际价值可能远低于一个关注者数量较少但质量较高的账号。因此，企业需要通过多种方式来评估关注者的质量。首先，互动行为是评估关注者质量的重要指标之一。高互动率的关注者往往对账号内容有较高的兴趣和参与度，他们更有可能成为品牌的忠实粉丝和潜在客户。其次，转化率也是衡量关注者质量的关键因素。通过将关注者引导至网站或购买页面等转化路径，企业可以评估关注者在实际交易中的表现和价值。最后，关注者的活跃度也是评估其质量的重要方面。活跃的关注者更有可能与账号进行互动和分享，从而扩大品牌的影响力和传播范围。

（二）互动率

互动率是指受众在社交媒体上与内容产生的互动行为的比例，包括点赞、评论、分享等。它反映了受众对内容的参与度和兴趣程度。高互动率意味着受众对内容产生了积极的反应，愿意与之进行互动，这有助于建立与受众之间的紧密联系，提高品牌的社交影响力。

互动类型多样，主要包括点赞、评论、分享等。每一种互动类型都反映了受众对内容的不同态度和反应。点赞通常表示受众对内容的认可或喜爱，是一种低门槛的积极反馈；评论则更为深入，受众通过文字表达自己对内容的看法、感受或疑问，为企业提供了直接的用户声音；分享则进一步扩大了内容的传播范围，是受众对内容高度认可和推荐的表现。通过分析这些互动类型的比例，企业可以清晰地了解受众对不同类型内容的偏好和反应，从而调整内容策略，创作出更符合受众口味的内容。

互动深度是衡量受众与内容互动质量的重要指标。除了简单的互动率外，企业还需要关注互动的深度，如评论的长度、内容的质量以及是否包含有价值的信息或反馈等。长评论往往意味着受众对内容的深入思考和认真态度，而包含有价值信息的评论则能为企业提供宝贵的市场洞察和用户建议。通过分析互动深度，企业可以识别出那些真正关注品牌、愿意与品牌进行深入交流的受众群体，进而为他们提供更加个性化和优质的服务。

通过互动行为，企业可以识别出积极参与的受众群体，并构建出他们的特征和需求画像。这些画像包括受众的年龄、性别、地域、兴趣偏好、消费习惯等多个维度。通过深入了解这些受众群体的特征和需求，企业可以更加精准地定位目标市场，制定出更加有效的营销策略。同时，企业还可以根据受众的反馈和建议，不断优化产品和服务，提升用户满意度和忠诚度。总之，通过互动人群画像的构建和分析，企业可以更加全面地了解受众需求和市场变化，为未来的营销决策提供有力支持。

（三）点击率

点击率是指用户点击特定内容或广告的次数与总展示次数之间的比率。它提供了关于受众对内容或广告兴趣程度的关键信息。高点击率意味着内容或广告吸引了受众的注意，并促使他们采取了进一步的行动。点击率是评估内容吸引力和广告效果的重要指标。

为了评估不同营销渠道的效果，进行点击来源分析是必不可少的。通过追踪点击量的来源，企业可以清晰地了解到哪些渠道正在为其带来流量。这些渠道可能包括社交媒体平台内部的推广（如微博热搜、抖音挑战赛等）、广告投放（如搜索引擎广告、社交媒体广告）、自然搜索（即用户在搜索引擎中直接搜索关键词找到的内容）等。通过分析不同渠道的点击量占比、点击率、转化率等关键指标，企业可以评估出哪些渠道更为有效，哪些渠道需要进一步优化或调整投入。

仅仅知道用户点击了某个链接是远远不够的，更重要的是了解用户点击后的行为路径。通过追踪用户点击后的行为，如浏览页面、查看产品详情、加入购物车、完成购买等，企业可以深入了解用户的兴趣和转化意向。这种追踪不仅有助于企业评估营销活动的直接效果，还能为后续的营销策略提供宝贵的数据支持。例如，如果发现大量用户在查看产品详情后放弃购买，企业可能需要优化产品描述、调整价格策略或改善购物流程。

基于点击率数据和其他用户行为数据，企业可以制定出一系列优化策略来提高内容的吸引力和转化率。在内容层面，企业可以调整标题、封面和摘要等关键元素，使其更加吸引人眼球并准确传达信息。例如，一个具有吸引力的标题可以激发用户的好奇心和点击欲望；一个精美的封面可以提升内容的视觉冲击力；而一段精炼且引人入胜的摘要则可以让用户在短时间内了解内容的核心价值。此外，企业还可以根据用户的行为数据调整内容推送的时间和频率，以最大限度地提高用户的关注度和参与度。

（四）曝光量

曝光量是指特定内容或广告在社交媒体上被显示给受众的总次数。它反映了内容或广告的传播范围和可见性。高曝光量意味着内容或广告已经接触到了大量的受众，增加了品牌的知名度和内容的普及度。曝光量是评估内容传播效果和广告覆盖面的重要指标。

曝光渠道的选择对于提升曝光效果至关重要。企业需要分析不同社交媒体平台（如微信、微博、抖音等）的用户画像、活跃度及内容偏好，以确定最适合自身品牌或内容的传播渠道。此外，不同时间段和内容形式的曝光效果也需细致考量。例如，某些平台可能在晚上或周末时段用户活跃度更高，而图文、视频或直播等不同内容形式在不同平台上的表现也可能大相径庭。通过综合评估各渠道的曝光效果，企业可以灵活调整投放策略，实现更精准的营销触达。

曝光效率是衡量曝光量转化为实际互动和转化的关键指标。企业需要评估曝光量与互动率、点击率等后续指标的关联度，以判断曝光量的有效性和转化率。高曝光量但低互动率可能意味着内容缺乏吸引力或投放策略不当；而高曝光量且高互动率则表明营销活动取得了良好效果。通过分析曝光效率，企业可以及时发现并纠正问题，优化内容创作和投放策略，提升营销效果。

对于付费推广的曝光量，成本效益评估是不可或缺的环节。企业需要关注广告投放的预算分配、出价策略及实际消耗情况，确保投入产出比合理。在评估成本效益时，不仅要考虑直接的成本支出，还要综合考虑曝光量带来的品牌知名度提升、用户增长、销售转化等长期效益。通过精细化的成本管理和效益分析，企业可以制订出更加经济高效的广告投放计划，在实现营销目标的同时控制成本。

（五）分享率

分享率是指特定内容在社交媒体上被用户分享给其他用户的比例。它体现了内容在社交媒体上的社交传播效果。当内容被用户分享时，它扩展了品牌的影响范围，能够吸引更广泛的受众。高分享率意味着内容对受众具有吸引力，值得与他人共享。

用户分享内容的动机复杂多样，可能源于内容的趣味性、实用性、情感共鸣或是对个人形象的塑造等。通过用户反馈和调研，企业可以深入了解这些动机背后的原因，从而创作出更多符合用户口味、易于被分享的内容。例如，发现用户更倾向于分享具有正能量、启发思考或能够引发共鸣的内容，企业便可在内容创作中融入这些元素，提升内容的分享价值。

追踪内容的分享路径和节点，有助于企业识别出关键意见领袖（KOL）和影响力用户。这些用户在社交网络中拥有较高的关注度和影响力，他们的分享行为能够迅速扩大内容的传播范围。企业可以通过与这些用户建立合作关系，利用他们的力量来推广品牌和内容。同时，分析分享路径中的关键节点，如特定的社交媒体平台、时间段或话题标签，也能为企业优化投放策略提供有力支持。

分享效果是衡量分享活动成功与否的关键。通过分析分享后带来的新关注量、互动量、流量等数据指标，企业可以评估分享的实际效果，并据此调整策略。如果分享效果显著，企业就可以加大投入，继续优化内容和投放策略；如果效果不佳，则需要深入分析原因，调整内容或寻找新的分享渠道。此外，企业还应关注分享带来的长期效益，如品牌知名度的提升、用户忠诚度的增强等，这些效益对于企业的长期发展具有重要意义。

（六）社交媒体流量

社交媒体流量是指从社交媒体平台引流至网站或特定目标页面的访问量。它反映了社交媒体平台对网站或特定目标页面的引流效果。当用户在社交媒体上看到有趣的内容或广告，并点击链接访问网站时，就产生了社交媒体流量。这是评估社交媒体营销活动对网站流量的贡献和效果的重要指标。

流量质量是评估社交媒体流量价值的核心。通过分析流量的来源（如特定社交媒体平台、广告链接、自然搜索等）、访问时长以及页面跳出率等关键指标，我们可以判断流量的真实性和用户的参与深度。高质量的流量意味着用户更有可能对品牌产生兴趣并进行后续互动，从而为转化奠定坚实基础。

转化路径的追踪与优化是提高转化率的关键环节。通过先进的追踪技术，我们可以清晰描绘出社交媒体流量在网站或目标页面上的行为路径，了解用户在何时何地产生兴趣、犹豫或放弃。基于这些数据，我们可以对转化流程进行精细化调整，如简化注册步骤、优化产品展示、提供个性化推荐等，以降低用户流失率并提高转化率。

跨平台整合分析也是不可忽视的一环。在数字化时代，消费者行为日益多元化，单一渠道的流量已难以满足品牌发展的需求。因此，我们需要将社交媒体流量与其他渠道（如搜索引擎、电子邮件营销、线下活动等）的流量进行整合分析，以全面了解整体流量结构和趋势。这不仅有助于我们更准确地评估各渠道的贡献度，还能为制定更全面的营销策略提供有力支持。

（七）转化率

转化率是指受众完成预定目标（如购买产品、填写表单等）的比例。它是衡量社交媒体营销活动效果和回报的重要指标。高转化率意味着社交媒体活动成功地促使受众采取了预定的行动，实现了营销目标。为了提升转化率，我们需要从转化漏斗分析、归因分析及 A/B 测试三个方面入手。

转化漏斗分析能够帮助我们识别转化过程中的瓶颈和障碍。通过分析用户从浏览到转化的全路径数据，我们可以发现哪些环节用户流失最为严重，并据此制定针对性的优化措施。例如，如果用户在填写表单时频繁放弃，我们就可以考虑简化表单内容或提供更明确的引导信息。

归因分析有助于我们明确不同渠道和营销活动对转化的贡献度。利用先进的归因模型，我们可以对多个触点和渠道进行综合评估，了解它们如何协同作用以推动用户完成转化。这不仅有助于我们更准确地评估营销投资回报率（ROI），还能为后续的投入和策略调整提供科学依据。

A/B 测试是提升转化率的有效手段之一。通过对比不同内容、设计、优惠策略等对转化率的影响，我们可以找到最适合当前市场和用户需求的方案。A/B 测试不仅能够帮助我们优化现有营销策略，还能激发创新思维，为品牌发展注入新的活力。

（八）用户反馈和评论量

用户反馈和评论量是指用户在社交媒体上对内容或品牌发表的评论和反馈的数量。它提供了关于受众对社交媒体活动看法和反应的重要信息。用户的评论和反馈可以反映他们对内容的兴趣、需求、疑虑等，有助于企业了解受众的意见和期望，改进内容策略，提高用户满意度。为了充分利用这一资源，企业需要从情感分析、关键词提取以及建立反馈循环三个方面入手。

情感分析是理解用户心声的关键步骤。借助先进的自然语言处理技术，企业能够深入分析用户反馈中的情感倾向，是积极正面的还是消极负面的，从而准确把握用户对品牌、产品或服务的情感态度。这种情感洞察有助于企业快速响应市场反馈，调整策略方向，确保品牌与消费者之间的情感纽带始终牢固。

关键词提取是挖掘用户关注点的有效手段。通过对用户评论的细致梳理，企业可以提取出高频出现的关键词和主题，这些关键词往往反映了用户最关心、最迫切的需求或问题。通过对这些关键词的深入分析，企业能够精准把握市场热点和用户痛点，为产品改进、服务优化以及市场策略调整提供有力支持。

建立有效的用户反馈机制是形成良性循环的关键。企业应当积极倾听用户声音，及时响应和处理用户反馈，无论是表扬还是批评，都应给予足够的重视和回应。通过这种积极的互动方式，企业不仅能够解决用户问题，提升用户满意度，还能够增强用户的归属感和忠诚度，形成品牌与用户之间的良性互动循环。这种循环不仅有助于企业持续改进产品和服务质量，还能够为企业的长期发展奠定坚实的市场基础。

（九）社交媒体广告（ROI）

社交媒体广告（Return on Investment，ROI）是指社交媒体广告活动的投资回报率，即广告带来的收益与投资成本之间的比率。它是衡量广告活动效果和可持续性的重要指标。通过计算广告活动的 ROI，企业可以了解每一笔投资的回报情况，评估广告活动的效益。因此，对社交媒体广告 ROI 进行深度解析并采取优化策略，是企业实现精准营销、提升品牌价值的必经之路。

成本效益分析是评估广告活动经济效益的基础。通过对广告投入与产出进行精细计算，企业能够清晰地了解广告活动的投资回报率，即 ROI。这一过程不仅能帮助企业判断广告活动是否盈利，还为后续的预算分配和策略调整提供了数据支持。

广告优化是提高 ROI 的关键环节。基于 ROI 数据，企业可以深入剖析广告活动的各个环节，如预算分配、投放策略、创意内容等，找出存在的问题与不足。随后，通过调整预算结构、优化投放渠道、改进创意设计等手段，企业能够不断提升广告效果，实现 ROI 的最大化。这一过程中，企业需保持敏锐的市场洞察力，紧跟用户需求和市场变化，灵活调整策略方向。

长期效益评估是衡量广告活动综合价值的重要维度。除了关注短期的 ROI 外，企业还应将长期效益纳入广告活动评估体系，综合考虑品牌知名度、用户忠诚度等长期价值的影响，为企业的长远发展奠定坚实基础。这些长期效益为品牌的持续发展提供了重要支撑。

（十）品牌声誉

品牌声誉是指品牌在社交媒体上的公众认知和情感反应，体现了品牌在受众心中的形象和信任度，它是衡量品牌形象健康程度和受众看法的重要指标。当品牌在社交媒体上反复被提及、评论和分享时，意味着品牌在受众中享有良好的声誉。为了有效塑造并维护品牌声誉，企业需要采取一系列策略与实践，确保在复杂的网络环境中保持正面形象与高度信任。

舆情监测是品牌声誉管理的基石。企业需利用先进的监测工具和技术手段，实时关注社交媒体平台上的舆论动态，及时捕捉与品牌相关的各类信息。通过深入分析这些信息，企业能够迅速识别潜在的危机与负面舆情，并立即启动应对机制，采取有效措施进行处理，防止事态扩大对品牌造成损害。

品牌故事传播是提升品牌形象与信任度的有效途径。企业应当深入挖掘自身品牌的文化内涵与价值主张，通过生动、感人的品牌故事和用户案例，向公众展示品牌的独特魅力与卓越品质。这些故事不仅能够增强消费者对品牌的认知与记忆，还能激发其情感共鸣与品牌忠诚，为品牌赢得更多口碑与好评。

社区管理是维护品牌形象与用户关系的重要环节。企业应积极参与社交媒体上的品牌社区管理，与用户保持密切互动与沟通。通过倾听用户声音、解答用户疑问、解决用户问题等方式，企业能够建立起与用户之间的良好关系，增强用户对品牌的认同感与归属感。同时，企业还需注重社区氛围的营造与维护，通过制定社区规则、引导正面讨论等手段，确保社区环境健康有序，为品牌声誉的持续提升奠定坚实基础。

小链接 5－2

互动营销也需要法律规范

近日，国家互联网信息办公室、公安部、商务部、文化和旅游部、国家税务总局、国家市场监督管理总局、国家广播电视总局等七部门联合发布《网络直播营销管理办法（试行）》（以下简称《办法》），自 2021 年 5 月 25 日起施行。国家互联网信息办公室有关负责人表示，《办法》旨在规范网络市场秩序，维护人民群众合法权益，促进新业态健康有序发展，营造清朗网络空间。

《办法》要求，直播营销平台应当建立健全账号及直播营销功能注册、注销、信息安全管理、营销行为规范、未成年人保护、消费者权益保护、个人信息保护、网络和数据安全管理等机制、措施。同时，《办法》还对直播营销平台相关安全评估、备案许可、技术保障、平台规则、身份认证和动态核验、高风险和违法违规行为识别处置、新技术和跳转服务风险防范、构成商业广告的付费引流服务等作出详细规定。

《办法》强调，直播营销平台应当积极协助消费者维护合法权益，提供必要的证据等支持。直播间运营者、直播营销人员应当依法依规履行消费者权益保护责任和义务，不得故意拖延或者无正当理由拒绝消费者提出的合法合理要求。

资料来源：人民网. 国家七部门联合发文规范"直播带货"［EB/OL］.［2021－04－23］. http：//finance. people. com. cn/n1/2021/0423/c1004－32085952. html.

本 章 要 点

本章详尽地解析了数字营销策略的三大核心支柱——内容营销、数字广告营销与数字互动营销，揭示了它们在数字时代的重要地位与深远影响。内容营销通过高质量、有价值的内容吸引并留住用户，强化品牌忠诚度；数字广告营销则利用大数据与 AI 技术实现精准投放，提高广告效果与 ROI；而数字互动营销则以消费者为核心，依托多样化的数字平台构建高效互动空间，促进深度沟通。随着技术的不断革新，数字营销策略将更加个性化、智能化与高效化。企业在追求创新与发展的同时，也需密切关注市场动态与消费者行为变化，持续优化与创新营销策略，以应对日益激烈的市场竞争与多元化的消费者需求。

复习思考题

1. 数字时代内容营销的核心价值是什么？

2. 列举数字时代内容营销的三种主要形式。

3. 数字广告营销相较于传统广告有哪些优势？

4. 简述社交媒体营销的流程。

5. 数字互动营销的核心价值体现在哪些方面？

6. 结合当前市场环境，分析企业如何通过内容营销提升品牌认知度和用户忠诚度。

7. 在数字广告营销中，大数据和人工智能技术如何帮助企业实现精准定位和个性化触达？

8. 在社交媒体营销中，企业如何利用数据分析工具优化营销策略和内容形式？

9. 探讨数字互动营销中的客户分层方法，以及如何通过客户分层实现精准营销。

10. 以某品牌为例，分析其数字互动营销策略的成功之处，并提出改进建议。

实践练习 支付宝互动营销活动展示

在数字营销领域，支付宝凭借其强大的用户基础、创新的技术能力和丰富的场景应用，创造了许多令人瞩目的互动营销案例。这些案例不仅有效提升了品牌形象，还深刻影响了消费者的购物习惯和行为模式。

支付宝"集五福"活动简介

支付宝"集五福"活动自 2016 年春节期间首次推出，旨在通过互动小游戏的形式吸引更多用户使用支付宝软件，并促进用户之间的社交。活动将传统文化中的"福"字与现代科技相结合，既符合春节期间的节日氛围，又增加了活动的趣味性和参与感。

五福分别为爱国福、富强福、和谐福、友善福、敬业福。用户需要通过多种途径收集这些福卡，包括 AR 扫描、与好友交换、给蚂蚁森林浇水等，在除夕夜开奖前，用户需要将五种福卡全部集齐并合成以获得红包奖励。红包金额采用随机分配的形式，增加了活动的刺激性和期待感。

支付宝"集五福"活动数字互动营销的成功经验

（1）"集五福"活动充分利用了移动互联网的便捷性，用户可以随时随地参与活动，与好友互动。通过 AR 扫描、社交互动等方式，活动增强了用户与支付宝平台之间的黏性，同时也促进了用户之间的社交互动。

（2）活动设计巧妙，将传统文化与现代科技相结合，每年的集福活动都会推出新玩法，如定制福、特殊福字等，保持了活动的新鲜感和趣味性。

（3）红包奖励是吸引用户参与的重要因素之一。用户集齐五福后可以获得红包奖励，除了红包奖励外，活动还设置了其他形式的奖励，如抽奖、优惠券等，进一步提升了用户的参与热情。

（4）"集五福"活动具有很强的社交属性。用户需要与好友交换福卡、共同完成任务等，这些环节都促进了用户之间的交流和互动。通过社交互动，用户不仅可以获得福卡奖励，还可以增进与好友之间的感情和联系。

（5）活动期间，支付宝通过社交媒体、官方渠道等多种方式宣传"集五福"活动，提高了品牌的曝光度和知名度。同时，支付宝还通过与品牌合作推出特殊福字等活动形式，为其他品牌提供了宣传平台，实现了互利共赢的效果。

练习：请为你熟悉的 App 设计一次数字营销活动，包含活动的名称、目标、内容设计、预期效果等内容。

本章知识拓展

Apple Vision Pro 与元宇宙的融合探索

元宇宙是一个由虚拟现实（VR）、增强现实（AR）、区块链等前沿技术构建的虚拟世界。在这个世界中，用户可以创建自己的虚拟身份、探索虚拟空间、参与虚拟活动，并与他人进行实时互动。元宇宙的兴起为数字营销带来了全新的机遇和挑战。

在元宇宙中，企业可以进行更加自由和丰富的品牌宣传和产品展示。通过构建虚拟展厅、虚拟发布会等形式，企业可以向用户全方位展示产品的特性和优势，提升用户体验和购买意愿。同时，元宇宙还为企业提供了与用户进行深度互动的平台。企业可以通过虚拟现实技术打造沉浸式体验场景，让用户身临其境地感受产品的魅力和品牌的文化内涵。

此外，元宇宙中的广告植入和虚拟代言人也是数字营销的新形式。企业可以在元宇宙中的虚拟空间或游戏中嵌入广告元素或产品展示区，以更加自然和生动的方式向用户传递品牌信息和产品特点。同时，企业还可以邀请知名人士或网红作为虚拟代言人参与元宇宙中的活动或代言产品，提升品牌的知名度和用户关注度。

苹果公司（Apple）作为科技领域的领头羊，始终站在创新的前沿。其最新推出的 Apple Vision Pro 智能眼镜，不仅是穿戴设备的革新之作，更是企业探索元宇宙营销的得力工具。这款眼镜通过高精度的显示技术与先进的传感器系统，为用户带来了前所未有的沉浸式体验。

在元宇宙的框架下，Apple 可以利用 Apple Vision Pro 打造一系列创新的数字营销活动。例如，Apple 可以创建一个虚拟的"Apple Park"体验区，让用户佩戴 Apple Vision Pro 眼镜后，仿佛置身于 Apple 总部的未来空间之中。在这里，用户可以自由漫步于充满设计感的建筑之间，近距离观赏最新的产品发布，甚至参与由虚拟 AI 引导的个性化产品定制体验。通过 Apple Vision Pro 的高清显示与空间感知能力，用户能够获得超越现实的沉浸式购物享受，从而加深对 Apple 品牌及产品的认知和兴趣。

此外，Apple 还通过邀请知名艺术家、设计师或意见领袖作为虚拟向导，在元宇宙中举办专属的工作坊、讲座或展览。这些活动不仅能够吸引大量用户的关注与参与，还能借助他们的影响力扩大品牌传播范围，提升品牌形象。通过 Apple Vision Pro 的实时互动功能，用户可以与嘉宾进行面对面的交流，分享创意与见解，共同塑造元宇宙中的 Apple 社区文化。

Apple Vision Pro 与元宇宙的融合探索，不仅展示了未来数字营销的无限可能，更为品牌与消费者之间建立了更加紧密、直观且富有情感联系的新型关系。这种基于先进科技的营销创新，将有助于 Apple 在竞争激烈的市场环境中保持领先地位，持续引领行业发展的潮流。

资料来源：张烽 . Apple Vision Pro 离元宇宙有多远？［EB/OL］.［2023 – 06 – 12］. https：//www. weiyangx. com/425521. html.

实验篇

第六章 《营销之道》平台概述

第一节 《营销之道》平台简介

《营销之道——营销管理电子对抗系统》是一套营销管理技能的综合训练平台，《营销之道》通过对企业的营销管理的模拟，将企业营销中普遍应用的营销知识、工具、模型、方法与国内外成功企业的营销管理经验融入虚拟企业的营销管理中，使学生在模拟运营中快速掌握营销管理这一专业化极强的学科知识，并使复杂、抽象、枯燥的营销理论趣味化、生动化和形象化。

《营销之道》涵盖了从市场营销调研、市场需求预测到市场营销策略组合实施的营销全过程。平台主要包括四个功能模块：营销机会分析、发展营销战略、营销执行控制以及管理整合营销（见图6-1）。

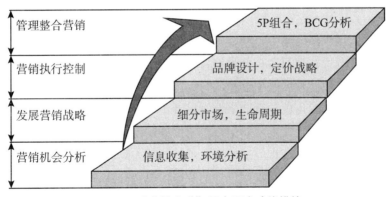

图6-1 "营销之道"平台四大功能模块

模块一：营销机会分析。根据《营销之道》整个训练系统平台的商业背景环境与数据规则，分析市场环境与竞争形势，完成前期的市场营销环境调研和市场需求预测。

模块二：发展营销战略。系统中设置了不同的消费群体，根据不同的消费群体市场

219

需求，进行细分市场分析、产品定位分析、竞争对手分析，由此指导产品研发、市场开发和竞争策略的制定。

模块三：营销执行控制。有了好的营销战略，接下来就是靠具体的营销策略组合来实现它。这一环节包括如何制定企业的营销策略组合，包括产品策略、定价策略、渠道策略和促销策略。系统中设置了丰富的渠道路径，包括直销和经销商，还有网络营销和国际市场营销，学生可以根据不同的渠道特点和市场特点来灵活制定有效的定价策略、促销策略和服务策略，这一系列的训练，可以极大地锻炼提升学生的营销技能。

模块四：管理整合营销。通过对营销组合的运用，结合每一季度的营销结果进行调整改进，综合运用系统提供的多种分析工具，包括 BSG 矩阵、市场分析报告等来进行管理整合营销，进一步提升营销综合能力，提升企业经营效益。

第二节 《营销之道》技术架构

一、常见的管理模拟方法

管理模拟在管理培训中经常使用，这些模拟的基本原理都是对管理或经济问题的模型进行设计，使学生利用模拟环境学习管理与经济的问题。

常见的管理模拟方法包括以下三类。

（一）角色扮演

角色扮演是管理模拟的基本方法，在管理培训中已经被广泛运用。角色扮演前，先要构造出一个特定情景，学习者被要求将自己假设为该特定情景中的一个角色，然后学习者在角色扮演中扮演和发展这个角色的行为。角色扮演是主动学习方法，通过让学习者扮演某一特定情景下的角色，营造出使学习者主动参与的学习环境。由于角色之间存在相互作用，这种学习方式能促使学生在特定情景的模拟中主动地投入学习活动，有助于学习者理解在解决或评价管理问题时所遇到的各种人际关系的作用。

采用这种方法要深入学习和掌握管理的职能，要充分认识管理人员的特点，特别是管理者的决策、认知、沟通等技能，而这正是角色扮演方法所擅长的。通过角色扮演可以使初学者获取其职业发展所需要的人际沟通技能与经验；探索现代组织中人际关系因素的相互作用和了解企业或组织机构制定决策的过程及其规律。因此，角色扮演常常应用于商业沟通、企业伦理、战略管理、多方谈判、环境问题管理、跨文化沟通、组织决策等教育内容中。

角色扮演方法设计的素材可以来源于管理学案例。情景是比较丰富的,在情景发展中有冲突性,情景发展要允许学习者能辨析和解决管理问题。角色形象必须明确且令人感兴趣,学习者应能很容易地理解、接受并进入这些角色。

角色扮演含有即兴的成分,没有统一答案,参与者的反应可能与学习主题不相符合,因而为了达到最佳教学效果,指导者有责任确保所有参与者事先对角色扮演有较深入的理解。成功地进行角色扮演不仅需要学习者积极主动参与,还需要指导者拥有较高指导与控制能力,以简短的言语控制角色扮演的进行,让讨论问题自然过渡,以及实现角色扮演中各种观点、角色、力量的均衡,促使情景发展,充分展开其冲突性。

(二)电脑模拟

随着大数据和人工智能技术的发展,模拟模型能够处理更大规模的数据和更复杂的情境。例如,机器学习算法可以优化模拟模型,提高预测的准确性和决策的有效性。云计算和高性能计算集群的普及,使得大规模、复杂的模拟变得更加可行和经济,企业和研究机构能够利用这些技术进行实时模拟和分析。

电脑模拟的技术架构是一个复杂的系统,结合了多种计算机科学和工程技术,以实现逼真和高效的模拟过程。电脑模拟的主要技术架构组成部分包括 8 项内容,如图 6-2 所示。

1. 用户界面

用户与模拟系统交互的界面,提供了友好的操作和反馈。用户界面不仅提供直观的图形化操作界面,可以通过图形控件进行操作,而且提供基于文本的操作界面,适合高级用户和批量处理操作。同时,也提供 Web 界面,支持远程访问和协作。

2. 数据管理系统

负责存储和管理模拟过程中产生的各种数据,包括输入数据、输出数据和中间结果。通常包含数据库管理系统(DBMS),用于存储和查询大规模数据;数据缓存功能,用于临时存储频繁访问的数据,提高系统性能;数据分析工具,用于处理和分析模拟结果,提供可视化和报告功能。

3. 模拟引擎

负责执行模拟模型的逻辑和算法。模拟引擎的设计需要考虑性能、精度和扩展性。通常包含离散事件模拟引擎,用于模拟离散事件系统,如生产线、物流系统等;连续系统模拟引擎,用于模拟连续变化的系统,如物理过程、化学反应等;基于代理的模拟引擎,用于模拟具有多个自主实体的系统,如社会系统、生态系统等。

4. 模型开发与集成

用于创建和维护模拟模型的工具和框架。此部分包含模型开发环境,用于开发和测试模拟模型；模型库，存储和管理预定义的模型组件，支持模型的重用和共享；集成框架，支持将多个模拟模型集成到一个系统中，进行协同模拟。

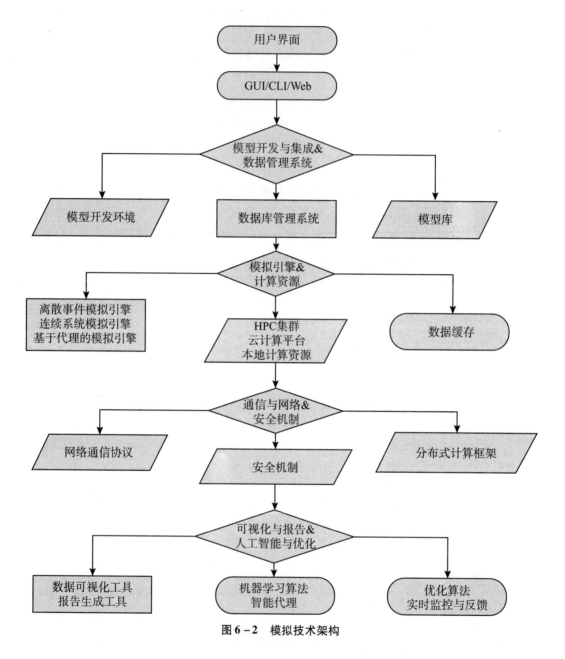

图 6-2 模拟技术架构

5. 计算资源

提供必要的计算能力，支持大规模和复杂的模拟计算。其由多台高性能计算机组成，提供强大的计算能力。借助云计算平台，提供灵活的计算资源和按需扩展能力，支持分布式模拟和大规模数据处理，也可以进行小规模和初步的模拟计算。

6. 通信与网络

支持模拟系统的分布式计算和远程访问。利用 TCP/IP、MPI 等，在不同计算节点之间传输数据。添加认证和授权，确保模拟数据和系统的安全性。

7. 可视化与报告

用于展示模拟结果和生成报告，帮助用户理解和分析模拟过程和结果。利用数据可视化工具，如 Matplotlib、D3. js 等，创建各种图表和图形，直观展示模拟数据。利用 LaTeX、Word 等，生成详细的模拟报告，包括文本、图表和数据表格。构建实时监控与反馈系统，支持实时显示模拟进展和关键指标，提供即时反馈和调整。

8. 人工智能与优化

增强模拟系统的智能化程度和优化能力。借助机器学习算法，分析模拟数据、预测结果和优化模拟参数，寻找最优解和提高模拟效率，增强系统的逼真性和智能化水平。

这种架构确保了模拟系统的功能完备、性能优越和易于扩展，可以满足不同领域和不同规模的模拟需求。通过将先进的计算技术和管理科学相结合，电脑模拟在科研、工程、商业和教育等领域发挥了重要作用。

（三）博弈竞争

美国管理协会在 1956 年开发了第一套企业管理博弈系统，从 1985 年开始，企业博弈主要通过计算机软件模拟企业的高层管理决策。企业博弈往往是战略层次的，竞赛者的目的是企业利润最大化。企业战略博弈的竞赛者分别控制产业内的一个虚拟企业，根据模拟的财务、生产及市场信息，作出市场、研发等战略决策，该决策的效果和质量通过战略博弈模拟得到展示。企业博弈是主动学习方式，与角色扮演不同，企业博弈中博弈者的关系可能为竞争、合作、矛盾或者冲突。但是，竞赛队的成员在制定决策中起着不同作用，因而在决策制定中包含有角色扮演的因素。

企业博弈具备以下主要设计特性：（1）针对企业竞争战略决策的主要问题，采用相应的经济学模型。竞争战略决策的主要问题包括：市场需求分析、市场进入、产量与定价策略、广告策略、销售与库存等。（2）可以实现先用少量变量进行简单决策，再逐渐增加变量数量进行更为复杂的决策。（3）以考察财务数据为主。在战略决策中，需要考虑的方面非常多，但由于企业的目标是获取最大利润，因而考察决策对财务数据的影响在战略决策中至关重要。准确、完善的财务数据，可以使竞赛者的决策方式与在现实中决策的方式相近似，这也有助于研究制定竞争决策的博弈过程。（4）完成博弈所需时间不宜过长。

具有代表性的博弈系统有：Capsim 商业模拟和 SAP ERP 模拟。Capsim 提供的商业模拟系统，包括财务管理、市场营销、生产管理等模块，广泛应用于全球的教育机构和企业培训。SAP 的 ERP 模拟系统通过虚拟的企业环境，帮助学员理解和掌握企业资源计划的实施和管理。

二、管理模拟技术的发展与应用

管理模拟技术于 20 世纪 50 年代起源于欧洲，并不断发展完善。其宗旨在于为客户提高管理水平，促进企业客户管理技术的规范化。模拟课程运用了先进的系统经济学理论及博弈理论，通过系统、标准的企业管理仿真模型，模拟真实商业环境，使学员最大限度模拟企业运作状态，在"实践"中学习管理，不冒风险积累经验，轻松学习，自然改变。以下是模拟技术在企业管理中的具体应用。

（一）决策支持

通过模拟不同的预算方案，企业可以预测各方案的财务结果，优化资源分配。通过模拟投资项目的收益和风险，帮助企业评估投资的可行性和潜在回报。利用市场数据进行模拟，预测市场趋势和消费者行为，制定更有效的市场策略。模拟竞争对手的反应，帮助企业制定应对竞争的战略。

（二）培训与发展

学员在模拟环境中扮演不同的管理角色，通过实际操作提升管理技能，帮助学员理解复杂的管理问题和解决方案，提升团队成员的沟通、协作和解决问题的能力，帮助学员发展领导能力和应变能力。

（三）流程优化

通过模拟生产流程，识别瓶颈和优化流程，提高生产效率和产品质量。通过模拟库存和供应链流程，优化库存水平，减少库存成本和缺货风险，评估流程改进方案的效果，优化企业运作效率和功能协同。

（四）战略规划

通过模拟不同的战略方案，评估其对企业长期发展的影响，支持高层决策。模拟企业面临的各种风险情境，制定风险应对策略，提升企业的抗风险能力。模拟企业变革过程，评估变革方案的可行性和潜在影响，制订有效的变革管理计划。

管理模拟技术对于验证、理解和沟通复杂的商业环境具有显著帮助。模型通过从多种角度验证商业环境和商业进程的各种要素和特点，帮助学员在各种商业行动和团队合作过程中完成商业运营或各类战略决策，为学员能更好地理解商业经营、运营过程提供了很好的方法。受技术发展限制，早期的管理模拟技术主要通过手工方式，如手工沙盘模型来模拟企业的运营管理。随着计算机产品功能的日益强大且价格日益低廉，以及计算机软件的快速发展和互联网应用的普及，模型技术发展到现在已经可以允许学员在没有专业人员帮助的情况下，自行尝试各种商业经营的想法或各种商业策略，帮助企业进行决策制定。

在现实情况中，人们没有足够的时间去尝试各种新的产品与市场策略，并纠正错误，一旦出现问题，对企业来说往往就会付出非常大的代价。因此，通过模型的验证，模拟实际经营可能碰到的各种问题，对提升企业经营管理决策质量将具有非常经济而有效的作用。商业模拟技术综合运用了各种管理模拟技术，包括角色扮演、计算机模拟、博弈模拟等，并已在经营决策、财务计划、预测管理、风险控制等领域得到广泛应用，成为一种重要的提升管理技能与实际操作能力的最佳培训方法。

三、《营销之道》运用的模拟训练技术

《营销之道》运用先进的计算机软件与网络技术，结合严密和精心设计的商业模拟管理模型及企业决策博弈理论，全面模拟真实企业的营销管理过程。在虚拟商业社会中完成企业营销、运营、分析、改进等所有决策工作。

（一）进入《营销之道》系统

双击鼠标左键运行电脑桌面上的《创业总动员》学生端程序，出现图6-3中的界面。

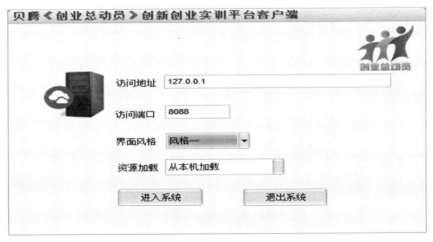

图6-3 客户端示意

用教师分配的账号，或自行注册：在用户列表界面，点击右上角"注册新用户"，输入账号、姓名、密码以及验证码，点击"注册"，如图 6-4 所示。

图 6-4　注册示意

登录选择对应的教师、班级，点击"申请班级"，等待教师解锁后进入班级。点击"进行中"的"营销之道"，进入实验，选择"小组"，选择后点击"开始"，如图 6-5 所示。

图 6-5　实验进入示意

（二）系统内主场景功能分布简介

成功登录系统过后你可以看到主场景（如图6-6所示）。主场景展示了一个企业园区，每幢楼分别代表着某一个办事机构，分别可以去办理相关事宜。当你需要进入时，鼠标移动到楼前的进入标志，出现"进入"提示后点击鼠标左键即可进入。

图6-6 系统主场景示意

公司内部场景如图6-7所示。公司内部包括了国际部、市场部、渠道部、制造部、研发部、财务部等部门。

图6-7 公司部门分布示意

主要部门场景如图6-8至图6-14所示。

图 6-8　银行场景

图 6-9　制造部场景

图 6-10　大卖场销售场景

图 6-11　专卖店销售场景

图 6-12 国际部销售场景

图 6-13 国内销售场景

图 6-14 网络销售场景

本 章 要 点

学习完成平台注册。

复习思考题

每支团队准备一张 A4 白纸，一支白板笔，写上公司名称、LOGO、公司成员、公司经营目标等信息，由总经理上台展示企业，并做就职宣言。

讨论明确并完善公司的组织架构：

公司名称：＿＿＿＿＿＿＿＿＿＿＿＿＿＿＿＿＿＿＿＿＿＿＿＿＿＿＿

公司宗旨：＿＿＿＿＿＿＿＿＿＿＿＿＿＿＿＿＿＿＿＿＿＿＿＿＿＿＿

战略目标：＿＿＿＿＿＿＿＿＿＿＿＿＿＿＿＿＿＿＿＿＿＿＿＿＿＿＿

总经理（兼财务）：＿＿＿＿＿＿＿＿＿＿＿＿＿＿＿＿＿＿＿＿＿＿＿

市场总监：＿＿＿＿＿＿＿＿＿＿＿＿＿＿＿＿＿＿＿＿＿＿＿＿＿＿＿

直销总监：＿＿＿＿＿＿＿＿＿＿＿＿＿＿＿＿＿＿＿＿＿＿＿＿＿＿＿

渠道总监（兼国际）：＿＿＿＿＿＿＿＿＿＿＿＿＿＿＿＿＿＿＿＿＿＿

生产总监（兼技术）：＿＿＿＿＿＿＿＿＿＿＿＿＿＿＿＿＿＿＿＿＿＿

本章知识拓展

市场模拟方法的实践运用

模拟方法在决策中的应用广泛且深入，尤其是在复杂系统、不可预测的环境或不确定条件下，模拟方法为决策者提供了宝贵的工具。

宝洁公司作为全球最大的消费品公司之一，每年都会推出大量的新产品。为了确保新产品的成功，宝洁公司需要在产品推出前预测其市场表现，避免可能的市场失败。推出新产品涉及多方面的挑战，包括：市场上已经存在大量同类产品，新产品如何脱颖而出？消费者是否会接受新产品？他们对产品的定价、包装、广告等有何反应？如何设计营销策略以最大化新产品的曝光度和市场接受度？如何确保在需求激增的情况下，供应链能够高效运作，满足市场需求？这些挑战使得简单的市场调研和传统预测方法无法完全满足需求，因此，宝洁公司采用了更为复杂和细致的市场模拟方法。这些方法包括消费者行为模拟、市场反应模型、竞争情景模拟等。以下是模拟方法的几个关键方面：

消费者行为模拟：①数据收集：宝洁通过调查问卷、焦点小组、试用活动等多种方式收集消费者的行为数据，包括购买习惯、品牌偏好、对新产品的期望等。②行为模型：基于这些数据，宝洁构建了消费者行为模型，模拟消费者在面对不同产品时的购买决策过程。这个模型考虑了价格敏感性、品牌忠诚度、广告影响力等因素。③市场反应模型：宝洁利用市场反应模型，预测新产品在不同市场条件下的需求量。模型通过分析历史销售数据、竞争产品表现、市场趋势等，生成不同情境下的销售预测。通过模拟价格变化对需求的影响，宝洁可以找到最优定价策略，确保新产品在满足消费者需求的同时，最大化利润。

竞争情景模拟：市场上不仅有宝洁的产品，还存在众多竞争对手。宝洁通过模拟竞争对手在新产品推出后的反应，预测可能的市场动态。例如，竞争对手可能通过降价、推出新品或加强促销来应对宝洁的新产品。宝洁利用模拟来预测新产品的推出将如何影响市场份额，包括自家品牌之间的竞争，以及与外部品牌的竞争。宝洁通过模拟不同广告策略和促销活动的效果，测试哪种组合能最有效地吸引目标消费者。例如，通过模拟电视广告、社交媒体推广和店内促销的组合，宝洁可以找到最佳的营销策略。宝洁利用模拟测试不同的产品定位（如高端市场 VS 大众市场）的效果，帮助确定产品的最终定位。

通过以上模拟方法，宝洁能够在新产品推出前获得详细的市场预测结果，以下是一些主要成果：①降低市场风险。模拟帮助宝洁识别潜在的市场风险，并在产品推出前采取相应的应对措施。例如，如果模拟显示某一市场对新产品的接受度较低，宝洁就可能会调整产品特性或营销策略，以提高接受度。②优化产品与市场匹配度。通过消费者行为模拟和市场反应模型，宝洁可以确保新产品更好地契合市场需求，从而提高产品的成功率。例如，通过调整包装设计或功能设置，宝洁能够更好地满足目标消费者的需求。③提高营销效率。模拟帮助宝洁优化了营销策略，使得广告预算得到了更有效的利用。例如，通过模拟发现某一促销活动对特定市场的影响显著，宝洁可以集中资源在这一策略上，从而最大化市场效应。④增强竞争优势。通过竞争情景模拟，宝洁可以更好地预判竞争对手的反应，并制定相应的市场策略。这使得宝洁在激烈的市场竞争中保持了优势地位。

宝洁公司通过运用先进的市场模拟工具，在新产品推出前获得了宝贵的市场洞察。这些模拟不仅帮助公司降低了市场风险，还优化了产品设计和营销策略，提高了新产品的成功率。宝洁的成功案例展示了模拟方法在商业决策中不可替代的价值，尤其是在面对复杂市场环境和不确定性时。

资料来源：彼得·蒂尔，布莱克·马斯特斯. 从 0 到 1：开启商业与未来的秘密 [M]. 高玉芳，译. 北京：中信出版社，2015.

第七章　数字营销模拟演练设计

第一节　熟悉模拟经营环境

《营销之道》模拟了真实的企业环境，在本课程中，将以团队合作的形式来完成在虚拟社会环境下企业从创办、运营、管理到最终盈亏的全过程。下面介绍一下营销模拟经营的微观环境和宏观环境。

一、认识模拟经营微观环境

微观经营环境是指那些直接影响企业从事生产经营活动的能力正常发挥和生产经营活动正常运行的有关因素。主要包括：生产要素供应商、营销中介单位、消费者、竞争对手和公众等。

（一）生产要素供应商

生产要素供应商是影响企业经营微观环境的重要因素之一。生产要素供应商是指向企业及其竞争者生产产品和服务提供所需资源的企业或个人。生产要素供应商所提供的资源主要包括原材料、设备、能源、劳务、资金等。在模拟经营中，企业需要采购的原材料主要有显示屏、电池、摄像头、内存等，如表 7 - 1 所示。

表 7 - 1　　　　　　　　　　原材料明细

大类	名称	基础价格（元）	功能描述
屏幕分辨率	720P	110.00	720P 分辨率，低端屏幕分辨率
	1080P	130.00	1080P 分辨率，功耗和性能的完美结合
	2K	155.00	2K 分辨率，高端屏幕的入门首选
	4K	195.00	4K 分辨率，超高清分辨率，给你触手可及的视觉体验

续表

大类	名称	基础价格（元）	功能描述
电池容量	3400mAh	50.00	3400mAh 电池，满足日常低频使用
	3800mAh	70.00	3800mAh 电池，兼顾日常高频使用与性价比
	4200mAh	110.00	4200mAh 大容量电池，满足日常高频使用
	4780mAh	160.00	4780mAh 超大容量电池，满足全天高频使用
照相功能	4800w 主摄	60.00	4800w 像素摄像头
	5000w 主摄	160.00	5000w 像素摄像头，自动变焦
	6400w 主摄	260.00	6400w 像素摄像头，徕卡多摄，各有分工，任意切换
	10800w 主摄	350.00	10800w 像素摄像头，新一代极速图像处理，AI 动态增强
内存	4G + 64G	50.00	入门级存储，满足日常使用需求
	6G + 128G	90.00	主流级存储，满足大型应用使用
	8G + 256G	120.00	高端级存储，满足大型应用多开
	12G + 512G	170.00	极客级存储，满足大型应用多开、流畅切换
辅助功能	5G 通信	35.00	第五代移动通信技术，数据传输速率远远高于以前的蜂窝网络，最高可达 10Gbit/s，网络延迟，可低于 1 毫秒
	弹出式摄像头	35.00	升降镜头利用升降结构巧妙地隐藏在手机顶部，可以提高一部分的屏占比，让手机的屏幕看起来更大更美观
	液冷散热系统	90.00	降低处理器自身温度，散热效果非常明显，能让用户在玩游戏时有更强劲的性能保证
	AI 语音助手	55.00	通过智能对话与即时问答的智能交互，实现帮助用户解决问题
	NFC	45.00	NFC 技术可以在彼此靠近的情况下进行数据交换，利用移动终端实现移动支付、电子票务、门禁、移动身份识别、防伪等应用
	无线充电	35.00	操作方便，随拿随放，可实施相对来说的远距离充电
	人脸识别	35.00	用摄像头采集含有人脸的图像或视频流，进而进行面部支付、面部识别以及相机面部锁定等功能

（二）营销中介单位

营销中介单位是协助公司推广、销售和分配产品给最终买主的那些企业。它们包括中间商、实体分配公司、市场营销服务机构及金融机构等。中间商是协助公司寻找顾客或直接与顾客进行交易的商业企业。中间商分两类：代理中间商和经销中间商。代理中间商即代理人、经纪人、制造商代表，他们专门介绍客户或与客户磋商交易合同，但并不拥有商品持有权。经销中间商如批发商、零售商和其他再售商，他们购买产品，拥有商品持有权，可以再售商品。在《营销之道》中，营销中介单位包含了国内经销商和国际经销商两种类型。

经销商销售产品选择权重如图 7 – 1 所示。

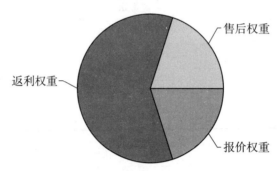

图 7 – 1　经销商销售产品选择权重

（三）消费者

每个公司在这个行业都需要面对时尚型、科技型、经济型、实用型 4 种需求各异的消费群体，如表 7 – 2 所示。

表 7 – 2　　　　　　　　　　　　　不同类型消费诉求

时尚型消费群体	关注与侧重点	（图：产品报价、产品品牌、产品渠道、产品配置、产品口碑、产品促销、产品服务）
	产品功能诉求	追求新款，喜欢最新的技术。手机重度依赖。喜欢摄影，对图像处理要求很高。注重手机流畅度，希望同时打开多个应用时也能流畅切换。喜欢时尚炫酷的设计，比如升降式摄像头，对液冷散热等功能感觉一般。无线充电和人脸识别对他们也有一定的吸引力

科技型消费群体	关注与侧重点	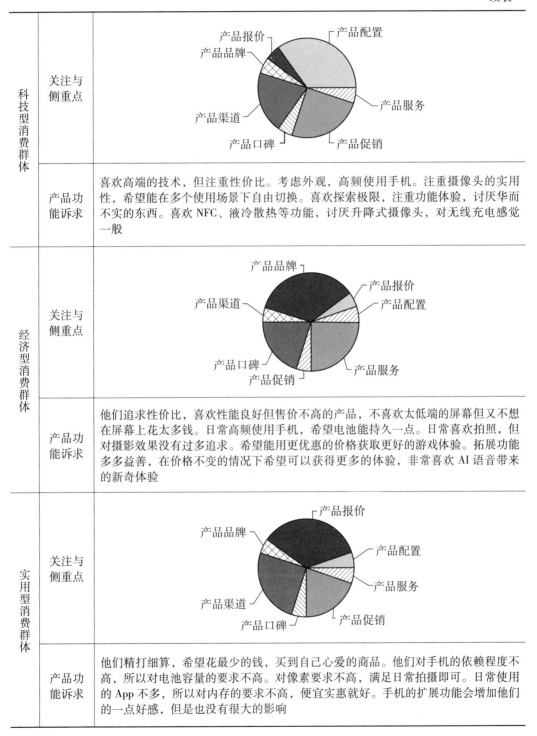
	产品功能诉求	喜欢高端的技术，但注重性价比。考虑外观，高频使用手机。注重摄像头的实用性，希望能在多个使用场景下自由切换。喜欢探索极限，注重功能体验，讨厌华而不实的东西。喜欢 NFC、液冷散热等功能，讨厌升降式摄像头，对无线充电感觉一般
经济型消费群体	关注与侧重点	
	产品功能诉求	他们追求性价比，喜欢性能良好但售价不高的产品，不喜欢太低端的屏幕但又不想在屏幕上花太多钱。日常高频使用手机，希望电池能持久一点。日常喜欢拍照，但对摄影效果没有过多追求。希望能用更优惠的价格获取更好的游戏体验。拓展功能多多益善，在价格不变的情况下希望可以获得更多的体验，非常喜欢 AI 语音带来的新奇体验
实用型消费群体	关注与侧重点	
	产品功能诉求	他们精打细算，希望花最少的钱，买到自己心爱的商品。他们对手机的依赖程度不高，所以对电池容量的要求不高。对像素要求不高，满足日常拍摄即可。日常使用的 App 不多，所以对内存的要求不高，便宜实惠就好。手机的扩展功能会增加他们的一点好感，但是也没有很大的影响

（四）竞争对手

竞争不仅仅来自同行业的公司，还可能来自更基本的因素。一个公司在竞争中脱颖而出的最佳策略是始终保持以顾客为中心的视角。在《营销之道》模拟经营中，各小组代表的企业或公司之间构成了直接竞争关系，这些企业在同一市场环境中相互竞争或合作，进行季度管理和运营决策，最终目标是通过有效的经营策略和资源配置，使自己的公司在竞争中脱颖而出，取得领先地位。

（五）公众

公众就是对一个组织完成其目标的能力有着实际或潜在兴趣或影响的群体。公众可能有助于增强一个企业实现自己目标的能力，也可能妨碍这种能力。鉴于公众会对企业的命运产生巨大的影响，精明的企业就会采取具体的措施，去成功地处理与主要公众的关系。大多数企业都建立了公共关系部门，专门筹划与各类公众的建设性关系。公共关系部门负责收集与企业有关的公众的意见和态度，发布消息、沟通信息，以建立信誉。如果出现不利于公司的反面宣传，公共关系部门就会成为排解纠纷者。

在模拟经营中，每个企业面对的公众如下：

金融界。对企业的融资能力有重要的影响，主要包括银行、投资公司、证券经纪行、股东。在《营销之道》模拟经营中就设立了"银行"，即创业园区的金融机构，你可以到这里办理公司开户与申请借款等业务。正常向银行申请借款的利率为5%，借款还款周期为3个季度；当企业或公司资金链断裂时，系统会自动给公司申请紧急借款，这时的利率为20%，还款周期为3个季度，当发生紧急借款时，综合分值将会被扣5分；同一个周期内，正常借款允许的最大金额为100000元。

媒介公众，是指那些刊载、播送新闻、特写和社论的机构，特别是电台、电视台、互联网广告投放平台。在模拟经营中，涉及多个类型媒体，不同媒介投入的广告费用金额不一样，对不同消费者的消费影响也不相同，如表7-3所示。

表 7-3 媒体类型及价格费用明细

广告类型	广告费用（元）
软文营销	7000.00
卫视广告	4000.00
网络新闻头条	5000.00
央视广告	11000.00
搜索引擎推广	10000.00
短视频平台	6000.00
海外媒体	9000.00

二、认识模拟经营宏观环境

企业宏观环境由政治法律环境、经济环境等构成。

(一) 政治法律环境

政治法律环境是指一个国家或地区的政治制度、体制、方针政策、法律法规等方面。这些因素常常制约、影响企业的经营行为，尤其是影响企业较长期的投资行为。具体来说，政治环境主要包括国家的政治制度与体制、政局的稳定性以及政府对外来企业的态度等因素；法律环境主要包括政府制定的对企业经营具有刚性约束力的法律、法规，如反不正当竞争法、税法、环境保护法以及外贸法规等因素。如果企业实施国际化战略，则它还需要对国际政治法律环境进行分析，例如，分析国际政治局势、国际关系、目标国的国内政治环境以及国际法所规定的国际法律环境和目标国的国内法律环境。在《营销之道》模拟经营中，政府要求企业或公司按照相应的税率缴纳税费，具体如表7-4所示。

表7-4　　　　　　　　企业税率及职工社保比率

名称	税率/比率（%）	说明
所得税	25.00	企业经营当季如果有利润，则按该税率在下季初缴纳所得税
营业税	5.00	根据企业营业外收入总额，按该税率缴纳营业税
增值税	17.00	按该税率计算企业在采购商品时所支付的增值税款，即进项税，以及企业销售商品所收取的增值税款，即销项税
城建税	7.00	根据企业应缴纳的增值税、营业税，按该税率缴纳城市维护建设税
教育费附加	3.00	根据企业应缴纳的增值税、营业税，按该税率缴纳教育费附加
地方教育附加	2.00	根据企业应缴纳的增值税、营业税，按该税率缴纳地方教育附加
养老保险	20.00	根据工资总额按该比率缴纳养老保险费用
失业保险	2.00	根据工资总额按该比率缴纳失业保险费用
工伤保险	0.50	根据工资总额按该比率缴纳工伤保险费用
生育保险	0.60	根据工资总额按该比率缴纳生育保险费用
医疗保险	11.50	根据工资总额按该比率缴纳医疗保险费用
未办理保险罚款	2000元/人	在入职后没有给员工办理保险的情况下按该金额缴纳罚款

（二）经济环境

经济环境是指构成企业生存和发展的社会经济状况，社会经济状况包括经济要素的性质、水平、结构、变动趋势等多方面的内容，涉及国家、社会、市场及自然等多个领域。构成经济环境的关键战略因素包括：GDP 的发展趋势、利率水平的高低、财政货币政策的松紧、通货膨胀程度及其趋势、失业率水平、居民可支配收入水平、汇率升降情况、能源供给成本、市场机制的完善程度、市场需求情况等。这些因素往往直接影响着企业的经营，如利率上升很可能会使企业使用资金的成本上升；市场机制的完善对企业而言意味着更为正确的价格信号、更多的行业进入机会等。企业的经济环境分析就是要对以上因素进行分析，运用各种指标，准确地分析宏观经济环境对企业的影响，从而使其战略与经济环境的变化相匹配。

不同的时间、不同的渠道、市场需求以及最高预算支出实际是不一样的。但是我们又可以根据当前季度实际市场需求量、实际消费者最高预算支出预测出下一季度的需求量、大致增长率及下一季度的消费者最高预算支出大致增长率。

不同渠道市场需求的情况如图 7-2 所示。

所有市场专卖店最高预算数量(件)细分需求曲线

所有市场经销商最高预算数量(件)细分需求曲线

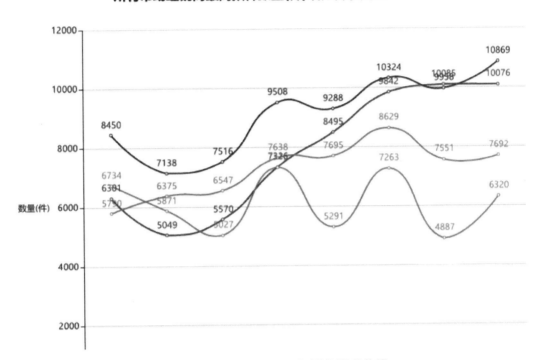

所有市场大卖场最高预算数量(件)细分需求曲线

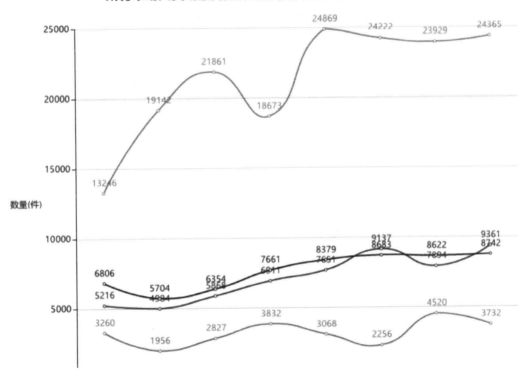

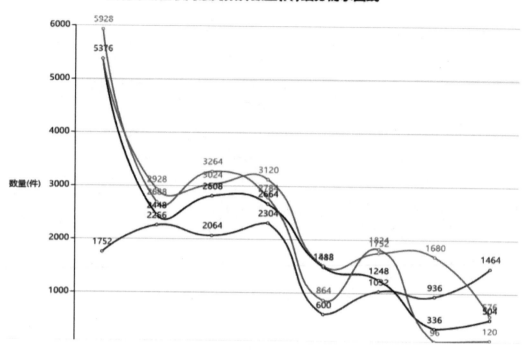

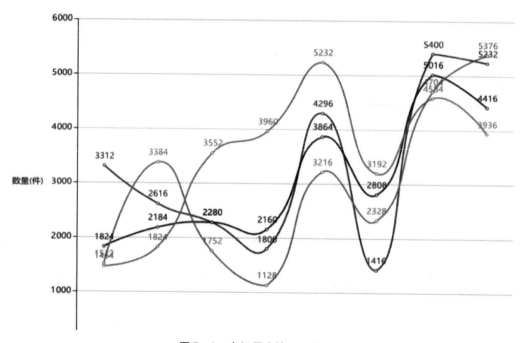

图 7-2 市场需求情况（部分）

小链接 7 - 1

乐观的得与失

在美国，小型企业能够生存 5 年以上的概率约为 35%。不过，创立此类企业的创办人大多不认为该数据适用于自身。为什么？有统计指出，美国企业家多数都相信自己的事业处于上升期。他们对"任何类似我的企业"的成功概率的评估均值高达 60%——几乎是正确数值的 1 倍。当评估自己的企业时，乐观偏见就愈发明显了：81% 的小型企业创办人认为自己的胜率能够达到 70% 甚至更高，而在 33% 的人心目中，自己失败的概率为 0。

性情乐观的好处在于它使我们在困难面前坚持不懈，当然，这种坚持可能意味着高昂的代价。加拿大非政府组织"发明家援助计划"，其主要工作是对发明家的点子的商业前景予以评估。在该机构给出的评级中，七成以上的发明都被归入代表"必然失败"的 D 或 E。有趣的是，收到意味着失败的评级结果时，依然有高达四成七的人选择继续努力；一般而言，这部分坚持下去（或者说固执）的人的平均损失，大约相当于急流勇退者所遭受损失的两倍。

话虽如此，即使大多数风险承担者最终收获的是失望，那些因乐观而勇于承担的企业家，毫无疑问在为激发资本主义社会的经济活力贡献力量。诚如伦敦经济学院的马尔塔·科埃略教授所指出，小型企业的创办人要求政府在决策方面支持自己时，往往带来令人挠头的问题——政府应该向这些几年后就会大部分破产的企业提供贷款吗？政府是否应该支持小型企业？如果应该，又该怎样支持小型企业？与此相关的问题至今没有令各方皆大欢喜的答案。

资料来源：丹尼尔·卡尼曼. 思考，快与慢 [M]. 胡晓姣，李爱民，何梦莹，译. 北京：中信出版社，2012.

第二节　组建企业团队

《营销之道》模拟的是一家以市场营销工作为重心的简单加工企业，参与管理公司的每位同学都可以选择总经理、直销总监、技术总监、市场总监、生产总监、财务总监、渠道总监、国际总监等角色中的一个，也可以一位同学兼管多角色相关的工作内容。该企业每个部门的职责如图 7 - 3 所示。

每组可以由不多于 5 名学生组成，设置 5 个角色：分别为总经理、生产总监、市场总监、渠道总监、直销总监。其中，总经理管理财务部，生产总监管理研发部和制造部，市场总监管理市场部，渠道总监管理渠道部和国际部，直销总监管理直销部。

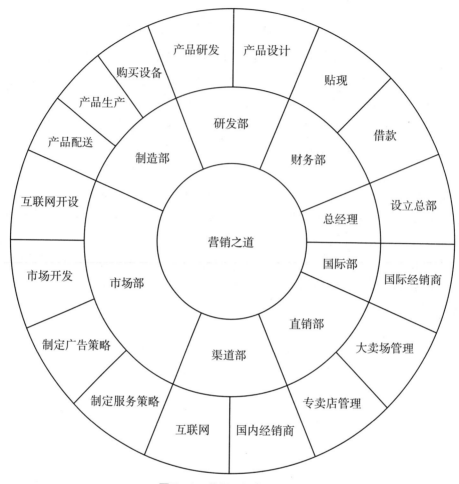

图 7-3 公司不同部门职责

总经理的职责：①带领团队，主持全面工作，保证经营目标的实现，及时、足额地完成利润指标；②制定公司战略规划，并监督贯彻战略的执行情况；③组织实施经批准的工作计划，制定财务预算，进行资金分配安排，开展筹资计划；④搞好团队建设，进行岗位分配与职责定位，做好各岗位绩效考评及激励；⑤坚持民主集中制的原则，发挥"领导一班人"的作用，充分发挥团队的积极性和创造性。

生产总监的职责：①组织编制季度生产、配送计划及控制成本、毛利率等指标；②组织产品设计、研发等活动；③组织编制并按时向总经理汇报每季度设计研发费用、成本开支情况及指标完成情况；④组织编制并按时向总经理汇报每季度资金需求预测情况；⑤负责协调营销部门制定销售预测。

市场总监的职责：①组织编制年度营销计划及营销费用、内部利润指标等；②组织研究、拟定公司营销、市场开发方面的发展规划；③组织编制并按时向总经理汇报每季度营销运营情况及指标完成情况；④组织编制并按时向总经理汇报每季度资金回收情况、资金需求预测情况；⑤负责协调营销部门与财务部门、技术部门及其他部门工作的协作关系；⑥负责研究和拟定新项目的开发，制定新产品或新市场进入策略；⑦组织收集市场销售信息、新技术产品开发信息、用户的反馈信息等；⑧组织开展直销和渠道的市场细分、市场预测、任务分档等工作。

渠道总监的职责：①组织编制渠道部季度营销计划及营销费用、内部利润指标等；②组织研究、拟定公司渠道部营销组合策略；③组织编制并按时向总经理汇报每季度营销运营情况及指标完成情况；④组织编制并按时向总经理汇报每季度资金回收情况、资金需求预测情况；⑤负责协调渠道部门与市场部门、技术部门及其他部门工作的协作关系。

直销总监的职责：①组织编制直销部季度营销计划及营销费用、内部利润指标等；②组织研究、拟定公司直销部营销组合策略；③组织编制并按时向总经理汇报每季度营销运营情况及指标完成情况；④组织编制并按时向总经理汇报每季度资金回收情况、资金需求预测情况；⑤负责协调直销部门与市场部门、技术部门及其他部门工作的协作关系。

小链接 7-2

企业社会责任四层次框架

社会学家卡罗尔在20世纪70年代后期提出了企业社会责任四层次框架。企业首要的第一层责任是经济责任，包括获利并给股东提供投资回报，为员工创造工作机会并提供合理报酬，进行技术创新、扩大销售，等等。企业的经营活动应当在法律要求的框架下进行，即遵守法律法规。法律责任是企业应承担的第二层责任。虽然经济责任和法律责任都包含了伦理规范要求，但社会还是期望企业遵守法律明文规定要求之外的伦理规范，包括尊重他人、维护员工权益、避免对社会造成伤害、做正确的事情等，伦理责任是企业应承担的第三层责任。第四层（最高层）责任是企业自行裁判的责任，这完全是一种自愿履行的责任，社会期望、法律规范甚至伦理规范并没有对企业提出明确的要求，企业拥有自主判断和选择权来决定具体的企业活动，例如慈善捐助、支持当地社区发展、帮助妇女儿童和残疾人等弱势群体。

资料来源：Carrollab. A Three-Dimensional Conceptual Model of Corporate Performance [J]. Academy of Management Review, 1979 (4).

第三节　模拟经营流程

　　《营销之道》提供了一个模拟的市场环境，参加训练的所有学生分组组成多家企业，并在一个共同的环境下相互对抗竞争，小组成员分别担任企业的总经理、直销总监、技术总监、市场总监、生产总监、财务总监、渠道总监和国际总监等角色，全面体验企业从产品设计、生产、定价到渠道、促销的各个阶段。企业发展中的各项营销管理工作以及其他企业运营管理工作等各个方面的经营决策，均由团队成员根据市场发展与竞争形势的变化独立完成，最终通过平衡计分卡的综合评价分数来全面衡量企业的经营绩效。在经营前，你的企业将拥有一笔经营资金，开始惊险、刺激的商战之旅，打造自的商业王国。你和你的团队管理的企业是个有机整体，总体结构很容易理解，但运作中有许多微妙之处。经营团队要合理设计组织架构并分配各自的管理职责。首先，你需要制定重要的战略规划和经营目标。你必须在运营过程中，设法使你的企业具备最佳前景，实现战略计划，努力达成经营目标。在训练结束时，争取使企业在所有企业中表现最佳。公司经营流程如图7-4所示。

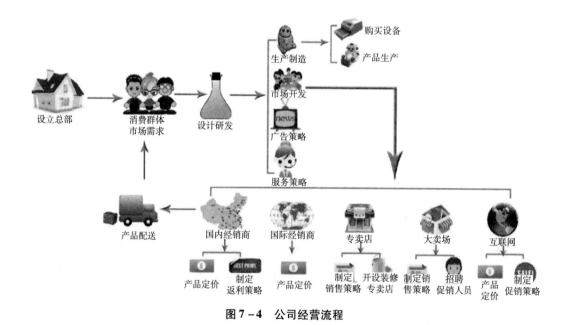

图7-4　公司经营流程

　　当所有任务都完成时，点击"完成决策"，如图7-5所示。

图7-5　决策任务

本 章 要 点

熟悉《营销之道》经营流程。

复 习 思 考 题

相关经营策略制定。

一、市场部 STP 分析及决策制定

详细查看数据规则，做好消费群体细分：系统帮助—消费群体。

系统商业背景给出了市场细分结果。把该行业内的所有消费者按照能接受的最高价格及关注侧重点的不同分为四种：时尚型、科技型、商务型、实用型。

时尚型主要关注的侧重点：

对应营销策略：

科技型主要关注的侧重点：

对应营销策略：

商务型主要关注的侧重点：

对应营销策略：

实用型主要关注的侧重点：

对应营销策略：

二、选择目标市场（Targeting）

评估各目标市场，选择目标细分市场，填写下列表格。

消费群体	哪些市场渠道需求量较多且呈增长趋势	哪些市场渠道预算较高	选择主要目标市场渠道
时尚型			
科技型			
商务型			
实用型			

三、产品定位（Positioning）

计划设计的产品及定位，填写下列表格。

品牌名称	面向消费群体	预计进入市场时间	预计毛利率	预计税前利润	盈亏平衡点数量

第一季度市场决策数据：

市场开发：

广告投放：

售后服务：

销售费用合计：

四、品牌组合策略

计划设计的产品 box 表及研发进度表，软件设计最多只能设计 5 类品牌，并且中途品牌原料表不能修改，教师可根据课程需要修改品牌个数。无须一次全部设计好，后期可继续增加设计品牌。

原料选择	品牌一	品牌二	品牌三	品牌四	品牌五
屏幕尺寸					
电池类型					
照相功能					
音频功能					
扩展功能					
预计成本					
预计研发期					
计划上市期					
预计毛利率					

五、直销部市场分析及策略制定

各区域大卖场市场需求细分：根据前 4/8 季度的市场需求走势情况填写：

市场	实用型消费群体		商务型消费群体		科技型消费群体		时尚型消费群体	
	预计初始需求	平均增长率	预计初始需求	平均增长率	预计初始需求	平均增长率	预计初始需求	平均增长率
华东								
华南								
华北								
华中								
东北								
西北								
西南								

评估出大卖场各消费群体的最优市场，即需求较多、市场增长空间大的市场：

实用型最优市场：

商务型最优市场：

科技型最优市场：

时尚型最优市场：

各区域专卖店市场需求细分：根据前4/8季度的市场需求走势填写：

市场	实用型消费群体		商务型消费群体		科技型消费群体		时尚型消费群体	
	预计初始需求	平均增长率	预计初始需求	平均增长率	预计初始需求	平均增长率	预计初始需求	平均增长率
华东								
华南								
华北								
华中								
东北								
西北								
西南								

评估出专卖店各消费群体的最优市场，即需求较多、市场增长空间大的市场：

实用型最优市场：

商务型最优市场：

科技型最优市场：

时尚型最优市场：

六、渠道部市场分析及策略制定

各渠道市场需求细分：根据前4/8季度的市场需求趋势填写：

市场	实用型消费群体		商务型消费群体		科技型消费群体		时尚型消费群体	
	初始需求	平均增长率	初始需求	平均增长率	初始需求	平均增长率	初始需求	平均增长率
华东								
华南								
华北								
华中								
东北								
西北								
西南								

市场	实用型消费群体		商务型消费群体		科技型消费群体		时尚型消费群体	
	初始需求	平均增长率	初始需求	平均增长率	初始需求	平均增长率	初始需求	平均增长率
互联网								
国际								

评估出各消费群体的最优市场，即需求较多、市场成长较快的市场：

实用型最优市场：

商务型最优市场：

科技型最优市场：

时尚型最优市场：

七、生产计划及产品调配

根据销售预计，制订生产计划：

产品名称	预计销售量	实际产量
品牌一		
品牌二		
品牌三		
品牌四		
品牌五		
合计		

制订固定资产购置需求计划：

设备型号	购置时间	产能	固定成本
设备			

本章知识拓展

利益相关者

1984 年，弗里曼出版了《战略管理：利益相关者方法》一书，明确提出了利益相关者管理理论。利益相关者管理理论指企业的经营管理者为综合平衡各个利益相关者的利益要求而进行的管理活动。与传统的股东至上主义相比较，该理论认为任何一家公司的发展都离不开各利益相关者的投入或参与，企业追求的是利益相关者的整体利益，而不仅仅是某些主体的利益。这些利益相关者既包括企业的股东、债权人、雇员、消费者、供应商等交易伙伴，也包括政府部门、本地居民、本地社区、媒体、环保组织等方面的压力集团，甚至包括自然环境、人类后代等受到企业经营活动直接或间接影响的客体。这些利益相关者与企业的生存和发展密切相关，他们有的分担了企业的经营风险，有的为企业的经营活动付出了代价，有的对企业进行监督和制约，企业的经营决策必须考虑他们的利益或接受他们的约束。从这个意义上讲，企业是一种治理和管理专业化投资的制度安排，企业的生存和发展依赖于企业对各利益相关者利益要求的回应的质量，而不仅仅取决于股东。这一企业管理思想从理论上阐述了企业绩效评价和管理的重心，为其后的绩效评价理论奠定了基础。

资料来源：爱德华·弗里曼. 战略管理：利益相关者方法［M］. 王彦华，等译. 上海：上海译文出版社，2006.

第八章 《营销之道》营销模拟演练规则

第一节 营销模拟竞赛形式

一、营销模拟竞赛的兴起与意义

（一）起源与初期发展阶段（20 世纪 50～70 年代）

1955 年，美国兰德公司（Rand Corporation）为美国空军后勤系统开发了一套计算机模拟练习软件，参与者扮演美国空军库存经理进行后勤供应保障的模拟，可称为现代商业模拟软件的雏形。第二次世界大战后，美国社会对既掌握管理学原理又掌握实战经验的管理人才需求剧增，公司对人才的需求推动了大学管理教学的改革，大学既要为企业输送大批 MBA 人才又要保证这些人才聘用后能迅速进入角色、独当一面。教学和培养模式开始寻找新的突破方向。

第一套全球知名的商业模拟训练软件是 1956 年美国管理学会（AMA）开发的《高层模拟决策管理》（*Top Management Decision Simulation*），其开始主要运用于经理培训课程。根据 1961 年《商业模拟游戏指南》（*The Business Game Handbook*）的数据统计，美国在这个阶段有超过 190 种广泛使用的商业模拟软件。同时，北美模拟与博弈学会（NASAGA，1966）、国际模拟与博弈学会（ISAGA，1970）、商业模拟与实验教学学会（ABSEL，1974）三个最具影响力的商业模拟组织相继在美国成立，大批管理咨询公司纷纷介入商业及营销等模拟软件的开发并运用于职业经理人的培训业务之中。

这一时期的营销模拟竞赛大多以小规模、局部化的形式存在，主要面向特定的学生群体或企业内部员工。

（二）快速发展阶段（20 世纪 70～90 年代）

20 世纪 70 年代后期～90 年代初期，市场竞争焦点逐渐从产品转向产业。为分散风险和抢占产业制高点，企业纷纷开展多元化经营，因而急需通晓战略管理、熟谙国际市场营销的管理者。新的环境与人才需求再次挑战大学的管理教育模式，参与式教学中的案例研究和商业模拟备受青睐。大学针对公司对新型人才培养的需要，有针对性地开发演绎了风险管理、战略管理、国际市场营销的案例与模拟程序，使教学与现实紧密接轨。如英国霍尔市场公司从 1976 年起开发的 TEAMSKILL、INTEX 等模拟软件；由欧洲工商管理学院让·克劳德·拉莱克（Jean Claude Larreche）和宾夕法尼亚大学沃顿学院的休伯特·加蒂农（Hubert Gatigno）设计，Steat－X 国际公司于 1977 年开发并在今后几年多次再版的 MARKSTRAT（营销战略模拟系统）；美国 Windsor 大学的动态营销模拟系统 COMPETE 等。据国际商学院联合会（AACSB，The Association to Advance Collegiate School of Business）2001 年统计，其 382 所核心会员大学中的 372 所，不仅将 BS 广泛用于战略管理、市场营销、会计与财务等核心课程的教学中，还将模拟软件的研究与开发纳入大学教学科研的常规性工作中，并经常开展全美或地区性的竞赛和学术交流活动。

在这一阶段，营销模拟竞赛在以下几个方面取得了显著进展。

（1）竞赛形式多样化：除了传统的案例分析、角色扮演等形式外，还引入了计算机模拟、在线竞赛等新技术手段，使得竞赛更加逼真、高效。

（2）覆盖范围扩大化：营销模拟竞赛不再局限于某一地区或某一国家，而是逐渐发展成为跨国界、跨文化的全球性赛事。越来越多的国家和地区开始举办或参与营销模拟竞赛，形成了良好的国际交流与合作氛围。

（3）参赛对象广泛化：从最初的商学院学生扩展到包括经济管理类、市场营销类等多个专业的学生以及企业员工等社会各界人士。参赛对象的广泛性进一步提升了营销模拟竞赛的社会影响力和价值。

（三）成熟与创新阶段（20 世纪 90 年代至今）

进入 21 世纪后，随着全球化进程的加速和互联网技术的普及，营销模拟已成为国际互联网教育数据库的重要内容。学生在网络终端输入决策信息，经网络上传至模拟服务器，模拟结果再反馈回各终端。学生可以及时了解、分析竞争对手的战略，并为下一轮决策模拟提供参考。如被 55 个国家、约 100 个工商管理硕士点采用的 INTOPIA/2000，其营销模拟约 1/3 在网络上进行。一些从事营销模拟与博弈的国际组织如 NASAGA、ABSEL，大学商业模拟研究机构如 INSEAD 等都在网上免费提供或出售模拟软件包。网上模拟软件的资源共享是经济全球化的必然产物，它极大减少了模拟软件开发中的重复劳动和运行成本，也为学习者提供了一种全天候、更为便捷的学习培训方式。随着复杂系统理论、人工智能、计算经济学等学科迅速发展，商业模拟的仿真度迅速提高，人机交互性能和智能性也越来越好。商业模拟正在向着网络化、智能化的方向发展。

近年来，营销模拟竞赛在保持快速发展的同时，也更加注重竞赛内容的创新性和实践性的结合。一些具有前瞻性和创新性的营销模拟竞赛开始涌现，如结合大数据、人工智能等新技术手段的竞赛项目，这些项目不仅考验了参赛者的市场营销能力，还对他们的数据分析能力、创新思维能力和团队合作能力提出了更高的要求。同时，营销模拟竞赛在推动校企合作、产学研一体化方面也发挥了积极作用。通过与企业合作举办竞赛或引入企业真实案例作为竞赛内容，竞赛更加贴近市场需求和企业实际，为参赛者提供了更多接触市场、了解企业的机会。

在全球化与数字化浪潮的推动下，商业环境日益复杂多变，市场竞争愈发激烈。面对这一挑战，市场营销作为连接企业与消费者、推动产品与服务流通的关键环节，其重要性不言而喻。为了培养能够适应未来市场需求、具备实战经验和创新能力的营销人才，教育界不断探索和实践新的教学模式。其中，营销模拟竞赛作为一种集知识性、实践性、创新性于一体的教学方式，逐渐受到广泛关注与青睐。

营销模拟竞赛通过模拟真实或虚构的市场环境，让参赛者在限定的时间和资源条件下，运用市场营销理论知识，完成市场调研、产品设计与生产、产品策划、价格制定、渠道选择、促销推广等一系列营销任务。这一过程不仅考验了参赛者的专业知识掌握程度，更锻炼了其团队协作能力、创新思维能力和问题解决能力。因此，营销模拟竞赛在提升学生综合素质、促进理论与实践相结合方面具有不可替代的作用。

二、营销模拟竞赛的基本形式与构成

（一）团队竞赛：协作共赢的基石

在营销模拟竞赛的广阔舞台上，团队竞赛不仅是竞技的单元，更是协作精神的熔炉。每个团队如同一块块独特的拼图，成员间各具特色却又紧密相连，共同构筑起面对市场挑战的坚固防线。协作，是团队竞赛的灵魂。在竞赛的每一个环节，从市场调研的细致入微到产品定位的精准独到，从价格策略的深思熟虑到促销活动的创意无限，都需要团队成员之间的紧密配合与无缝衔接。每一个想法的碰撞，每一次策略的讨论，都是团队协作精神的体现，它们汇聚成推动团队前进的强大动力。共赢，则是团队竞赛的终极目标。在激烈的市场竞争中，团队成员深知只有携手并进，才能实现共同的成功。他们不仅追求个人的卓越表现，更注重团队的整体成就。通过共同努力，团队不仅能够在竞赛中脱颖而出，更能在过程中培养出深厚的友谊和默契，为未来的合作打下坚实的基础。

营销模拟竞赛中，每个团队由数名成员组成，他们在竞赛过程中扮演不同的角色，如 CEO、产品经理、销售经理、财务分析师等，共同协作完成竞赛任务。团队竞赛的形式有助于培养学生的团队协作精神，增强沟通与协调能力。在团队中，每个成员都能发挥自己的专长和优势，共同为团队的胜利贡献力量。

（二）模拟市场环境：真实与虚构的交融

竞赛组织者会根据竞赛的主题和目标，设定一个或多个模拟市场环境。这些市场环境可以是特定行业、地区或消费群体的真实写照，也可以是基于某种假设条件而构建的虚构场景。模拟市场环境的多样性有助于培养学生的市场洞察力和适应能力。在模拟市场环境中，参赛团队需要密切关注市场动态和消费者需求的变化，及时调整营销策略和行动计划，以应对市场的挑战和机遇。

在营销模拟竞赛的舞台上，模拟市场环境如同一首精心编排的交响乐章，既包含了现实世界的深沉旋律，又融入了虚构创意的灵动音符，共同编织出一幅幅生动逼真的商业图景。这一环境以其独特的魅力，巧妙地将真实市场的复杂性和虚构场景的创意性融为一体。它不仅是现实商业世界的微缩景观，真实反映着行业趋势、消费者行为、竞争格局等关键要素，让参赛者能够身临其境地感受市场的脉动；同时，它也是创新思维和想象力的试验田，通过虚构的创意场景，为参赛者提供了探索未知、挑战极限的广阔空间。

在模拟市场环境中，参赛者仿佛置身于一场精彩纷呈的商业冒险之中。他们需要在真实与虚构交织的复杂情境中，灵活运用市场营销知识，制定切实可行的策略方案，以应对市场的不断变化和挑战。这一过程不仅考验了他们的专业技能和创新能力，更锻炼了他们的决策能力、团队协作能力和应变能力。

（三）竞赛任务：全面考察的营销实战

布置竞赛任务，旨在构建一个全方位、多层次的实战平台，深度考察参与者在市场营销领域的综合能力与应变能力。这不仅是一场知识的较量，更是一次实战的演练，要求参与者将所学理论知识与实战经验紧密结合，应对瞬息万变的市场环境。

任务涵盖了市场调研、目标市场定位、产品策划、营销策略制定与执行，以及效果评估与反馈等关键环节。参与者需首先通过详尽的市场调研，准确把握市场动态与消费者需求；其次，根据调研结果，精准定位目标市场，并设计出富有创新性和竞争力的产品策略。在制定营销策略时，需综合考虑市场趋势、竞争对手动态及自身资源状况，制订出切实可行的方案，并在执行过程中保持高度的灵活性与适应性。

营销模拟竞赛的任务设计旨在全面考察学生的市场营销知识和实践能力。这些任务要求参与团队综合运用市场调研、数据分析、策略规划等多种技能和方法,完成从市场分析到策略实施的全过程。通过完成这些任务,参与者不仅能够加深对市场营销理论知识的理解和掌握,还能够积累宝贵的实战经验。锤炼参与者的专业技能、创新思维与实战能力,为培养未来的市场营销精英奠定坚实基础。

小链接 8-1

"学创杯"全国大学生创业综合模拟大赛

"学创杯"全国大学生创业综合模拟大赛由教育部高等学校国家级实验教学示范中心联席会经济与管理学科组、中国陶行知研究会联合举办,大赛面向全国本科与高职院校学生,定位于国家级创业模拟赛事,侧重于大学生创新创业能力训练。大赛入选教育部认可的 84 项全国大学生学科竞赛 A 类竞赛名单,自 2014 年至今已经成功举办十届,大赛累计吸引全国近 1800 多所院校,百万余名大学生参与。赛事分为校内选拔赛、省区选拔赛、全国半决赛、全国总决赛四个环节。

从首届大赛 276 个高校参赛,到 2023 年第十届大赛 1496 所高校、10 多万支团队、30 万师生参赛,赛事的覆盖度、参赛院校的水准都日趋提升。十年来,"学创杯"规模和影响力越来越大,旨在激励大学生弘扬时代精神,培养创业意识,提高创业能力,促进高校就业创业教育的蓬勃开展,发现和培养一批具有创新思维和创业潜力的优秀人才,同时鼓励高校组建创业模拟实践教学平台,积极开展各类大学生创业实践活动。

资料来源:学创杯官网,http://www.xcbds.com/cyds/article/list_view。

三、营销模拟竞赛的实施流程与关键环节

(一) 前期准备:周密规划与充分准备

在竞赛开始之前,需要进行充分的准备工作。首先,需要明确竞赛的目标、主题、规则和要求等基本信息,确保所有参赛者都能对竞赛有清晰的认识和理解。其次,需要组建竞赛组织委员会和评审团等组织机构,负责竞赛的组织实施和成果评审工作。再次,还需要对参赛团队进行必要的培训和指导,帮助他们了解竞赛的流程和要求,掌握必要的技能和方法。最后,还需要准备竞赛所需的场地、设备、资料等资源,确保竞赛的顺利进行。

(二) 竞赛实施:紧张激烈与智慧碰撞

竞赛实施过程中,参与团队需要在规定的时间内完成各项任务。这一阶段是竞赛最为紧张激烈的环节之一。参与团队需要充分发挥团队协作精神,积极沟通、协调和配

合，共同应对市场的挑战和机遇。在任务执行过程中，团队需要灵活运用市场营销理论知识，结合实际情况进行策略规划和实施。同时，还需要密切关注市场动态和消费者需求的变化，及时调整营销策略和行动计划。

（三）成果展示与评估：成果展示与反馈提升

竞赛结束后，各团队需要提交成果报告并进行展示。成果报告应详细记录团队的调研过程、决策依据、实施方案和成果成效等信息。在成果展示环节中，各团队需要向评审团和其他参赛团队展示自己的成果和亮点，并接受评审团的提问和点评。评审团将根据竞赛的评分标准和要求，对参与团队的成果进行评估和打分。评估结果将作为评选优秀团队和个人的重要依据，获得相应的奖励和荣誉。通过成果展示与评估环节，参与者可以了解自己的优点和不足之处，从而在未来的学习和实践中不断改进和提升自己。

四、营销模拟竞赛的价值与影响

（一）对学生个人能力的全方位塑造

1. 实战技能的提升

营销模拟竞赛为学生提供了一个将理论知识转化为实战技能的平台。在模拟的市场环境中，学生需要亲自策划并执行营销策略，这一过程不仅加深了他们对市场营销理论的理解，还显著提升了他们的市场洞察力、策略规划能力和执行效率。营销模拟竞赛通过模拟真实或虚构的市场环境，让学生在实践中学习和掌握市场营销知识和技能。这种实践育人的方式有助于打破传统课堂教学的局限性和枯燥性，激发学生的学习兴趣和积极性。同时，通过参与竞赛，学生还能够积累宝贵的实战经验，为未来的职业生涯打下坚实的基础。

2. 决策与应变能力的锻炼

在竞赛中，学生面临的不仅是复杂多变的市场环境，还有来自竞争对手的压力和突发事件的挑战。这种高强度的压力测试促使学生迅速成长，学会了如何在有限的时间和资源下作出最优决策，并灵活应对各种突发情况。营销模拟竞赛不仅考察学生的市场营销知识和实践能力，还涉及市场调研、数据分析、决策制定、沟通协调等多个方面的能力。通过参与竞赛，学生可以全面提升自己的综合素质能力，包括逻辑思维能力、批判性思维能力、问题解决能力等。这些能力的提升将有助于学生在未来的学习和生活中更好地应对各种挑战和机遇。

3. 团队协作与领导力的培养

营销模拟竞赛通常以团队形式进行，团队成员之间需要紧密合作、相互支持，以实现共同的目标。这一过程不仅培养了学生的团队协作精神和沟通能力，还为他们提供了展示领导才能的机会，从而促进了他们领导力的提升。在团队中，每个成员都需要发挥自己的专长和优势，共同为团队的胜利贡献力量。通过团队协作的锻炼，学生将更好地适应未来职场的挑战和机遇。

4. 创新思维与问题解决能力的提升

在竞赛过程中，学生需要不断探索新的思路和方法来应对市场挑战和机遇。这种创新思维的培养有助于提高学生的竞争力和创造力，为未来的职业发展注入新的活力和动力。竞赛鼓励学生打破常规、勇于创新，这种创新思维的培养有助于学生在竞赛中脱颖而出，更将对他们未来的职业生涯产生深远的影响，使他们能够在快速变化的市场环境中保持竞争力。

（二）对商科教育改革的推动

1. 促进理论与实践的融合

营销模拟竞赛打破了传统商科教育中理论与实践脱节的弊端，通过模拟真实的市场环境，让学生在实际操作中学习和掌握市场营销的知识和技能。这种教学方式不仅提高了学生的学习兴趣和参与度，还使他们能够在实践中不断检验和修正自己的理论认知。

2. 推动教学模式的创新

营销模拟竞赛的兴起促使商科教育不断探索新的教学模式和方法。为了更好地适应市场需求和学生需求，高校需要不断更新教学内容、优化教学方法、完善教学设施，以提高学生的实践能力和创新能力。

3. 增强教育质量的评估与反馈

营销模拟竞赛为学生提供了一个展示自己能力和水平的舞台，同时也提供了一个评估教育质量的重要途径。通过观察学生在竞赛中的表现，可以了解学生的学习成果和教学效果，从而为教学质量的持续改进提供有力支持。

（三）对企业与社会的深远影响

1. 人才培养与输送的桥梁

营销模拟竞赛为企业提供了一个挖掘和培养市场营销人才的重要渠道。通过参与竞赛，企业可以发现具有潜力和才华的学生，为他们提供实习和就业机会。同时，学生也可以通过竞赛了解企业的需求和文化，为未来的职业生涯做好准备。这种人才输送机制有助于缓解市场营销领域的人才短缺问题，促进企业和社会的可持续发展。

2. 市场营销创新的催化剂

营销模拟竞赛鼓励学生探索新的营销策略和方法，这种创新精神有助于推动市场营销领域的发展和创新。企业可以从学生的创意和策略中汲取灵感，优化自身的营销策略和营销效果。同时，这种创新氛围的营造也有助于激发整个行业的创新活力，推动市场营销行业的不断进步和发展。

3. 品牌宣传与形象塑造的窗口

营销模拟竞赛受到广泛关注，参与其中的企业和学校可以借此机会提升品牌知名度和影响力。通过竞赛的展示和交流，企业可以展示自身的实力和创新能力，吸引更多的潜在客户和合作伙伴。同时，这种正面形象的塑造也有助于企业在市场中建立更加稳固的地位和声誉。

营销模拟竞赛不仅对学生个人能力的全方位塑造具有重要意义，还对商业教育改革的推动以及企业与社会的深远影响产生着不可忽视的作用。因此，我们应该高度重视并积极参与这一类型的竞赛活动，为培养更多高素质的市场营销人才、推动市场营销领域的创新与发展贡献自己的力量。

营销模拟竞赛作为一种创新的教学模式，在市场营销教学中具有重要的地位和作用。通过模拟真实或虚构的市场环境，让学生亲身体验市场营销的各个环节，不仅能够加深学生对市场营销理论知识的理解和掌握，还能够培养其团队协作能力、创新思维能力和问题解决能力。未来，随着教育技术的不断发展和创新教学模式的不断涌现，营销模拟竞赛将会得到更加广泛的应用和推广。我们有理由相信，在不久的将来，营销模拟竞赛将成为培养高素质营销人才的重要途径之一，为企业的持续发展和社会经济的繁荣作出更大的贡献。

第二节 《营销之道》评分规则

《营销之道》模拟的是一家以市场营销工作为重心的简单加工企业，参与管理公司的每位同学都可以选择总经理、直销总监、技术总监、市场总监、生产总监、财务总监、渠道总监、国际总监等角色中的一个，也可以一位同学兼管与多个角色相关的工作内容。每家企业初始时只有系统给予的 600000.00 元初始现金，经营团队可以根据系统中公开的各类数据规则、市场信息开始自己企业的经营。系统以"季度"为时间周期，每个公司在一个季度内都有机会进行以下工作：

一、小组评分说明

综合表现分数计算法则：综合表现 = 盈利表现 + 市场表现 + 成长表现
基准分数为 100.00 分，各项权重分别为：盈利表现权重 35.00 分；市场表现权重

40.00 分；成长表现权重 25.00 分。

如果出现紧急贷款，综合分值会扣除 1.00 分/次。各项权重由讲师设置。

盈利表现＝所有者权益/所有企业平均所有者权益×35.00（盈利表现权重）

盈利表现最低为 0.00，最高为 70.00。

市场表现＝（本企业累计已交付的订货量/所有企业平均累计交付的订货量）
　　　　　×市场表现权重

市场表现＝[（国内市场交付数量/所有企业国内市场平均累计交货数量×0.60）＋（国际市场交付数量/所有企业国际市场平均累计交货数量×0.15）＋（网络市场交付数量/所有企业网络市场平均累计交货数量×0.25）]×40.00（市场表现权重）

市场表现最低为 0.00，最高为 80.00。

成长表现＝（本企业累计销售收入/所有企业平均累计销售收入）×25.00（成长表现权重）

成长表现最低为 0.00，最高为 50.00。

二、主要财务数据规则

每季度公司财务数据如表 8－1 所示。

表 8－1　　　　　　　　　　每季度公司财务数据

项目	当前值	说明
公司初始现金	600000.00 元	正式经营开始之前每家公司获得的注册资金（实收资本）
所得税税率	25.00%	企业经营当季利润表中的利润总额如果为正，则按该税率在下季初缴纳所得税
增值税税率	17.00%	按该税率计算企业在采购商品时所支付的增值税款，即进项税，以及企业销售商品所收取的增值税款，即销项税
城市维护建设税率	7.00%	根据企业应缴纳的增值税、营业税，按该税率缴纳城市维护建设税
教育费附加税率	3.00%	根据企业应缴纳的增值税、营业税，按该税率缴纳教育费附加税
地方教育附加税率	2.00%	根据企业应缴纳的增值税、营业税，按该税率缴纳地方教育附加税
公司运营季度数	8 季度	公司总共的运营季度数
基本行政管理费	1000.00 元/人	根据销售人员和促销人员的个数，按人计算
普通借款利率	5.00%	向银行申请的普通借款季度利率

项目	当前值	说明
普通借款还款周期	2 季度	向银行申请的普通借款还款时间
同季最大借款授信额度	100000.00 元	同一个季度内，向银行申请借款的最高额度，累计借款不能超过公司上季度末的净资产
紧急借款利率	20.00%	公司资金链断裂时，系统会自动给公司申请紧急借款
紧急借款还款周期	3 季度	系统自动提供的紧急借款的还款周期
产品设计费用	10000.00 元	产品设计费用
产品研发费用	10000.00 元	产品研发费用
小组人员工资	20000.00 元	公司每季度管理人员工资
产品加工费	15.00 元	公司每个产品加工费用
总部产品配送费用	20.00 元	总部产品配送所需费用
其他市场产品配送费用	25.00 元	其他市场产品配送费用
返利所要求达到的销售数量	1 件	返利所要求达到的销售数量
固定资产折旧率	10.00%	固定资产折旧率
广告的影响季度	1 季度	广告的影响季度
总部搬迁费用	10000.00	当经营过程中发生总部搬迁，需要花费的搬迁费用。该笔费用在总部搬迁到新区域后自动扣除
总部搬迁周期		当经营过程中发生总部搬迁时，需要花费的搬迁时间（季度）

三、季度结算规则

企业在生产营销运营过程中，有些费用是现金即时支付，有些费用是在发布任务进入下季度过程中，系统自动结算的。结算分两步，第一步计算本季度末的数据，第二步计算下季度初的数据。

结算本季度末的相关数据，系统主要做表 8-2 所示操作（按先后顺序排列）。

表 8-2　　　　每季度末系统操作顺序

序号	操作内容
1	计算订单：根据每个公司的产品报价、产品配置、服务策略、销售策略、广告投入、产品返利、产品渠道等影响销量的因素计算各公司应该获得的订单，根据报价得出销售收入

续表

序号	操作内容
2	计算固定资产折旧，如果固定资产值小于原值，则不折旧
3	计算产品成本，下线
4	支付服务策略所产生的费用
5	支付促销人员工资
6	互联网维护费用
7	支付管理人员工资。公司每季度管理人员工资 20000.00 元
8	基本行政管理费用，1000.00 元/人（包括专卖店、大卖场的销售人员）
9	如果总部搬迁，产生搬迁费用 10000.00 元
10	未交货订单违约金，不需要支付订单违约金
11	银行还贷
12	支付上期的返利费用（有返利的包括：经销商、大卖场）
13	紧急贷款。结算以上项目，公司现金预留不足，系统会自动给公司申请等额紧急借款
14	更新财务报表
15	检查上季度未分配和未完成交付的订单数量，并转移到当前季度
16	计算公司应收账款并收取
17	计算公司应付账款并支付
18	计算上季度营业税并支付
19	扣除上季度增值税、城建税、所得税、教育附加税、地方教育附加税
20	更新预付账款状态
21	紧急贷款

第三节 《营销之道》模拟经营规则

一、基本运营规则

《营销之道》系统涵盖了管理学原理、市场营销学、微观经济学、宏观经济学、财务管理、国际市场营销学、市场调查与预测、电子商务等学科的综合训练，是一门综合实战训练课程。

（一）基本运营规则

初始资金：每家企业有 60 万元注册资金；

企业数量：由学生分组组建为互相竞争的公司；

运营周期：4～8 个季度；

市场区域：国内七大区域市场、互联网市场、国际市场；

消费群体：时尚型、科技型、商务型、实用型。

（二）财务规则

初始资金为 60 万元，中途不增加注册资金；

增加现金的途径：销售产品、银行贷款、应收账款贴现；

可随时去银行申请贷款或去财务贴现应收账款；

紧急贷款不能主动申请，在企业资金链断裂时由系统自动申请，但如果出现紧急贷款，那么最终成绩要扣分；

每季度有税前利润时需缴纳所得税，利润不弥补前期亏损；

现金短缺时经营将受到限制；

同季度最大借款授信额度为 100000 元，利率 5.00%，借款周期为 2 个季度；

紧急借款利率 20.00%，借款周期为 3 个季度。

（三）经营规则

总部设立后搬迁需要费用 10000 元/次，周期为一个季度；

每设计一个产品花费 10000 元，每研发一个产品花费 10000 元；

总部配送费用为 20 元/件，其他市场为 25 元/件；

设备只能购买，不能进行转租或买卖；

所有本季度投产的产品均在季末下线，不存在生产周期；

市场在开发完成的基础上才可制定售价，当报价为 0 时，代表该产品不参与该市场的销售；

本季度开设的专卖店可以撤销，非本季度开设的专卖店可以关闭；

销售人员工资为 2500 元/季度，销售能力为 50 件/人；促销人员工资为 2000 元/季度，促销能力为 50 件/人。

二、消费群体细分及市场需求

（一）消费群体细分

每个公司在这个行业都需要面对时尚型、科技型、经济型、实用型 4 种需求各异的消费群体，不同消费群体对产品的关注与侧重点是有差异的，消费者主要从几个不同角度挑选评价产品（见表 8 - 3）。

表 8 - 3 消费者从不同角度挑选产品的内涵

不同角度	具体含义
产品销售价格	是指公司销售产品时所报价格。与竞争对手相比，报价越高，销量越少，反之，报价越低，销量越高。但产品报价高于消费者最高消费价格时或报价为 0 时（不报价），则没有销量
产品功能配置	是指公司对产品功能的选择，不同的消费群体，关注产品的配置不同。与竞争对手相比，产品配置越符合消费者的消费倾向（即消费者对产品原料的评分越高），消费者越容易接受
产品用户口碑	是指该公司在市场的历史销售情况。与竞争对手相比，公司历史总交货量越多、交货率越高以及市场占有率越高，则销量越高，反之，销量越低。是一个累积的过程
产品促销政策	指公司对产品采取的一些对消费者有益的销售活动，与竞争对手相比，促销总额越多以及促销人员越多，则销量越大，反之越少
产品服务政策	指公司对产品的售后服务活动，与竞争对手相比，售后服务越好，则销量越高，反之越少
产品销售品牌	产品品牌由公司市场部门在产品上所投入的累计宣传广告多少决定，与竞争对手相比，累计投入广告越多，产品品牌知名度就越高，越能获得消费者认可
产品销售渠道	是指将产品销售出去的途径，不同的销售渠道，销售情况也各不相同。单个专卖店投入的总费用（包括开店费用、每期维护费用、装修费用、地段类型费用、销售人员费用等）越高，通过专卖店销售的产品数量就越多；另外，开设专卖店的个数越多，通过专卖店销售的产品数量也越多
产品返利政策	产品返利越高，则经销商越多，销量越高

以上几个方面对于不同类型的消费群体，其关注的侧重度是不同的，一般侧重度越大的说明消费者越关注，对消费者是否购买该产品的影响也越大。

（二）各市场渠道需求走势

不同的时间，不同的渠道，市场需求以及最高预算支出实际是不一样的，但是我们可以根据当前季度实际市场需求量、实际消费者最高预算支出预测出下一季度的需求量大致增长率及下一季度的消费者最高预算支出大致增长率。

以图 8 - 1、图 8 - 2 华东区专卖店为例。

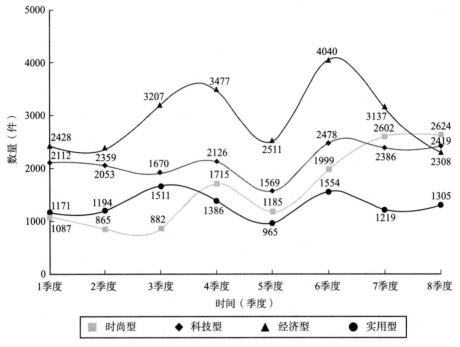

图8-1 华东区专卖店最高预算数量（件）细分需求曲线

华东区专卖店经济型消费群体需求居多且呈增长趋势，3季度和4季度是需求旺季。

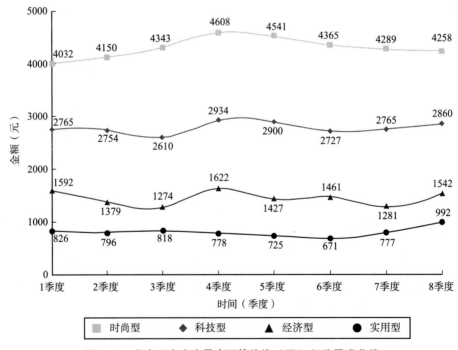

图8-2 华东区专卖店最高预算价格（元）细分需求曲线

时尚型最高预算 4608 元、最低 4032 元依次可填写在对应练习表格。

各营销管理人员可根据曲线填写相关练习手册,为决策提供依据。

三、市场营销规则

市场营销分为市场开发、产品推广宣传、销售人员招聘、培训、订单报价等多项工作:

(一)市场开发

整个市场根据地区划分为多个市场区域,每个市场区域下有一个或多个销售渠道可供每个公司开拓,开发销售渠道除了需要花费一定的开发周期外,每期还需要一笔开发费用。每个公司可以通过不同的市场区域下已经开发完成的销售渠道,把各自的产品销售到消费者手中。市场主要分为国内市场、国际市场、互联网市场。但是国内又分为华东、华北、华中、华南、东北、西北、西南。各个市场的开发周期和每期的开发费用都是不同的。但是,互联网市场是个特殊的市场,它没有开发周期,开发互联网市场以后,每期都要交付互联网维护费用。市场开发数据如表 8-4 所示。

表 8-4　　　　　　　　　　　市场开发数据

市场	互联网	华东	华南	华北	华中	东北	西北	西南	国际
开发周期(季度)	0	1	1	2	2	3	4	4	3
每期费用(元)	—	15000	15000	15000	15000	15000	15000	15000	15000
费用合计(元)	50000	15000	15000	30000	30000	45000	60000	60000	45000
最早(第×季)能进入	1	2	2	3	3	4	5	5	4

(二)品牌推广

品牌推广主要指广告宣传和服务策略两部分。

每个市场每期均可以投入一笔广告宣传费用,某一期投入的广告对未来若干季度是有累积效应的,投入对当季的效应最大,随着时间推移,效应逐渐降低。品牌推广数据如表 8-5 所示。

表 8 – 5 品牌推广数据

广告类型	广告费用（元）	广告影响	
		市场	影响率（%）
"两微一抖"推广	20000.00	华东	20.00
		华北	10.00
		华南	10.00
		华中	20.00
		西北	10.00
		西南	10.00
		东北	10.00
		国际	0
		互联网	10.00
卫视广告	10000.00	华东	10.00
		华北	10.00
		华南	10.00
		华中	30.00
		西北	10.00
		西南	10.00
		东北	10.00
		国际	0
		互联网	10.00
门户网站广告	8000.00	华东	20.00
		华北	10.00
		华南	10.00
		华中	10.00
		西北	10.00
		西南	10.00
		东北	10.00
		国际	10.00
		互联网	10.00
地铁电梯广告	30000.00	华东	15.00
		华北	15.00
		华南	15.00

续表

广告类型	广告费用（元）	广告影响	
		市场	影响率（%）
地铁电梯广告	30000.00	华中	15.00
		西北	10.00
		西南	10.00
		东北	10.00
		国际	0
		互联网	10.00
搜索引擎推广	10000.00	华东	10.00
		华北	10.00
		华南	10.00
		华中	15.00
		西北	15.00
		西南	15.00
		东北	10.00
		互联网	15.00
短视频平台	6000.00	华东	50.00
		华北	15.00
		华南	15.00
		华中	5.00
		西北	0
		西南	0
		东北	0
		国际	0
		互联网	15.00
海外媒体	9000.00	华东	10.00
		华北	10.00
		华南	10.00
		华中	5.00
		西北	5.00
		西南	5.00
		东北	10.00
		国际	40.00
		互联网	5.00

产品的推广也应制定服务策略。不同的服务策略有不同的开销。服务做得好，就会受到消费者越来越多的信赖。不同服务类型及费用如表 8 - 6 所示。

表 8 - 6 服务类型及费用

服务名称	服务费用（元）
7 天内无理由退货	10000.00
充电器一年包换	35000.00
15 天内免费换货	40000.00
耳机三个月包换	8000.00
电池半年包换	17500.00
3 年免费维护	6000.00
免费后续跟踪服务	6000.00

（三）促销人员

销售人员是必不可少的。我们的销售人员主要体现在"专卖店"和"大卖场"两个地方。在大卖场和专卖店中配置销售人员，每次配置的人员越多，则在大卖场和专卖店里的销售能力就会越大，如表 8 - 7 所示。

表 8 - 7 人员费用

名称	招聘费用（元）	能力
销售人员	2500.00	50
促销人员	2000.00	50

（四）订单报价

每个经营周期对于已经完成开发的渠道，将有若干来自不同消费群体的市场订单以供每个公司进行报价。每个市场订单均包含以下要素。

1. 购买量：每次配送到渠道的数量。

2. 回款周期：回款周期可以是 1 个季度，也可能是多个季度。这意味着什么时候能拿到你的营业收入。

3. 最高承受价：每个消费群体在各个渠道中所能承受的最高报价。如果报价超过最高报价，则消费群体会放弃选择这个产品，所以在报价的时候一定要考虑这个因素。

四、品牌设计研发规则

（一）产品设计

不同消费群体有不同的产品功能诉求，为了使产品获得更多的消费者青睐，每个公司需要根据这些功能诉求设计新产品。同时，产品设计也将决定新产品的直接原料成本高低。一般来说，产品功能越多，直接原料成本就越高，研发周期也会越长。

对于已经开始研发或研发完成的产品，其设计是不可更改的，每完成一个新产品设计，需立即支付 10000.00 元设计费用，每个公司在经营期间最多可以累计设计 5 个产品。我们可以在公司的研发部完成新产品的设计。

以下信息体现了产品重要的功能组成，以及制造成本、功能描述。我们在进行产品研发时，要考虑制造成本以及消费者对产品各功能的喜爱程度。

（二）产品研发

公司根据功能诉求设计新产品后，需要对新产品进行研发。不同的产品设计，研发周期不一样。新产品每期研发需支付 10000.00 元研发费用，原材料价格明细如表 8 - 8 所示。

表 8 - 8 原材料明细

大类	名称	基础价格（元）	功能描述
屏幕分辨率	720P	110.00	720P 分辨率，低端屏幕分辨率
	1080P	130.00	1080P 分辨率，功耗和性能的完美结合
	2K	155.00	2K 分辨率，高端屏幕的入门首选
	4K	195.00	4K 分辨率，超高清分辨率，给你触手可及的视觉体验
电池容量	3400mAh	50.00	3400mAh 电池，满足日常低频使用
	3800mAh	70.00	3800mAh 电池，兼顾日常高频使用与性价比
	4200mAh	110.00	4200mAh 大容量电池，满足日常高频使用
	4780mAh	160.00	4780mAh 超大容量电池，满足全天高频使用
照相功能	4800w 主摄	60.00	4800w 像素摄像头
	5000w 主摄	160.00	5000w 像素摄像头，自动变焦
	6400w 主摄	260.00	6400w 像素摄像头，徕卡多摄，各有分工，任意切换
	10800w 主摄	350.00	10800w 像素摄像头，新一代极速图像处理，AI 动态增强

大类	名称	基础价格（元）	功能描述
内存	4G + 64G	50.00	入门级存储，满足日常使用需求
	6G + 128G	90.00	主流级存储，满足大型应用使用
	8G + 256G	120.00	高端级存储，满足大型应用多开
	12G + 512G	170.00	极客级存储，满足大型应用多开、流畅切换
辅助功能	5G 通信	35.00	第五代移动通信技术，数据传输速率远远高于以前的蜂窝网络，最高可达 10Gbit/s，网络延迟可低于 1 毫秒
	弹出式摄像头	35.00	升降镜头利用升降结构巧妙隐藏在手机顶部，可以提高一部分的屏占比，让手机的屏幕看起来更大更美观
	液冷散热系统	90.00	降低处理器自身温度，散热效果非常明显，能让用户在玩游戏时有更强劲的性能保证
	AI 语音助手	55.00	通过智能对话与即时问答的智能交互，帮助用户解决问题
	NFC	45.00	NFC 技术可以在彼此靠近的情况下进行数据交换，利用移动终端实现移动支付、电子票务、门禁、移动身份识别、防伪等应用功能
	无线充电	35.00	操作方便，随拿随放，可实施相对远距离充电
	人脸识别	35.00	用摄像头采集含有人脸的图像或视频流，进而进行面部支付、面部识别以及相机面部锁定等功能

产品的不同组成部分具有不同的功能，是由不同的原材料组成，因而不同的消费者对同一种产品甚至同一种原材料有着不一样的看法。图 8-3 至图 8-7 体现了产品组成部分与消费者的关系。

五、生产制造规则

（一）设备购置

（1）购买价格：购买设备所要即时支付的费用。

（2）设备产能：设备的产能是指在同一个生产周期内最多能投入生产的产品数量。

（3）单件加工费：加工每一件成品所需的加工费用。

（4）折旧率：指每季度按该折旧率对该固定资产提取折旧，设备应从购买后的下一季度开始计提折旧。

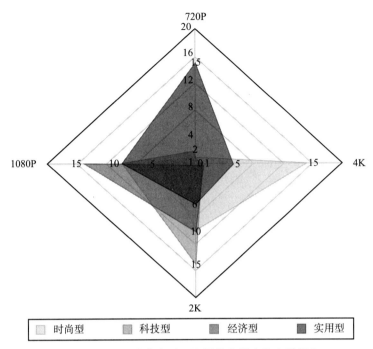

图 8 − 3　不同消费者对不同屏幕分辨率的喜爱程度

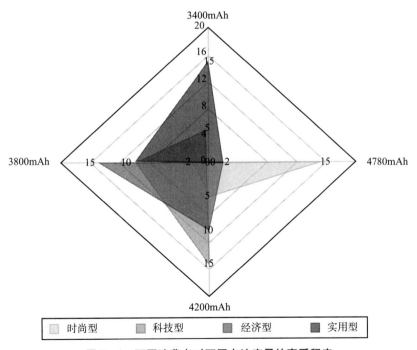

图 8 − 4　不同消费者对不同电池容量的喜爱程度

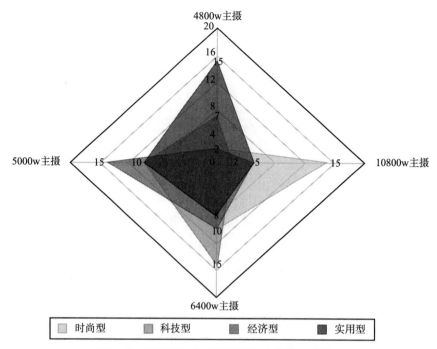

图 8-5　不同消费者对不同照相功能的喜爱程度

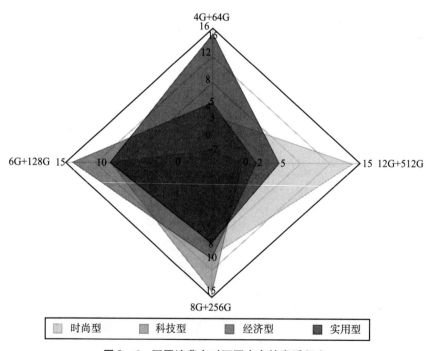

图 8-6　不同消费者对不同内存的喜爱程度

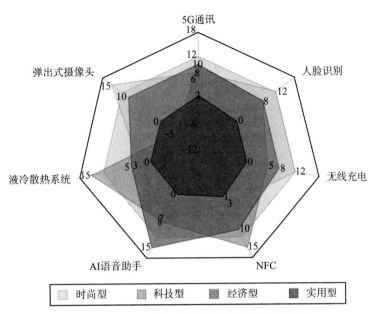

图8-7 不同消费者对不同辅助功能的喜爱程度

（二）原材料采购

设备及产能资料如表8-9所示。

表8-9 设备及产能

设备类型	购买价格（元）	产能（件）	加工费（元/件）	折旧率（%）
设备1	35000	100	15	10
设备2	50000	200	15	10
设备3	68000	300	15	10
设备4	80000	400	15	10

投料生产时自动采购原材料，价格同产品设计时的原材料单价一致。实际支付时要加上进项税。

（三）制造成本组成

原材料从采购到最终成品下线过程中，最终下线成品将包含以下成本：

（1）每个原材料采购时不含税实际成交的价格。

（2）每个产品生产过程中产生的产品加工费。

（3）成品库存管理：先进先出法，最先下线入库的成品将被优先用于交付订单需求。

（四）产品配送

根据各市场需求制定营销策略，向华东、华北、华中、华南、东北、西北、西南、互联网、国际市场等市场任意配送产品个数。

产品配送的条件：（1）市场必须是已经开发的；（2）配送数量不能超过库存数量；（3）公司资金必须大于配送费用。

不同的地区配送的费用也是不相同的。例如，总部所在地运输费用是 20.00 元/件，而其他地区的运输费用是 25.00 元/件。

渠道库存转移：可以把各渠道积压的库存运回仓库，再从仓库往其他渠道配送。

六、渠道部数据规则

（一）互联网市场

互联网销售渠道最大的优势是销售范围广、市场需求量大。随着互联网的飞速发展，越来越多人开始在网上购买商品。而且互联网上的商品与专卖店或大卖场相比价格会低廉一些。互联网市场的开发费用很高，在每个季度还要支付维护费用，如表 8 – 10 所示。

表 8 – 10 互联网市场相关费用

类型	价格（元）	收取时间
互联网开发费用	50000	开发当期收取
互联网维护费用	15000	每期扣除

互联网市场主要完成两个决策：互联网市场本期报价和对互联网市场本期促销策略。

需注意：当定价为 0 时，系统将默认该产品不参与报价。确定售价之前，需参考本期该市场的消费者最高需求预算，超过消费者最高预算的报价将不被消费者所接受。促销费用在保存定价时即扣除。若公司现金不足，则可考虑不采取任何促销策略时再报价。

（二）国内经销商

针对国内已开发市场可以发展经销商，制定相关定价及返利策略：

（1）当报价为 0 时，代表该产品不参与该市场的销售。

（2）给予经销商的报价越低、返利越高，就越能获得经销商的加盟，也越有利于销售的提升。

（3）若经销商达到返利的销售额，则给予经销商的返利将在期末自动扣除。

（4）制定售价之前，需参考本期该市场的消费者最高需求预算，超过消费者最高预算的报价将不被消费者所接受。

经销商销售产品选择权重如图8-8所示。

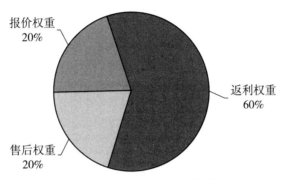

图8-8 经销商销售产品选择权重

（三）国际经销商

对国际市场作出报价时需注意：

（1）当报价为0时，代表该产品不参与该市场的销售。

（2）制定售价之前，需参考本期该市场的消费者最高需求预算，超过消费者最高预算的报价将不被消费者所接受。

（3）这里以美元为货币单位进行报价，请注意参考汇率。

七、直销部数据规则

（一）专卖店管理

1. 开设新店

针对已经开发完成的市场可选择开设专卖店，专卖店具体信息如表8-11所示。

表8-11　　　　　　　　　　　专卖店具体信息

市场名称	华东
开设费用	2500.00 元
每期的维护费用	10000.00 元
最大安排人数	10 人

续表

地段类型	
市中心	100000.00 元
一环	80000.00 元
二环	50000.00 元

（1）店铺装修：开设完专卖店以后，我们可以对专卖店进行装修。装修分为低档装修、高档装修两种装修方式。不同的装修方式，装修费用也是不同的，如表 8 - 12 所示。

表 8 - 12　　　　　　　　　　　　装修费用

类型名称	费用（元）
低档装修	10000.00
高档装修	50000.00

在装修专卖店的同时，我们还可以对专卖店的人员进行调整。

（2）人员配置：在专卖店中，销售人员是必不可少的。因为每个销售人员的销售能力是有限的，所以商品在市场中所能被销售的概率是不确定的。销售人员越多，在该渠道的销售能力就越强，在该渠道有可能销售的商品就会越多。

2. 销售策略

销售策略的主要功能就是对专卖店的商品进行报价。选择市场，对各个产品进行报价。当定价为 0 时，系统将默认该产品不参与报价。同一市场下开设的专卖店销售策略相同。制定售价之前，需参考本期该市场的消费者最高需求预算，超过消费者最高预算的报价将不被消费者所接受。

（二）大卖场管理

大卖场管理主要由促销人员、销售策略两部分组成。在大卖场渠道中不仅具有经销商的返利，同时也需要给商品制定销售策略。同样，大卖场渠道也受促销人员的影响。相比较而言，大卖场里所卖的价格会比经销商高一些，但是价格还算低廉。

1. 促销人员招聘

促销人员工资与能力如表 8 - 13 所示。

表 8 – 13   工资与销售能力

人员类型	工资（元）	销售能力
促销人员	2000	50

2. 销售策略制定

大卖场销售策略主要完成三个工作：大卖场本期报价；当销量超过 10 件的时候，给予经销商销售额 a% 的返利；对大卖场制定促销策略。对大卖场制定的促销策略如表 8 – 14 所示。

表 8 – 14   促销策略

促销名称	促销费用（元）
赠送原装耳机一副	6000.00
赠送移动充电器一个	10000.00
赠送便携式小音箱一对	20000.00
赠送原装手机外壳 + 手机膜	4400.00
赠送电池一块	15000.00
赠送 200 元代金券	9000.00

注意：在大卖场中，销售策略做得好，会使产品很受消费群体的喜爱。

大卖场选择商品售卖时各项权重所占比例如图 8 – 9 所示。

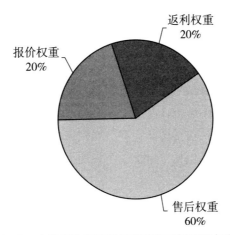

图 8 – 9　大卖场选择商品售卖时各项权重所占比例

小链接 8 - 2

校园创业新星王俊杰：从"梦想家"到"创新创业引领者"

王俊杰，广西电力职业技术学院电气自动化技术专业 2022 级在校生，广西邕创纪元科技有限责任公司创始人。王俊杰在中国国际"互联网+"大学生创新创业大赛、中华职业教育创新创业大赛等各级各类双创大赛中取得了区赛金奖等 11 个奖项，荣获北京中关村"创客之星"、学校一等奖学金、学校优秀学生干部等荣誉。

王俊杰自幼出生于电气之家，儿时便对电子产品有着浓厚的兴趣。随着年龄的增长，他开始接触新能源设备，探究设备工作原理。王俊杰在大学期间学习了《创新与创业教育》课程，也正是在这门课程的涵养和启发下，他萌生了创业的想法。他瞄准新能源产业，尤其看好新能源汽车充电桩的广阔市场前景，在学校老师的指导和帮助下，王俊杰带头创建了"电掣新驰"双创团队，致力于研发液冷充电桩技术，并于 2023 年成功创立了广西邕创纪元科技有限责任公司。创业初期，公司面临技术、市场等多方面挑战。凭借着坚韧不拔的毅力和敢闯敢拼的韧劲，他带领团队攻克技术难关，成功研发出液冷双循环充电、动态无功补偿等技术，获得 5 项实用新型专利和 2 项软件著作权。随着公司运营步入正轨，王俊杰积极主动对接学校，与学校合作共建"电气科技校企协同创新中心"，共同培养电气自动化技术、机电一体化技术、新能源汽车技术等专业创新型人才，提供技术研发、产品测试、市场分析等多个实习和就业岗位，以实际行动反哺母校的培养培育之情。目前，公司已直接带动就业 21 人，并将源源不断为学弟学妹提供实习和就业岗位。

资料来源：李静、洪捷. 校园创业新星王俊杰：从"梦想家"到"创新创业引领者"［EB/OL］. http://science. china. com. cn/2024 - 05 - 28/content_42806215. htm.

本 章 要 点

营销模拟竞赛的兴起经过了起源与初期发展阶段、快速发展阶段、成熟与创新阶段。

营销模拟竞赛的基本形式包括团队竞赛、模拟市场环境、布置竞赛任务。

营销模拟竞赛的意义主要包括：对学生个人能力的全方位塑造、对商科教育改革的推动、对企业与社会的深远影响。

《营销之道》评分规则：

1. 综合表现分数计算法则：综合表现 = 盈利表现 + 市场表现 + 成长表现。

2. 企业生产营销运营过程中，有些费用是现金即时支付，有些费用是在发布任务进入下季度过程中，系统自动结算的。结算分为两步，一步计算本季度末的数据，另一步计算下季度初的数据。

3. 基本运营规则：每个企业初始资金为 60 万元注册资金，由学生分组组建为互相竞争的公司，运营周期 4~8 个季度，市场区域分为国内七大区域市场、互联网市场、国际市场，消费群体分为时尚型、科技型、商务型、实用型。

4. 每个公司在这个行业都需要面对时尚型、科技型、经济型、实用型 4 种需求各异的消费群体。

复习思考题

1. 创业模拟竞赛的形式有哪些？

2. 创业模拟竞赛经历过几个阶段？每个阶段的主要内容有哪些？

3. 简述营销模拟竞赛的实施流程。

4.《营销之道》的综合表现得分主要包括哪几个部分？

5.《营销之道》中消费者群体分为哪四类？

6.《营销之道》中市场主要分为哪四类？

7.《营销之道》中产品配送的基本条件包括哪些？

8.《营销之道》中最终下线成品成本包括哪些？

9.《营销之道》中互联网销售渠道最大的优势是什么？

10.《营销之道》中大卖场的销售策略包括哪些？

本章知识拓展

用大模型生成用户画像，让数字化营销更精准高效

用户画像是对用户的基本信息、兴趣爱好、消费习惯、行为特征等进行标签化和分类化的过程，它可以将用户分为不同的细分群体，从而实现用户的个性化识别和服务。用户画像的生成方法一般包括以下三个步骤。

一、特征提取

特征提取是指从用户的原始数据中提取出有助于描述用户特征的信息，例如用户的年龄、性别、地域、职业、教育程度、收入水平、婚姻状况、兴趣爱好、消费偏好、行为习惯等。这些信息可以帮助我们了解用户的需求和个性，从而为用户提供更合适和更满意的产品和服务。例如，我们可以根据用户的年龄和性别，为用户推荐更适合他们的服装和化妆品，从而提高用户的购买意愿和忠诚度。我们也可以根据用户的地域和职业，为用户提供更符合他们的文化和专业的内容和服务，从而提高用户的参与度和满意度。

特征提取的目的是降低数据的维度，减少数据的冗余和噪声，提高数据的质量和有效性。数据的维度是指数据包含的信息的数量和种类，数据的冗余是指数据中重复或无关的信息，数据的噪声是指数据中错误或异常的信息。降低数据的维度，可以减少数据存储和处理的成本和时间，提高数据的可读性和可理解性。例如，我们可以将用户的一段文本数据，转化为一个由单词或短语组成的向量，从而减少数据的大小和复杂度，提高数据的表达力和可操作性。减少数据的冗余和噪声，可以提高数据的准确性和一致性，提高数据的信度和效度。例如，我们可以去除用户的图像数据中的背景和杂色，从而提高数据的清晰度和关联度，提高数据的可靠性和有效性。

特征提取的方法有很多，例如统计分析、聚类分析、关联分析、因子分析、主成分分析、决策树、神经网络等。这些方法都是利用数学和统计的原理和技术，从数据中找出有意义和有用的信息，从而简化和优化数据的结构和表达。不同的方法适用于不同的数据类型和场景，具有不同的优缺点和效果。例如，统计分析方法可以从数据中提取出基本的描述性信息，如均值、方差、频数、分布等，适用于对数据进行初步的探索和分析，但不能提取出数据深层的特征和规律。神经网络方法可以从数据中提取出复杂的非线性信息，如特征的组合、变换、关系等，适用于对数据进行高级的建模和预测，但需要大量的数据和计算资源，且难以解释和理解。

二、模型训练

模型训练是指利用提取出的特征数据，构建并训练一个能够对用户进行分类或预测的数学模型，例如线性回归、逻辑回归、支持向量机、朴素贝叶斯、随机森林、K近邻、神经网络等。这些模型都是利用数学和统计的原理和技术，从数据中学习到用户的特征和规律，从而对用户进行划分或评估。例如，我们可以用线性回归模型来根据用户的年龄、性别、收入等特征，预测用户的消费水平；我们也可以用支持向量机模型来根据用户的兴趣爱好、消费偏好、行为习惯等特征，分类用户的性格类型。

模型训练的目的是找到一个能够最大化数据的拟合度和泛化能力的模型，即能够在训练集上达到较高的准确率，同时在测试集和未知数据上也能保持较好的表现。拟合度是指模型对数据的拟合程度，泛化能力是指模型对未知数据的适应程度。拟合度越高，说明模型越能够捕捉到数据的特征和规律；泛化能力越强，说明模型越能够适应不同的数据分布和变化。例如，我们可以用交叉验证的方法来评估模型的拟合度和泛化能力，即将数据分为训练集和测试集，用训练集来训练模型，用测试集来测试模型，比较模型在两个数据集上的表现，选择最优的模型。

模型训练的方法有很多，例如梯度下降、随机梯度下降、牛顿法、拟牛顿法、共轭梯度法、最小二乘法、最大似然估计、最大后验估计、交叉验证、正则化、集成学习等。这些方法都是利用数学和统计的原理和技术，从数据中找出最优的模型参数，从而优化和改进模型的性能和效率。不同的方法适用于不同的模型和数据，具有不同的优缺点和效果。例如,梯度下降方法是一种迭代的优化算法,它通过不断地沿着梯度的反方向更新模型参数,使模型的损失函数达到最小值,适用于大多数的模型,但需要合适的学习率和迭代次数,否则可能会导致模型收敛速度慢或者陷入局部最优。最小二乘法是一种解析的优化算法,它通过求解模型参数的正规方程,使模型的损失函数达到最小值,适用于线性模型,但需要计算数据的逆矩阵,当数据的维度很高时,可能会导致计算量很大或者矩阵奇异。

三、用户画像生成

用户画像生成是指利用训练好的模型,对用户的特征数据进行分类或预测,从而得到用户的标签或得分,例如用户的性格类型、消费水平、购买意愿、流失风险、忠诚度、满意度等。这些标签或得分可以帮助我们更直观和更具体地了解用户的特点和需求,从而为产品设计和运营决策提供依据和指导。例如,我们可以根据用户的性格类型,为用户提供更适合他们的产品功能和界面风格,从而提高用户的使用体验和满意度。我们也可以根据用户的消费水平和购买意愿,为用户提供更合理和更优惠的产品价格和促销活动,从而提高用户的购买率和复购率。

用户画像生成的方法有很多,例如阈值划分、打分规则、评级制度、标签体系等。这些方法都是利用数学和统计的原理和技术,将用户的特征数据转化为更易于理解和操作的信息,从而简化和优化用户画像的结构和表达。例如,我们可以用阈值划分的方法,根据用户的消费水平,将用户分为高、中、低三个等级,从而为不同等级的用户提供不同的产品和服务。我们也可以用打分规则的方法,根据用户的购买意愿,给用户打上 0 到 10 的分数,从而为不同分数的用户提供不同的促销策略。

资料来源:人人都是产品经理,用大模型生成用户画像,让数字化营销更精准高效[EB/OL].[2018-10-30].https://news.qq.com/rain/a/20231225A07JSY00.

第九章　数字营销效果分析与决策优化

第一节　数字营销效果分析

一、SMART 原则

SMART 原则是一种目标设定和管理的方法论，它帮助人们将目标设定得更加具体、可衡量、可达成、相关性强、时限明确。主要包括具体的、可测量的、可达成的、相关的、有时限的，如图 9 – 1 所示。

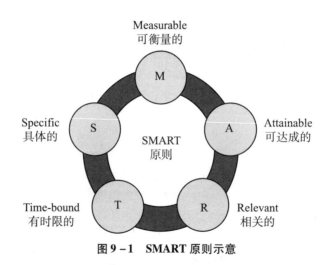

图 9 – 1　SMART 原则示意

Specific（具体的）：目标应该清晰明确，具体描述预期的结果。避免使用模糊或笼统的词汇，而是用具体的语言来定义目标。例如，不要说"增加销售额"，而是要说

"在未来三个月内，将销售额提高 15%"。

Measurable（可衡量的）：目标应该包含可以量化的指标，以便能够跟踪进度和评估成果。确保有明确的衡量标准，可以通过数据或观察来验证是否达到了目标。例如，可以使用销售额、用户增长率、转化率等具体指标来衡量目标是否达成。

Attainable（可达成的）：目标应该是实际可行的，基于现实条件和资源来设定。避免设定过高或过低的目标，而是要确保目标既具有挑战性又可实现。在制定目标时，要考虑到现有的能力、资源和时间等限制因素。

Relevant（相关的）：目标应该与组织或个人的整体目标和战略相契合。确保每个目标都与更大的愿景或使命相关联，有助于推动整体目标的实现。同时，目标之间也应该相互关联，形成一个有机的系统。

Time-bound（有时限的）：目标应该设定明确的时间框架，以便能够追踪进度并在规定的时间内完成。为目标设定一个具体的截止日期或时间范围，可以激发紧迫感和动力，促使人们更加专注于目标的实现。

在设定数字营销目标时，可以运用 SMART 原则来确保目标的具体性、可衡量性、可达成性、相关性和时限性。这样不仅可以提高目标设定的质量，还可以为后续的效果评估提供明确的基准和依据。例如，在设定一个社交媒体广告活动的目标时，可以将其设定为"在未来一个月内，通过 Facebook 广告活动吸引 5000 名新粉丝，并使得广告点击率达到 2%"。这个目标既具体又可衡量，同时也考虑到了可达成性、相关性和时限性。

二、评估维度

在评估数字营销效果时，可以从多个维度进行考量，以确保全面、客观地评价营销活动的成效。表 9 - 1 是一些主要的评估维度。

表 9 - 1　　　　　　　　　　数字营销效果评估维度

维度	定义	评估指标	重要性
流量增长	观察网站、应用或社交媒体平台上的访问量是否有所增加	访问量、独立访客数（UV）、页面浏览量等	流量是营销活动的基础，增长的流量意味着更多的潜在客户
转化率提升	用户在访问网站或看到广告后，完成购买、注册、下载等目标行为的比例	转化率、订单量、注册用户数等	转化率直接反映了营销活动的实际效果，是衡量营销成功与否的关键指标之一

维度	定义	评估指标	重要性
品牌知名度	品牌在目标市场中的知名度和影响力	社交媒体关注度、品牌搜索量、品牌提及率等	品牌知名度是长期营销活动积累的结果,对于提升品牌价值和市场份额具有重要意义
客户满意度	客户对产品、服务或营销活动的满意程度	客户反馈、评价分数、投诉率等	客户满意度是衡量客户忠诚度和口碑传播的关键因素,对于维护老客户和吸引新客户至关重要
销售增长	营销活动带来的销售额增长的情况	销售额、销售额增长率、销售渠道贡献度等	销售增长是营销活动的直接经济成果,也是企业追求的主要目标之一
ROI(投资回报率)	营销投入与产出的比率,用于衡量营销活动的经济效益	ROI 值、营销成本、营销收入等	ROI 是衡量营销活动是否成功的重要标准之一,有助于企业评估营销投入的合理性和有效性
用户参与度	用户在社交媒体、网站或应用中的互动情况	点赞、分享、评论、停留时间等	用户参与度反映了用户对品牌或产品的兴趣和关注,有助于提升品牌影响力和用户忠诚度
竞争优势提升	与竞争对手相比,企业在品牌、产品、服务或营销策略等方面取得的优势	市场份额、品牌知名度、客户满意度等	竞争优势的提升有助于企业在市场中保持领先地位,吸引更多客户和合作伙伴

三、评估流程

详细介绍数字营销效果评估的一般流程,包括数据收集、整理、分析、报告撰写等环节,如图 9 - 2 所示。

四、关键指标解析

1. 网站流量指标

网站流量指标是衡量网站吸引力和用户活跃度的重要标尺。其中,访问量直接反映了网站被用户访问的次数,是评估网站人气和知名度的基本数据。而页面浏览量则进一步揭示了用户对网站内容的感兴趣程度,它表示用户在网站上浏览的页面总数,高页面浏览量通常意味着用户对网站内容的深入探索和高度兴趣。平均访问时长则是衡量用户

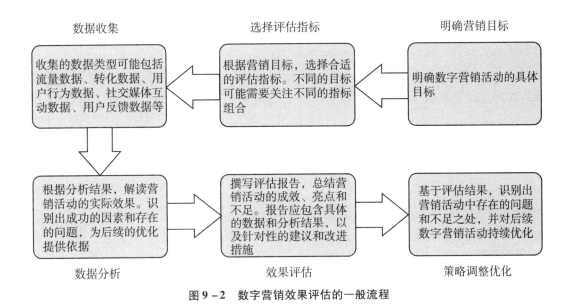

黏性的关键指标，它反映了用户在网站上平均停留的时间，长时间的访问往往表明用户对网站内容的满意度和忠诚度较高。最后，跳出率作为衡量网站页面质量的重要指标，揭示了用户进入网站后仅浏览一个页面就离开的比例，高跳出率可能意味着页面内容与用户期望不符或用户体验不佳，需要网站运营者进行针对性的优化和改进。综上所述，网站流量指标为网站运营者提供了丰富的用户行为数据，有助于他们深入了解用户需求，优化网站内容和服务，从而提升网站的整体吸引力和用户满意度。

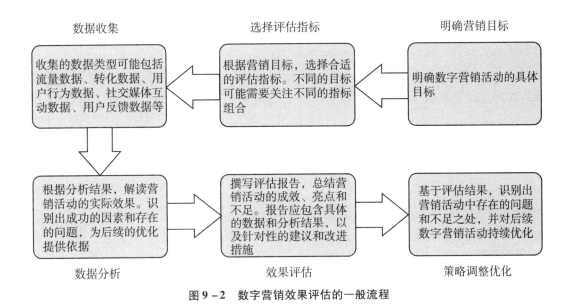

数据收集　　　　　　　　　选择评估指标　　　　　　　　明确营销目标

收集的数据类型可能包括流量数据、转化数据、用户行为数据、社交媒体互动数据、用户反馈数据等

根据营销目标，选择合适的评估指标。不同的目标可能需要关注不同的指标组合

明确数字营销活动的具体目标

根据分析结果，解读营销活动的实际效果。识别出成功的因素和存在的问题，为后续的优化提供依据

撰写评估报告，总结营销活动的成效、亮点和不足。报告应包含具体的数据和分析结果，以及针对性的建议和改进措施

基于评估结果，识别出营销活动中存在的问题和不足之处，并对后续数字营销活动持续优化

数据分析　　　　　　　　　　效果评估　　　　　　　　　　策略调整优化

图 9 - 2　数字营销效果评估的一般流程

2. 社交媒体指标

在社交媒体领域，有一些关键指标是衡量营销活动成效与品牌影响力的核心要素。其中，粉丝数量直观展现了品牌在社交媒体平台上的受众规模，是品牌曝光度的直接体现。互动率则更加深入地反映了粉丝对品牌内容的兴趣与参与度，它包括点赞、评论、分享等多种用户行为，是评估内容吸引力与用户黏性的重要指标。此外，曝光量作为内容在社交媒体上被广泛展示的次数，直接关系到品牌信息的传播范围与触达潜力，是评估社交媒体营销策略成功与否的关键数据之一。综合这些指标，企业可以全面审视其在社交媒体平台上的表现，进而为后续的营销决策与优化提供有力支持。

3. 搜索引擎指标

搜索引擎指标是衡量网站在搜索引擎中表现及获取自然流量能力的关键参数。其中，关键词排名直接体现了网站在特定关键词搜索结果中的位置，是评估网站 SEO 效果的基础。高排名意味着网站更容易被用户发现，从而带来更多的点击机会。点击率则反映了用户在搜索结果中点击网站链接的比例，它不仅与排名相关，还受到搜索结果摘要、标题和元描述等因素的影响。而转化率则更进一步，它衡量的是从搜索引擎流量中转化为实际目标行为（如购买、注册等）的比例，是评估搜索引擎营销成效的重要指标。通过这些搜索引擎指标，网站可以清晰地了解其在搜索引擎中的表现，从而制定出更有效的 SEO 策略，提升网站曝光度，吸引更多潜在客户，并最终实现业务增长。

五、常用分析工具

Google Analytics（GA）是一款由 Google 提供的强大且广泛使用的网站和应用数据分析工具。它为企业和个人用户提供了全面的流量分析、用户行为追踪以及营销效果评估等功能，帮助用户深入了解网站或应用的运营状况，优化营销策略，并提升业务表现。用户通过创建账号、安装跟踪代码至网站或应用，即可实时追踪并深入分析用户行为、流量来源、转化率等关键指标。用户可根据需求自定义报告，利用高级功能如路径分析和漏斗分析，持续优化网站或应用体验，以数据为驱动制定精准的市场和营销策略。

Adobe Analytics 是一款功能强大的数字营销分析工具，它为企业提供了全面的用户行为追踪、数据分析与营销效果评估能力。首先，用户需要在 Adobe 官网注册并登录 Adobe Analytics 账号。注册过程中，用户需要提供相关的企业信息和联系方式，以便 Adobe 能够为用户提供定制化的服务。登录 Adobe Analytics 后，用户需要为自己的网站或应用配置跟踪代码。这通常是一段 JavaScript 代码，需要被添加到网站或应用的每个页面上。跟踪代码负责收集用户的访问行为数据，并将其发送到 Adobe Analytics 服务器上进行分析。在 Adobe Analytics 中，维度（Dimensions）和指标（Metrics）是数据分析的基础。维度用于描述数据的特征，如用户来源、设备类型等；指标则用于量化数据的表现，如页面浏览量、转化率等。用户需要根据自己的业务需求，在 Adobe Analytics 中定义相应的维度与指标。

Tableau 是一款功能强大的数据可视化工具，它允许用户通过拖放操作快速创建各种图表和仪表板，以直观展示数据背后的信息。首先，用户需要从 Tableau 的官方网站下载并安装 Tableau Desktop 软件。安装完成后，用户需要注册一个 Tableau 账号。注册账号可以让用户享受更多的功能和服务，如保存工作簿、分享视图等。Tableau 支持多种数据源，包括 Excel 文件、CSV 文件、数据库（如 MySQL、SQL Server）等。用户需要根据自己的需求选择合适的数据源。连接成功后，Tableau 会自动加载数据，并在"数据"窗格中显示数据的字段和记录。用户可以在此查看数据的大致情况，并进行初步的数据清洗和转换。Tableau 允许用户在仪表板中添加各种交互性元素，如下拉菜单、筛选器、按钮等。这些元素可以让用户更加灵活地探索和分析数据。

Salesforce 是一款功能强大的客户关系管理（CRM）软件，它提供了全面的客户信息管理、销售机会追踪、自动化流程、数据分析与优化等基本功能。使用 Salesforce 的基本步骤包括：注册并登录 Salesforce 账户，设置公司信息和偏好，配置 CRM 功能（如创建客户数据库、管理销售线索和机会、设置自动化流程等），利用数据分析和报表功能洞察市场趋势，并通过不断优化客户管理和销售策略来提升业务效率与盈利能力。通过这些步骤，企业可以更加高效地管理客户关系，实现销售增长和业务成功。

小链接 9 - 1

网络主播：传统行业实现营销数字化转型

新华社石家庄 8 月 24 日电 在河北省衡水市武邑县电商大厦内，河北鼎泽金属制品有限公司的网络主播赵彩梅通过直播平台与国内外网民互动，让他们全面了解密码识别、指纹识别、瞳孔识别等不同类型的保险柜，并解答保险柜安全质量、使用方法等方面的疑惑。

以保险柜为主的金属橱柜生产是武邑县的特色产业，生产企业达 500 余家，产品涵盖上百个系列品种。今年上半年，通过网络直播，武邑金属橱柜就实现了外贸收入 400 万美元。网络主播也因此成为当地颇受重视的新职业，为传统行业实现数字化营销转型注入强劲动力。"我认为网络直播带货这一行业非常有潜力，未来可以做出一番成绩。"2021 年，有电商公司工作经验的赵彩梅开始从事金属橱柜电商直播，她期待可以利用自己掌握的电商相关知识帮助武邑传统的保险柜产业创造更多价值。目前，她每月向海外发送 4 至 5 个集装箱，销售额约 15 万美元。

网络主播被正式增设为国家新职业后，增强了网络主播从业者的职业归属感，有望吸引更多优秀年轻人投身其中，同时，对职业技能、职业规则和职业道德等方面提出更高要求。"相较于向散户销售，我们更倾向于将更多的订单交给经销商。我们也在积极谋求转变，把曾经的小客户转成大客户。"赵彩梅表示，目前，合作对象基本上都是大经销商，对产品有着较高的认可度与忠诚度，这也是海外直播销售的共性，大额订单销售可以减少货物的运输费用，为消费者降低成本。（记者王昆）

资料来源：新华网．网络主播：传统行业实现营销数字化转型［EB/OL］. http：//www. news. cn/fortune/20240824/f4efed05daa249e4832de0e4754f10ff/c. html.

复习思考题

1. 简述 SMART 原则。
2. 数字营销效果评估包括哪几个维度？
3. 数字营销效果评估流程包括哪些？
4. 数字营销评估的关键指标有哪些？
5. 常用分析工具有哪些？

第二节　数字营销管理决策优化

一、《营销之道》一季度战略规划决策优化

> 一季度决策重点：熟悉数据规则与基本操作、制订企业发展战略与经营目标

在《营销之道》系统软件中把营销管理决策分成八个季度。

在第一季度，企业刚刚起步，要充分结合企业资金不足、产品缺乏竞争力的情况，认真考虑企业的组织架构，完成第一季度模拟经营管理。本季度需要运用的知识点包括：

（一）企业运作原理

企业运作的基本原理是理解企业如何运作、如何盈利以及如何长期生存。这些原理主要包括表9-2中的几个方面。

表9-2　　　　　　　　　　　　企业运作的基本原理

内容	核心	原理	具体运用
市场营销	关注如何识别和满足客户需求，从而创造价值和实现销售增长	包括市场调研、产品开发、定价策略、分销渠道和促销活动。通过市场调研了解目标市场，根据市场需求开发产品或服务，并制定合理的定价策略、选择适合的分销渠道以及开展有效的促销活动	《营销之道》一季度需要认真阅读操作手册，了解操作规则，掌握该系统中的消费者群体细分、市场营销环境是产品研发、生产的重要决策前提
运营管理	关注如何有效地生产和交付产品或服务	包括供应链管理、生产流程优化、库存管理和质量控制等方面。通过协调从供应商到客户的产品或服务流动，确保及时供应和交付；通过优化生产流程提高效率、降低成本；通过库存管理平衡库存成本和满足客户需求的能力；通过质量控制确保产品或服务符合既定的质量标准	《营销之道》一季度原材料采购、库存管理、厂房及设备采购决策的制定是控制和降低生产成本的重要依据
人力资源管理	关注如何吸引、发展和保留人才，以实现组织目标	包括招聘、培训和发展、绩效管理、薪酬福利和员工关系等方面。制定有效的招聘策略吸引合适的员工，通过培训和发展提升员工能力，设定明确的绩效目标并定期进行评估和反馈，提供公平合理的薪酬福利以激励员工，并关注员工满意度和工作环境以提高员工士气和保留率	《营销之道》模拟经营涉及多个部门、不同人员，包括管理者、工人及销售。决策内容包括招聘、培训及解聘

内容	核心	原理	具体运用
财务管理	关注如何有效地管理和利用财务资源，确保企业财务健康和持续发展	包括资金管理、投资决策等方面。通过合理的资金筹集和利用（如短期借款、长期借款和股权融资等）确保企业运营所需资金充足；通过评估潜在的投资机会并选择最能创造价值的方案进行投资决策	《营销之道》第一季度要求学生了解并掌握现金预算管理的基本方法

（二）组织设计与分工

组织设计是指根据组织目标、任务和环境等因素，对组织内部的机构、岗位、职权等进行规划、设立和调整的过程。其目的是构建一个高效、灵活、适应性强的组织结构，以支持组织的战略目标和日常运营。具体内容包括：（1）明确组织目标。组织设计首先要明确组织的目标和使命，这是设计组织结构的基础。（2）分析内外环境。组织设计需要充分考虑组织的内外部环境，包括市场环境、技术环境、政策环境等。这有助于组织设计更加符合实际情况，提高组织的适应性和竞争力。（3）设计组织结构。根据组织目标和环境分析，设计合理的组织结构。常见的组织结构形式包括直线制、职能制、直线职能制、事业部制、矩阵制等。每种形式都有其优缺点，需要根据组织的实际情况进行选择。（4）划分部门与岗位。在组织结构确定后，需要进一步划分部门和岗位。部门划分要考虑工作的性质、专业性和管理幅度等因素；岗位划分则要考虑工作的具体内容和技能要求等因素。（5）制定职权与职责。明确各部门和岗位的职权与职责，确保组织内部的权责清晰、分工明确。这有助于提高工作效率和减少冲突。

分工是组织设计中不可或缺的一部分，它是指将组织的目标和任务分解成若干个相互关联、相互制约的工作部分，分配给不同的部门、岗位和人员去完成。分工的目的是实现专业化，提高效率和促进协作。具体内容包括：（1）专业化分工。根据工作的性质和要求，将工作任务分配给具有相关专业知识和技能的人员去完成。这有助于提高工作效率和质量，降低错误率。（2）合理工作量。确保每个部门、岗位和人员的工作量适中，既不过于繁重也不过于轻松。这有助于保持员工的工作积极性和满意度。（3）协作与沟通。分工并不意味着孤立工作，各部门、岗位和人员之间需要保持密切的协作与沟通。通过协作与沟通，可以确保工作任务的顺利完成和目标的达成。（4）灵活调整。随着组织目标和环境的变化，分工也需要进行灵活调整。这有助于保持组织的适应性和竞争力。

组织设计与分工是开展模拟经营活动的重要前提。《营销之道》中每个公司由 3 名同学组成。团队需要完成软件操作、经营决策、资金管理和投资决策等多项任务，对学生的综合实践能力及团队协作能力要求较高。分工要求每一位同学都有具体的工作任务和岗位职责。

（三）企业战略制定与战略执行

1. 成本领先战略

成本领先战略又称低成本战略，是企业通过加强内部成本控制，实现成本低于竞争对手，从而在市场上获得竞争优势的一种战略。这种战略的核心在于通过大规模生产、技术创新和严格的费用控制，降低单位产品的成本。企业采取成本领先战略，能够在价格上保持竞争优势，吸引对价格敏感的消费者，同时也有利于抵御来自竞争对手的价格战。成本领先战略要求企业具备高效的生产能力、先进的技术水平和优秀的成本控制能力。

2. 差异化战略

差异化战略是企业通过提供与竞争对手不同的产品或服务，以满足消费者独特需求的一种战略。这种战略的核心在于通过产品创新、服务升级和品牌形象塑造等方式，使企业的产品或服务在市场上具有独特的竞争优势。差异化战略能够帮助企业避开价格竞争，通过提升产品或服务的附加值来吸引消费者，并建立品牌忠诚度。成功实施差异化战略的企业，能够在市场上获得更高的定价权和更大的市场份额。

3. 集中战略（专一化战略）

集中战略又称专一化战略，是企业将资源集中于某一特定的细分市场，以提供更为专业化和定制化的产品或服务的一种战略。这种战略的核心在于选择具有特殊需求或未被充分满足的细分市场，通过深入了解该市场的需求和特点，提供符合市场需求的产品或服务。集中战略有利于企业充分发挥在特定市场领域的专业知识和资源优势，形成竞争优势。同时，由于市场范围相对较小，企业可以更加灵活地应对市场变化，提高市场响应速度。

三类战略如图 9 - 3 所示。

图 9 - 3　竞争战略示意

4. 企业战略执行步骤

战略实施步骤包括：明确战略目标，分析内外部环境，重新评价组织愿景与目标，制订详细的战略计划，将目标分解为具体任务并实施，监控执行进度，及时调整策略以应对变化，确保战略目标的实现，并对最终结构进行评价。如图 9-4 所示。

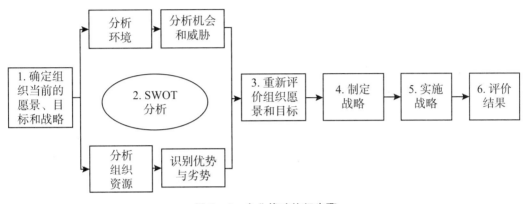

图 9-4　企业战略执行步骤

（四）现金预算管理的基本方法

1. 现金收支法

（1）定义。现金收支法是对预算期内的现金收入和现金支出进行分别的列示，通过现金流入和现金流出的差额来确定现金的充足程度。

（2）特点。简单、直观、易于控制，因此是现在最流行的编制现金预算的方法。它以收付实现制为基础编制，与权责发生制下的利润表存在衔接上的困难。

（3）操作步骤。①确定现金流入各项目的预算数值，包括当期现销收入和赊销收入的预算数值。②确定现金流出各项目的预算数值，包括当期购货支出和赊购支出的预算数值。③计算现金长余或短缺的预算数值，即现金流入减去现金流出的结果。

2. 调整净收益法

（1）定义。调整净收益法是将以权责发生制为基础计算的税前净益，调整成为以收付实现制为基础计算的现金净收益的现金预算编制方法。

（2）特点。该方法需要先编制预计损益表，再对影响企业损益和现金收支的会计事项进行调整，最终得到预算期的现金余额。

（3）操作步骤。①编制预计损益表，确定预算期的税前净收益。②调整影响现金收支的会计事项，如应收账款、应付账款、存货等的变动。③计算调整后的现金净收益，即预算期的现金余额。

3. 预期资产负债表法

（1）定义。预期资产负债表法是以资产负债表为基础对现金预算进行编制，通过对将来某一时点的资产负债表所有项目（不包括现金和短期投资）进行预测，再按照"资产 = 负债 + 所有者权益"的原理计算出现金的需求量。

（2）特点。该方法适用于战略现金预算，能够考虑特定战略所需资金的数额、来源，以及对企业资金的流动性和财务杠杆的影响。但操作性较差，预测时间长，预算精确性难以保障。

（3）操作步骤。①预测未来某一时点的资产负债表各项目数值（不包括现金和短期投资）。②根据会计恒等式"资产 = 负债 + 所有者权益"进行变形，得到"现金余额 = 负债 + 所有者权益 − 非现金资产"。③计算出现金的需求量，判断现金充足与否。

4. 直接法（工作底稿法和"T"形账户法）

（1）定义。直接法是通过编制详细的工作底稿或利用"T"形账户，直接估算所有现金来源和现金支出，并计算出现金余额的方法。

（2）特点。工作底稿法：需要准确收集和估算现金流量的数据，提供详细的现金流量信息。"T"形账户法：将现金流入和流出分别列示在"T"形账户中，分别进行记录和计算，得出净现金流量和现金余额。该方法相对简单，适合账务管理能力较强的企业。

（3）操作步骤。①确定现金收入，包括销售收入、租金收入、利息收入等。②计划现金支出，包括原材料采购、员工工资、房租等费用。③将所有现金收入和支出列示在预算表中，计算现金余额。

※第一季度小组讨论：总结本季度经营情况，制定下季度经营策略。

复习思考题

1. 制订公司战略时应考虑哪些问题？
2. 如何制定有效的公司发展战略？
3. 如何确保公司经营战略的有效执行？
4. 如何认识与有效控制公司经营风险？
5. 每位成员的分工与职责是什么？

二、《营销之道》二季度市场测试决策优化

二季度决策重点：分析市场反馈信息

来到第二季度后，首先应根据各组排名总结前一季度的经营得失。利用 SWOT 矩阵充分了解自身优劣势及外部环境机会威胁，运用 STP 战略选择合适的目标市场，完成二季度模拟经营决策。本季度需要运用的知识点包括：

（一）市场情报收集与分析方法

市场情报收集对于商业决策的重要性不容忽视，它构成了企业战略规划、产品开发、市场进入、竞争应对及持续发展的关键基石。其重要性主要表现在：

提升决策的准确性：通过收集和分析市场情报，企业能够获取关于消费者需求、竞争对手动态、市场趋势等方面的详细信息。这些信息为企业决策提供了数据支持和事实依据，使得决策过程更加科学、合理，减少了信息不对称或盲目性导致的决策失误。

指导产品开发和优化：市场情报可以帮助企业了解消费者的真实需求和偏好，以及竞争对手的产品特点和市场表现。基于这些信息，企业可以更有针对性地开发新产品或优化现有产品，以满足市场需求，提升产品竞争力。

辅助市场定位和营销策略制定：市场情报收集有助于企业明确自己在市场中的位置，识别目标消费群体，并制定相应的营销策略。通过了解消费者的购买行为、偏好及媒体习惯等，企业可以选择更有效的营销渠道和方式，提高营销效率和效果。

增强竞争力和应对能力：市场情报收集使企业能够及时掌握竞争对手的动态和策略，从而快速作出反应。这有助于企业保持或提升市场份额，应对市场竞争的挑战。同时，通过持续的市场情报收集和分析，企业可以不断优化自身的战略和战术，保持竞争优势。

支持长期规划和持续发展：市场情报收集不仅关注短期市场动态，还涉及对行业发展趋势、技术革新、政策法规等方面的预测和分析。这些信息为企业制定长期发展规划提供了重要参考，有助于企业把握未来发展方向，实现可持续发展。

在《营销之道》模拟经营决策中，市场情报收集与分析是第二季度开始软件操作及经营决策的重要前提，我们可以通过以下操作收集市场上竞争对手的主要情报。

进入系统后，点击进入总经理室，见图 9-5。

图 9-5　点击进入总经理室

图 9-6 菜单

如图 9-6 所示，在左侧菜单中，选择市场分析，可以看到其他企业的综合绩效包括：综合表现、盈利表现、市场表现及成才表现。其中，各企业的市场表现由已交付的订货量决定，成长表现由累计销售收入决定。

另外，从主界面进入市场部后（见图 9-7），可以看到各企业在各季度的市场报告和销售报告。团队需要确定并记录公司在各细分市场的销售量及市场占有率。

（二）环境分析与营销对策

SWOT 分析法是一种战略分析工具，用于评估一个组织、项目或个人的优势（Strengths）、劣势（Weaknesses）、机会（Opportunities）和威胁（Threats）。这种方法可以帮助决策者全面了解当前的情况，从而制定出合适的战略和行动计划，如图 9-8 所示。

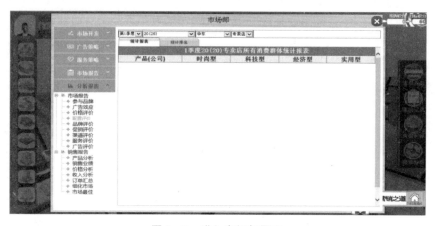

图 9-7 进入市场部界面

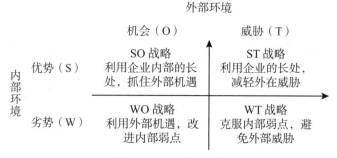

图 9-8 SWOT 示意

在《营销之道》中应用 SWOT 分析法的步骤：

（1）收集信息：查看系统提供的各类表格，分析竞争对手在一季度的经营数据，收集与组织相关的内部和外部信息。重点关注得分较高的组在盈利表现、市场表现、成长表现方面的数据。

（2）列出 SWOT 要素：根据数据收集和分析，分别列出企业自身相较于其他企业而言的优势、劣势。评估本季度外部环境可能出现的机会，例如新市场开发完成、新网点建设完成、消费者需求量增加、原材料价格降低等，同时，分析外部环境可能出现的威胁，比如某些市场竞争相对激烈，主要竞争对手的出现，市场政策调整等。

（3）分析 SWOT 要素：对每个要素进行深入分析，了解其对组织的影响程度。

（4）制定战略：根据 SWOT 分析结果，制定合适的战略和行动计划。例如，利用优势抓住机会（SO 战略）、利用机会克服劣势（WO 战略）、利用优势避免威胁（ST 战略）或克服劣势减少威胁（WT 战略）。

（5）实施与监控：执行战略计划并持续监控外部环境的变化和内部绩效的改善情况，以便及时调整战略。

（三）细分市场选择与市场定位

市场细分（Market Segmentation）是指企业通过市场调研，根据消费者需求、购买行为和购买习惯等方面的差异，将整体市场划分为若干个具有相似需求的消费者群体的过程。每个这样的消费者群体就构成了一个细分市场（或称为子市场）。细分市场选择的特征包括：

（1）可测量性：选定的细分市场应具有可测量性，即市场规模、增长潜力和竞争状况等关键因素能够被准确地测量和评估。

（2）可接近性：企业应能够有效地接近和进入选定的细分市场，以便提供产品和服务。

（3）可盈利性：选定的细分市场应具有足够的规模和增长潜力，以确保企业能够从中获得足够的利润。

（4）差异性：不同细分市场之间应具有显著的差异，以便企业能够针对不同的细分市场制定不同的营销策略。

市场定位（Market Positioning）是指为使产品在目标消费者心目中相对于竞争产品而言占据清晰、特别和理想的位置而进行的安排。这一概念由美国营销学家艾·里斯和杰克特劳特在 1972 年提出，是市场营销学中一个非常重要的概念。市场定位的目的是帮助企业在竞争激烈的市场中脱颖而出，通过塑造独特的产品或品牌形象，满足目标消费者的需求，并在消费者心中占据一个独特、有价值的位置。

在《营销之道》模拟经营中，不同的时间，不同的渠道，市场需求以及最高预算支出实际是不一样的。但是我们可以根据当前季度实际市场需求量、实际消费者最高预算支出预测出下一季度的需求量大致增长率及下一季度的消费者最高预算支出大致增长率来选择细分市场。以第 5 季度为例，我们通过对国内、互联网、国际市场下的四种消费群体的购买量以及最高预算支出进行初步调查，可知：

第 5 季度在国内市场大约有 14 万人通过各种专卖店、经销商和大卖场购买商品，大约有 4 千人通过互联网购买这种商品。另外，在国际市场上，也大约有 1 万人对该商品有购买欲望。由此可见，市场潜在的需求量还是很大的。同时，不同消费群体的最高预算支出不一样，当商品价格高于他们的最高预算支出时，他们将不会购买该商品。具体数据如图 9－9 和表 9－3 所示。

（四）市场竞争策略

通过对市场情报的收集与分析，以及细分市场选择与市场定位，确定本季度的市场竞争策略，如表 9－4 所示。

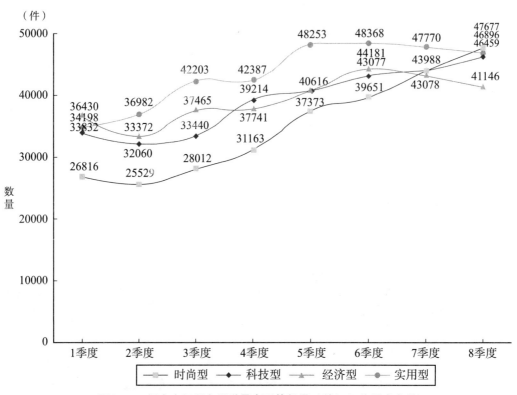

图 9－9　所有市场所有渠道最高预算数量（件）细分需求曲线

表 9－3　　　　　　　　　　5 季度需求量大致增长率情况

市场	消费群体	时尚型		科技型		经济型		实用型	
	渠道	4 季度需求量（件）	5 季度增长率（%）	4 季度需求量（件）	5 季度增长率（%）	4 季度需求量（件）	5 季度增长率（%）	4 季度需求量（件）	5 季度增长率（%）
华东	专卖店	1927	－28.6	2344	－25.3	4205	－27.5	1640	－28.0
	经销商	747	－28.6	1387	－59.3	1158	－27.5	1640	－70.3
	大卖场	1258	－28.6	1052	－37.9	731	－27.5	2376	－24.0
华北	专卖店	2496	6.9	2489	2.7	3413	5.7	1914	15.6
	经销商	1109	51.5	1923	－40.8	1940	－39.7	924	－71.8
	大卖场	1017	－41.6	1244	－16.2	1338	－92.7	3762	7.2
华中	专卖店	1564	73.8	3316	－13.8	4050	12.6	2107	－16.4
	经销商	695	73.8	1473	－13.8	1313	12.6	1380	－25.6
	大卖场	637	73.8	1351	－13.8	109	12.6	3779	20.3
华南	专卖店	1092	57.9	633	305.8	1123	172.7	540	193.8
	经销商	485	57.9	281	305.8	212	367.5	353	116.5
	大卖场	445	57.9	258	305.8	182	－54.5	968	222.0
东北	专卖店	2024	65.6	3142	11.4	3795	2.2	1887	19.0
	经销商	899	65.6	1396	11.4	718	2.2	911	19.0
	大卖场	824	65.6	1280	11.4	615	2.2	3710	19.0
西北	专卖店	1932	17.1	3609	－13.6	2398	50.8	493	325.2
	经销商	1493	－41.1	1468	－5.6	425	134.4	323	49.7
	大卖场	966	53.0	1040	22.1	212	196.1	885	216.2
西南	专卖店	3427	－12.8	2980	－8.8	4237	12.0	2158	12.2
	经销商	1523	16.0	1324	21.3	1473	－39.0	1523	－42.9
	大卖场	1396	－3.9	1214	0.4	429	79.1	2666	9.4
互联网	互联网	2208	－73.9	2668	－48.2	2622	－66.6	3082	－52.2
国际市场	国际代理商	1794	116.6	2001	83.9	1104	193.7	3680	26.2

注：需求量是指第一季度各个市场大致需求量。增长率是指下一季度需求相对于上一季的需求增长（正数表示需求量增加，负数表示需求量减少）。

表 9－4　　　　　　　　　　市场竞争战略说明

策略类型	核心	具体措施
市场领导者竞争策略	扩大市场需求	通过发现新用户、开辟新用途、增加使用量、提高使用频率等方式，来扩大整个市场的需求量

策略类型	核心	具体措施
市场领导者竞争策略	保护市场份额	采取创新发展策略，保持技术和产品的领先地位；筑垒防御，设立进入壁垒；对竞争对手的直接反击等
	多品牌战略	通过推出多个品牌，覆盖不同的细分市场或满足不同消费者的需求，以巩固市场地位
市场挑战者竞争策略	价格竞争	通过降低价格来吸引消费者，增加销量，提高市场份额
	产品竞争	推出具有创新功能或更高性价比的产品，以挑战市场领导者的地位
	服务竞争	提升服务质量，提供独特的客户服务体验，以吸引和留住消费者
	渠道竞争	渠道布局，拓展新的销售渠道，以提高市场覆盖率和销量
市场追随者竞争策略	仿效跟随	直接模仿市场领导者的产品、服务或营销策略，以快速进入市场
	差距跟随	在市场领导者的基础上，进行差异化改进，以满足特定消费群体的需求
	选择跟随	专注于某个细分市场或特定领域，以提供更为专业化和定制化的产品或服务
市场补缺者竞争策略	以新取胜	通过创新技术、产品或服务，满足市场的独特需求
	以优取胜	提供高质量的产品和服务，以建立品牌信誉和忠诚度
	以廉取胜	通过成本控制和效率提升，提供具有价格竞争力的产品或服务
	以快取胜	快速响应市场变化，灵活调整策略，以保持竞争优势
其他市场竞争战略	总成本领先战略	通过降低成本，以低于竞争对手的价格提供产品或服务，从而吸引消费者并扩大市场份额
	差异化战略	通过提供独特的产品或服务，满足消费者的个性化需求，从而在市场上脱颖而出
	目标集聚战略	选择一个特定的细分市场作为目标，专注于满足该市场的独特需求，以建立竞争优势

※第二季度小组讨论：总结本季度经营情况，制定下季度经营策略。

复习思考题

1. 厂房是租还是买？

2. 什么情况下需要考虑筹资？

3. 新产品和新市场研发投入的依据及策略是什么？

4. 为什么要进行 SWOT 分析？如何进行 SWOT 分析？如何选择细分市场战略？

5. 如何保障经营决策的有效性？

三、《营销之道》三季度战略调整决策优化

三季度决策重点：研究如何有效获取需要的订单数量

结合企业二季度的经营成败，充分发挥营销策略组合的优势，完成三季度的企业经营模拟。本季度需要运用的知识点包括：

（一）重新审视市场测试的营销

当《营销之道》模拟经营来到第三个季度时，各小组之间的分数将逐渐拉开差距，重新审视市场测试的营销是一个关键步骤，旨在根据前期测试结果调整策略，以更好地满足市场需求并实现销售目标。在本季度各组需要根据系统数据资料，重新审视前两个季度在营销方面，如市场开发、产品推广宣传、销售人员招聘、培训、订单报价等存在的问题并提出解决方案。

1. 首先，评估市场测试成果：利用系统中的销售报表，回顾第三季度的销售数据，包括销售额、销售量、销售增长率等关键指标，对比前几个季度的数据，分析市场测试对产品销量的直接影响。其次，进行市场反馈分析：通过分析其他企业市场报告，了解消费者群体对不同产品、配置、品牌、促销渠道等的评价排名。最后，进行竞争对手动态监测：密切关注竞争对手在第三季度的市场活动、产品更新及营销策略，并分析竞争对手的优势与不足，以便在后续策略调整中加以借鉴或规避。

2. 首先，重新审视营销策略：根据市场测试的结果，重新评估目标市场的定位是否准确，考虑是否需要调整目标消费群体或进一步细分市场。其次，产品策略调整，基于客户反馈和市场需求，对产品进行必要的调整和优化。同时，改进产品的功能、性能或外观设计，以提升市场竞争力。再次，价格策略调整：分析市场测试期间的价格策略对销量的影响，并根据产品成本、竞争对手定价及消费者心理预期，调整产品的定价策略。最后，营销渠道与推广：评估现有营销渠道的效果，根据市场测试结果，优化渠道布局，加强在有效渠道的投入和推广力度。尝试新的促销手段，以拓宽市场覆盖面。

3. 首先，制定后续行动计划：持续优化产品与服务，将市场测试中发现的问题和改进建议纳入后续的产品设计研发和促销服务优化计划中。其次，加强市场监测与预测：持续关注市场动态和消费者需求变化，以便及时调整营销策略。最后，利用数据分析工具进行市场预测，为未来的营销活动提供数据支持。

（二）调整定价策略

在《营销之道》中，不同渠道的产品报价是不相同的。制定售价之前，需参考本

期该市场的消费者最高需求预算，超过消费者最高预算的报价将不被消费者所接受。由于不同渠道的建设成本不同，面对的消费者群体不同，因此，在报价时要认真核算各渠道的建设成本及预期收益，综合考虑多方因素进行产品报价，定价主要方法如表9-5所示。

表9-5　　　　　　　　　　　　　　定价主要方法

定价方法	描述	应用
成本加成定价法	将产品的总成本（包括固定成本和变动成本）加上预期的利润率来确定价格	适用于成本相对稳定且市场需求变化不大的产品
竞争导向定价法	根据市场上竞争对手的价格水平来调整自己的价格，以保持竞争力	在高度竞争的手机市场中，企业常采用这一方法，通过比较竞争对手的价格、性能、服务等因素来制定价格
价值导向定价法	根据消费者对产品价值的认知来确定价格，强调产品的独特卖点、品牌形象和附加价值	高端手机市场常采用此方法，通过提升品牌形象、强调产品创新和差异化来制定高价
心理定价法	利用消费者的心理需求和购买习惯来制定价格，如尾数定价（如999元）、整数定价（如1000元）、折扣定价等	在手机市场中，心理定价法被广泛应用以吸引消费者注意并促进购买决策

（三）调整营销网络建设与市场开发

《营销之道》模拟经营根据每一轮对抗周期设置的不同，营销网络及市场开发选择灵活多样，一般情况下，若对抗周期多于6个季度则市场全开，若对抗周期只有4个季度则根据企业自身资金情况和竞争对手分析适时选择市场开发和营销网络建设。

（四）调整产品生产计划

团队需要考虑现有资金、已开发市场及各市场消费者需求均量来进行生产设备采购并确定产品生产数量及配送。产生的制造费用在投入生产时即被扣除。各渠道产品配送成本会在填写完配送数量后自动计算。渠道库存回收会扣取相应费用。

小链接9-2

数字中国发展提质提速

《数字中国发展报告（2023年）》显示，我国数据要素市场化改革步伐进一步加快，数字经济规模持续壮大，数字技术应用场景不断拓展。数字中国建设持续赋能经济社会高质量发展，成为加快构建中国式现代化的强劲引擎。网购衣物，进虚拟试衣间一键换装，直观感受搭配是否合适；去热门餐厅，提前在网上取号、点餐，省时又省力；居家生活，远程操作、语音控制的智能家具家电大大提升居住舒适度；出门打开导航软件，路线规划、到达时间一目了然……数字技术的广泛应用，正影响着衣食住行等日常生活，让越来越多人享受到数字红利。不仅如此，数据作为新型生产要素，已快速融入生产、分配、流通、消费和社会服务管理等各环节，深刻改变着生产方式、生活方式和社会治理方式。

资料来源：王云杉. 数字中国发展提质提速［N］. 人民日报（有删改）. http：// kpzg. people. com. cn/n1/2024/0829/c404214 – 40308278. html.

※第三季度小组讨论：总结本季度经营情况，制定下季度经营策略。

复习思考题

1. 为了配合整体的经营策略，在营销管理方面需要采取什么样的措施来支持？
2. 目前的市场营销战略是否有问题？能否寻找到新的改进办法？
3. 客户需求和目标市场分析是否准确？下一步的改进点在哪里？
4. 分析生产与销售脱节的情况，如何保持协调一致？

四、《营销之道》四季度投资未来决策优化

四季度决策重点：分析市场的变化趋势与经营策略

结合企业三季度的经营成败，放眼国际市场，做好互联网营销和服务营销工作，完成四季度的企业经营模拟。本季度需要运用的知识点包括：

（一）研究分析企业运营财务报告

进入公司财务部后可在分析报表处看到资产负债表（见图 9 – 10）、利润表（见图 9 – 11）和现金流量表（见图 9 – 12）。

1. 资产负债表分析

资产构成：分析企业资产的主要类型（如流动资产、非流动资产）及其占比，了解企业的资产结构和质量。

负债结构：分析企业负债的构成（如流动负债、非流动负债），评估企业的偿债能力和财务风险。

股东权益：分析股东权益的变动情况，了解企业资本结构的稳定性和可持续性。

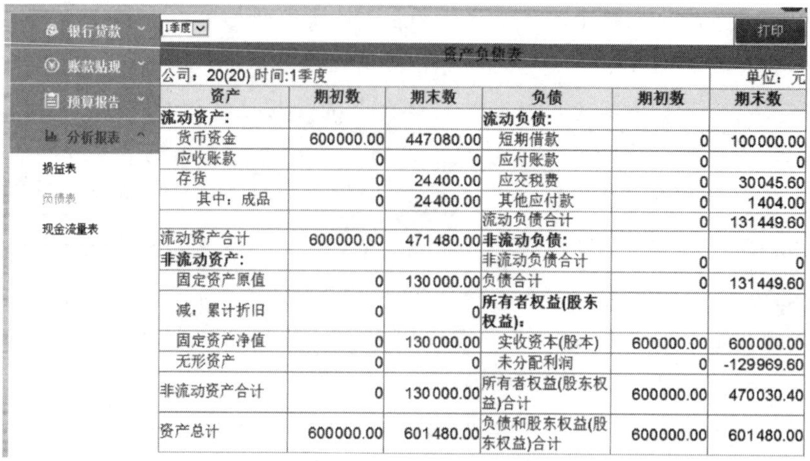

公司：20(20) 时间:1季度　　单位：元

资产	期初数	期末数	负债	期初数	期末数
流动资产:			**流动负债:**		
货币资金	600000.00	447080.00	短期借款	0	100000.00
应收账款	0	0	应付账款	0	0
存货	0	24400.00	应交税费	0	30045.60
其中：成品	0	24400.00	其他应付款	0	1404.00
			流动负债合计	0	131449.60
流动资产合计	600000.00	471480.00	**非流动负债:**		
非流动资产:			非流动负债合计	0	0
固定资产原值	0	130000.00	负债合计	0	131449.60
减：累计折旧	0	0	**所有者权益(股东权益):**		
固定资产净值	0	130000.00	实收资本(股本)	600000.00	600000.00
无形资产	0	0	未分配利润	0	-129969.60
非流动资产合计	0	130000.00	所有者权益(股东权益)合计	600000.00	470030.40
资产总计	600000.00	601480.00	负债和股东权益(股东权益)合计	600000.00	601480.00

图9－10　资产负债表界面

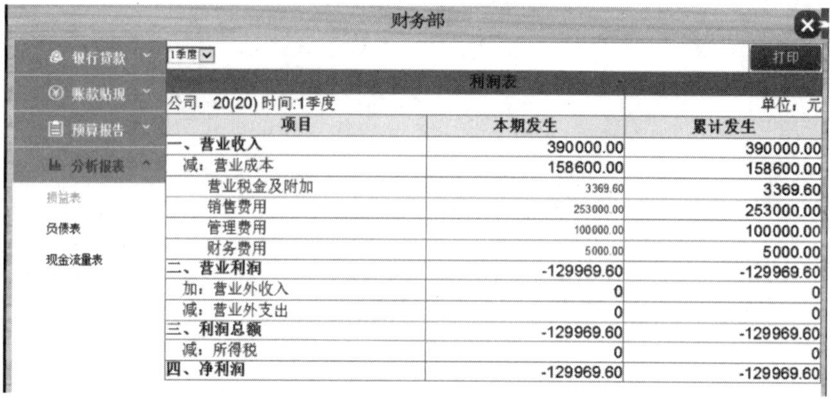

公司：20(20) 时间:1季度　　单位：元

项目	本期发生	累计发生
一、营业收入	390000.00	390000.00
减：营业成本	158600.00	158600.00
营业税金及附加	3369.60	3369.60
销售费用	253000.00	253000.00
管理费用	100000.00	100000.00
财务费用	5000.00	5000.00
二、营业利润	-129969.60	-129969.60
加：营业外收入	0	0
减：营业外支出	0	0
三、利润总额	-129969.60	-129969.60
减：所得税	0	0
四、净利润	-129969.60	-129969.60

图9－11　利润表界面

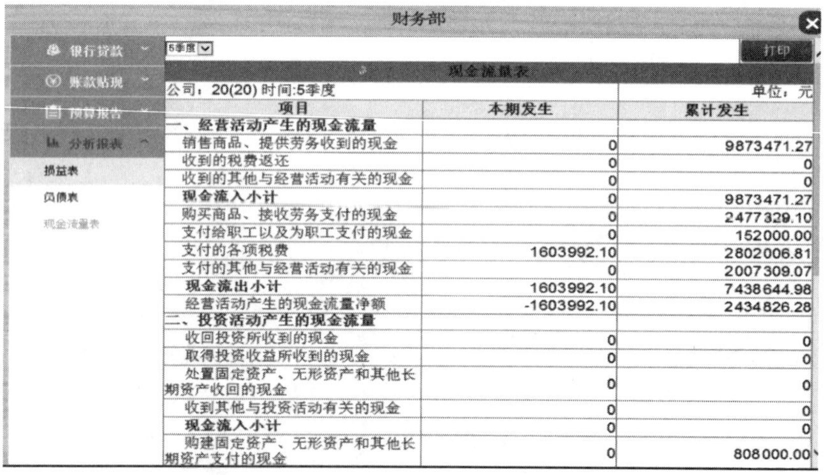

公司：20(20) 时间:5季度　　单位：元

项目	本期发生	累计发生
一、经营活动产生的现金流量		
销售商品、提供劳务收到的现金	0	9873471.27
收到的税费返还	0	0
收到的其他与经营活动有关的现金	0	0
现金流入小计	0	9873471.27
购买商品、接收劳务支付的现金	0	2477329.10
支付给职工以及为职工支付的现金	0	152000.00
支付的各项税费	1603992.10	2802006.81
支付的其他与经营活动有关的现金	0	2007309.07
现金流出小计	1603992.10	7438644.98
经营活动产生的现金流量净额	-1603992.10	2434826.28
二、投资活动产生的现金流量		
收回投资所收到的现金	0	0
取得投资收益所收到的现金	0	0
处置固定资产、无形资产和其他长期资产收回的现金	0	0
收到其他与投资活动有关的现金	0	0
现金流入小计	0	0
购建固定资产、无形资产和其他长期资产支付的现金	0	808000.00

图9－12　现金流量表界面

2. 利润表分析

收入分析：研究企业收入来源、收入规模和增长情况，评估企业的市场地位和盈利能力。

成本费用分析：分析企业的直接成本、间接费用及税费等，了解企业的成本控制能力和经营效率。

利润水平：计算毛利率、净利率等关键指标，评估企业的盈利能力和利润空间。

3. 现金流量表分析

现金流入流出：分析企业经营活动、投资活动和筹资活动的现金流量情况，了解企业的资金流动性和偿债能力。

现金流量比率：通过计算现金流量比率、现金流量充足率等指标，评估企业的现金流状况和再融资能力。

（二）深化对消费者需求的理解

消费者需求（Consumer Demand）是指人们为了满足物质和文化生活的需要而对物质产品和服务的、具有货币支付能力的欲望和购买能力的总和。这一定义强调了需求的两个基本要素：一是购买欲望，即消费者对于某种商品或服务的心理需求；二是购买能力，即消费者实际支付货币以满足这种需求的能力。

满足消费者需求的主要途径：

（1）通过市场调研和数据分析等手段深入了解消费者的需求和偏好，为产品和服务的设计提供依据。

（2）根据消费者需求的变化趋势，不断创新产品和服务，以满足消费者的个性化需求。

（3）注重产品质量的提升，确保产品能够满足消费者的品质要求。

（4）提升购物环境的舒适度和服务质量，为消费者提供更加便捷、舒适的购物体验。

（5）通过品牌建设和传播，提高品牌的知名度和美誉度，增强消费者对品牌的信任度和忠诚度。

（三）扩大产品线，丰富产品结构

产品设计与研发，需要充分了解消费者需求。进入第四季度后，各企业在确定产量前，需先盘点公司库存及渠道库存，确认已开市场各渠道的实际市场需求量。不能盲目投产，导致产品脱销。

（四）完成产品设计、市场开发

一个对抗周期内，每家企业最多可以设计 5 款产品，一个企业无法设计两种配置完全相同的产品。产品设计需要支付设计费用，设计一个产品，将支付 10000 元的设计费用。当公司现金不足时，将设计失败。产品设计前，请研究消费者的喜好，以设计出符合消费者心理需求的最佳产品。产品设计时，选择不同的功能配置，产品成本和需要的研发时间也不尽相同。

系统显示"无须研发"的产品当季研发当季投入生产，显示"总研发周期：1"的产品，本季度研发，下一个季度才可以投入生产。

不同市场的开发周期不同，其中，华南、华东市场开发周期为 1 个季度，费用为 15000 元；华北、华中开发周期为 2 个季度，费用为 30000 元；国际市场、东北市场的开发周期为 3 个季度，费用为 45000 元；西北、西南市场开发周期为 4 个季度，费用为 60000 元，见图 9 – 13。

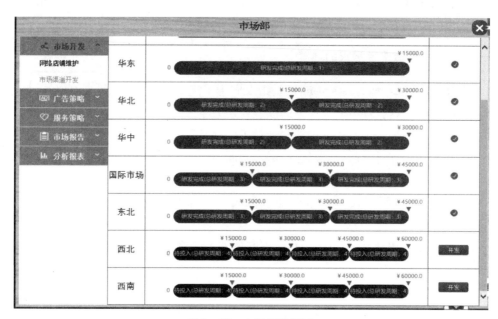

图 9 – 13　市场开发界面

第四季度国际市场开发完成，将大大增加企业产品的销售量，需要考虑国际代理商最高预算数量细分需求曲线，见图 9 – 14。

（五）筹措资金，保持公司稳定的现金流

《营销之道》的资金筹措渠道主要有三个，分别是：银行贷款、贴现和生产设备出售。

（1）银行贷款：普通贷款利率 5%，还款周期 2 个季度，同季最大借款授信额度 10 万元，公司申请的借款余额不能大于总的授信额度或是本期授信额度（总授信额度 = 上季末净资产 – 累计已借款金额）。

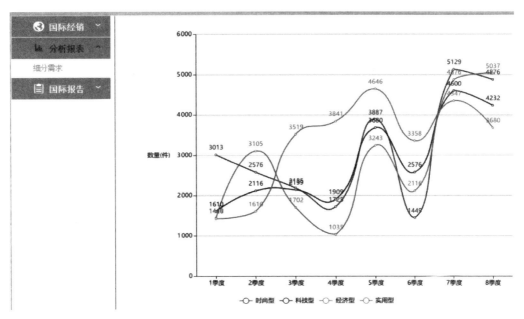

图 9－14　细分需求界面

（2）贴现：提前兑现需按 2% 支付贴息费用。

（3）生产设备出售。

企业遇到资金不足时，解决思路如图 9－15 所示。

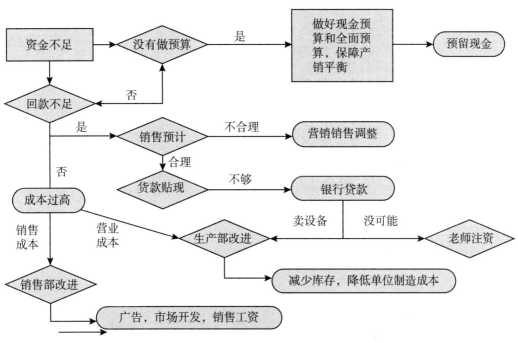

图 9－15　企业运营过程中资金不足的主要问题及解决思路

※第四季度小组讨论：总结本季度经营情况，制定下季度经营策略。

复习思考题

1. 如何合理制定价格策略与广告策略？
2. 运营结果是否符合预期？差距在哪里？造成的原因是什么？
3. 到目前为止，公司存在的主要问题是什么？如何在后续运营中改进？

五、《营销之道》五季度规模扩张决策优化

五季度决策重点：分析如何加大规模扩张力度

认真总结前四季度经验得失，展开新一轮的工作安排。认真分析波士顿矩阵，结合产品生命周期规律，完成第五季度的模拟经营决策。

（一）产品生命周期理论

产品生命周期一般分为四个阶段：引入期（introduction），也称为导入期或介入期；成长期（growth）；成熟期（maturity）；衰退期（decline）。产品生命周期如图9-16所示，每个周期不同阶段对应的营销策略如表9-6所示。

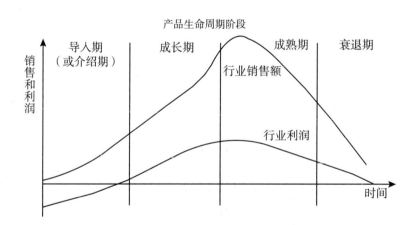

划分依据：销售量和利润额

图9-16 产品生命周期

表 9 - 6　　　　　　　　　　　　每个产品生命周期不同阶段对应的营销策略

阶段	营销策略	内容
引入期	快速撇脂策略	以高价格和高促销方式推出新产品
	缓慢撇脂策略	以高价格和低促销方式推出新产品
	快速渗透策略	以低价格和高促销方式推出新产品
	缓慢渗透策略	以低价格和低促销方式推出新产品
成长期	改进产品	提高产品质量，增加产品特色、样式和功能，以满足消费者多样化的需求
	扩展新市场	通过市场调研和细分，发现新的潜在市场，并制定相应的营销策略
	调整产品售价	根据市场反应和竞争态势，灵活调整产品售价，以保持竞争优势
成熟期	改进市场	寻找产品的新用途和新的细分市场，对产品重新进行定位，以迎合消费者的新需求
	改良产品	通过技术创新和工艺改进，提高产品的性能和品质，以满足消费者对更高品质的追求
	改进营销组合策略	对营销组合策略因素进行微调或重新选择营销组合策略，如调整促销方式、拓宽销售渠道等，以吸引消费者，延长产品的成熟期
衰退期	维持策略	企业仍定位于原来的细分市场，使用相同的销售渠道，将销售维持在较低的水平上，以保证当前利润
	集中策略	缩短企业的产品线，把资源集中在最有利可图的细分市场、最有效的销售渠道和最易销售的产品上，以获得最高的资本利润率
	收缩策略	逐步减少生产量和销售量，降低库存和成本，以减少亏损
	放弃策略	当产品市场萎缩，经营该产品确实无利可图时，企业应果断停产，并谨慎地开发新产品以接替旧产品

（二）波士顿（BCG）矩阵明确投资组合

不同战略业务单元的市场地位和发展前景往往不一样，企业要考虑如何合理地在它们之间配置资源，以形成总体上的竞争优势。因此，要对各业务单元进行评估、分类，确认它们的战略价值和成长潜力。美国波士顿咨询公司（Boston Consulting Group）的"市场成长率/市场占有率"矩阵，是一种应用较为广泛的明确投资组合战略方法，如图 9 - 17 所示。

在坐标图上，波士顿矩阵以纵轴表示企业销售增长率，横轴表示市场占有率，并以10% 和 20% 作为区分高、低的中点，将坐标图划分为四个象限，依次为：

（1）问题业务：该象限的产品增长率高，但市场占有率低，说明市场机会大，前景好，但企业需要投入大量资金来提高市场占有率。这类产品通常被称为"问题产品"。

图 9 - 17　BCG 矩阵

（2）明星业务：该象限的产品增长率高且市场占有率也高，说明市场增长迅速，企业市场上有很大的优势，是企业的重点发展对象。这类产品通常被称为"明星产品"。

（3）现金牛业务：该象限的产品增长率低但市场占有率高，说明产品已进入成熟期，销售量大，产品利润率高，负债比率低，不需要大量的资金投入，而且能为企业带来大量的现金流。这类产品通常被称为"现金牛产品"。

（4）瘦狗业务：该象限的产品增长率低且市场占有率也低，说明产品已衰退，无法为企业带来收益，且可能占用企业资源。这类产品通常被称为"瘦狗产品"。

针对不同象限的产品，企业应采取不同的策略：

（1）问题产品：企业应选择性投资，加强市场营销，提高市场占有率，或放弃该产品，将其资源转向其他有发展潜力的产品。

（2）明星产品：企业应加大投资，扩大生产规模，以维持其市场领先地位，并积极探索新的市场机会。

（3）现金牛产品：企业应保持其稳定的生产和销售，同时利用该产品产生的现金流支持其他产品的开发或市场拓展。

（4）瘦狗产品：企业应果断放弃该产品，将其资源转向其他更有前景的产品或业务。

※第五季度小组讨论：总结本季度经营情况，制定下季度经营策略。

复习思考题

1. 新产品开发计划与上市推广策略如何制定？
2. 如何透过 4P 营销组合看市场营销策略的有效性及改进策略？
3. 检查财务预算的准确性，分析差异产生的原因及改进策略。
4. 如何确定融资时间与融资策略？

六、《营销之道》六季度战略调整决策优化

六季度决策重点：企业内部管理优化与经营分析

该季度企业要重视品牌建设，并优化企业内部管理，努力提升企业品牌知名度和企业影响力，完成第六季度的模拟经营决策。

（一）认识综合评价企业绩效的方法

综合评价企业绩效的方法多种多样，这些方法旨在全面、客观地评估企业的运营状况、财务表现、市场竞争力以及未来发展潜力。以下是一些常见的企业绩效评价方法。

（1）杜邦分析法（Dupont Analysis）：是一种经典的企业财务分析方法，它通过将企业净资产收益率（ROE）逐级分解为销售净利率、总资产周转率和权益乘数等多个财务比率乘积，来综合评价企业的盈利能力、资产运营效率和财务结构。这种方法最早由美国杜邦公司使用，因此得名。杜邦分析法的核心在于揭示企业财务绩效的内在联系，帮助管理者深入了解企业运营的各个方面，从而制定更有效的战略决策。其优点在于综合性强，能够全面反映企业的财务绩效，但也需注意其局限性，如过于依赖财务信息、忽略非财务因素等。

（2）经济增加值法（Economic Value Added，EVA）：是一种衡量企业经济绩效的方法，由美国思腾思特咨询公司提出并推广。EVA 的核心理念在于考虑所有资本成本后的净利润，即税后净营业利润减去包括股权和债务在内的全部投入资本成本后的剩余收益。EVA 反映了企业在特定时期内为股东创造或损害的真实经济价值，有助于评估企业经营者有效使用资本和创造价值的能力。EVA 为正时，表明企业在创造价值；EVA 为负时，则表明企业在损失价值。EVA 作为一种企业绩效评价工具，广泛应用于全球各大企业的财务管理和决策中，对于推动企业价值创造和可持续发展具有重要意义。

EVA 的计算公式一般为：

EVA = 税后净营业利润（NOPAT）- 资本总成本（Capital Total Cost）

其中，资本总成本是资本投入额（包括股权资本和债务资本）与加权平均资本成本率（WACC）的乘积。即：

资本总成本 = 资本投入额 × 加权平均资本成本率（WACC）

（3）平衡计分卡法（Balanced Scorecard，BSC）：是一种综合绩效评估体系，它通过财务、客户、内部运营、学习与成长四个维度平衡考量，帮助组织将战略目标转化为可操作的绩效指标，以全面衡量并促进组织的持续改进和战略实现。具体实施步骤主要包括：明确战略目标、定义关键绩效指标（KPIs）、设计计分卡、实施与监控、定期评估与调整。

首先，组织需确立清晰的战略目标；其次，根据目标设定可量化的 KPIs，涵盖财务、客户、内部业务流程、学习与成长四大维度，并设计计分卡框架，将各维度 KPIs 纳入其中；再次，在实施阶段，将计分卡融入绩效管理体系，并确保相关人员理解并执行；最后，定期评估绩效指标，根据评估结果调整战略和行动计划，确保组织持续向战略目标迈进。这一过程旨在通过多维度平衡的视角，促进组织的全面发展和战略目标的实现。

（4）关键绩效指标法（Key Performance Indicators，KPI）：是一种量化管理工具，通过设定、跟踪和评估企业运营中的关键绩效参数，来衡量并提升组织、部门和个人的业绩，确保与企业的战略目标保持一致。操作步骤包括明确战略目标、设定量化 KPI、制定考核标准、实施数据收集与监控，以及定期评估与调整，以确保业绩与战略目标一致，并推动组织持续进步。

（5）360 度绩效评估法：又称全方位评估，是一种从多个角度全面评估个人绩效的方法。该方法最早由英特尔公司提出，通过员工自评、上司评价、同事评价、下属评价及客户评价等多方反馈，全面了解员工在沟通技巧、人际关系、领导能力及行政能力等方面的表现。360 度绩效评估法旨在提供全面、客观的评估结果，帮助员工明确自身优势和不足，促进个人能力和职业发展。其优点在于评估角度多元，结果公正全面，但也可能因涉及多方评估而增加工作量和复杂度。

（二）《营销之道》经营分析

在《营销之道》模拟经营中需重点关注企业经营成本、销售量、行业空间、细分市场、企业竞争力等多个维度，经营分析示意如图 9 - 18 所示。

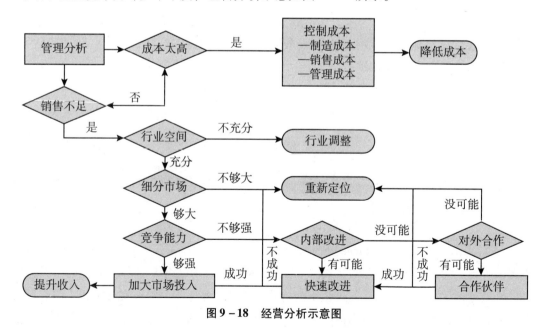

图 9 - 18　经营分析示意图

小链接 9 - 3

数字敦煌：助力全民共享 保护知识产权

世界文化遗产敦煌莫高窟开凿于公元 366 年。千余年前，古人以匠心妙手开凿洞窟、绘制壁画、雕刻彩塑，为全人类留存了一座文化艺术宝库。30 多年前，敦煌研究院尝试以数字技术让古老石窟"芳华永驻"。2016 年，"数字敦煌"资源库上线，首次向全球免费共享 30 个敦煌石窟的高清图像和全景漫游，用户足不出户就能欣赏到高清的敦煌文化数字资源，目前访问用户遍布全球 78 个国家，累计访问量超过 2000 万次。此后，"云游敦煌"小程序、敦煌"数字人"伽瑶、数字藏经洞等各类基于文物数字化的成果持续涌现。

在应用该技术的"数字敦煌·开放素材库"中，来自敦煌莫高窟、瓜州榆林窟、天水麦积山石窟等 6 处遗产地的 448 幅壁画、9409 份素材和 697 号藏经洞经卷全都收录其中，每幅照片都附有学术介绍。相关素材还进行了归类，如点开"动物"选项，老虎、斗鸡、飞鹤、白象、凤凰等各类壁画形象跃然眼前。用户还能利用相关素材开展二次创作，创作作品又可成为新的数字资源供使用。如有商用，创作者还可与版权方分享创作收益。这丰富了素材内容，为利用数字资源的共创作品提供了传播和共享的平台，有利于构建良性创作生态。自 2022 年底上线至今，"数字敦煌·开放素材库"访问量超过 400 万次，素材下载量超过 3 万次。

资料来源：杨玉洁. 数字敦煌：助力全民共享 保护知识产权 ［EB/OL］. ［2024 - 09 - 11］. https：//www. cznews. gov. cn/newweb/2024zhuanti/whzgx/2024 - 09 - 11/117208. html.

※第六季度小组讨论：总结本季度经营情况，制定下季度经营策略。

复习思考题

1. 分析不同产品给公司带来的利润情况，并思考如何提升盈利能力。
2. 如何对不同产品的投资回报进行分析？
3. 如何对竞争对手进行系统分析？
4. 针对竞争对手的变化如何进行战略调整？

七、《营销之道》七季度管理改进

七季度决策重点：结合财务分析，提升绩效

结合企业六季度经营成败，从财务视角全面分析和评估企业营运能力，完成七季度经营模拟决策。

（一）从财务视角看企业运营

从财务视角看企业运营，主要关注的是企业如何通过有效的财务管理和资源配置来实现其经营目标和战略目标。包括对企业财务状况、经营成果、现金流量的全面分析和评估，以及对未来发展趋势的预测和规划。以下是从财务视角分析企业运营的几个关键点：

1. 财务状况分析

财务状况是企业运营的基础，通过对资产负债表的分析，可以了解企业的资产结构、负债结构以及所有者权益状况。资产的流动性、负债的偿付能力以及所有者权益的保障程度都是财务状况分析的重要内容。良好的财务状况是企业稳定运营和持续发展的前提。

2. 经营成果评估

经营成果是企业运营的直接体现，主要通过利润表来反映。利润表中的各项收入、成本和费用数据，以及最终的净利润或净亏损，都是评估企业经营成果的重要指标。企业需要通过成本控制、收入增长和利润优化等手段，不断提高经营成果，实现盈利目标。

3. 现金流量管理

现金流量是企业运营的血液，直接关系到企业的生存和发展。通过对现金流量表的分析，可以了解企业经营活动、投资活动和筹资活动所产生的现金流量情况。企业需要确保现金流量的充足性和稳定性，以支持日常运营和长期发展。同时，还需要关注现金流量的质量和效率，提高资金使用效率。

4. 财务风险管理

财务风险管理是企业运营中不可或缺的一环。企业面临着多种财务风险，如市场风险、信用风险、流动性风险等，通过建立完善的财务风险管理体系，企业可以识别、评估、监控和应对各种财务风险，确保企业财务状况的稳定和可持续发展。

5. 财务预算与规划

财务预算与规划是企业财务管理的重要组成部分。通过制定财务预算，企业可以明确未来的经营目标和财务目标，为资源的配置和决策提供依据。同时，财务预算还可以帮助企业进行成本控制、资金筹措和利润分配等方面的规划，确保企业财务目标的实现。

6. 财务分析与决策支持

财务分析是企业运营决策的重要依据。通过对财务数据的深入分析和挖掘，企业可以了解自身的经营状况和财务状况，发现存在的问题和潜力，为制定战略决策和经营决策提供支持。财务分析还可以帮助企业评估投资项目的可行性和回报率，为投资决策提供依据。

企业经营决策路线如图 9-19 所示。

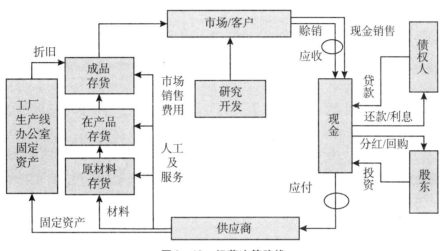

图 9-19　经营决策路线

（二）常用财务分析指标介绍

常用的财务分析指标是评估企业财务状况和经营成果的重要工具。这些指标可以分为多个类别，包括盈利能力分析、偿债能力分析、营运能力分析和发展能力分析等。以下是对各类别中常用财务分析指标的介绍：

1. 盈利能力分析

销售净利率：净利润与销售收入的比率，反映企业每单位销售收入所带来的净利润。公式为：销售净利率 = 净利润/销售收入 × 100%。

总资产报酬率：利润总额与利息支出之和与平均资产总额的比率，衡量企业资产的综合利用效果。公式为：总资产报酬率 = （利润总额 + 利息支出）/平均资产总额 × 100%。

净资产收益率（ROE）：净利润与平均股东权益的比率，反映股东权益的收益水平。ROE 是衡量企业盈利能力的重要指标之一。

2. 盈利质量分析

全部资产现金回收率：经营活动现金净流量与平均资产总额的比率，反映企业资产产生现金的能力。公式为：全部资产现金回收率 = 经营活动现金净流量/平均资产总额×100%。

销售收现比率：销售商品或提供劳务收到的现金与主营业务收入净额的比率，反映企业销售收入的收现能力。公式为：销售收现比率 = 销售商品或提供劳务收到的现金/主营业务收入净额×100%。

3. 偿债能力分析

流动比率：流动资产与流动负债的比率，衡量企业短期偿债能力。公式为：流动比率 = 流动资产/流动负债。

速动比率：速动资产（流动资产减去存货和预付账款等变现能力较弱的资产）与流动负债的比率，反映企业短期偿债能力中更为稳健的部分。公式为：速动比率 = （流动资产 − 存货)/流动负债。

产权比率与权益乘数：产权比率是总负债与股东权益的比率，权益乘数是总资产与股东权益的比率。两者均反映企业的资本结构和偿债能力。公式分别为：产权比率 = 总负债/股东权益；权益乘数 = 总资产/股东权益。

利息保障倍数：息税前利润与利息费用的比率，衡量企业支付利息费用的能力。公式为：利息保障倍数 = 息税前利润/利息费用 = （净利润 + 利息费用 + 所得税费用)/利息费用。

经营现金流量债务比：经营活动现金流量与债务总额的比率，反映企业用经营活动现金流量偿还债务的能力。公式为：经营现金流量债务比 = 经营活动现金流量/债务总额×100%。

4. 营运能力分析

应收账款周转率：销售收入与应收账款平均余额的比率，反映企业应收账款的周转速度。公式为：应收账款周转率 = 销售收入/平均应收账款余额。

存货周转率：销售成本与平均存货的比率，衡量企业存货的周转速度。公式为：存货周转率 = 销售成本/平均存货。

流动资产周转率：销售收入与流动资产平均余额的比率，反映企业流动资产的周转速度。公式为：流动资产周转率 = 销售收入/平均流动资产。

总资产周转率：销售收入与总资产平均余额的比率，反映企业总资产的周转速度。公式为：总资产周转率 = 营业收入/平均总资产。

5. 发展能力分析

股东权益增长率：本期股东权益增加额与股东权益期初余额的比率，反映企业股东权益的增长速度。公式为：股东权益增长率 = （本期股东权益增加额/股东权益期初余额)×100%。

销售增长率：本期营业收入增加额与上期营业收入的比率，反映企业营业收入的增长速度。公式为：销售增长率 =（本期营业收入增加额/上期营业收入）×100%。

净利润增长率：本期净利润增加额与上期净利润的比率，反映企业净利润的增长速度。公式为：净利润增长率 =（本期净利润增加额/上期净利润）×100%。

（三）透过财务指标分析经营管理中的问题

透过财务指标分析经营管理中的问题是一个系统而深入的过程，旨在揭示企业运营中的潜在问题和改进空间。以下是从不同财务指标出发，分析经营管理中可能存在的问题的方法：

1. 盈利能力分析

销售净利率：若销售净利率下降，就可能说明成本控制不力、销售价格下降或销售策略需要调整。此时应关注成本结构、销售价格弹性及市场需求变化，以制定相应的成本控制和营销策略。

总资产报酬率：若总资产报酬率较低，就可能意味着资产利用效率不高或资产结构不合理。此时需要分析资产周转率、资产构成及投资回报情况，优化资产配置，提高资产使用效率。

净资产收益率（ROE）：ROE 是衡量企业盈利能力的重要指标。若 ROE 下降，那么可能是盈利能力下降、资本结构不合理或股东权益增长缓慢所致。此时需结合利润表、资产负债表及现金流量表进行深入分析，寻找提升盈利能力和优化资本结构的途径。

2. 偿债能力分析

流动比率和速动比率：这两个指标反映了企业的短期偿债能力。若流动比率或速动比率过低，就可能表明企业面临短期偿债压力，此时需关注应收账款回收、存货管理及短期融资能力。

资产负债率：高资产负债率可能增加企业的财务风险，降低偿债能力。需分析债务结构、利息负担及长期偿债能力，制定合理的债务融资策略，控制债务规模。

3. 营运能力分析

应收账款周转率：应收账款周转率下降可能说明收款政策宽松、客户信用管理不善或市场环境变化。此时需加强应收账款管理，提高收款效率，降低坏账风险。

存货周转率：存货周转率过低可能意味着库存管理不善、市场需求预测不准确或销售策略不当。此时需优化库存结构，提高库存周转率，减少资金占用。

流动资产周转率和总资产周转率：这两个指标反映了企业资产的运营效率。若周转率下降，就可能说明资产利用效率不高或经营策略需要调整。此时需分析资产构成、运营流程及管理效率，提高资产周转速度。

4. 发展能力分析

股东权益增长率、销售增长率和净利润增长率：这些指标反映了企业的成长性和发展潜力。若增长率下降或负增长，就可能说明市场竞争加剧、市场需求变化或企业竞争力下降。此时需关注市场趋势、竞争对手动态及自身竞争优势，制定相应的发展战略和市场策略。

※第七季度小组讨论：总结本季度经营情况，制定下季度经营策略。

复习思考题

1. 制定公司战略时应思考哪些问题？
2. 如何制定有效的公司发展战略？
3. 如何确保公司经营战略的有效执行？
4. 如何认识与有效控制公司经营风险？
5. 每位成员的分工与职责是什么？
6. 如何保障经营决策的有效性？

八、《营销之道》八季度决战时刻

> 八季度决策重点：加强团队管理，提升决策执行力

结合企业第七季度经营成败，加强团队沟通协作，总结经验，思考团队合作对于企业经营管理的重要性，完成第八季度的模拟经营。

最后一个季度的主要任务包括：各小组需要根据最终的排名和分数，分析与竞争对手的主要差距及原因；在现有资源下提升最终总体市场占有率的方法，尽可能努力提升各项财务指标，优化生产结构，控制库存，争取获得更高的实训得分。

具体工作：

（1）记录八轮模拟经营的各队成绩包括：所有公司的累计净利润及排名；所有公司的累计市场占有率及排名；所有公司的综合评价及排名。

（2）总结互评各公司成功或失败的主要原因。

（3）总结本企业在竞争过程中的战略、营销、生产、财务、研发等决策的得失，并进行与竞争对手相比的差异分析。

（4）完成实验课后的实习总结报告。

※第八季度小组讨论：全部经营总结，分析优劣得失。

复习思考题

1. 总结模拟运营的得失成败，从战略、营销、生产、财务、研发、沟通等方面思考在整个运营过程中，我们哪些做得不好？哪里做得比较出色？竞争对手做得好的地方有哪些？

2. 通过模拟演练我们学到了什么？完成最终实训报告。

本 章 要 点

数字营销效果评估 SMART 原则包括：Specific（具体的）、Measurable（可衡量的）、Achievable（可达成的）、Relevant（相关的）、Time-bound（有时效的）。

评估维度包括：流量增长、转化率提升、品牌知名度、客户满意度、销售增长、ROI（投资回报率）、用户参与度、竞争优势提升。

数字营销管理决策优化：

一季度决策要点：熟悉数据规则与基本操作，制定企业发展战略与经营目标。

二季度决策要点：分析市场反馈信息。

三季度决策要点：研究如何有效获取需要的订单数量。

四季度决策要点：分析市场的变化趋势与经营策略。

五季度决策要点：分析如何加大规模扩张力度。

六季度决策要点：企业内部管理优化与经营分析。

七季度决策要点：结合财务分析，提升绩效。

八季度决策要点：加强团队管理，提升决策执行力。

本 章 知 识 拓 展

数字营销 SEO 策略

SEO 策略，即搜索引擎优化策略，是一种通过实践、总结、思考和创新来创造或组合各种资源，以达到提升网站在搜索引擎中排名效果的技巧。其核心在于通过优化网站结构、内容和技术，提高网站在搜索引擎中的可见性和流量。以下是对 SEO 策略的详细解析：

一、关键词策略

关键词策略，作为搜索引擎优化的核心组成部分，其重要性不言而喻。它不仅是简单地选择几个词汇来代表网站的主题，而且是一项复杂而精细的工作，需要综合考虑市场趋势、用户行为、竞争对手情况等多方面因素。

关键词策略要求我们对目标受众有深入的了解。通过市场调研和数据分析，我们能够洞察用户的搜索习惯和需求，从而挖掘出那些真正能够触动用户心弦的关键词。这些关键词不仅要与网站内容紧密相关，还要能够反映出网站的核心价值和竞争优势。

二、内容优化

内容优化是网站运营中不可或缺的一环，它不仅是填充网页的文字或图片，更是提升用户体验、增强网站权威性和吸引力的关键策略。在内容优化的过程中，我们始终要将用户放在首位，致力于提供有价值、有深度、易于理解的信息。

为实现这一目标，需要对目标受众进行深入研究，了解他们的需求、兴趣和痛点。基于这些洞察，我们可以精心策划内容主题，确保每一篇文章、每一个页面都能直击用户的心弦。同时，我们要注重内容的原创性和创新性，避免重复和抄袭，确保为用户带来全新的视角和独特的见解。

在内容创作的过程中，要注重结构清晰、逻辑严谨，使用易于理解的语言和生动的案例来阐述观点。同时，我们还要巧妙地融入关键词和元标签，以提高网站在搜索引擎中的排名。但请注意，我们并非为了优化而优化，而是将优化融入内容的本质之中，让用户在阅读过程中自然地感受到网站的价值。

三、网站结构优化

网站结构优化是提升用户体验和搜索引擎友好度的关键环节。它涉及对网站整体架构、页面布局、导航设计及 URL 策略的全面调整与优化。通过合理规划网站结构，确保每个页面都能被搜索引擎顺畅抓取和索引，同时提升用户在浏览网站时的便捷性和满意度。

具体而言，网站结构优化需注重以下几点：首先，采用扁平化结构减少层级深度，使重要内容能更快呈现给用户；其次，设计清晰的导航菜单，帮助用户快速找到所需信息；再次，优化 URL 结构，使其简洁、有意义且包含关键词，便于用户记忆和搜索引擎识别；最后，确保网站在不同设备上的兼容性，实现响应式设计，提升移动用户的访问体验。

四、外链建设

优质的外链建设并非简单地追求数量，而是更注重质量。一个来自高权重、相关性强且信誉良好的网站的外链，其价值远远超过多个低质量的链接。通过与行业内权威网站建立合作关系，参与有影响力的论坛和社区，发布有价值的内容吸引其他网站主动链接等方式，能够有效地构建高质量的外链。同时，在外链建设过程中，要遵循搜索引擎的规则，避免使用不正当的手段获取链接，如购买链接或参与链接农场等。这样不仅可能导致网站受到惩罚，还无法真正提升网站的长期价值。合理、合规且持续的外链建设策略，能够增加网站的曝光度，提升搜索引擎排名，从而为网站带来更多的流量和潜在客户。

五、社交媒体优化

社交媒体优化（SMO）涉及利用社交媒体平台来提升网站可见性、增强品牌影响力和促进用户互动。通过精心策划和发布有吸引力的内容，结合社交媒体特有的互动功能，如点赞、评论、分享等，企业可以迅速扩大品牌声量，建立与潜在客户的紧密联系。

六、数据分析与优化

数据分析与优化是网站运营中至关重要的环节。通过对网站流量、用户行为、转化率等关键数据的深入分析，企业能够洞察用户需求和网站性能瓶颈，为优化决策提供有力支持。在数据分析阶段，企业需借助专业的分析工具，收集并整理海量数据，运用统计学和机器学习等方法，挖掘数据背后的规律和趋势。随后，根据分析结果，制定针对性的优化策略，如调整页面布局、优化关键词、改进用户体验等，以提升网站性能和用户体验。

优化并非一蹴而就的，而是一个持续迭代的过程。企业需要定期回顾优化效果，根据新的数据反馈调整策略，确保网站始终保持最佳状态。通过数据分析与优化，企业能够不断提升网站竞争力，实现业务增长目标。

资料来源：SEO策略在数字营销中是什么意思［EB/OL］.［2024 - 11 - 07］. https：//www.ijunjun.com/news/hyzx/401.html.

第十章 营销组织管理

第一节 营销计划的制订与实施

一、营销计划的界定与分类

(一) 营销计划的定义

营销计划是企业或组织为了实现特定的市场目标和营销战略,经过深入分析市场环境、竞争态势、目标客户群体以及自身资源与能力后所制定的详细、全面的行动方案。

(二) 营销计划的核心价值

营销计划之于企业,犹如灯塔之于航船,其重要性不言而喻。它不仅是企业营销活动的灵魂与指南,更是推动市场成功与促进长期发展的基石。

1. 战略导向与方向明确

营销计划的首要任务是为企业确立清晰的市场目标与战略导向,确保所有营销努力均围绕核心愿景聚焦,有效整合资源,避免资源分散与低效使用。这一过程不仅塑造了企业的市场定位,还为其长期发展铺设了稳固的基石。

2. 资源配置优化与效率提升

通过精心策划的产品、推广与渠道策略,营销计划可以助力企业实现资源的优化配置。它利用实时数据分析与反馈机制,不断调整优化策略,确保每项营销活动均能以最高效的方式执行。这不仅提升了营销活动的成效,还显著增强了企业的运营效率。

3. 内部协同与外部适应

营销计划是企业内部多部门协同作战的蓝图,它促进了销售、市场、产品等部门间的无缝合作，共同推动营销目标的实现。同时，面对外部市场的快速变化，营销计划赋予企业高度的灵活性，使其能够迅速响应市场趋势、竞争对手动态及政策法规调整，保持并增强市场竞争力。

4. 市场竞争力强化与可持续发展

通过精准定位、个性化营销、与客户深度互动，营销计划不仅满足了客户需求，还极大地提升了品牌形象与市场知名度，从而显著增强了企业的市场竞争力。更重要的是，长期导向的营销计划着眼于企业的可持续发展，通过逐步建立稳固的市场地位提升市场竞争力。

（三）营销计划的类型

营销计划的类型多种多样，根据不同的分类标准可以划分为不同的类别。

1. 按时期长短划分

（1）长期计划。期限一般在五年以上，主要是确定企业未来长期的发展方向和奋斗目标的纲领性计划。这类计划具有战略性，关注企业的长远发展。

（2）中期计划。期限在一年到五年之间，介于长期计划和短期计划之间。中期计划通常用于指导企业在未来几年内的营销活动，确保企业能够逐步实现长期目标。

（3）短期计划。期限通常为一年，如年度计划。这类计划更加具体和详细，注重当前市场情况和短期内的营销活动安排，确保企业能够迅速应对市场变化。

2. 按计划涉及的范围划分

（1）总体营销计划。这是企业营销活动的全面、综合性计划，涉及企业所有产品或服务的营销活动。它规定了企业在一定时期内的总体目标、任务、战略或策略等内容，是企业营销活动的总体指导方针。

（2）专项营销计划。这类计划针对某一特定产品或特殊问题而制定，更加具体和深入。常见的专项营销计划包括品牌计划、渠道计划、促销计划和定价计划等。这些计划旨在解决特定产品或问题在营销过程中遇到的挑战，确保营销活动的针对性和有效性。

3. 按计划的程度划分

（1）战略性计划。这是对企业将在未来市场占有的地位及采取的措施所作的策划。它关注企业在市场中的整体定位和发展方向，具有全局性和长远性。

（2）策略计划。这类计划是对营销活动某一方面所作的策划，如产品策略、推广策略等。它更加具体和细致，关注某一特定领域或环节的营销策略和行动计划。策略计划通常与企业的总体营销战略相协调，确保各项营销活动的有效实施。

（3）作业计划。这是各项营销活动的具体执行性计划。它详细说明了各项营销活动的具体步骤、时间安排、预算分配和人员配置等内容，确保营销活动能够按计划顺利进行。作业计划是营销计划中最具体、可操作性最强的部分。

4. 根据重要性划分

（1）新产品计划。是企业针对即将推出的新产品所制定的详细营销方案。它涵盖了从市场调研、产品定位、营销策略制定到上市活动安排等多个关键环节，旨在确保新产品能够顺利进入市场，满足目标客户的需求，并实现企业的销售目标和市场占有率提升。通过新产品计划，企业可以系统地规划和管理新产品的营销活动，提高市场竞争力，推动企业的持续发展。

（2）年度营销计划。是企业每年制定的综合性营销方案，用于指导企业在一年内开展各项营销活动。它包括了目标设定、市场分析、营销策略制定、预算规划以及执行与监控等多个方面。年度营销计划旨在帮助企业明确年度营销的重点和方向，合理分配营销资源，确保营销活动的有序进行、市场目标的有效达成。通过制订和执行年度营销计划，企业可以更好地应对市场变化，提升市场竞争力，实现可持续发展。

除此之外，还有按营销职能划分的市场渗透计划、市场开发计划、产品开发计划；按营销目标划分的品牌建设计划、客户获取计划、客户保留计划；按营销策略划分的内容营销计划、社交媒体营销计划、电子邮件营销计划；按特定场景划分的节假日营销计划、事件营销计划、危机营销计划。

二、营销计划的制订

在当今激烈的市场竞争格局下，精心制订一份全面且具有前瞻性的营销计划，对企业而言，无疑是通往成功的关键桥梁。此计划不仅可以引领企业精准定位市场，把握稍纵即逝的市场机遇，还能指导企业高效配置有限资源，确保营销目标的顺利实现。一份完备的营销计划，通常应涵盖以下六大核心要素。

（一）项目概览与背景透析

1. 项目背景深析

在启动营销征程之初，深入剖析企业所处的市场环境、竞争格局及面临的挑战显得尤为必要。这涉及对宏观经济走势、行业动态、消费者行为模式变迁等多维度因素的细致考察，旨在为企业营销策略的制定奠定坚实的数据基础与方向指引。

2. 项目目标明晰

确立清晰、可量化的营销目标，是企业营销活动不可或缺的灵魂。这些目标可能涵盖销售额的增长、市场份额的扩张、品牌影响力的深化以及客户满意度的提升等方面。

明确的目标设定，有助于保持策略执行的一致性，并为后续效果评估提供明确标尺。

3. 目标市场精准定位

识别并锁定核心消费者群体，是营销活动成功的关键。这要求企业运用市场细分策略，深入理解不同消费者群体的需求偏好、购买习惯等特性，进而实现目标市场的精准锁定。通过这一步骤，企业能够设计出更具针对性的营销策略，有效提升营销活动的精准度与转化率。

4. 预期成果与挑战预见

在项目概览的尾声，对预期成果进行合理展望，并对可能遭遇的挑战进行预判，显得尤为重要。这不仅有助于企业未雨绸缪，制定应对预案，还能在项目实施过程中提供方向性指导。同时，明确的预期成果设定，为营销活动成效的后续评估与策略调整提供了坚实依据。

（二）市场分析

1. 市场现状的深入剖析

要精准把握市场动态，首要任务是对当前市场的规模、增长率、细分状况及主要参与者进行全面分析。通过运用统计分析法，广泛搜集并解析行业报告、市场调研数据及政府发布的信息，我们得以洞悉市场的整体规模、增长速度及份额分布。同时，直接资料法亦不可忽视，整合企业销售记录、行业统计等一手资料，可以为市场规模与增长速率的评估提供坚实支撑。这一过程不仅有助于我们明确市场边界，更为后续策略制定奠定了数据基础。

2. 目标市场的精细划分

针对目标市场的细分，需深入探索消费者特征、需求、购买行为及偏好。采用 STP 分析框架，即市场细分（Segmentation）、目标市场选择（Targeting）、市场定位（Positioning），通过细致区分消费群体的差异性，可以将市场划分为若干具有鲜明特征的细分市场。此外，构建用户画像亦为一种有效手段，通过整合并分析消费者的个人信息、消费习惯等数据，可以形成立体化的消费者形象，进而精准把握目标市场的需求脉搏，为营销策略的个性化定制提供有力依据。

3. 竞争态势的严谨审视

在竞争分析中，深入剖析竞争对手的策略、市场地位及优劣势至关重要。应借助波特五力模型，全面评估行业内五种关键竞争力量，即现有竞争者的竞争强度、新进入者的威胁、替代品的吸引力、供应商的议价能力及买方的议价能力，从而精准把握市场竞争格局。同时，SWOT 分析虽多用于企业内部评估，但在竞争分析中同样具有应用价值，通过识别竞争对手的优势、劣势、机会与威胁，可以为制定差异化的竞争策略提供洞见。

4. 市场趋势的前瞻预测

基于历史数据与行业动态，精准预测市场未来走向与潜在变革成为关键。企业要运用趋势外推法，结合回归分析、时间序列分析等工具，依据过往发展规律预测市场趋势。PEST 分析框架则从政治、经济、社会、技术四个维度出发，综合评估外部环境对市场的影响，为市场趋势的预判提供全面视角。通过精准把握市场趋势，企业能够主动布局，抢占市场先机，引领行业变革。

（三）明确营销目标

1. 销售目标设定

在营销规划的核心位置，设定清晰、具体的销售额与市场份额目标至关重要。这些目标应紧密关联市场分析的结论与企业实际情况，确保既具挑战性又切实可行。同时，明确的时间表与路径规划，为销售团队提供了明确的方向与动力，助力企业稳步迈向既定目标。

2. 品牌价值的提升

品牌作为企业的无形资产，其知名度与美誉度的提升是营销活动不可或缺的一环。我们需确立品牌发展目标，如增强品牌认知、塑造鲜明形象、提升客户忠诚度等，并通过精心策划的品牌营销与公关活动，将这些愿景转化为现实。品牌力量的强化，不仅加深了市场与消费者对企业的认同与信赖，更为企业的长远发展奠定了坚实基础。

3. 客户满意度的基石

客户满意度与忠诚度，是衡量营销成效的关键标尺。我们致力于设定并达成提升这些指标的具体目标，通过优化产品服务、构建完善的客户关系管理体系，确保每位客户都能感受到企业的关怀与尊重。这种以客户为中心的理念，不仅巩固了现有客户基础，更通过口碑传播吸引了更多潜在客户，为企业的持续增长注入了强大动力。

（四）制定营销战略

在制订营销计划时，选择合适的营销战略需聚焦解决几个核心问题。

1. 市场定位的精准锚定

深入分析目标市场需求、竞争对手态势及市场趋势，以明确企业产品或服务在市场中的独特定位。强调与竞品的差异化优势，如创新功能、卓越服务或独特品牌形象，以此吸引并满足特定消费者群体的需求，稳固市场地位。

2. 消费者需求的全面满足

产品策略应紧密围绕消费者需求展开，确保产品从质量、功能到设计、包装均能满足市场期待。持续收集并分析消费者反馈，不断优化产品，以满足日益多样化的市场需求，巩固并扩大市场份额。

3. 具有竞争力的价格策略

制定具有竞争力的价格策略，需综合考虑成本、市场需求与竞争状况。灵活采用多种定价策略，如市场渗透定价、撇脂定价等，以吸引消费者并促进销售。同时，密切关注市场动态与竞品价格变化，适时调整价格策略，保持市场竞争力。

4. 市场覆盖的多元化拓展

通过精心布局线上线下渠道，选择合适的分销伙伴，实现产品或服务对市场的全面覆盖。多元化的渠道策略不仅提升了产品的可达性与便利性，还增加了与目标消费者的接触机会，有效拓展了市场份额。

5. 促销活动的创新推动

创新促销策略，以多样化的促销手段激发消费者购买的欲望。结合广告宣传、销售促进、直复营销与公关活动等多种方式，与消费者建立深度互动。持续评估促销效果，灵活调整策略，以最大化营销成效，提升企业品牌形象与市场影响力。

（五）精细规划营销预算与资源分配

1. 精准制定营销预算

在规划营销预算时，需全面考量广告、促销、市场调研及渠道开发等各项开支。通过细致入微的预算分配策略，确保每一分投入都能精准对接营销需求，保障营销活动的顺畅执行，并助力企业达成既定的营销目标。同时，建立预算监控与调整机制，确保预算使用的灵活性与高效性，以应对市场波动，最大化营销投资回报。

2. 优化资源配置，提升使用效率

营销资源的合理分配同样至关重要，涵盖人力、物力及财力等多个维度。我们致力于实现资源的最大化利用，避免冗余与浪费，确保每项资源都能精准服务于营销目标。持续优化资源分配方案，灵活应对市场变化与营销活动的新需求，确保资源配置的前瞻性与灵活性。

（六）精心策划营销实施计划

1. 明确营销活动时间表，确保有序执行

精心编排营销活动时间表，明确各项活动的时间节点与里程碑，为营销团队提供清晰的时间框架。通过科学的时间规划，确保营销活动按部就班推进，同时赋予团队灵活应对市场变化的余地。

2. 强化责任分配，促进团队协作

在营销实施阶段，明确界定各项任务的责任归属，确保每项工作都有专人负责。构建高效的团队协作机制，促进部门间的无缝衔接，共同推动营销活动向前发展。建立畅通的沟通渠道，确保信息流通无阻，问题得到及时解决。

3. 建立监控评估体系，持续优化策略

构建全面的营销监控与评估体系，定期收集并分析营销数据，准确评估活动效果。依据评估结果，灵活调整营销策略，确保营销活动始终保持在最佳状态。通过持续监控与评估，不断提升营销效率与效果，推动企业向既定目标稳步迈进。

4. 深化风险管理，制定应对预案

在营销实施过程中，密切关注市场风险、执行风险、合作风险及法规风险等多重挑战。提前识别潜在风险点，制定详尽的应对措施，降低风险对营销活动的不利影响。通过有效的风险管理策略，确保营销活动在复杂多变的市场环境中稳健前行，最终达成既定目标。

三、营销计划的实施

营销计划的实施是将战略规划转化为具体行动方案的复杂过程，它要求企业不仅具备周密的计划能力，更需展现高效的执行与动态调整能力。这一过程涉及资源的有效配置、团队的紧密协作、市场的敏锐洞察以及策略的持续优化，是确保营销目标得以实现的核心环节。

（一）营销计划实施过程中的关键原则

1. 任务细化与责任体系构建

在营销计划实施之初，首要任务是将总体目标拆解为一系列具体、可操作的子任务。这些任务需具备明确性、可衡量性和可实现性，以便团队成员能够清晰地理解并执行。同时，建立严格的责任体系，确保每个任务都有明确的负责人，形成"谁负责、谁执行、谁监督"的闭环管理。此外，为每个任务设定合理的完成期限，确保整体进度可控。

2. 时间管理与里程碑设置的艺术

制定详细的时间表，不仅是对任务执行进度的规划，更是对团队协同能力的考验。时间表应涵盖所有关键活动的时间节点，包括启动、执行、监控、评估等阶段。同时，设置合理的里程碑，以标志性的成果作为团队努力的方向，激励成员持续前进。里程碑的设置应基于实际情况，既不过于乐观也不过于保守，确保既具有挑战性又可实现。

3. 预算与资源的精细化管理

预算是营销计划实施的经济基础，必须进行精细化的管理与控制。首先，根据任务需求制订详细的预算计划，包括广告费用、市场调研费、人员成本等各个方面。其次，建立预算审批与监控机制，确保每一笔开支都符合计划要求，避免不必要的浪费。最后，对资源进行合理配置，确保人力、物力、财力等要素能够充分发挥作用，形成协同效应。

4. 现场指挥的灵活性与激励机制的创新

现场指挥是营销计划实施过程中的关键环节，要求指挥人员具备高度的灵活性和应变能力。需密切关注市场动态和消费者反馈，及时调整营销策略和活动方案。同时，通过创新的激励机制激发团队成员的积极性和创造力，如设立绩效奖金、提供培训机会、构建良好的企业文化等。这些措施有助于形成积极向上的工作氛围，提高团队的整体执行力。

5. 效果评估的科学性与策略调整的及时性

效果评估是检验营销计划实施成果的重要手段。通过收集和分析市场数据、销售数据、客户满意度等信息，对营销活动的效果进行全面评估。评估过程应注重科学性和客观性，避免主观臆断和偏见。根据评估结果及时调整营销策略和活动方案，确保营销活动的持续优化和进步。策略调整应基于数据分析和市场洞察，既要考虑短期效果也要兼顾长期发展。

6. 风险管理的全面性与前瞻性

风险管理是营销计划实施过程中不可或缺的一环。企业需建立全面的风险管理体系，包括风险识别、风险评估、风险应对和风险监控等方面。在风险识别阶段，企业应密切关注市场动态、竞争对手动态以及政策法规变化等因素；在风险评估阶段，采用定量和定性相结合的方法对潜在风险进行评估；在风险应对阶段，制定具体的应对措施和预案；在风险监控阶段，对风险进行跟踪和管理，确保风险得到有效控制。同时，保持前瞻性思维，预见可能出现的新风险和挑战，提前做好准备，确保营销活动的顺利进行。

（二）营销计划实施的增强策略

1. 强化内部管理

（1）优化组织架构。明确营销部门内部的职责分工，优化工作流程，促进跨部门间的顺畅沟通与高效协作，构建无界限的营销合作体系，以集体之力推动营销活动。

（2）提升团队专业能力。定期对营销团队实施系统性培训，涵盖市场分析、策略规划、执行监控等多维度技能，激发团队创新思维，培养其敏锐的市场前瞻能力。

（3）完善管理体系。构建涵盖计划、执行、监控、评估的全方位营销管理体系，确保每项营销活动均有明确的执行标准和责任归属，实现管理的精细化与标准化。

2. 深化市场洞察

（1）深化市场研究。加大对市场动态的关注力度，利用大数据与人工智能技术精准捕捉目标客户需求与偏好变化，提升市场洞察的深度与广度。

（2）巩固合作伙伴网络。与渠道伙伴、供应商等建立并维持长期稳定的合作关系，通过联合营销活动拓宽市场覆盖率，深化品牌影响力。

（3）提升客户体验。紧密关注客户反馈，不断优化产品与服务，运用客户关系管理系统提升服务个性化与响应速度，增强客户忠诚度与满意度。

3. 适应宏观环境

（1）顺应政策法规导向。紧跟国家政策法规步伐，确保营销活动合法合规，同时，积极利用政策红利，如税收优惠、产业支持等，提升营销活动的综合效益。

（2）把握技术创新脉搏。紧密追踪互联网、人工智能、大数据等前沿技术的发展趋势，将新技术融入营销活动，驱动营销效率与效果的双重提升。

（3）融入社会文化变迁。深入理解社会文化价值观的演变，制定与之相契合的营销策略，强化品牌的社会责任感，树立积极向上的品牌形象。

小链接 10-1

《数字中国建设整体布局规划》

2023 年 3 月，中共中央、国务院印发了《数字中国建设整体布局规划》（以下简称《规划》），并发出通知，要求各地区各部门结合实际认真贯彻落实。

《规划》指出，建设数字中国是数字时代推进中国式现代化的重要引擎，是构筑国家竞争新优势的有力支撑。加快数字中国建设，对全面建设社会主义现代化国家、全面推进中华民族伟大复兴具有重要意义和深远影响。

《规划》提出，到 2025 年，基本形成横向打通、纵向贯通、协调有力的一体化推进格局，数字中国建设取得重要进展。数字基础设施高效联通，数据资源规模和质量加快提升，数据要素价值有效释放，数字经济发展质量效益大幅增强，政务数字化智能化水平明显提升，数字文化建设跃上新台阶，数字社会精准化普惠化便捷化取得显著成效，数字生态文明建设取得积极进展，数字技术创新实现重大突破，应用创新全球领先，数字安全保障能力全面提升，数字治理体系更加完善，数字领域国际合作打开新局面。到 2035 年，数字化发展水平进入世界前列，数字中国建设取得重大成就。数字中国建设体系化布局更加科学完备，经济、政治、文化、社会、生态文明建设各领域数字化发展更加协调充分，有力支撑全面建设社会主义现代化国家。

资料来源：新华社. 中共中央 国务院印发《数字中国建设整体布局规划》[EB/OL]. [2023-02-27]. https：//www. gov. cn/xinwen/2023-02/27/content_5743484. htm.

第二节　营销组织与机构

营销组织是指企业为了使营销活动有序进行而从专业分工与合作、权力分配、人员配置、制度建设的角度对营销活动作出的结构性安排。它是营销专业人士和企业内部人员的聚合，旨在通过系统的组织结构和流程，实现企业的营销目标。

一、营销组织的历史演变

（一）简单的销售部门（20 世纪初）

这一时期，随着工业革命的推进，大规模生产成为可能，产品供应相对紧张。企业主要关注生产效率和成本控制，以满足市场需求。销售部门的主要任务是确保生产出来的产品能够顺利销售出去，对市场需求和消费者偏好的了解有限。企业组织设置以生产部门为主，销售部门仅负责推销生产部门生产的产品。营销职能单一，主要关注产品的销售。

（二）零售代理和广告代理的兴起（20 世纪 20～30 年代）

20 世纪 20～30 年代，西方经济逐渐从"一战"后的萧条中恢复，市场竞争开始加剧。企业需要寻找新的销售渠道和宣传手段来吸引消费者。零售代理的出现使得产品能够更广泛地覆盖市场，而广告代理则帮助企业通过广告宣传提升品牌知名度和影响力。随着市场竞争的初步形成，企业开始采用零售代理的方式扩大市场覆盖面，并通过广告代理进行品牌宣传和促销。

（三）兼具营销职能的销售部门（20 世纪 30～50 年代）

随着市场竞争的进一步加剧，消费者在购买商品时有了更多选择，开始注重产品质量和类型上的差异。企业意识到仅仅依靠生产效率和成本控制已无法满足市场需求，必须开始关注消费者需求并据此进行产品改进和创新。企业内部出现兼具营销职能的销售部门，开始重视消费者需求，以消费者需求为导向改进产品质量并进行产品创新。

（四）独立的营销部门（20 世纪 50～60 年代）

这一时期，随着"二战"后经济的迅速恢复和发展，市场竞争更加激烈。企业意识到营销不再仅仅是销售部门的职责，而是需要整个企业的协同努力。因此，独立的营销部门应运而生，负责从市场调研到产品策划、品牌管理的全方位营销活动。随着工业化和机械化的发展，市场由卖方市场转化为买方市场，企业设立独立的营销部门，负责市场调研、产品策划、品牌管理等多个方面。

（五）市场细分和目标市场定位（20世纪70~80年代）

随着消费者需求的日益多样化和个性化，企业意识到必须更加精准地满足消费者的需求。市场细分策略的出现使得企业能够更好地了解不同消费群体的需求和偏好，并据此制定针对性的营销策略。

企业开始采用市场细分策略，将市场划分为不同的细分市场，并明确自己的目标市场，制定针对性的营销策略。

（六）产品管理和品牌管理的深化（20世纪80~90年代）

这一时期，随着市场竞争的进一步加剧和消费者品牌意识的提升，品牌成为企业吸引和留住消费者的重要手段。企业开始更加注重产品创新和品牌管理，通过不断提升产品质量和品牌形象来增强市场竞争力。

企业注重产品创新和改进，通过品牌管理提升品牌知名度和美誉度。品牌成为企业竞争的重要资产。

（七）数字营销和社交媒体营销的兴起（21世纪初至今）

21世纪以来，互联网和移动设备的普及彻底改变了消费者的信息获取方式和购买行为。消费者越来越多地通过互联网搜索和比较产品信息，并在社交媒体上分享购物体验和意见。这种变化促使企业开始重视数字营销和社交媒体营销等新兴渠道，以更好地与消费者互动并满足其需求。随着互联网技术的发展，数字营销逐渐成为主流。企业利用搜索引擎广告、社交媒体广告、电子邮件营销等多种渠道进行营销活动，实现精准营销和互动营销。

二、营销组织结构的基本架构模式

（一）职能型营销组织

专业分工与协同的挑战，组织架构如图10-1所示。职能型营销组织通过将营销活动细分为多个专业部门，如市场调研、产品开发、定价策略、渠道管理、促销推广等，实现了高度的专业化和精细化管理。这种组织结构的优势在于能够充分发挥各职能部门的专长，提高工作效率。然而，其面临的挑战也显而易见：部门间的沟通与协作成本较高，容易形成"部门墙"，导致整体营销策略的执行受阻。此外，过于强调部门利益可能忽视企业整体目标的实现。对于产品种类相对单一、市场环境较为稳定的企业而言，职能型营销组织仍不失为一种有效的管理模式。

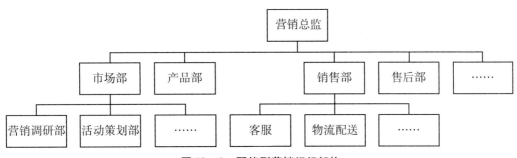

图 10 - 1 职能型营销组织架构

海尔集团是全球领先的美好生活解决方案服务商，业务涵盖智慧家庭、工业互联网、生物医疗等多个领域。海尔集团在早期采用过较为典型的职能型营销组织，将营销职能划分为市场研究、产品开发、销售管理、客户服务等多个专业部门。每个部门在统一的领导下，专注于各自领域的专业工作，共同推动营销活动的高效运行。

（二）地理区域型营销组织

灵活应对地域差异，组织架构如图 10 - 2 所示。地理区域型营销组织根据企业覆盖的地理范围，将市场划分为不同的区域，每个区域设立独立的营销团队。这种结构有助于企业深入了解各区域市场的特性，制定更加贴近当地消费者需求的营销策略。同时，区域团队能够快速响应市场变化，提高市场反应速度。然而，区域间的资源分配、策略协调成为该模式需要解决的问题。对于跨国企业或地域分布广泛的企业来说，地理区域型营销组织是实现市场精耕细作、提升品牌区域影响力的有效途径。

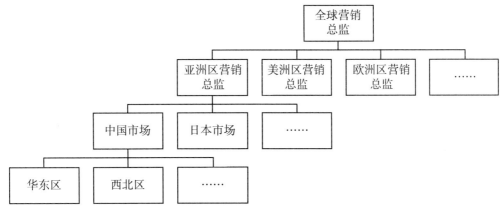

图 10 - 2 地理区域型营销组织架构

可口可乐公司是全球饮料业的领导者之一，其产品在全球范围内广泛销售。在跨国市场中，可口可乐公司采用地理区域型营销组织。公司将全球市场划分为不同的地理区域，每个区域设立独立的营销团队，负责该区域内的市场调研、产品开发、渠道建设、品牌推广等营销活动。这种组织架构使得可口可乐公司能够深入了解各区域市场的特性与消费者需求，制定更加贴合当地市场的营销策略，从而提升品牌影响力和市场份额。

（三）产品/品牌型营销组织

强化品牌与市场定位，组织架构如图 10 – 3 所示。产品/品牌型营销组织围绕企业旗下的产品或品牌进行组织划分，每个产品或品牌拥有独立的营销团队负责其市场推广、品牌建设等工作。这种结构有利于集中资源打造强势品牌，提升产品或品牌在目标市场中的竞争力。同时，针对不同产品或品牌的特性制定差异化营销策略，有助于满足消费者多元化的需求。然而，随着企业产品线或品牌数量的增加，管理复杂度也会相应提升，需要企业具备更强的组织协调能力。对于多元化经营的企业而言，产品/品牌型营销组织是实现品牌多元化发展和市场细分战略的重要支撑。

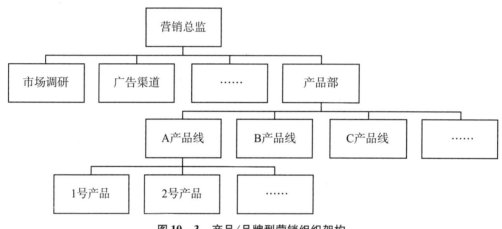

图 10 – 3　产品/品牌型营销组织架构

宝洁公司是全球知名的日用消费品制造商，旗下拥有众多知名品牌，如舒肤佳香皂、海飞丝洗发水、潘婷护发素等。宝洁公司采用产品/品牌型营销组织，每个品牌或产品线都设有独立的营销团队。这些团队负责各自品牌或产品的市场推广、品牌建设、渠道拓展等工作。通过专注于特定品牌或产品线的营销活动，宝洁公司能够确保每个品牌或产品都能得到充分的关注与资源投入，从而提升品牌竞争力和市场份额。

（四）市场/顾客型营销组织

精准对接市场需求，组织架构如图 10 – 4 所示。市场/顾客型营销组织根据目标市场或顾客群体的不同特点进行组织划分，每个市场或顾客群体由专门的营销团队负责。这种结构强调对市场或顾客群体的深入理解和精准把握，通过定制化营销策略提升客户满意度和忠诚度。同时，不同市场或顾客群体间的营销策略可以相互借鉴、优势互补，促进整体营销效果的提升。然而，该模式要求企业具备强大的市场研究能力和数据分析能力，以便准确识别市场机会和顾客需求。对于面向多个细分市场或顾客群体的企业而言，市场/顾客型营销组织是实现精准营销和顾客价值最大化的有力工具。

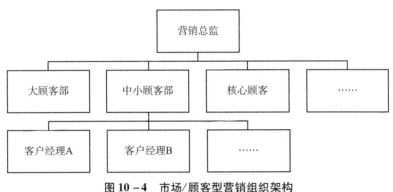

图 10 - 4   市场/顾客型营销组织架构

亚马逊是全球最大的电子商务公司之一，提供广泛的商品选择和优质的客户服务。亚马逊公司采用市场/顾客型营销组织，根据目标市场或顾客群体的不同特点进行组织划分。每个市场或顾客群体由专门的营销团队负责，深入了解其需求与偏好，制定个性化的营销策略。这种组织架构使得亚马逊公司能够更好地满足不同市场或顾客群体的需求，提升顾客满意度和忠诚度，进而巩固其市场领先地位。

（五）产品/市场型营销组织

矩阵式管理的艺术。产品/市场型营销组织融合了产品和市场两个维度进行组织划分，形成矩阵式结构。这种结构既保留了产品专业化的优势，又能够灵活应对不同市场的需求变化。通过设立跨部门的项目团队或协调机制，确保不同产品和市场之间的有效沟通与协作。然而，矩阵式结构的管理难度相对较大，需要企业具备高效的沟通渠道、明确的权责划分和有效的激励机制来支撑其运作。对于产品线丰富且市场多元化程度高的企业而言，产品/市场型营销组织是实现资源整合、提升整体市场竞争力的关键所在。通过精心设计和有效管理这一组织结构，企业可以更好地把握市场机遇、应对市场挑战、实现可持续发展。

IBM 是全球领先的信息技术公司，提供包括硬件、软件、服务等在内的全方位信息技术解决方案。IBM 公司在某些业务领域采用产品/市场型营销组织，将产品和市场两个维度结合起来进行组织划分。这种组织架构形成了矩阵式结构，有助于协调不同产品和市场之间的营销活动。通过产品/市场型营销组织，IBM 公司能够既保持产品专业化的优势，又能够灵活应对不同市场的需求变化。这种组织架构有助于提升公司整体的市场响应速度和竞争力。

三、常见营销机构组成

营销机构的构建旨在高效实现企业营销目标，其结构层次分明，覆盖从战略决策到执行操作的各个环节。

（一）高层决策核心

1. 营销副总经理/总监

作为营销体系的领航者，负责制定全局营销策略，并监控执行进度，确保营销战略与企业总体战略无缝对接。

2. 其他高层管理者

如市场研究部、产品管理部总监等，是各自领域内的权威决策者，为营销总监提供战略支持与专业见解，共同推动营销决策的科学性与前瞻性。

（二）职能部门

1. 市场研究部

负责通过各种渠道（如在线调查、访谈、社交媒体监听等）收集市场数据，并运用统计软件对收集到的数据进行分析，提取有价值的市场洞察。专注于监控竞争对手的市场动态，包括新产品发布、营销策略、市场份额变化等，为企业提供及时的竞争情报。深入研究消费者的购买决策过程、偏好变化、品牌忠诚度等因素，为产品开发和营销策略提供消费者视角的见解。

2. 产品管理部

根据市场研究和消费者需求，制定产品路线图，明确产品的长期发展方向和阶段性目标。与研发团队紧密合作，负责新产品的设计、原型制作、测试验证等环节，确保产品符合市场需求和质量标准。负责产品的上市策划、定价策略、包装设计及市场推广计划，确保产品顺利进入市场并取得成功。

3. 广告促销部

负责广告内容的创意构思和设计，包括文案撰写、视觉设计、视频制作等，确保广告内容吸引人且符合品牌形象。根据目标受众和营销目标，选择合适的广告渠道（如电视、网络、社交媒体、户外广告等）进行广告投放，并监控投放效果。策划并执行各类促销活动，如打折促销、赠品活动、会员专享优惠等，以刺激消费者购买的欲望。

4. 渠道管理部

负责与分销商建立和维护合作关系，包括谈判合同条款、培训分销商销售团队、解决分销过程中的问题等。管理企业在零售终端（如超市、百货商店、专卖店等）的陈列、促销和库存，提升零售渠道的销售业绩。负责企业在电商平台（如天猫、京东、自家官网等）的运营和管理，包括商品上架、订单处理、客户服务等。

5. 客户服务部

接听客户来电、回复客户邮件和社交媒体消息，解答客户疑问，处理客户投诉，确保客户问题得到及时解决。负责产品退换货、维修、保养等售后服务工作，提升客户满意度和忠诚度。通过定期回访、发送节日祝福、提供个性化服务等方式，加强与客户的情感联系，提升客户黏性。同时，收集客户反馈，为产品和服务的持续改进提供依据。

（三）区域/分支机构

针对企业市场布局的广度与深度，设立区域或分支机构，赋予其相对独立的营销权限与资源，使其能够根据地域特色灵活应对市场变化，同时与总部保持紧密联动，共同推动市场扩张与深化。

四、构建高效数字营销组织的途径

（一）培育深厚的数字创新文化

1. 深化数字优先理念

在企业文化的核心中，确立并强化数字优先的核心理念，使之成为驱动所有营销活动的内在动力。通过高层领导的明确倡导与身体力行，以及系统化的培训与发展计划，确保每位员工都能深刻理解并践行这一理念，不断探索和应用数字技术，推动营销创新。

2. 营造开放创新氛围

构建一个鼓励创新、容忍失败、尊重多元意见的工作环境。通过定期举办创意工作坊、技术交流会、外部专家讲座等活动，激发团队成员的创新思维，促进新想法、新技术、新方法的交流与应用。同时，建立有效的激励机制，表彰和奖励在数字营销领域取得显著成果的个人和团队。

3. 确立数据驱动决策机制

将数据视为企业最宝贵的资产之一，建立全面、准确、实时的数据收集、处理与分析体系。通过引入先进的数据分析工具和技术，提升团队的数据分析能力和决策科学性。同时，培养全员的数据意识，确保在制定营销策略、评估营销效果、优化用户体验等方面，都能以数据为依据，实现精准决策和持续改进。

（二）打造跨职能协同的数字营销团队

1. 构建多元化技能团队

在招聘与团队建设过程中，注重团队成员的背景多样性和技能互补性。确保团队中既有市场营销专家，也有数据分析师、技术开发者、创意设计师等多领域人才。通过内部轮岗、跨部门项目合作等方式，促进团队成员之间的知识共享与技能提升，形成强大的团队合力。

2. 强化跨部门协同作战能力

打破部门壁垒，建立高效、顺畅的跨部门沟通与合作机制。通过设立跨部门协作小组、定期召开联席会议、共享工作平台等方式，确保各部门在数字营销项目中能够紧密配合、协同作战。同时，明确各部门的职责与权限，确保资源有效整合与任务高效执行。

3. 培养复合型数字营销人才

鼓励团队成员跨领域学习与实践，提升个人综合素质与团队协作能力。通过内部培训、外部进修、在线课程等多种方式，为团队成员提供持续学习与成长的机会。同时，建立明确的职业发展路径与晋升机制，激发团队成员的职业热情与忠诚度。

（三）实施灵活高效的数字组织结构

1. 推行扁平化管理

简化管理层级，缩短决策链条，提升组织响应速度与执行力。通过赋予一线团队更多自主权和决策权，激发他们的创造力和积极性。同时，建立快速反馈与调整机制，确保营销策略能够迅速适应市场变化与客户需求。

2. 采用敏捷团队模式

借鉴敏捷开发理念与方法论，组建小型、跨职能的敏捷团队来负责具体的数字营销项目。通过迭代式开发与持续交付的方式，快速响应市场变化与客户需求。同时，建立灵活的项目管理机制与团队协作模式，确保团队成员之间能够高效沟通与协作，共同推动项目成功实施。

3. 动态调整组织架构

根据市场环境变化与业务需求发展，定期评估现有组织架构的适应性与有效性，并适时进行调整与优化。通过引入外部咨询、借鉴行业最佳实践等方式，不断探索与尝试新的组织架构模式与管理方法，确保组织始终保持高效运转与创新活力。

（四）注重技术投资与前沿应用

1. 紧跟技术发展趋势

密切关注数字营销领域的前沿技术动态与趋势变化，通过参加行业会议、订阅专业期刊、与科研机构合作等方式获取最新信息与技术资源。同时，建立专门的技术情报收集与分析团队或部门，确保企业能够迅速捕捉并把握新技术带来的机遇与挑战。

2. 加大技术投资力度

根据业务需求与技术发展趋势，合理规划与分配技术投资预算。通过购买先进的数字营销工具与平台、升级现有技术系统、引进外部技术合作伙伴等方式，不断提升企业的数字化水平与营销创新能力。同时，建立严格的技术投资评估与风险管理机制，确保投资回报与效益最大化。

3. 积极应用新技术成果

在充分评估与测试的基础上，积极将新技术成果应用于数字营销实践中。通过个性化推荐系统、智能客服机器人、大数据分析平台等技术的引入与应用，不断优化用户体验与营销效果。同时，建立新技术应用效果评估与反馈机制，及时调整优化策略与方法，确保新技术能够持续为企业创造价值与竞争优势。

第三节　营销控制

一、营销控制的本质

营销控制作为企业市场营销管理活动的关键环节，通过精心设计的管理流程，对营销活动的执行状况进行全面监测、精准评估、前瞻预测及必要维护，旨在确保营销活动严格遵循预设计划，并高效达成企业既定的营销目标。这一过程不仅是对营销执行过程的深度监控，更是对营销效能与效率的双重提升，对于强化企业市场竞争力与盈利能力具有至关重要的作用。

二、营销控制的核心价值

（一）确保营销目标的精准达成

营销控制通过建立清晰、量化的目标与标准，对营销活动各环节的实施进行细致入微的监控与评估，确保所有努力均指向目标实现。这一机制有效减少了策略偏移风险，提升了营销活动的精准度与成效，推动企业稳步迈向营销目标。

（二）优化营销资源配置

在资源有限的背景下，营销控制通过科学规划资源分配，确保资金、人力、物力等要素的高效整合与利用。它不仅关注资源投入的有效性，更强调产出最大化，通过精细化管理显著降低营销成本，提升资源使用效益，为企业盈利增长奠定坚实基础。

（三）强化市场应变能力

面对复杂多变的市场环境，营销控制赋予企业敏锐的洞察力与灵活的调整能力。通过实时追踪市场动态与竞争态势，企业能够迅速捕捉市场变化，灵活调整营销策略，确保在快速变化的市场中保持领先，有效应对挑战，抓住机遇。

（四）提升客户满意度与忠诚度

营销控制以客户为中心，紧密关注客户反馈与需求变化，持续优化产品与服务，确保营销策略精准对接客户需求。这一理念不仅显著提升了客户满意度与忠诚度，还构建了稳固的客户关系网络，为企业的长远发展奠定了坚实的市场基础。

（五）推动企业可持续发展与竞争力提升

作为市场营销管理的核心组成部分，营销控制不仅能助力企业短期目标的实现，更着眼于长期发展与竞争力提升。通过持续改进与创新，营销控制激发企业市场营销能力的持续飞跃，使企业在激烈的市场竞争中保持领先地位，为实现可持续发展与持续壮大注入不竭动力。

三、营销控制的基本原则

（一）目标导向原则

营销控制的核心在于紧密围绕企业的市场目标展开，确保所有营销活动均与企业既定的市场战略和目标紧密相连。这一原则强调营销活动的一致性和有效性，要求营销团队清晰理解企业战略，并将其转化为具体可行的营销行动与量化指标，确保每一步骤都精准指向最终目标。

（二）科学性原则

营销控制应以科学分析和数据支持为基础，避免主观臆断。企业需通过系统的市场研究，收集并分析相关数据，运用科学方法对市场环境、竞争对手及消费者行为进行准确预测与评估。这一过程确保了营销控制策略的合理性与有效性，使营销活动有据可依，更加精准高效。

（三）灵活性原则

鉴于市场环境的快速变化，营销控制必须具备高度的灵活性。这意味着策略与控制机制需能迅速响应市场新变化，根据实际情况灵活调整与改进。企业需保持敏锐的市场洞察力，抓住机遇，灵活应对挑战，确保市场营销活动的适应性与创新性。

（四）综合性原则

营销控制要求全面、综合地审视市场营销活动的各个方面，包括产品、价格、渠道、推广等多个环节。这一原则强调各环节之间的协调性与一致性，避免内部冲突与资源浪费，通过综合考量实现整体营销效果的最大化。

（五）效益性原则

营销控制的最终目的在于实现企业的市场营销目标，并追求最大化的效益与回报。企业需建立有效的营销绩效评估体系，对营销活动的效果进行定期审查，及时发现问题并采取措施解决，确保每一分投入都能带来相应的市场价值，实现资源的优化配置与高效利用。

（六）持续性原则

营销控制是一个长期且持续的过程，要求企业建立长效的营销管理机制。这意味着对市场营销活动的监督与管理需持续进行，不断修正与改进，以确保其长期稳定性和可持续发展。通过持续的营销控制，企业能够紧跟市场变化，保持竞争优势，最终实现长期的市场营销目标。

四、营销控制的方法

营销控制的方法多种多样，企业可以根据自身的实际情况和市场环境选择适合的方法。以下是一些常用的营销控制方法，包括年度计划控制、盈利能力控制、效率控制和战略控制。

（一）年度计划控制

年度计划控制作为营销管理架构中的关键支柱，其核心目标在于确保企业所开展的年度营销活动能够严格遵循既定的战略蓝图，实现各项预设的营销目标。这一过程要求企业持续追踪销售绩效、市场占有率和营销成本等核心指标，通过对比分析，及时发现并应对潜在的偏差与风险，从而确保整个年度营销计划能够稳步推进，最终达到预期的商业成果。

在年度计划控制的实施过程中，企业需对三大关键领域给予特别关注：销售绩效、市场占有率和营销成本。销售绩效分析不仅涉及销售额的对比，更需深入挖掘销售额背后的市场需求变化、竞争对手动态及企业内部运营状况等因素，为销售策略的调整提供全面而深入的依据。市场占有率评估则要求企业密切关注自身在目标市场中的位置变化，通过细致分析市场趋势、竞争对手策略及消费者偏好等因素，为市场策略的优化指明方向。而营销成本审视则是确保企业资源得到高效利用的关键环节，通过对营销投入的产出比进行深入分析，企业能够不断调整和优化资源配置，提升营销活动的整体效益。

为了确保年度计划控制的顺利实施，企业需要建立一套完善的管理机制。首先，企业应建立月度或季度的定期绩效回顾制度，通过对比实际成果与年度计划，及时发现并识别潜在的偏差与问题。在此基础上，企业需组织专业团队对偏差进行深入剖析，从市场环境、竞争对手、内部运营等多个维度出发，全面审视偏差产生的原因及影响。这一过程不仅要求团队具备扎实的专业知识和敏锐的洞察力，更需要跨部门之间的紧密协作与信息共享。基于深入分析的结果，企业应及时调整营销策略，采取针对性的纠正措施，如优化产品组合、调整价格策略、加大市场推广力度等，以确保年度目标的顺利实现。同时，企业还需保持对市场环境的持续关注与监控，确保营销策略的灵活性与适应性。

年度计划控制的优势在于其为企业提供了一个系统化的评估与调整框架，有助于企业精准把握市场脉搏，及时调整营销策略，降低市场风险。然而，该方法也存在一定的局限性。例如，过度依赖预设计划可能导致企业忽视市场环境的快速变化，错失市场机遇；同时，追求短期目标的倾向也可能损害企业的长期利益与品牌形象。因此，在应用年度计划控制时，企业需要保持敏锐的市场洞察力与战略眼光，灵活运用各种管理工具与方法，确保营销活动的持续有效性与市场竞争力。同时，企业还需注重培养跨部门沟通与协作能力，促进信息共享与资源整合，为年度计划控制的顺利实施提供有力保障。

（二）盈利能力控制

盈利能力控制作为企业战略管理的重要工具，其核心在于通过对企业各产品、地区、顾客群和分销渠道盈利能力的全面评估，为企业决策提供有力的数据支持。这一过程的最终目标，是提高企业的整体盈利水平。通过深入剖析不同业务单元的盈利状况，企业能够精准识别出哪些领域是盈利的支柱，哪些领域则需要进一步优化或调整。基于此，企业可以更加科学地制定资源分配策略，确保资源向高盈利领域倾斜，同时针对低盈利领域采取相应措施以提升其盈利能力。这一过程不仅有助于企业短期内实现利润最大化，从更长远来看，还能够增强企业的市场竞争力，为企业的可持续发展奠定坚实基础。

盈利能力控制的主要内容包括产品盈利能力分析、地区盈利能力分析、顾客群盈利能力分析和分销渠道盈利能力分析四个方面。首先，产品盈利能力分析要求企业详细评估各个产品的利润率、销售量等指标，以识别出哪些产品是盈利的主要来源，哪些产品可能影响了整体盈利水平。其次，地区盈利能力分析帮助企业了解不同地区的销售业绩和盈利能力差异，为区域市场拓展策略提供指导。再次，顾客群盈利能力分析关注不同顾客群体的购买行为和盈利贡献，以便企业能够制定更加个性化的营销策略，提升顾客满意度和忠诚度。最后，分销渠道盈利能力分析则聚焦于分销渠道的效率和盈利能力，促使企业不断优化渠道布局，提高销售网络的整体效能。

为了实现盈利能力控制的目标，企业需要采取一系列科学有效的控制方法。首先，成本效益分析是其中的关键一环。通过对每个产品、地区、顾客群和分销渠道进行成本效益分析，企业能够清晰地了解各业务单元的盈利状况，为资源分配和策略调整提供量化依据。其次，投资组合分析方法的应用，有助于企业从全局视角出发，评估不同业务单元的盈利潜力和风险水平，从而作出更加合理的资源配置决策。此外，定期评估机制的建立也是至关重要的。通过定期对各业务单元的盈利能力进行评估和反馈调整，企业能够确保盈利策略始终与市场变化保持同步，不断提升自身的市场竞争力和盈利能力。

盈利能力控制的优势在于其为企业提供了详尽的盈利状况洞察和科学的决策支持体系。通过这一方法的应用，企业能够更加精准地识别出盈利机会和潜在风险，从而制定出更加符合市场需求的营销策略和资源分配方案。这不仅有助于企业短期内实现利润最大化，更能够为企业的长期发展奠定坚实基础。然而，盈利能力控制也存在一定的局限性。一方面，盈利能力分析过程复杂且耗时较长，可能需要投入大量的人力、物力和财力资源；另一方面，过度关注短期盈利可能会导致企业忽视长期战略目标和市场份额的培育。因此，在应用盈利能力控制时，企业需要权衡利弊得失，确保短期盈利与长期发展的和谐统一。

（三）效率控制

效率控制是一种系统性的管理方法，它深入评估企业在销售人员管理、广告投放、促销活动策划与执行以及分销渠道运营等关键环节的工作绩效。此方法旨在发现提升工作效率、降低运营成本并增强市场竞争力的途径。其核心目标是通过精细化的绩效评估，识别出营销活动中的低效环节，进而采取针对性措施加以改进，以实现营销活动的整体效能最大化。效率控制不仅关注当前的运营效率，更着眼于企业的长期发展，力求在保持竞争力的同时，不断优化资源配置，提升整体盈利能力。

效率控制的内容广泛而深入，涵盖了销售人员、广告、促销和分销等多个方面。在销售人员效率控制方面，企业会全面评估销售人员的销售业绩、客户满意度等关键指标，以识别培训需求和激励措施的优化方向。广告效率控制则侧重于分析广告投入与产出的比例关系，通过触达率、转化率等指标评估广告效果，为广告策略的优化提供依据。促销效率控制关注促销活动的实际效果，如销售额增长、客户获取成本等，以指导促销策略的精准调整。分销效率控制则聚焦于分销渠道的运作效率，通过优化订单处理流程、降低物流成本等措施，提升分销网络的响应速度和成本效益。

为了实现效率控制的目标，企业需要采取一系列科学有效的控制方法。首先，设置关键绩效指标（KPI）是核心步骤之一。通过为销售人员、广告、促销和分销等关键环节设定明确的 KPI，企业可以定期跟踪和评估工作绩效，及时发现问题并采取改进措施。其次，流程优化是提升效率的重要手段。通过简化操作步骤、引入自动化工具等方式，企业可以减少浪费，提高工作效率。最后，充分利用现代营销技术也是提升效率的关键。数据分析、自动化工具等技术的应用，可以帮助企业更精准地把握市场动态，优化营销策略，实现资源的最大化利用。

效率控制的优势在于它能够帮助企业显著提升营销活动的工作效率和成本效益。通过科学的绩效评估和控制方法，企业能够及时发现并解决低效问题，优化资源配置，提升整体盈利能力。然而，效率控制也存在一定的局限性。过度追求效率可能导致企业忽视创新和市场份额的增长，影响长期发展。此外，某些效率提升措施可能需要较大的投资和时间成本，实施效果也存在一定的不确定性。因此，在应用效率控制时，企业需要权衡利弊得失，确保在提升效率的同时不损害企业的长期发展潜力。

（四）战略控制

战略控制是企业运用市场营销审计等高级管理工具，对其市场营销战略的有效性及与市场环境的适应性进行深度剖析与评估的过程。其核心目的在于确保企业的市场战略能够精准对接市场脉动，捕捉并有效利用市场机遇，进而推动企业实现长期稳健的发展。通过实施战略控制，企业不仅能够有效管理其市场营销策略，更能在复杂多变的市场环境中保持强大的竞争力和持续发展的动力。

战略控制的核心内容广泛而深入，主要包括市场营销审计、市场定位评估及产品策略调整三大方面。市场营销审计是对企业市场营销活动的全面审视，旨在发现潜在问题，识别改进空间，从而优化战略部署。市场定位评估则侧重于确认企业的市场定位是否精准契合目标市场需求与竞争态势，为策略调整提供方向。而产品策略调整则是根据市场反馈与竞争态势，灵活调整产品组合、价格策略等，以增强市场竞争力。

为实现战略控制的目标，企业需采用一系列科学严谨的控制方法。制定定期审计制度确保企业能够周期性地对市场营销战略进行全面体检，及时发现并修正战略偏差。竞争分析则让企业时刻保持对行业动态与竞争对手的敏锐洞察，为战略调整提供市场情报支持。此外，市场测试作为策略实施前的关键步骤，通过小规模实验验证新策略或新产品的市场潜力，有效降低了市场风险。

战略控制的显著优势在于其能够助力企业精准把握市场脉搏，确保战略与市场环境的高度契合，进而把握市场机遇，推动企业长期发展。然而，战略控制同样面临挑战，如数据收集与分析工作繁重，可能增加企业运营成本与时间负担。同时，过度聚焦于战略层面可能削弱对日常营销活动的关注，影响整体市场表现。因此，企业在实施战略控制时，需平衡好战略高度与日常运营之间的关系，确保两者相辅相成，共同推动企业向前发展。

五、数字营销控制的有效策略与实施路径

在快速变化的数字营销环境中，实施有效的控制策略对于确保营销活动的顺利执行与营销目标的实现至关重要。

（一）确立清晰且具体的数字营销目标

企业需确立明确、具体且与企业整体战略紧密相连的数字营销目标。这些目标应涵盖品牌知名度提升、网站流量增长、转化率优化及销售额增加等多个维度，并需具备可衡量性、可达成性及挑战性，以确保营销活动方向明确，效果可评估。

（二）构建全面的数字营销监控网络

借助先进的数字营销工具与技术，企业应建立起一套全面的监控体系，实时捕捉营销活动中的各项数据，包括流量来源、用户行为轨迹及转化率等关键指标。通过深度分析这些数据，企业能够洞悉营销活动的真实成效与用户行为模式，并据此设定科学合理的 KPI 体系，为营销效果评估提供坚实依据。

（三）实施动态调整机制

对数字营销活动实施全天候监控，密切关注关键指标波动，一旦发现异常或偏离预期目标，就立即启动深入分析，查明问题根源。基于监控结果与市场反馈，企业应灵活调整营销策略与行动计划，如优化广告投放渠道、改进着陆页设计或调整内容策略等，以迅速响应市场变化，提升营销效能。

（四）强化团队协同作战

建立跨部门协作机制，打破部门壁垒，促进信息共享与协同作战，确保数字营销各环节的无缝衔接。定期召开数字营销专题会议，回顾活动成效，分享经验教训，并规划后续行动方案。通过强化团队协作与高效沟通，增强团队凝聚力与执行力，共同推动数字营销活动的高效运行。

（五）关注客户体验反馈

始终将客户体验置于首位，持续优化网站访问速度、页面布局及交互设计等方面，以提升客户满意度与忠诚度。同时，积极拓宽客户反馈渠道，如在线调查、社交媒体互动及客服热线等，全面收集并分析客户意见与建议。基于客户反馈，不断迭代优化营销活动，以满足市场需求，提升品牌竞争力。

（六）持续创新优化策略

数字营销领域日新月异，企业应保持敏锐的市场洞察力与持续的创新精神。定期对营销活动进行全面评估与改进，优化广告投放策略、内容营销方式及用户体验等方面。同时，紧跟数字营销领域的新技术与新趋势，如人工智能、大数据分析及区块链应用等，积极探索与实践新技术在营销活动中的应用潜力，以创新驱动营销效能的持续提升。

本 章 要 点

本章深入探讨了营销管理的多个核心方面，不仅涵盖了营销计划的精准制定、实施与监控，还涉及了营销组织的构建与优化，以及营销控制与审计的关键作用。通过详细解析营销计划的制订流程、实施过程中的关键策略与挑战应对，本章展示了如何确保营销活动的高效执行与目标达成。同时，强调了营销组织结构设计的重要性，探讨了不同组织模式的优缺点及其适用场景，为企业选择合适的组织结构提供了指导。此外，本章还深入分析了营销控制的各种方法，包括年度计划控制、盈利能力控制、效率控制和战略控制，以及这些控制在提升营销活动效能中的作用。

复习思考题

1. 营销计划的核心价值是什么？请详细阐述。

2. 简述职能型营销组织的优缺点，并举例说明哪些类型的企业适合采用职能型营销组织。

3. 在制订营销计划时，市场分析具体包括哪些内容？请详细列举并解释。

4. 结合实际情况，讨论企业在实施营销计划过程中可能遇到的常见挑战，并提出相应的应对策略。

5. 在制定营销战略时，为什么市场细分和目标市场定位如此重要？请结合实例说明。

6. 营销控制的基本原则有哪些？解释每一项原则在营销活动中的具体应用。

7. 如何理解"数字优先"理念在构建高效数字营销组织中的重要性？企业应采取哪些具体措施来培育这一理念？

本章知识拓展

数字化营销组织的敏捷转型

敏捷转型是指企业或组织为了应对快速变化的市场需求和竞争环境，通过采用敏捷方法论，对传统的项目管理、开发和营销流程进行根本性变革，以提高响应速度、灵活性和创新能力的过程。在数字营销领域，敏捷转型尤为重要，因为市场环境复杂多变，消费者行为难以预测，企业需要迅速调整营销策略以抓住市场机遇。

在当今瞬息万变的数字营销环境中，企业面临着前所未有的市场压力和竞争挑战。为了保持竞争优势，营销组织必须实现敏捷转型，以适应快速变化的市场需求和消费者行为。敏捷转型的核心在于提高组织的响应速度、灵活性和创新能力。

敏捷方法论，一是强调迭代开发和自组织团队，通过固定的时间周期（如冲刺周期）来计划和执行工作，并通过每日站会、评审会议和回顾会议来保持团队的同步和持续改进。二是侧重于工作流的可视化和管理，通过看板来跟踪任务状态和进度，确保资源的有效利用和任务的及时完成。

将这些敏捷方法论应用于营销项目，可以显著提升团队协作效率和创新能力。营销团队能够快速响应市场变化，灵活调整营销策略，并通过持续的用户反馈和数据分析来优化项目执行。此外，敏捷转型还鼓励团队成员之间的紧密协作和知识共享，打破传统部门壁垒，促进跨部门合作，从而实现营销资源的最大化利用。

海尔的互联工厂就具有鲜明的敏捷制造特征。它不是一个工厂的概念，而是一个生态系统，是对整个企业全系统全流程进行颠覆。借助前期交互平台实现与终端用户需求的无缝对接，并通过开放平台整合全球资源，迅速响应用户的个性化需求。从原来为库存生产转变成为用户个性化而创造，让他们从"消费者"变成生产和消费合一的"产消者"。目前海尔已建成了冰箱、洗衣机、空调、热水器等8大互联工厂，完成了由大规模制造向大规模定制的转变，并将用户、研发资源、供应商和创客整合到一个共创共赢生态圈中。

不仅如此，海尔还将互联工厂简化、软化、云化，推出中国版工业互联网平台COSMO，通过这个平台，企业可以直接复制海尔互联工厂成果，减少试错成本，实现快速转型。同时，在平台上，不同类型的企业可快速匹配智能制造解决方案，实现企业全流程互联互通，更好把握终端用户需求，实现无缝化、透明化、可视化的最佳体验。此外，海尔还牵头成立了行业第一家工业智能研究院以及全球首个智能制造创新联盟，向整个行业输出制造的标准和模式。

资料来源：曲向军，容觉生．从"形似"到"神似"：敏捷转型六大成功要素［EB/OL］．［2023.04.01］．https：//www.mckinsey.com.cn/%e4%bb%8e%e5%bd%a2%e4%bc%bc%e5%88%b0%e7%a5%9e%e4%bc%bc%ef%bc%9a%e6%95%8f%e6%8d%b7%e8%bd%ac%e5%9e%8b%e5%85%ad%e5%a4%a7%e6%88%90%e5%8a%9f%e8%a6%81%e7%b4%a0/．

青岛日报．2023年山东省科技进步特等奖项目"面向大规模个性化定制的工业互联网平台关键技术及应用"：推动工业互联网普适、普惠［EB/OL］．［2024.07.26］．https：//www.haier.com/press－events/news/20240729_248217.shtml.

主要参考文献

［1］卡尔·马克思，弗里德里希·恩格斯．马克思恩格斯全集：第25卷［M］．中共中央马克思恩格斯列宁斯大林著作编译局，译．北京：人民出版社，1974：718．

［2］菲利普·科特勒，等．营销管理［M］．15版．何佳讯，于洪彦，牛永革，等译．上海：格致出版社、上海人民出版社，2016：6－8．

［3］张廷茂．网络营销［M］．石家庄：河北人民出版社，2000：291．

［4］王霆，卢爽．数字化营销［M］．北京：中国纺织出版社，2003：3．

［5］姚曦，秦雪冰．技术与生存：数字营销的本质［J］．新闻大学，2013（6）：58－63．

［6］符国群．消费者行为学［M］．4版．北京：高等教育出版社，2021：273－358．

［7］菲利普·科特勒，等．营销革命3.0：从价值到价值观的营销［M］．毕崇毅，译．北京：机械工业出版社，2019：2－20．

［8］王永贵，项典典．数字营销——新时代市场营销学［M］．北京：高等教育出版社，2023：130－223．

［9］阳翼．数字营销［M］．北京：中国人民大学出版社，2022：4－8．

［10］廖秉宜．数字内容营销［M］．北京：科学出版社，2019：2－6．

［11］吴健安，钟育赣．市场营销学［M］．北京：清华大学出版社，2022：26．

［12］郭国庆，陈凯．市场营销学［M］．5版．北京：中国人民大学出版社，2015：51－57．

［13］王小兵，刘洋，张蕊．市场营销理论与实务［M］．北京：清华大学出版社，2019：2－7．

［14］赵岩．人工智能发展报告（2022－2023）［M］．北京：社会科学文献出版社，2023：33．

［15］苏朝晖．客户关系管理［M］．北京：高等教育出版社2013：43－68．

［16］阿黛尔·里弗拉．用户画像：大数据时代的买家思维营销［M］．高宏，译．北京：机械工业出版社，2018：48－60．

［17］菲利普·科特勒，凯文·莱恩·凯勒．营销管理（精要版）［M］．6版．王永

贵，华迎，译．北京：清华大学出版社，2017：58.

［18］庄贵军．营销管理：营销机会的识别、界定与利用［M］.2 版．北京：中国人民大学出版社，2015：96.

［19］郭国庆．市场营销学通论［M］.6 版．北京：中国人民大学出版社，2014：63.

［20］吴健安，聂元昆．市场营销学［M］.5 版．北京：高等教育出版社，2014：250－253.

［21］张云起．市场营销学［M］．北京：高等教育出版社，2018：60.

［22］迈克尔·波特．竞争战略［M］．陈小悦，译．中信出版社，2014：46.

［23］艾略特·艾登伯格.4R 营销［M］．文武，穆蕊，蒋洁，译．北京：企业管理出版社，2006：10.

［24］唐·舒尔茨，海蒂·舒尔茨．整合营销传播［M］．王茁，顾洁，译．北京：清华大学出版社，2013：5.

［25］彭英．数字营销［M］．北京：清华大学出版社，2023：1－10，95－97.

［26］张闯，滕文波，张其林．营销管理－融入中国情境的理论与实践［M］．北京：清华大学出版社，2024：316－366.

［27］国家互联网信息办公室，等．网络直播营销管理办法（试行）［Z］.2021－04－23.

［28］余芳，戴冬秀，罗蓓蓓．全媒体营销与运营［M］．北京：人民邮电出版社，2024：24－28.

［29］邵兵家，钱丽萍．客户关系管理［M］.3 版．北京：清华大学出版社，2024：34－40.

［30］苏朝晖．客户关系管理：建立、维护与挽救［M］.3 版．北京：人民邮电出版社，2024：114－117.

［31］Kannan，P. K. Li. H. A. Digital marketing：A framework，review and research agenda［J］. International Journal of Research in Marketing，2017（1）：22－45.

［32］Smith Katherine Taken. Digital marketing strategies that millennials find appealing，motivation，or just annoying［J］. Journal of Strategic Marketing，2011（6）：489－499.

［33］Panda T K. Search engine marketing：does the knowledge discovery process help online retailers？［J］. Journal of Knowledge Management，2013（3）：56－54.

［34］Raiter，O. Segmentation of bank consumer for Artificial Intelligence marketing［J］. International Journal of Contemporary Financial Issues，2021（1）：39－54.

［35］Li，F.，Larimo，J.，Leonidou，L. C. Social media marketing strategy：Definition，Conceptualization taxonomy，validation，and future agenda［J］. Journal of the Academy of Marketing Science，2021（1）：51－70.